强国之路
纪念改革开放30周年重点书系

魏礼群 主编

ZHONGGUO JINGJI TIZHI GAIGE
30 NIAN HUIGU YU ZHANWANG

中国经济体制改革
30年回顾与展望

人民出版社

在新的历史起点上推进改革开放

—— 《强国之路——纪念改革开放 30 周年重点书系》总序

柳斌杰

　　从鸦片战争开始，无数中华儿女前赴后继，抛头颅、洒热血，力图探索出一条引领中华民族实现民族独立、人民解放，实现国家繁荣富强、人民共同富裕的康庄大道，这一理想体现在中国近现代历史的始终。从太平天国运动到戊戌变法再到义和团运动，中华儿女始终在苦苦探索着。辛亥革命结束了沿袭数千年的封建帝制，为近代中国革命进步打开了新的一页，但很快又陷入军阀混战。中国共产党领导的新民主主义革命推翻了"三座大山"，建立起人民当家作主的新中国和社会主义基本制度，开辟了建设社会主义的道路，真正实现了中华民族的独立和人民的解放，为当代中国发展进步创造了前提。在中国共产党的领导下，以 30 年前召开的党的十一届三中全会为标志启动的改革开放，是社会主义制度得到巩固和完善的伟大革命，为当代中国发展进步探索了一条真正实现国家繁荣富强、人民共同富裕的伟大道路。正如胡锦涛同志强调的，改革开放是强国之路，是我们党、我们国家发展进步的活力源泉。

30年弹指一挥间。在改革开放步入"而立之年",回顾和总结改革开放30年的伟大历程和宝贵经验,对于我们准确领会和科学把握改革开放这场新的伟大革命的目的和性质,进一步高举中国特色社会主义伟大旗帜,坚定走中国特色社会主义道路的决心和信心,继续推进改革开放、科学发展、和谐社会建设,都有着十分重要的意义。

一

　　在新中国的历史上,改革开放是关系社会主义中国前途命运的抉择。正是这场新的伟大革命,使我们摆脱了"文化大革命"十年内乱所造成的困境,经济持续高速发展、人民生活水平显著提高、综合国力和国际地位大幅提升,谱就了中国历史上最壮丽的史诗、最华美的篇章,创造了举世公认的奇迹。任何伟大革命的启动都是基于历史的动力和对时代大势的深刻分析,是准确把握人民的愿望和历史潮流的结果。改革开放这场新的伟大革命正是中国共产党对中国社会主义建设历史和现实的清醒认识、对国际形势和历史潮流的准确把握,深刻体现了历史与现实的统一、党的意志和人民愿望的统一。

　　30年前,"文化大革命"造成的十年内乱给我们党和国家带来了极其严重的创伤,国民经济濒临崩溃的边缘,人民生活十分困难。1976年粉碎"四人帮",结束了十年内乱,中国历史出现了转机。但由于党的指导思想出现失误,从1976年10月到召开党的十一届三中全会前的两年间,党的工作出现了徘徊局面。而与此同时,世界范围内新科技革命蓬勃兴起,发达国家纷纷进行后工业革命，许多发展中国家也加紧向现代化社会转型。我国经济实力、科技实力与国际先进水平的差距明显拉大，面临着巨大的国际竞争压力。正是在这种情况下，我们党科学分析国内国际形势，准确把握时代主题和顺应人民愿望，以解放思想、实事求是、拨乱反正的大智大勇，举起了改革开放的旗帜，坚定地开辟了建设中国特色社会主义的新路。正如我国改革开放总设计师邓小平同志所说："如果现在再不实行改革，我们的现代化事业和社会主义事业就会被葬送。""不坚持社会主义，不改革开放，不发展经济，不改善人民生活，只能是死路一条。"这表明，要摆脱我国当时所处的严重困境，要加快改变中国的面貌和改善中国人民的生活，必须果断结束"以阶级斗争为纲"，把党的工作重点转到以经济建设为中心上来，通过改革解放和发展社会生产力，完善社会主义制度；通过开放打开国门，勇敢参与国际经济合作和竞争。以具有重大历史意义的党的十一届三中全会为标志，改革开放历史新时期的序幕拉开了，经济改革从农村到城市、从国有企业到其他各个行业势不可挡地展开了，对外开放的大门从沿海到沿江沿边，从东部到中西部毅然决然地打开了，整个中国充满了生机。

改革开放这场新的伟大革命的深入发展是几代共产党人继承和创新的结果。胡锦涛同志在党的十七大报告中强调，"我们要永远铭记，改革开放伟大事业，是在以毛泽东同志为核心的党的第一代中央领导集体创立毛泽东思想、带领全党全国各族人民建立新中国、取得社会主义革命和建设伟大成就以及艰辛探索社会主义建设规律取得宝贵经验的基础上进行的"；

"我们要永远铭记，改革开放伟大事业，是以邓小平同志为核心的党的第二代中央领导集体带领全党全国各族人民开创的"；"我们要永远铭记，改革开放伟大事业，是以江泽民同志为核心的党的第三代中央领导集体带领全党全国各族人民继承、发展并成功推向二十一世纪的"。"十六大以来，我们以邓小平理论和'三个代表'重要思想为指导，顺应国内外形势发展变化，抓住重要战略机遇期，发扬求真务实、开拓进取精神，坚持理论创新和实践创新，着力推动科学发展、促进社会和谐，完善社会主义市场经济体制，在全面建设小康社会实践中坚定不移地把改革开放伟大事业继续推向前进。"以胡锦涛同志为总书记的党中央正在继承和发展着老一辈无产阶级革命家开创的改革开放伟大事业，不断把她推向新阶段。

党的十一届三中全会以来，我们党和国家在取得社会主义现代化建设举世瞩目成就的同时，创造和积累了丰富的实践经验。在党的十二大、十三大、十四大、十五大、十六大分别对改革开放阶段性经验总结的基础上，党的十七大从回顾30年改革开放整个历史进程入手，围绕在一个十几亿人口的发展中大国如何才能摆脱贫困、加快实现现代化、巩固和发展社会主义这些根本问题，总结概括出"十个结合"的宝贵经验，升华了我们对改革开放的认识。"十个结合"生动阐明了在改革开放历史进程中，我们党如何坚持和发展马克思主义，如何坚持和发展社会主义，如何加强和改善党的领导，如何在中国特色社会主义事业总体布局及其每一个方面体现我们党的基本理论、基本路线、基本纲领、基本经验，如何统筹国内国际两个大局，如何协调推进中国特色社会主义伟大事业和党的建设新的伟大工程，等等。贯穿这"十个结合"的一个最为根本的主线，就是坚持把马克思主义基本原理同我国社会主义现代化建设的实际结合起来，开辟中国特色社会主义伟大道路。

二

胡锦涛同志在党的十七大报告中指出，"改革开放是党在新的时代条件下带领人民进行的新的伟大革命，目的就是要解放和发展社会生产力，实现国家现代化，让中国人民富裕起来，振兴伟大的中华民族；就是要推动我国社会主义制度自我完善和发展，赋予社会主义新的生机活力，建设和发展中国特色社会主义；就是要在引领当代中国发展进步中加强和改进党的建设，保持和发展党的先进性，确保党始终走在时代前列"。30年的实践证明，我们的目的正在一步步达到。

就30年改革开放带给当代中国的发展进步来说，深刻地体现在中国人民的面貌、社会主义中国的面貌、中国共产党的面貌所发生的历史性变化上。30年改革开放带来的最深刻的变化，首先体现的是中国人民面貌的变化，许多曾经长期窒息人们思想的旧的观念、陈腐的教条受到了巨大的冲击，解放思想、实事求是、开拓创新、与时俱进开始成为人们精神状态的主流。在中国共产党的领导下，中国人民以改革开放为动力，为建设一个富强民主文明的社会主义现代化国家，为实现中华民族的伟大复兴而不懈奋斗，中国人民成为先进生产力、先进文化的创造者。在这场深刻变革中，社会主义中国的面貌也发生了翻天覆地的历史性变化，思想大解放，社会大进步；国家实现了从"以阶级斗争为纲"到以经济建设为中心、从封闭半封闭到改革开放、从计划经济到市场经济的深刻转变，社会生产力大解放，社会财富急剧增长，物质生活丰裕，13 亿人基本上安居乐业。曾经满目疮痍、饱受欺凌、贫穷落后的中国已经变成政治稳定、经济发展、文化繁荣、社会和谐的一个充满活力和生机的社会主义中国。在改革开放的伟大实践中，中国共产党的面貌也发生了历史性变化，总结了历史经验，重新确立了马克思主义的思想路线、政治路线和组织路线，在开辟中国特色社会主义伟大道路的过程中，在领导中国特色社会主义现代化进程中，始终把保持和发展党的先进性、提高党的执政能力、转变党的执政方式、巩固党的执政基础作为党的建设的重点，实现了从革命党向执政党的彻底转变，成为始终走在时代前列的中国特色社会主义事业的坚强领导核心。

30 年改革开放是当代中国发展进步的一个巨变时期。这个时期最鲜明的特点是改革开放。这场人类历史上从未有过的大改革、大开放，极大地调动了亿万人民的积极性，使我国成功地实现了从高度集中的计划经济体制到充满活力的社会主义市场经济体制、从封闭半封闭到全方位开放的伟大历史转折，使一个面向现代化、面向世界、面向未来的社会主义中国巍然屹立在世界东方。这个时期最显著的成就是快速发展。正是在改革开放的推动下，我们这样一个人口众多的发展中大国，以世界上少有的速度持续快速发展起来，经济实力、综合国力不断增强，基础设施和城乡面貌发生巨大变化，人民生活总体上达到小康水平。这个时期最突出的标志是与时俱进。正是在与时俱进地探索和回答什么是社会主义、怎样建设社会主义，建设什么样的党、怎样建设党，实现什么样的发展、怎样发展等重大理论和实际问题的过程中，我们党不断推进了马克思主义中国化，在开创中国特色社会主义事业新局面的同时，拓展了当代中国马克思主义新境界。时代精神、成功实践和理论创新使我们党保持了政治上的坚定，能坚决排除各种错误思潮、错误倾向的干扰，始终带领全国人民沿着正确方向前进。

三

回顾 30 年来，我们所取得的一切成就和进步，都是得益于改革开放这一伟大的实践，得益于中国特色社会主义理论体系这一伟大的理论。伟大的实践孕育伟大的理论，伟大的理论指引伟大的实践。中国特色社会主义理论体系与改革开放之间的关系，深刻体现着理论与实践之间的辩证关系。

解放思想、实事求是、与时俱进，是马克思主义活的灵魂，是我们党的根本思想路线，是我们适应新形势、认识新事物、完成新任务的根本思想武器。在新的历史时期，我们党始终如一地坚持这一马克思主义的思想路线，不断探索和回答什么是社会主义、怎样建设社会主义，建设什么样的党、怎样建设党，实现什么样的发展、怎样发展等重大理论和实际问题，成功地实现了认识上和实践上的伟大突破，实现了我们党在新时期从实践到理论、再从理论到实践的一系列伟大的创新。胡锦涛同志在党的十七大报告中强调，"改革开放以来我们取得一切成绩和进步的根本原因，归结起来就是：开辟了中国特色社会主义道路，形成了中国特色社会主义理论体系。高举中国特色社会主义伟大旗帜，最根本的就是要坚持这条道路和这个理论体系。"中国特色社会主义理论体系，是包括邓小平理论、"三个代表"重要思想以及科学发展观等重大战略思想在内的科学理论体系。这是我们党在建设中国特色社会主义实践中相继形成的马克思主义中国化理论的最新成果系统化，充分体现了我们党在新时期的实践和理论创新既是一脉相承、一以贯之，又是充满创造活力、不断向前发展的。

党的十一届三中全会以来，以邓小平同志为主要代表的中国共产党人，在和平与发展成为时代主题的历史条件下，以巨大的政治勇气和理论勇气，解放思想、实事求是，继承了我党走自己的路的革命传统，在总结当代社会主义正反两方面经验的基础上，在我国改革开放的崭新实践中，围绕着"什么是社会主义、怎样建设社会主义"这个基本问题，把马克思主义基本原理和中国社会主义现代化建设的实际相结合，系统地初步回答了在中国这样的经济文化比较落后的国家如何建设社会主义、如何巩固和发展社会主义的一系列基本问题，正确把握了我国现实社会的历史方位和主要矛盾，明确提出了党在社会主义初级阶段的基本路线，解决了立国之本、强国之路、兴国之要这一系列带有根本性的问题。

党的十三届四中全会以来，以江泽民同志为主要代表的中国共产党人，在新的历史发展时期，把马克思主义的基本原理与当代中国实际和时代特征进一步结合起来，不断创新和丰富发展邓小平理论。在建设中国特色社会主义新的实践中，坚持以发展着的马克思主义指导发展着的实践，准确把握时代特征，科学判断党所处的历史方位，紧紧围绕建设中国特色社会主义这个主题，集中全党智慧，总结实践经验，以马克思主义的巨大理论勇气进行理论创新，进一步回答了什么是社会主义、怎样建设社会主义的问题，创造性地回答了在长期执政的历史条件下建设什么样的党、怎样建设党的问题，深化了我们对中国特色社会主义事业和加强党的建设的规律的认识。这反映了我们党更加自觉地进入了从新的历史高度来认识自己、完善自己、全面加强自己这样一种清醒和自觉。在这个过程中，明确解决了立党之本、执政之基、力量之源这一系列带根本性的问题。

进入 21 世纪之后，国际形势发生了深刻变化，国内改革发展也进入了关键时期，我们党面临新的挑战。党的十六大以来，以胡锦涛同志为总书记的党中央，抓住机遇，应对挑战，立足新世纪中国改革开放和现代化建设的关键问题，继续把马克思主义基本原理与当代中国实际相结合，在推进中国特色社会主义的实践中，解放思想，开拓创新，全面系统地继承和发展了马克思列宁主义、毛泽东思想、邓小平理论、"三个代表"重要思想关于发展的重要思想，依据我国仍处于并将长期处于社会主义初级阶段而又进到新的历史起点的发展阶段，进一步回答了新世纪新阶段我国需要什么样的发展和怎样发展的重大问题，并在发展问题上提出以人为本、为了人的全面发展和社会的全面发展以及人口资源环境的可持续发展等新思想。既着眼于把握发展规律、创新发展理念、转变发展方式、破解发展难题，又着力于推进党的执政方式和社会管理方式的转变，科学回答了发展目的、发展动力、发展方式等一系列带根本性的问题。

正如党的十七大报告所强调的，中国特色社会主义理论体系坚持和发展了马克思列宁主义、毛泽东思想，凝结了几代中国共产党人带领人民不懈探索实践的智慧和心血，是马克思主义中国化的最新成果，是党最可宝贵的政治和精神财富，是全国各族人民团结奋斗的共同思想基础。在当代中国，坚持中国特色社会主义理论体系，就是真正坚持马克思主义。

理论与实践的互动是一个永无止境的历史过程。中国特色社会主义理论体系形成和发展于改革开放的伟大实践，又指导改革开放的伟大实践。我们一定要牢记这一理论与实践的辩证关系，继续解放思想，坚持改革开放，在深入贯彻落实科学发展观的新实践中进一步坚持和发展中国特色社会主义理论体系。

30年的伟大历程，30年的宝贵经验，30年的辉煌成就。抗震救灾斗争以一种特殊的方式全面检阅和展示了我国改革开放30年的伟大成就；北京奥运会的成功举办，则向世界展示了改革开放30年中国、中国人民的激情与梦想，生机与活力。30年的伟大实践充分证明，改革开放是决定当代中国命运的关键抉择，是发展中国特色社会主义、实现中华民族伟大复兴的必由之路；只有社会主义才能救中国，只有改革开放才能发展中国、发展社会主义、发展马克思主义。30年的伟大实践充分证明，改革开放符合党心民心、顺应时代潮流，方向和道路是完全正确的，成效和功绩不容否定，停顿和倒退没有出路。30年的伟大实践充分证明，高举中国特色社会主义伟大旗帜、坚持中国特色社会主义道路、掌握中国特色社会主义理论体系，当代中国、整个中华民族，就能走向繁荣富强和共同富裕的康庄大道。

为隆重纪念改革开放 30 周年,中央宣传部、新闻出版总署组织了《强国之路——纪念改革开放 30 周年重点书系》,目的在于从历史的角度,展示中国共产党领导的伟大实践、中国人民的伟大创造精神、改革开放 30 年的伟大历程和辉煌成就,总结改革开放 30 年的宝贵经验,探索人类社会发展规律、社会主义建设规律、中国共产党执政规律;宣传中国特色社会主义,宣传中国特色社会主义理论体系,从而深化党的基本理论、基本路线、基本纲领、基本经验教育,使全党全国各族人民提高坚持党的十一届三中全会以来的理论和路线方针政策的自觉性和坚定性,进一步坚定在新的历史条件下继续推进改革开放、走中国特色社会主义道路的决心和信心,为继续解放思想、坚持改革开放、推动科学发展、促进社会和谐营造良好氛围,为夺取全面建设小康社会新胜利、开创中国特色社会主义事业新局面提供强大思想保证,激励和鼓舞全党全国各族人民万众一心为夺取全面建设小康社会新胜利而努力奋斗。

纪念改革开放 30 周年,是全面贯彻落实党的十七大精神的重要举措,是党和国家政治生活中的一件大事。该套书系内容系统、全面,立足经济社会发展全局,从历史的角度全方位回顾和再现改革开放 30 年来中国社会的发展变化,具有较强的全局性和立体感;立足改革开放 30 年理论与实践中的一系列重点、热点、难点问题进行理论分析和学术探讨,具有较强的思想性和学术性;关注相关行业或领域,理论联系实际,以点带面,进行理论探索和经验总结,具有较强的针对性和现实感。书系客观真实地记录了改革开放 30 年波澜壮阔的历史场景，全面回顾了 30 年改革开放的伟大实践，记录了 30 年来马克思主义中国化的历史进程，展示了 30 年来中国社会、中国人民、中国共产党面貌所发生的深刻变化，宣传了 30 年改革开放成就和中国对人类社会发展和进步所做出的伟大贡献，总结了中国改革开放 30 年的历史经验，生动地阐释了中国特色社会主义理论体系。我认为，以书系的形式，全景记录我们这个时代的伟大精神和实践，是对历史负责，是对后人负责，也是为中华民族的文化宝库增加了一份珍贵的宝藏。她所载入的以改革开放为标志的时代精神，将永远在中华民族的文化历史中闪光。

目　录

总论 中国经济体制改革的回顾与展望

　　改革开放是决定当代中国命运的重大和关键抉择，是我们党在新的时代条件下带领人民进行的新的伟大革命。正是这场历史上从未有过的大改革、大开放，使一个面向现代化、面向世界、面向未来的社会主义中国巍然屹立在世界东方，使中华民族大踏步赶上时代前进潮流、迎来伟大复兴的光明前景。今年是改革开放30周年，全面回顾中国经济体制改革波澜壮阔的伟大历程和取得的辉煌成就，认真总结经过艰辛探索积累的丰富经验，深入研究面临的新形势和重大任务，对于坚定不移地继续推进改革开放，沿着中国特色社会主义的伟大道路奋勇前进，夺取全面建设小康社会和整个现代化事业的新胜利，具有十分重要的意义。

一、中国经济体制改革的伟大历史进程

　　改革开放30年来，我们党带领人民探索出了一条具有中国特色的经济体制变革道路。在30年中，从农村到城市、从东部地区到中西部地区、从经济领域到政治、文化、社会各个领域，全面改革的进程势不可当地展开，使我国成功地实现了从高度集中的计划经济体制到充满活力的社会主义市场经济体制、从封闭半封闭到全方位开放的伟大历史转折，使我国经济社会发生了历史性的巨大

变化。

（一）经济体制改革的重大进展

30 年来，我们党带领全国人民按照建设中国特色社会主义的总要求和社会主义市场经济改革的大方向，不断地进行理论创新和实践探索，全面推进和深化改革，在各个重要领域和关键环节都取得了重大进展。

——社会主义初级阶段基本经济制度已经建立

调整和完善所有制结构，确立我国社会主义初级阶段的基本经济制度，是经济体制改革的重要关键。概括地说，就是从改革前"一大二公"的单一公有制经济转变到实行以公有制为主体、多种所有制经济共同发展的基本经济制度。1979 年党的十一届四中全会第一次明确地提出："国营经济和集体经济是我国基本的经济形式，一定范围的劳动者个体经济是公有制经济的必要的补充。" 1987 年党的十三大进一步明确指出："以公有制为主体发展多种所有制经济，以至允许私营经济的存在和发展，都是由社会主义初级阶段生产力的实际状况决定的。"这极大地推进了所有制改革，在坚持公有制主体地位的同时，个体、私营经济等其他多种所有制经济得到了很大发展。1997 年党的十五大在总结改革经验的基础上更加明确地提出："以公有制为主体、多种所有制经济共同发展，是我国社会主义初级阶段的一项基本经济制度"。1999 年九届全国人大二次会议通过的《中华人民共和国宪法修正案》明确规定："国家在社会主义初级阶段，坚持公有制为主体、多种所有制经济共同发展的基本经济制度"。至此，我国社会主义初级阶段的基本经济制度郑重地载入《宪法》这一国家根本大法。2002 年党的十六大和 2007 年党的十七大都提出了要坚持和完善这一基本经济制度，强调要"毫不动摇地巩固和发展公有制经济"，"毫不动摇地鼓励、支持、引导非公有制经济发展"。并强调：积极推行公有制的多种有效实现形式，使股份制成为公有制的主要实现形式；建立健全现代产权制度；坚持平等保护物权，形成各种所有制经济平等竞争、相互促进的新格局。理论的创新大大推动了改革的实践。30 年来，我国所有制的结构变化十分明显：公有制经济比重下降较多，但依然保持主体地位；非公有制经济比重大幅上升。据国家统计局测算，从 1978 年到 2007 年，我国公有制经济（包括国有经济和集体经济）在国内生产总值中的比重由 94.7% 下降到 60% 左右；非公有制经济占国内生产总值的比重则由 5.3% 上升到 40% 左右。从国民经济总体来看，公有制经济仍然保持主体地位；在关系国计民生的关键性行业和支柱产业中，国有经济仍居于支配地位；在一些重要行业，国有经济保持着相当的比重。非公有制经济的迅速发展，对经济快速增长、扩大社会就业、活跃城乡市场、增加财政收入等，发挥着愈益明显的作用。

——资源配置方式实现了转换

我国经济体制改革的核心，是处理好计划和市场的关系。计划和市场都是经济运行的调节手段。改革前，长期实行高度集中的计划经济体制，计划是经济运行和资源配置的唯一手段。1978 年党的十一届三中全会以后，经济体制改革按照市场取向的目标持续推进，市场机制作用不断增强。党的十二大指出，"计划经济为主，市场调节为辅"，开始提出对高度集中的计划经济体制进行改革。党的十三大进一步指出，社会主义有计划商品经济体制应该是"计划与市场内在统一的体制"，提出实行"国家调节市场，市场引导企业"的新型经济运行机制。从此，市场机制对经济运行的调节作用得到进一步发挥，市场取向改革的目标更加明确。1992 年邓小平同志在南方谈话中强调："计划多一点还是市场多一点，不是社会主义与资本主义的本质区别。计划经济不等于社会主义，资本主义也有计划；市场经济不等于资本主义，社会主义也有市场。计划和市场都是经济手段。"这个重大论断，从根本上解除了把计划经济和市场经济看做属于社会基本经济制度范畴的思想束缚，澄清了在计划与市场的性质上多年来争论不休的问题，为社会主义市场经济理论的建立奠定了基础。1992年党的十四大确定把"建立社会主义市场经济体制"作为我国经济体制改革的目标，并指出，我们要建立的社会主义市场经济体制，就是要使市场在社会主义国家宏观调控下对资源配置起基础性作用，使经济活动遵循价值规律的要求，适应供求关系的变化，实现优胜劣汰；同时也要看到市场有其自身的弱点和消极方面，必须加强和改善国家对经济的宏观调控。1993年，"国家实行社会主义市场经济"被郑重地载入《宪法》。至此，市场取向的经济体制改革及其运行机制最终确立了主导和方向性地位。党的十五大、十六大都重申，要充分发挥市场对资源配置的基础性作用，并加强和完善宏观调控。党的十七大进一步明确提出，要深化对社会主义市场经济规律的认识，从制度上更好地发挥市场在资源配置中的基础性作用，形成有利于科学发展的宏观调控体系。这标志着市场配置资源已进入制度化的新阶段。经过30年改革，我国在资源配置方式上基本实现了由国家计划配置为主向市场配置为主的转变。这对增强经济活力、促进经济持续快速健康发展已经并将发挥重要的作用。

——适合生产力发展要求向农村经济体制基本建立

我们党全面把握国内外发展大局，尊重农民首创精神，率先在农村发起改革。农村改革是我国经济体制改革的突破口。农村改革是从对人民公社的经营管理体制改革入手、实行农业的家庭承包经营开始的。1978年年底，"大包干"首先在安徽兴起，并逐步向全国推开。到 1984 年，全国农村基本上确定了以家庭承包经营为基础、统分结合的双层经营体制。随着政社分开、撤社建乡工作的开展，彻底废除了人民公社体制。此后，改革重点是鼓励农民面向市场，发展商品经济，确定农户独立的市场主体地位；进行农产品流通体制改革，逐步取消国家对农产品的统购派购制度；发展农村多种所有制经济，特别是乡镇企业异军突起和迅速发展壮大，小城镇蓬勃发展，成为农村经济的主体力量和国民经济的重要组成部分。党的十四大之后，农村改革向社会主义市场经济体制转变。党的十六大以来，农村改革着眼于从根本上解决城乡二元结构和"三农"问题。一是实行农村税费改革。在 2000 年安徽试点的基础上，逐步扩大范围，到 2006 年在全国范围内全面取消农业税，终结了中国延绵 2600 多年的种地交"皇粮国税"的历史。在此基础上，实行增加对农民的直接补贴，包括种粮直补、良种补贴、购置农机具补贴和农资综合直补。二是大力推进农村综合改革。从 2005 年试点开始，全国农村相继进行了以乡镇机构、农村义务教育管理体制和县乡财政管理体制改革为主要内容的农村综合改革，取得了明显进展。三是深化粮食流通体制改革。从 2004 年开始，国家全部放开粮食购销市场和价格，实行粮食购销市场化、经营主体多元化，粮食流通体制改革取得突破性进展。经过 30 年的改革，基本形成了适合我国国情和生产力发展要求的农村经济体制。农村改革的伟大实践，使我国农村发生了翻天覆地的历史性巨变。更为重要的是，为建立我国社会主义初级阶段的基本经济制度和社会主义市场经济体制探索了成功之路。

　　——国有企业改革取得重大进展

　　国有企业改革是我国经济体制改革的中心环节。30 年来国有企业体制和经营机制改革大体经历了四个阶段。第一阶段，从 1978

年到 1984 年，以扩权让利为重点，实行企业利润留成制度，调整国家与企业的利益分配关系。根据不同行业、不同企业的具体情况，实行不同的利润留成比例。从 1983 年开始，分两步进行利改税，规范国家和企业的分配关系。第二阶段，从 1985 年到 1993 年，以承包经营责任制为重点，实行企业所有权与经营权适当分离，确立企业的市场主体地位。同时，还进行了股份制试点。扩大企业经营自主权，调动了企业和职工的积极性。第三阶段，从 1994 年到 2002 年，以建立现代企业制度为重点，实行规范的公司制改革，转化企业经营机制。这极大地促进了现代企业制度的建立和完善，推动了国有企业的改革和发展。第四阶段，从 2003 年以来，大部分国有企业改为多元股东持股的公司制企业，一批国有企业公开发行股票并在境内外上市；国有经济布局和结构调整取得重大进展，国有经济更多地向关系国民经济命脉的重要行业和关键领域集中，向大公司大企业集团集中，增强了国有经济的控制力和影响力。逐步建立了中央政府和地方政府分别代表国家履行出资人职责，享有所有者权益，管资产和管人、管事相结合的国有资产管理体制。

——新型宏观调控体系逐步健全

宏观经济管理体制改革是经济体制改革的重要组成部分。从总体上来看，宏观经济体制改革经历了一个"破"与"立"相结合的过程。一方面，打破了高度集中的传统管理体制，实现简政放权，打破国家对企业的"大锅饭"，形成竞争机制；另一方面，逐步建立适应社会主义市场经济要求的宏观调控体系。在党的十四大以前，改革主要是简政放权和打破"大锅饭"，给农民生产经营自主权，扩大企业自主权，逐步把企业推向市场，扩大地方经济管理权限。党的十四大之后，改革主要是转变政府职能，完善宏观调控体系，相继推出了财税、金融、外汇、投资、计划等体制的重大改革，取得了显著成效。在金融体制改革方面，建立多元化银行体系，国有商业银行改革迈出重大步伐。1994 年组建国家政策性银行，成立了国家开发银行、中国农业发展银行和中国进出口银行。中国工商银行、中国银行、中国建设银行和交通银行相继完成股份制改造并成功上市。区域性股份制商业银行和城市商业银行等也不断改革和发展。资本市场基础性制度得到加强。2005 年启动了上市公司股权分置改革试点，并在两年的时间里基本完成。保险业实施了一系列重要改革，大力推进国有保险公司股份制改造，促进了保险业迅速发展。利率市场化改革稳步推进。外汇管理体制改革不断深入。从 1994 年开始，实行以市场供求为基础的、单一的、有管理的浮动汇率制度。2005 年 7 月开始实行以市场供求为基础，参考一揽子货币进行调节、有管理的浮动汇率制度。同时，建立中央银行调控体系，金融监督管理得到加强。在财税体制改革方面，从 1980 年起，实行"划分收支、分级包干"的办法，即"分灶吃饭"体制。1985 年实行"划分税种、核定收支、分级包干"的体制。1994 年启动了分税制财政体制改革。分税制改革确立了在市场经济条件下中央与地方之间规范的事权和财力划分关系，调动了中央与地方两个积极性，增强了中央政府的宏观调控能力。2001 年以后，又进行所得税分享改革，完善出口退税机制。中央对地方的转移支付制度不断完善。税收体制改革取得重大进展，税收体系和结构不断完善。1994 年形成了以流转税和所得税为主体的复合制税收体系。此后，又按照"简税制、宽税基、低税率、严征管"的原则，积极稳妥地推进税制改革，统一了内外资企业所得税制度。预算管理制度改革不断深化。这些改革加强了财政资金使用的规范性、安全性和有效性。在投资体制改革方面：一是简化投资项目审批程序，逐步扩大企业和地方政府的投资决策权限。从 1984 年开始，对基本建设项目的审批环节从项目建议书、可行性研究报告、设计任务书、初步设计和开工报告五道，简化为只审批项目建议书和设计任务书（后改称可行性研究报告）。从 2001 年 11 月起，中央政府不再审批不需要中央政府投资、国家产业政策鼓励发展、国务院审批总投资限额以下的 5 类项目。2003 年以后，国家只审批关系经济安全等的重大项目和政府投资项目及限制类项目，其他项目由审批制改为备案制。对企业投资实行核准制和备案制，进一步确立了企业在投资活动中的主体地位。特别是加入世贸组织后，向国外资本放开的投资领域逐步增加，审批手续大大简化，国家审批的限额也不断提高。同时，制定和实施了鼓励民间投资的政策措施。二是积极推进融资体制改革。取消了国有银行固定资产贷款规模限制，基本实现了银行自主审贷。证券市场迅速发展，直接融资规模逐步扩大。融资租赁、项目融资、风险投资等新型投融资方式迅速发展。这些改革，促进了储蓄向投资的转化，推动了社会投资的发展。三是大力改革项目建设管理体制。初步建立了建设项目法人责任制、投资项目资本金制、招标投标制、工程监理制和合同管理制等，对于控制工程造价、保证合理工期、提高工程质量，都发挥了重要作用。经过 30 年的改革，打破了传统计划经济体制下高度集中的投融资管理模式，初步形成了投资主体多元化、投资决策分层化、投资方式多样化、融资渠道多元化、建设实施市场化和投资管理间接化的新格局。在计划体制改革方面，1993 年以前，主要是大幅度缩小和改进指令性计划，使指导性计划逐步成为计划的主要形式，较大程度地发挥了市场机制的作用。1993 年以来，计划体制改革进入了以建立社会主义市场经济新型计划体制为主要内容的制度创新阶段，健全了国家计划和财政政策、货币政策等相互配合的宏观调控体系。计划体制改革的深化和计划职能的转变，有力地保障了宏观调控目标和发展任务的实现。

——现代市场体系全面构建

建设统一开放、竞争有序的现代市场体系是完善我国社会主义市场经济体制的重要内容。30 年来，我国市场体系建设取得了显著进展。在商品市场建设方面，商品市场的现代化进程不断加快。生产资料市场与生活资料市场、现货市场与期货市场、批发市场与零售市场、城市市场与农村市场等共同发展，基本形成了多层次、多门类的商品市场体系和多条市场流通渠道、多种经营方式并存的商品市场格局。在要素市场建设方面，各类别要素市场的培育和建设力度加大，要素市场的框架已基本确立。产权市场逐步发展，在促进各类企业的产权流动和企业重组中发挥了作用。资本市场取得长足发展，货币市场、保险市场都有了很大发展。在价格改革方面，绝大多数商品和服务价格实现了市场定价，要素市场方面也有相当部分由市场供求调节。此外，统一开放的市场格局不断形成和巩固，市场竞争秩序不断规范；相关的法律法规体系、现代社会信用体系、信息服务体系等逐步建立。现代市场体系不断健全和完善，使市场在资源配置中发挥了基础性作用。

——收入分配制度发生根本变化

党的十一届三中全会以后，以农村普遍实行家庭联产承包责任制为突破口，在"大包干"中实行"缴够国家的、留够集体的、剩下都是自己的"分配方式。1984 年改革的重点转向城市，实行以承包为主的多种形式的经济责任制，在城市进一步贯彻按劳分配原则。1987 年党的十三大确立了以按劳分配为主体、多种分配方式并存的分配制度。在 1993 年党的十四届三中全会通过的《中共中央关于建立社会主义市场经济体制若干问题的决定》中明确提出，允许属于个人的资本等生产要素参与收益分配，提出在处理公平与效率的关系问题上应坚持"效率优先、兼顾公平"的原则。1997
年党的十五大进一步提出,允许和鼓励资本、技术等生产要素参与
收益分配,同时把按劳分配和按生产要素分配结合起来。2002 年党
的十六大确立了劳动、资本、技术和管理等生产要素按贡献参与分
配的原则。针对收入分配中出现的新问题,2007 年党的十七大提
出,初次分配和再分配都要处理好效率和公平的关系,再分配更加
注重公平;逐步提高居民收入在国民收入分配中的比重,提高劳动
报酬在初次分配中的比重。这是对我国收入分配制度内涵的丰富和
完善。经过 30 来的改革创新和实践,我国高度集中的平均主义分
配体制已被打破,以按劳分配为主、多种分配方式并存,各种生产
要素按贡献参与分配的收入分配制度基本建立。

　　——中国特色社会保障制度基本形成

　　社会保障制度是社会主义市场经济体制的重要支柱。1984 年党
的十二届三中全会提出以城市为重点推进整个经济体制改革,拉开
了社会保障制度改革的序幕。党的十四大明确把社会保障制度改革
作为整个经济体制改革的四大环节之一。党的十四届三中全会进一
步明确了社会保障制度改革的目标和原则,提出养老、医疗保险制
度改革实行社会统筹与个人账户相结合的原则。党的十五届五中全
会提出了建立独立于企业事业单位之外、资金来源多元化、保障制
度规范化、管理服务社会化的社会保障体系建设目标。2007 年党的
十七大进一步明确,到 2020 年基本建立覆盖城乡居民的社会保障
体系,人人享有基本生活保障。经过多年的改革与建设,基本形成
了中国特色的社会保障体系框架。城镇基本养老保险制度已经建立
并不断完善。城乡基本医疗保障体系初步形成,在建立城镇职工基
本医疗保险制度的基础上,逐步建立城镇居民基本医疗保险制度和
新型农村合作医疗制度。失业保险、工伤保险、生育保险制度普遍

建立并不断完善。以建立城乡居民最低生活保障制度为重点，城乡社会救助体系进一步完善。目前，我国城镇普遍建立了比较完善的居民最低生活保障制度，农村也于 2007 年全面建立居民最低生活保障制度。同时，农村"五保"制度和城乡救助、医疗救助等制度也不断健全。

——对外开放不断扩大

邓小平同志曾精辟地指出，改革是发展的动力，对外开放也是改革。推进对外开放是我国经济体制改革的重要组成部分。30 年来，我国对外开放不断向广度和深度拓展。一是实行全方位、宽领域、多层次对外开放。1980 年，深圳、珠海、汕头、厦门 4 个经济特区的设立，是我国对外开放进程的重大举措。1984 年，进一步开放大连、秦皇岛等 14 个沿海港口城市，同时在这些城市兴办经济技术开发区。1985 年年初，又确定将长江三角洲、珠江三角洲、闽南厦漳泉三角地区以及胶东半岛、辽东半岛开辟为经济开放区。1988 年，兴办海南经济特区。1990 年，做出了开发开放上海浦东的重大战略决策。这样，在广阔的沿海地区形成开放地带。全方位对外开放地域格局基本形成。加入世贸组织之后，对外开放从区域为主转向产业为主，开放领域由第一、二产业为重点向第三产业渐进展开，由开放传统的货物贸易向开放服务贸易延伸。二是积极有效地利用外资。从 1979 年开始，我国陆续制定了《中外合资经营企业法》、《中外合作经营企业法》、《外商投资企业法》等法律法规，为营造一个有利于外商投资的环境奠定了法制基础。1986 年国务院发布《关于鼓励外商投资的规定》，进一步明确了对外商投资企业在所得税、土地等方面的优惠政策。1992 年以后，利用外资的领域和范围不断拓宽，政府有关部门陆续出台了引导外资投向基础设施、基础产业和企业技术改造，投向中西部地区的政策和措施。

三是推进涉外经济体制改革。从 20 世纪 80 年代中期开始，主要是进行包括出口体制和进口体制在内的全面改革，加快外贸体制综合配套改革。我国加入世贸组织后，进一步放开外贸经营权，大幅度降低关税，取消进口配额、许可证等非关税措施，提高贸易和投资的自由化、便利化程度，加快内外贸一体化进程。四是实施"走出去"战略。"引进来"与"走出去"是我国对外开放的两个重要方面。目前，我国在对外承包工程、对外援助、劳务合作和境外投资（包括资本投资）等方面都取得了重要进展。

（二）改革推动经济社会发生巨大变化

在气势磅礴的改革开放推动下，我国在经济、政治、文化、社会等各个领域、各个方面都取得了巨大进步，创造了举世瞩目的辉煌成就。

——社会生产力获得大解放大发展

在伟大的改革开放推动下，我们这样一个人口众多、贫穷落后的发展中大国，以世界上罕见的速度迅速发展起来，工业化、信息化、城市化快速推进，产业结构不断提升，科技进步和自主创新能力明显提高，经济实力、综合国力显著增强，城乡面貌日新月异。1979 年到 2007 年，我国国内生产总值从 2165 亿美元增长到 3 万亿美元，按可比价格计算，增长了近 14 倍，年均增长 9.8%，远远高于同期世界经济平均 3% 左右的增长速度，经济总量跃升至世界第四位；人均国内生产总值增加了 40 多倍，年均增长 8%，超过美国、日本黄金发展期曾经达到的速度。粮食、棉花、肉类、钢铁、煤炭、化肥、水泥等百余种主要农产品和工业品产量居世界首位。财政收入增长了 40 多倍。中国经济建设的成就受到国际社会的广泛称赞。美国著名经济学家、前世界银行副行长、诺贝尔奖获得者斯蒂格利茨教授说，"以我的全部经济学知识，我可以说，在人类历史上，还从来没有如此大的一个国度，在如此短的时间内实现了如此高的增长"。同时，"中国奇迹"、"中国模式"成为国际政界、学术界和国际舆论广为关注的热点问题。

——中国大踏步赶上时代进步潮流

邓小平同志曾指出："我们要赶上时代，这是改革要达到的目的。"由于实行改革开放，我国成功地抓住了在世界范围内蓬勃兴起的新科技革命浪潮这一历史机遇，顺应国际产业大转移、资本大流动的全球化趋势，积极参与国际经济合作与交流。特别是加入世界贸易组织后，我国更加广泛地参与经济全球化，在维护国际贸易体系平衡、参与制定世界贸易规则、推动建立公平公正的世界经济新秩序等方面发挥了重要作用。从 1979 年到 2007 年，我国对外贸易额由 109 亿美元增加到 21738 亿美元，成为世界第三大贸易国；累计吸收国外直接投资 7745 亿美元，吸引外资规模连续 14 年居发展中国家首位。大量劳动密集型产品的出口，既促进了中国经济的发展，也为发达经济国家进行产业结构升级拓展了空间。2006 年，我国对世界贸易增长的贡献率达到 12%，对世界经济增长的贡献率超过了 11%。目前我国已经成为美国、欧盟和东盟的第四大出口市场、日本的第二大出口市场、韩国的第一大出口市场。改革开放把一个封闭和半封闭的中国融入全球化；又使一个开放的中国成为推动全球化的重要力量，成为世界经济增长的重要引擎。

——城乡人民生活水平显著提升

在改革开放促进经济大发展的基础上，全国人民生活实现了从温饱不足到总体小康的历史飞跃。从 1979 年到 2006 年，城镇居民家庭人均可支配收入由 343 元增加到 11759 元，农村居民家庭人均纯收入由 134 元增加到 3587 元。全国居民消费支出，扣除物价因素，增长了 6.5 倍。反映居民家庭富裕程度的恩格尔系数，城市居民家庭从 57.5% 稳步下降到 35.8%，农村居民家庭从 67.7% 下降到 43%。食品支出占比的下降，使城乡居民能够把更多的收入用于改善居住、出行、健康和娱乐条件，以享受更高质量的生活，实现人的全面发展。居民家庭拥有的财富也在快速增长。电视机、电冰箱、洗衣机、电话等，在城镇地区已经全面普及，手机、汽车、电脑成为新的消费热点。城镇居民人均住房面积从 1978 年 6.7 平方米增加到 2005 年 26.1 平方米，农村居民人均住房面积从 8.1 平方米增加到 2006 年 30.7 平方米，分别增长了 2.9 倍和 2.8 倍。从 1978 年到 2007 年，城乡居民人民币储蓄存款由 210.6 亿元增加到 172534 亿元。30 年来，中国农村贫困人口从 2.5 亿人减少到 2000 多万人。按照世界银行的统计，过去 25 年来全球脱贫所取得的成就中，约 67% 归功于中国。这不仅为中国人民带来了福祉，也是对整个人类的巨大贡献。

——政治、文化和社会建设全面进步

改革开放以来，我国政治建设、文化建设、社会建设等各项事业也取得重大进步，人们的精神面貌、整个社会的面貌都发生了巨大变化。一是政治建设不断取得新进步。人民代表大会制度、政治协商制度不断完善，立法和依法行政不断加强，民主法治观念、自由平等观念、公平正义观念普遍增强，公众参与公共决策的渠道不断拓宽，党和政府决策的民主化和科学化水平不断提高，社会监督、舆论监督力度不断加大。二是文化建设不断开创新局面。国家对文化事业的投入大幅增加，文化产业规模不断扩大，中国文化在世界的影响力进一步增强。人民精神文化生活丰富多彩，文化创作活跃繁荣。体育事业不断发展，我国已成为世界体育大国。三是社会建设不断展开。各级各类教育迅速发展。我国已经普及了九年制义务教育，农村免费义务教育全面实现；初中升高中的升学率也由

1980 年的 45.9% 提高到 2006 年的 75.7%。2006 年高等教育学生规模达到 2500 万人，居世界第一位，总入学率提高到 22%。公共卫生体系和基本医疗服务不断健全，人民健康水平不断提高。我国人均预期寿命由 1978 年的 68 岁提高到 2005 年的 73 岁，对于我们这样一个拥有 13 亿人口的发展中国家来说确实是了不起的成就。就业规模日益扩大，在劳动力总量增加较多、就业压力很大的情况下，保持了就业形势的基本稳定。社会保障体系建设不断加强和完善。社会管理逐步完善，社会长期稳定，人民安居乐业。30 年来，我国国际地位和影响力不断提升。

改革开放的伟大成就不仅表现为我国经济社会已经发生的巨大变化，而且还在于构筑了符合我国国情、有利于持续发展的体制基础，为实现国家现代化和中华民族伟大复兴提供了有力的体制保障。特别是我们党在改革开放伟大实践中，坚持把马克思主义基本原理同推进马克思主义中国化结合起来，形成了包括邓小平理论、"三个代表"重要思想以及科学发展观等重大战略思想在内的中国特色社会主义理论体系。这是最重要、最可宝贵的政治和精神财富，是全国各族人民团结奋斗、加快推进国家现代化、实现民族伟大复兴的共同思想基础。

二、深化对经济体制改革丰富经验的认识

30 年来经济体制改革的伟大实践积累了极为丰富的经验，尤其是以下九个方面经验十分宝贵。

（一）坚持立足基本国情，坚定走中国特色社会主义道路

党的十七大报告指出，改革开放以来我们取得一切成绩和进步

的根本原因，归结起来就是：开辟了中国特色社会主义道路，形成了中国特色社会主义理论体系；高举中国特色社会主义伟大旗帜，最根本的就是要坚持这条道路和这个理论体系。这是总结改革开放伟大历史进程得出的根本结论。党的十一届三中全会以来，我们党正确分析国情，做出我国还处于并长期处于社会主义初级阶段的科学论断。这个论断，包括两层含义：第一，我国社会已经是社会主义社会，我们必须坚持而不能离开社会主义；第二，我国的社会主义社会还处在初级阶段，必须不断发展和完善。正确认识我国现在社会的性质和处于的历史阶段，是建设和发展中国特色社会主义的首要问题，是我党制定和执行正确路线和政策的根本依据。正是由于我们党对社会主义初级阶段这个中国最大、最基本国情的清醒认识和准确把握，才成功地开辟了中国特色社会主义的伟大道路。

中国特色社会主义道路之所以完全正确、之所以能够引领中国发展进步，关键在于我们既坚持了科学社会主义的基本原则，又根据我国实际和时代特征赋予其鲜明的中国特色。而实行改革开放正是建设中国特色社会主义的具体体现和生动实践。一方面，在改革中坚持社会主义，坚持四项基本原则，坚持通过解放和发展生产力完善社会主义制度，确保改革开放沿着社会主义的正确方向前进；另一方面，又在社会主义道路上实行改革开放，对原来僵化、缺乏活力的旧体制进行全面的变革，使之更好地体现社会主义制度的优越性，增强社会主义的吸引力。把改革定位于社会主义制度的自我完善和发展，因而在保持社会主义基本制度的前提下，改革生产关系和上层建筑中不适应生产力发展的环节和方面，其宗旨就是为了发挥社会主义制度优越性，创造出比资本主义更加先进的生产力。同样，开放也是为了发展，是为了学习国外先进的经验，更好更快地发展生产力。正是以发展生产力和"强国富民"为目的，把坚持改革开放与坚持四项基本原则有机统一起来。改革开放的伟大实践充分证明：中国特色社会主义是当代中国共产党人认识世界、改造世界的强大思想武器，是指引中华民族实现伟大复兴的科学世界观和方法论，是引领我们不断推进中国发展进步的伟大旗帜。因此，在当代中国，真正坚持科学社会主义，就必须坚持中国特色社会主义道路。

（二）坚持不断解放思想，鼓励大胆探索和实践

解放思想、实事求是是我们党的思想路线，是适应新形势、应对新挑战、认识新事物、完成新任务、发展中国特色社会主义的一大法宝。只有坚持解放思想，一切从实际出发，敢于破除迷信，坚决冲破不合时宜的观念束缚，尊重群众首创精神，鼓励大胆探索、实践和创新，与时俱进，才能使社会主义现代化事业充满生机和活力。邓小平同志曾经深刻地指出："一个党，一个国家，一个民族，如果一切从本本出发，思想僵化，迷信盛行，那它就不能前进，它的生机就停止了，就会亡党亡国。"改革开放的伟大历史进程，始终是解放思想的过程、理论创新的过程、实践创新的过程。30 年来的一条基本经验，就是以思想大解放和观念大转变，推进改革开放大突破，推进中国经济社会大发展。在改革开放之初，我们开展"实践是检验真理的唯一标准"大讨论，恢复了实事求是的思想路线，打破了"两个凡是"僵化思想的束缚，从而开启了改革开放的伟大事业，闯出了一条中国特色社会主义的正确道路。1992 年邓小平同志提出"社会主义也可以搞市场经济"的重要思想和"三个有利于"的判断标准，打破了姓"资"姓"社"的僵化思维模式，极大地推进了社会主义市场经济的改革和发展，成功地实现了把社会主义与市场经济结合起来的伟大创举。可以说，没有思想解放，就没有改革开放和社会主义现代化建设的巨大成就，就没有中国特

色社会主义的重大发展。社会实践永无止境，解放思想永无止境。在今后整个社会主义现代化事业中，都要坚持解放思想、实事求是、与时俱进，当前特别要更加自觉地把继续解放思想落实到坚持改革开放、推动科学发展、促进社会和谐上来，使中国特色社会主义道路越走越宽广。

（三）坚持市场取向，实行社会主义市场经济的改革不动摇

实行市场取向改革，发展社会主义市场经济，是中国特色社会主义关键支柱和鲜明标志。30 年的改革开放，正是坚持社会主义市场经济改革方向、建立和完善社会主义市场经济体制的历程。在1984 年党的十二届三中全会通过的《中共中央关于经济体制改革的决定》中，提出了实行有计划商品经济的论断，并指出商品经济的充分发展，是社会经济发展不可逾越的阶段，这是推进市场取向改革的重要论断。1992 年党的十四大进一步明确确立了社会主义市场经济体制的改革目标。1993 年党的十四届三中全会的《中共中央关于建立社会主义市场经济体制若干问题的决定》，围绕建立社会主义市场经济体制做出了专门规划和部署。2003 年党的十六届三中全会通过的《中共中央关于完善社会主义市场经济体制若干问题的决定》，又进一步提出了完善社会主义市场经济体制的奋斗目标，强调要更大程度地发挥市场在资源配置中的基础性作用，增强企业活力和竞争力，健全国家宏观调控体系，完善政府社会管理和公共服务职能，健全现代市场体系，为全面建设小康社会提供强有力的体制保障。这一系列重大决定使我国改革坚定地沿着社会主义市场经济的方向不断前进和深入发展。同时，改革开放的丰富实践也充分证明，只有坚持社会主义市场经济的改革方向，在社会主义条件下发展市场经济，使经济活动遵循价值规律、市场规律的要求，才能不断解放和发展社会生产力，增强综合国力，提高人民生活水

平,才能更好地实现国家现代化。当前和今后一个时期,整个改革仍处于攻坚阶段,改革任务繁重而艰巨,必须把坚持社会主义基本制度同发展市场经济有机结合起来,坚持社会主义市场经济的改革方向,从制度上更好地发挥市场在资源配置中的基础性作用,着力构建充满活力、富有效率、更加开放、有利于科学发展的体制机制。

(四) 坚持注重制度创新,着力建设成熟的市场经济制度

体制创新和制度建设是经济体制改革的重要内容,也是从根本上实现由计划经济向社会主义市场经济体制转变的必然要求。改革不在体制创新和制度建设方面取得实质性重大进展,社会生产力发展中的体制性、机制性障碍就不可能被彻底消除,社会主义市场经济体制也不可能真正建立和完善起来。邓小平同志十分重视改革开放过程中的体制创新和制度建设。他多次指出,我们的改革是一场革命,是对体制的革命;不改革,不进行体制创新,很多问题的解决就没有出路。改革开放30年来,我们始终着眼于制度建设和体制创新,并取得重大进展和成效。这包括:着眼于完善基本经济制度,毫不动摇地巩固和发展公有制经济,坚持以公有制为主体,毫不动摇地鼓励、支持、引导非公有制经济发展,大力发展国有资本、集体资本和非公有资本等参股的混合所有制经济,使股份制成为公有制的主要实现形式,推进建立归属清晰、权责明确、保护严格、流转顺畅的现代产权制度;着眼于建立健全现代企业制度,不断深化国有企业公司制、股份制改革;着眼于完善宏观调控体系,不断推进财政、税收、金融、投资等体制改革和制度建设;着眼于完善按劳分配为主体、多种分配方式并存的分配制度,不断深化收入分配体制改革,健全劳动、资本、技术、管理等生产要素按贡献参与分配的制度;着眼于完善社会保障体系,不断推进基本养老保

险制度、基本医疗保险制度、失业保险制度、最低生活保障制度改革和建设。邓小平同志曾指出，制度问题更带有根本性、全局性、稳定性和长期性。这些制度建设不仅有利于巩固改革开放的成果，而且为今后又好又快发展提供了体制保障，有利于推动未来经济社会持续健康稳定发展。制度建设和体制创新是一个永无止境的过程，在今后的改革开放进程中，仍然需要抓住根本，注重制度建设和体制机制创新，使社会主义市场经济体制和各方面形成一整套更加成熟、更加定型的制度。

（五）坚持实行渐进式方略，有领导分步骤地推进改革

"摸着石头过河"，是渐进式改革方略的形象表述。这一改革方略的好处是，可以从试点开始，从局部开始，总结经验，发现问题，对了就坚持，逐步扩大；错了就纠正或者寻找其他办法。邓小平同志曾明确指出，对改革实践中的东西，"对的就坚持，不对的赶快改，新问题出来抓紧解决"。实行渐进式改革方略，是辩证唯物主义认识论的生动体现，也是对实践是真理唯一标准的充分运用。这不仅是因为改革无先例可循，无经验可鉴，通过渐进式改革可以积累经验，探索路子，以利于推进更大的改革；而且还在于渐进式改革可以避免社会出现大的震动，也可以使人民得到看得见的利益和好处，从而为进一步改革提供良好的社会环境和强大动力支持。30年来渐进式改革的成功表现在多个方面和领域。例如，改革先从农村起步，再逐步向城市推进。我国改革是从农村拉开序幕的，农村家庭联产承包责任制经过1979年在安徽、四川的试点后，逐步扩大在全国范围内推行。农村改革取得的明显成效，对城市改革产生了很好的示范效应。从1984年开始，改革在城市经济生活的各个层次展开并不断走向深入。又如，价格改革先在一段时期内实行价格"双轨制"，再逐步并轨后实行市场价格。我国的价格改

革经历了一个由计划内价格与计划外价格并行的价格"双轨"到市场价格"单轨"的过程。再如，改革目标逐步走向经济市场化。从1978年到1991年，改革主要特征是放权让利，在计划经济中引入市场机制。以党的十四大召开为标志，转入全面建立社会主义市场经济体制，市场化取向改革进程加快。对外开放也是先行试验，取得成功经验后再逐步深入推进。先在东南沿海一带开放，再推向沿海、沿边和内陆地区开放；由经济特区先行试验，再向全国逐步形成开放型经济体系。实践雄辩地证明，我国采取渐进式改革方略是十分必要、完全正确的。

（六）坚持统筹兼顾，协调推进各领域体制改革

中国特色社会主义是社会主义市场经济、社会主义民主政治、社会主义先进文化和社会主义和谐社会协调发展的伟大事业。中国改革是一个巨大的系统工程，不仅仅是经济体制改革，还包括政治、文化和社会等体制改革。在经济体制伟大变革向纵深推进的过程中，需要协调推进政治体制、文化体制和社会体制的改革。正如党的十七大报告所指出的，把推动经济基础变革同推动上层建筑改革结合起来，把发展社会生产力同提高全民族文明素质结合起来，把提高效率同促进社会公平结合起来。改革开放以来，在不断推进经济体制改革的同时，稳步推进政治体制改革。发展社会主义民主政治，建设社会主义法治国家，不断深化行政管理体制改革，为改革开放提供制度保证和法制保障。邓小平曾明确指出：改革的成功关键在于政治改革，不改革政治体制，就不能保障经济体制改革的成果，不能使经济体制改革继续前进，就会阻碍生产力的发展。在不断推进经济体制改革的同时，积极推进文化体制改革。30年来，我们党在各个改革时期都相应制定了文化改革的政策措施，有力地促进文化事业和文化产业协调发展，大力发展社会主义先进文化，建设社会主义精神文明，提高全民族文明素质，为经济社会发展提供了强大的精神动力和智力支持。在不断推进经济体制改革的同时，积极推进社会体制改革。坚持以人为本，以解决人民最关心、最直接、最现实的利益问题为重点，推进科技、教育、卫生等体制改革，大力发展社会事业，着力完善就业、收入分配和社会保障制度，保障和改善民生，通过实现社会公平来促进社会和谐，为改革开放和经济发展提供和谐稳定的社会环境。协调推进经济、政治、文化和社会体制改革，是我国改革取得巨大成功的宝贵经验，也是改革继续健康推进的重要保证，我们一定要始终坚持，更加自觉地协调推进中国特色社会主义事业的各项改革。

（七）坚持以开放促改革，做到改革与开放相互促进

邓小平同志曾精辟地指出，对外开放也是改革。改革是为了发展，开放也是为了发展，改革开放都是为发展服务。改革需要开放的推动力量，开放需要改革的体制保障，使这两者相辅相成、相互结合、相互促进，是我国改革开放成功的重要经验。实践证明，哪些地方开放得早，改革同开放结合得好，哪里经济体制改革的步伐就大，发展就快；哪些地方的改革不断深化，制度有所创新，哪里的对外开放就搞得好。最早设立的深圳等经济特区和以后陆续增加的开放城市和地区，不仅开放走在前面，而且在推进社会主义市场经济体制建设方面也先试先行，提供了丰富经验。30年来，我们在不断深化改革的同时，也不断扩大开放，以开放带动改革。开放是改革与发展的结合环节。随着对外开放不断扩大，原有体制的弊端也愈益显露出来，迫切要求加快改革。我国对外贸易迅速发展和吸收外资不断增加，直接推动着政府调节经济方式、政企关系、企业治理结构、外贸和外汇管理体制的变革，促进商品市场和各类生产要素市场的形成和发展。涉外经济法律法规的建立健全，成为社会

主义市场经济法律体系建设的推动力量和重要内容。在申请加入世界贸易组织过程中和加入世界贸易组织以后，我国涉外经济体制不断推进，相关法律法规和政策进一步修改完善，废止了一批行政审批事项，扩大了向民间资本开放的投资领域。与此同时，外贸、外资、外汇等管理体制改革又不断拓展对外开放的广度和深度。放开外贸经营权控制，使更多企业得以参与国际竞争，促进了对外贸易的持续发展。随着改革的深入推进，社会主义市场经济体制不断完善，将为"引进来"和"走出去"创造越来越好的外部环境，从而使我国对外开放不断提升到更高的水平。

（八）坚持牢牢把握大局，正确处理改革、发展、稳定的关系

改革、发展、稳定三者的关系，是关系我国现代化事业全局的重大关系。始终正确认识和处理这三者关系，是中国改革开放取得巨大成功的一条宝贵经验。坚持改革是动力、发展是目的、稳定是前提，坚持把改革的力度、发展的速度和社会可承受的程度统一起来，并把不断改善人民生活作为处理改革、发展、稳定关系的重要结合点，在社会稳定中推进改革发展，又通过改革发展促进社会稳定。发展是硬道理，是党执政兴国的第一要务。发展，对于全面建设小康社会、加快推进社会主义现代化，具有决定性意义。30年来，我们党坚持以经济建设为中心，把发展放在首位，坚持聚精会神搞建设，一心一意谋发展，不断解放和发展社会生产力。邓小平同志指出，"我们所有的改革都是为了一个目的，就是扫除发展社会生产力的障碍"。离开发展，改革就失去了意义。围绕经济社会发展中的问题不断进行改革，为发展开辟了广阔的空间，提供了强大动力和保障。无论是改革还是发展都需要有一个稳定的社会政治环境。没有稳定，什么事都干不成。在社会政治稳定中推进改革发展，在改革发展中实现社会政治稳定。总之，正确处理改革、发

展、稳定三者的关系，才能把握大局，保证经济社会顺利发展；否则，就会吃苦头，付出代价。这是我国社会主义现代化建设正反两方面经验教训的深刻总结。在今后推进现代化建设事业中，仍然必须妥善处理改革、发展、稳定三者的关系，使三者相互协调、相互促进。

（九）坚持加强和改善党的领导，为推进改革提供坚强政治和组织保障

党的领导是顺利推进改革的根本保证。这是总结我国改革开放30 年来的伟大实践得出的科学结论。中国共产党是中国特色社会主义事业的领导核心。从根本上说，改革开放取得的巨大成就是因为有中国共产党这样一个坚强领导核心的结果。党的十一届三中全会以后我国经济体制改革不断深化的整个过程，始终是在党的正确领导下进行的。只有坚持党的领导，才能保证市场经济同社会主义基本制度实现有机结合，才能保证改革沿着正确的方向前进，才能保证广大人民群众能够共享改革的成果。要坚持党的领导，必须改善党的领导。30 年来，我们党不断加强自身建设，以适应改革开放的需要，以保持党始终成为推进改革开放事业顺利发展的坚强领导核心。坚持大力加强党的思想建设、组织建设、作风建设和制度建设，进行保持共产党员先进性教育，不断提高党的凝聚力和战斗力；坚持立党为公、执政为民，不断改革和完善领导方式和执政方式，不断提高党的执政能力，保持和发展党的先进性；加强党风廉政建设，反对和防止腐败。这些有力地保障了改革开放的顺利进行。在今后的改革开放和社会主义现代化事业进程中，必须毫不动摇地坚持党的领导，并以改革创新精神全面推进党的建设，使党始终成为中国特色社会主义事业的坚强领导核心。

三、坚定不移地继续推进经济体制改革

改革开放 30 年来，中国发生了历史性的巨大变化，但我国仍处于并将长期处于社会主义初级阶段，进一步解放和发展生产力，进一步促进社会公平正义，实现全面建设小康社会和国家现代化的宏伟目标，必须坚定不移地继续推进改革，加快完善社会主义市场经济体制，不断推进社会主义政治体制、文化体制和社会体制改革。

党的十七大提出了全面推进中国特色社会主义事业的总体布局。改革开放和现代化建设进入了一个新的阶段，体制改革面临着新的形势和任务。

解决经济社会发展中的突出矛盾和问题，需要深入推进体制、机制改革。当前，我国经济结构不合理、分配关系不顺、农民收入增长缓慢、就业矛盾突出、资源环境压力加大、经济整体竞争力不强、经济发展与社会发展不平衡、城乡之间和地区之间差距持续扩大。这些问题的深层次原因是仍然存在诸多体制性、机制性障碍。原有经济体制的许多弊端尚未根本革除，新旧体制转轨中又产生不少新矛盾、新问题。这些体制性、机制性问题的存在，既影响了当前经济社会发展，也妨碍贯彻落实科学发展观、建设社会主义和谐社会，必须继续深化和推进各项体制改革。

建立完善的社会主义市场经济体制，仍需要深入推进体制、机制改革。经过 30 年的改革，我国社会主义市场经济体制已基本建立，但改革还处于攻坚阶段。例如，在国有企业改革方面，仍然需要从根本上转换经营机制，特别是要加快垄断行业改革；在现代市场体系建设方面，需要进一步发展各类生产要素市场，完善反映市场供求关系、资源稀缺程度、环境损害成本的生产要素和资源价格形成机制；在宏观调控体系方面，需要进一步健全与发展市场经济和促进科学发展相适应的财税、金融、计划、投资等体制；在行政管理体制改革方面，需要健全政府职责体系、实现政府职能和管理方式的根本性转变；等等。有些改革不仅涉及经济关系，而且涉及上层建筑；有些改革不仅涉及众多的利益主体，而且涉及深层次的权力和利益关系的调整。既必须坚定不移地推进各项改革，也必须正确把握改革、发展、稳定的关系，加强统筹协调。这些表明，要建立完善的、成熟的社会主义市场经济体制还必须坚持不懈地推进各方面改革。

全面对外开放的新形势新格局，也需要深入推进体制、机制改革。当前，经济全球化深入发展，我国加入世贸组织的过渡期已经结束，对外开放的广度和深度不断拓展，国内外经济联系更加密切，国际经济环境对国内经济的影响越来越明显。世界经济和金融的波动、矿山资源能源和粮食价格的变化、突发事件和地缘政治等因素，都会不同程度地对国内经济产生影响。要在更加开放和更加复杂的国际环境中推进现代化建设，必须加快涉外经济体制改革和相关制度建设，优化开放结构，完善内外联动、互利共赢、安全高效的开放型经济体系，形成经济全球化条件下参与国际经济合作和竞争的新优势。

实现全面建成小康社会和现代化建设的宏伟目标，都需要深入推进体制、机制改革。党的十七大提出了实现全面建设小康社会奋斗目标的新要求，并将中国特色社会主义事业的总体布局由经济建设、政治建设、文化建设的"三位一体"，发展为社会主义经济建设、政治建设、文化建设、社会建设的"四位一体"，这对整个社会主义现代化建设目标提出了新任务、新要求。实现这些新任务、新要求必须进一步深化各方面改革，以提供强大动力和体制保障。不仅要深化经济体制改革，而且要大力推进政治体制改革、文化体制改革和社会体制改革。

从根本上说，生产力决定生产关系，生产力是决定性的，有什么样的生产力水平就需要有什么样的经济社会体制与之相适应。生产力的不断发展，要求经济社会体制也要不断完善和变革。解放和发展生产力是一个历史过程，体制改革也将贯穿于社会主义现代化建设的整个过程。总之，当前问题和未来发展都要求，必须坚持改革开放不动摇，坚定不移地继续深化体制改革。

党的十七大对新阶段的经济、政治、文化、社会等领域的改革做出了总体部署。我们要高举中国特色社会主义伟大旗帜，深入贯彻落实科学发展观，继续解放思想，坚持实事求是、与时俱进，坚持社会主义市场经济改革方向，注重制度建设和体制创新，统筹规划、精心部署。今后一个时期，需要重点搞好以下几个方面的改革。

（一）进一步完善基本经济制度，深化国有企业和国有资产管理体制改革，鼓励、支持、引导非公有制经济发展

要坚持和完善公有制为主体、多种所有制经济共同发展的基本经济制度，毫不动摇地巩固和发展公有制经济，坚持公有制的主体地位，积极推行公有制的多种有效实现形式，增强国有经济的活力、竞争力、影响力；毫不动摇地鼓励、支持、引导非公有制经济发展，大力发展以股份制为主要形式的混合所有制经济；健全现代产权制度，坚持平等保护物权，进一步形成各种所有制经济平等竞争、相互促进的新格局。继续对国有大型企业进行公司制股份制改

革。进一步完善国有资本有进有退、合理流动的机制。加大垄断行业改革力度，加快推进公用事业改革。完善各类国有资产管理体制和制度。要加快建设国有资本经营预算制度，探索国有资本有效的经营形式，提高资本的营运效率。推进集体企业改革，发展多种形式的集体经济、合作经济。认真落实中央关于鼓励、支持和引导非公有制经济发展的各项政策，特别是要解决市场准入和融资支持等方面的问题。

（二）继续深化农村改革，加强农村制度建设和创新

要根据党的十七大对实现全面建设小康社会奋斗目标的新要求和建设社会主义新农村的总体安排，按照统筹城乡发展的要求，大力推进改革创新，不断实现农村体制、机制改革的新突破，进一步放开搞活农村经济，优化农村外部环境，为农村持续稳定发展提供制度保障。主要改革任务：一是稳定和完善农村基本经营制度。以家庭承包经营为基础、统分结合的双层经营机制，是党的农村政策的基石，必须毫不动摇地坚持。现有土地承包关系要保持稳定并长久不变。要健全严格的农村土地管理制度。完善土地承包经营权权能，依法保障农民对承包土地的占有、使用、收益等权利。二是加快农村综合改革步伐。深化乡镇机构改革，建立精干高效的农村行政管理体制。完善与农民政治参与积极性不断提高相适应的乡镇治理机制。深化农村义务教育改革，建立和完善农村义务教育经费保障机制。三是推进农村金融体制和制度创新。强化金融机构支持农业农村发展的社会责任，特别是强化中国农业银行、中国农业发展银行和中国邮政储蓄银行为"三农"服务的功能，充分发挥农村信用社为农民服务的主力军作用。在加强监管的基础上，规范发展多种形式的新型农村金融机构，鼓励发展适合农村特点和需要的各种微型金融服务，规范引导民间金融。加强农产品期货市场建设。四

是建立促进城乡经济社会发展一体化制度。尽快在城乡建设规划、产业布局、基础设施建设、公共服务一体化等方面取得突破，促进公共资源在城乡之间均衡配置、生产要素在城乡之间自由流动，推进城乡经济和社会发展相互融合。坚持走中国特色城镇化道路，促进大中小城市和小城镇协调发展，形成城镇化和新农村建设互相促进、协调发展的机制。五是健全农业支持保护制度。完善农业投入保障制度和农业补贴制度。理顺比价关系，充分发挥价格对农业增产和农民增收的促进作用。

（三）完善现代市场体系，加快建立统一、开放、竞争、规范的市场经济新秩序

积极发展资本、土地、劳动力、技术等要素市场。大力发展资本市场，规范发展股票市场，加快建立创业板市场，积极发展企业债券市场，稳步发展期货市场。规范发展土地市场，健全土地交易机制，改革征地制度，完善土地收益分配制度，建立有效的土地资源占用约束机制。积极发展人力资源市场，建立城乡统一的劳动力市场，引导劳动力合理流动。完善资源和要素价格形成机制，要深化价格改革，理顺资源价格体系，完善反映市场供求关系、资源稀缺程度、环境损害成本的生产要素和资源价格形成机制。加快社会信用体系建设，要建立全国统一的企业和个人信用联合征信系统；加强信用信息征集、使用、公开、保护等制度及相关法律法规建设，健全信用监管和失信惩戒制度，努力营造诚实守信的信用道德和信用文化。进一步规范市场经济秩序，要积极发展市场中介组织，打破行政性垄断和地区封锁。

（四）深化财税、金融、计划体制改革，完善宏观调控体系

一是深化财税体制改革。围绕推进基本公共服务均等化和主体

功能区建设，完善公共财政体系。深化预算制度改革，强化预算管理和监督。健全中央和地方财力与事权相匹配的体制，加快形成统一规范透明的财政转移支付制度，提高一般性转移支付规模和比例，加大公共服务领域投入。实行有利于科学发展的财税制度，改革资源税费制度，建立健全资源有偿使用制度和生态环境补偿机制。二是深化金融体制改革。继续深化银行业改革，促进国有银行加快建立现代银行制度，推进中国农业银行股份制改革和国家开发银行改革，建立存款保险制度。优化资本市场结构，多渠道提高直接融资比重。深化保险业改革。继续推进利率市场化。进一步完善人民币汇率形成机制，保持人民币汇率在合理、均衡水平上的基本稳定。加强和改进金融监管，防范和化解金融风险。三要深化投资、计划体制改革。重点是扩大企业投资权限，规范各类投资主体行为，健全和严格市场准入制度，完善政府投资体制，规范政府核准制度，健全登记备案制，加强和改善对全社会投资活动的引导和监管，以保持合理的投资总规模，优化投资结构。要完善国家规划体系，建立健全国家中长期规划和年度计划的编制、管理和实施机制，发挥国家发展规划、计划、产业政策在宏观调控中的导向作用，综合运用财政、货币政策，提高宏观调控水平。

（五）进一步改革涉外经济体制，提高开放型经济水平

坚持把"引进来"和"走出去"更好结合起来，拓展对外开放广度和深度。进一步完善对外开放的制度保障。加快内外贸一体化进程。完善涉外经济法律法规，形成稳定、透明的涉外经济管理体制，创造公平和可预见的法治环境，确保各类企业在对外经济贸易活动中的自主权和平等地位。依法管理涉外经济活动，减少行政审批，强化服务和监管职能。加快转变外贸增长方式，优化出口结

构，促进加工贸易转型升级。创新利用外资方式，优化利用外资结构，发挥利用外资在推动自主创新、产业升级、区域协调发展等方面的积极作用。鼓励有条件的企业"走出去"，创新对外投资和合作方式，加快培育我国的跨国公司和国际知名品牌。加强双边和多边经贸合作，积极开展国际能源资源互利合作，推进区域和次区域经济合作；完善公平贸易政策，推进贸易和投资自由化、便利化，实施自由贸易区战略。适应开放型经济的要求，更好地处理国内发展与对外开放的关系，防范国际经济风险，维护国家经济安全。

（六）深入推进收入分配制度改革，增加城乡居民收入

合理的收入分配制度是社会公平的重要体现，必须深化收入分配制度的改革。一是坚持和完善按劳分配为主体、多种分配方式并存的分配制度，健全劳动、资本、技术、管理等生产要素按贡献参与分配的制度。初次分配和再分配都要处理好效率和公平的关系，再分配要更加注重公平。二是逐步提高居民收入在国民收入分配中的比重，提高劳动报酬在初次分配中的比重。这是对国民收入分配格局的重要调整，不仅有利于理顺国家、企业和个人三者的分配关系，而且有利于合理调整投资与消费关系。三是加大个人收入分配调节力度，合理调整收入分配格局。着力提高低收入者收入。要强化支农惠农政策，促进农民持续增收，建立企业职工工资正常增长机制和支付保障机制，逐步提高扶贫标准和最低工资标准，使城乡居民特别是低收入者收入随着经济发展逐步较多地增加。要通过采取多种措施，创造条件让更多群众拥有财产性收入，使更多低收入者进入中等收入者行列。通过税收等手段切实对过高收入进行有效调节。取缔非法收入。要规范垄断行业的收入分配，规范垄断性企业资本收益的收缴和使用办法，合理分配

企业利润。

（七）加快建立覆盖城乡居民的社会保障体系，保障人民基本生活

健全的社会保障体系，是人民生活的"安全网"和社会运行的"稳定器"。目前，我国社会保障体系建设存在着覆盖面小、保障水平低、制度不健全等问题。在新形势下，必须加快完善社会保障体系。总的要求是：坚持广覆盖、保基本、多层次、可持续的方针，以社会保险、社会救助、社会福利为基础，以基本养老保险、基本医疗保险、最低生活保障制度为重点，以慈善事业、商业保险为补充，加快建立覆盖城乡居民的社会保障体系。一是完善基本养老保险制度。要促进城乡职工基本养老保险制度规范化，完善社会统筹与个人账户相结合的企业职工基本养老保险制度，促进机关、事业单位基本养老保险制度改革，积极探索建立农村养老保险制度。二是完善基本医疗保险制度。要全面推进城镇职工基本医疗保险、城镇居民基本医疗保险、新型农村合作医疗制度建设，把基本医疗保险制度覆盖到城乡全体居民。三是完善最低生活保障制度。在城市要继续健全最低生活保障制度，做到应保尽保；在农村要将符合条件的贫困人口全部纳入最低生活保障范围。四是支持加快发展社会救助和慈善事业。这是中国特色社会保障体系的重要组成部分。五是积极发挥商业保险的补充作用，支持商业保险的发展。六是逐步提高社会保险的统筹层次，制定全国统一的社会保险关系转续办法，以促进劳动人口在全国范围内的流动就业。

（八）加快行政管理体制改革，建设服务型政府

行政管理体制改革是完善社会主义市场经济体制和发展社会主义民主政治的必然要求，必须坚持不懈地推进。要按照深化行政管

理体制改革的总要求，着力转变职能、理顺关系、优化结构、提高效能，形成权责一致、分工合理、决策科学、执行顺畅、监督有力的行政管理体制。主要任务是：一要加快政府职能转变。这是深化行政管理体制改革的核心和关键。要加快推进政企分开、政资分开、政事分开、政府与市场中介组织分开，坚决把不该由政府管理的事项转移出去，把该由政府管理的事项切实管好，减少和规范行政审批，减少政府对微观经济运行的干预，更好地发挥公民和社会组织在社会公共事务管理中的作用。要全面正确履行政府职能，改善经济调节，严格市场监管，更加注重加强社会管理和公共服务。二要推进政府机构改革。紧紧围绕政府职能转变和理顺政府职责关系，进一步优化政府组织结构，规范机构设置，探索实行职能有机统一的大部门体制，健全部门间协调配合机制。减少行政层次，降低行政成本。积极推进地方政府机构改革，加快推进事业单位分类改革。三要加强依法行政和制度建设。坚持用制度管权、管事、管人，健全监督机制，强化责任追究。要加快建设法治政府，规范行政决策行为，完善科学民主决策机制。要推进政府绩效管理和行政问责制度，建立科学合理的政府绩效评估指标体系和评估机制；健全以行政首长为重点的行政问责制度，提高政府执行力和公信力。要健全对行政权力的监督制度，完善政务公开制度，加强政风建设和廉政建设。

现在，我国改革开放和现代化建设处于关键时期，改革任务十分繁重而艰巨。对此，我们要有清醒的认识。要围绕改革的重点和难点，鼓励大胆探索，勇于变革创新；要不为任何风险所惧，不被任何干扰所惑，增强战胜各种困难的勇气和信心。改革开放一直是在不断解决矛盾和克服困难中前进的，同过去相比，今后应对困难的条件更好，经验更多。因此，我们完全有信心有能力继续推进各项改革，不断完善社会主义市场经济体制，保持经济社会发展良好势头，实现全面建设小康社会和社会主义现代化的奋斗目标。

第一章
所有制结构改革的
回顾与展望

建立科学合理的生产资料所有制结构是社会生产力发展的内在要求。为了寻求符合中国国情、有利于促进生产力发展的所有制结构，自新中国成立起，我们就开始了不懈的探索。经过近60年的努力，特别是改革开放30年来的大胆探索和实践，我国形成了公有制为主体、多种所有制经济共同发展的所有制格局，并作为我国社会主义初级阶段的基本经济制度确立下来。

一、我国社会主义所有制结构的演变与改革

所有制结构，是指各种所有制形式在社会经济中所占的比重、所处的地位以及它们之间的相互关系。所有制是社会经济制度的核心和基础，所有制性质也决定着社会制度的性质。一个社会的所有制结构是否合理，直接制约着这个社会的生产力能否迅速发展。因此，任何一个社会都存在着调整与优化所有制结构的问题。自20世纪50年代初没收官僚资本，对个体农业、个体手工业和资本主义工商业进行社会主义改造起，特别是改革

开放 30 年来，我国所有制结构历经多次调整与改造，走过了极不平凡的探索历程。

（一）从新中国成立到党的十一届三中全会召开前 30 年所有制结构的变迁

改革开放前所有制结构的调整变化是在建立社会主义制度的实践要求和对社会主义生产资料所有制"一大二公"的认识基础上发生和展开的，大体上经历了两个阶段。

1. 第一个阶段：社会主义公有制的确立和多种所有制成分并存

旧中国是一个经济极端落后的国家。经济命脉和主要生产资料掌握在外国资本、封建地主和官僚资本的代表手中。新中国诞生之后，首要任务就是解决旧的生产关系与生产力之间的矛盾，其中最主要的一个环节就是变革生产资料所有制。

在中共中央提出的"没收封建阶级的土地归农民所有，没收蒋介石、宋子文、孔祥熙、陈立夫为首的垄断资产阶级归新民主主义的国家所有，保护民族工商业"的新民主主义革命三大经济纲领指引下，中国人民解放军和各级人民政府没收和接管了属于国民党国家垄断资本的金融和工商企业，从而构成了新中国最初的国有经济的主要组成部分。

实现了新民主主义革命的三大经济纲领后，新民主主义经济由国营经济、合作社经济、国家资本主义经济、私人资本主义经济、个体经济五种成分组成。在这五种经济成分中，国营经济处于领导地位，掌握国家的经济命脉。1949 年，在工业生产总值中，国营、合作社营工业占 34.7%，公私合营工业占 2%，私营工业占 63.3%。

在 1949—1952 年的国民经济恢复时期，我国实施"公私兼顾、劳资两利、城乡互助、内外交流"的基本经济政策，使各种经济成分在国营经济领导下"分工合作、各得其所"。国家优先发展国营经济、积极扶持合作经济、鼓励国家资本主义经济。到 1952 年，在工业总产值中，国营、合作社营与公私合营企业产值所占比重已达 50% 以上，与其他经济成分相比已占优势。

从中可看出，在这个阶段，国有经济所占比重并不太高，非公有经济成分占相当比例。这种所有制结构不仅使我国的国民经济渡过了恢复时期，弥合了长期战争的创伤，而且为1953年开始的社会主义经济建设提供了物质基础，保证了第一个五年计划的成功实施。因此，总体上说，这种所有制结构基本适应当时我国生产力状况的发展要求，推动了当时生产力的发展。

2. 第二个阶段：单一公有制格局的形成

1952年，中共中央提出了过渡时期总路线，其核心是"一化三改造"，即在一个相当长的时间内，逐步实现国家的社会主义工业化，并逐步实现国家对农业、手工业和资本主义工商业的社会主义改造。从1953年开始，对个体农业、手工业和资本主义工商业的社会主义改造成为贯彻过渡时期总路线的重要组成部分。对个体农业，我们遵循自愿互利、典型示范和国家帮助的原则，创造了从临时互助组和常年互助组，发展到半社会主义性质的初级农业生产合作社，再发展到社会主义性质的高级农业生产合作社的过渡形式。对个体手工业的改造，也采取了类似的办法。对资本主义工商业，我们创造了委托加工、计划订货、统购统销、委托经销代销、公私合营、全行业公私合营等一系列从低级到高级的国家资本主义的过渡形式。到1956年，全国绝大部分地区完成了对生产资料私有制的社会主义改造。1957年参加农业生产合作社的农户比重达97.5%，私营工业已全部公私合营，批发与零售商业中，私营成分分别仅占0.1%和2.7%。其后，经历"大跃进"、农村人民公社化运动和"文化大革命"，实行更加片面追求纯之又纯的公有制形式。到1978年，在全国工业总产值中，全民所有制企业占77.6%，集体经济占22.4%，个体私营经济几乎不存在。我国的经济结构基本上只剩下全民所有制和集体所有制两种公有制成分，而相当一部分集体经济实际上是按国有经济的规则管理和运行，生产资料所有制结构已成为以国有经济为主体的单一的公有制。

在这段时期中，受国际国内多方面因素的影响，经济建设中"左"

的指导思想的不断蔓延，"左"倾错误严重泛滥开来，各种非公有制经济被看做是社会主义制度的异己物和不稳定因素。与此同时，盲目追求"一大二公三纯"所有制形式的思想认识成为当时的主流意识，公有制经济被理解为是社会主义社会的唯一经济成分，而公有制经济又主要体现为国有制经济。一方面，片面强调全民所有制的优越性，低估集体所有制存在和发展的必然性，混淆全民所有制和集体所有制的界限，搞所有制的"升级"、"穷过渡"和"合并"运动，将"一大二公"作为判断所有制形式先进与否的标准，即认为社会主义公有制的范围越大越好，公有化的程度越高越好；另一方面，完全排斥非公有制经济的存在。连农户搞的一些少量的家庭副业也被当做滋生资本主义和资产阶级的温床，不断地加以挞伐。

实践证明，这种公有制基本上一统天下、国有制又占绝对优势的所有制结构严重脱离了我国生产力落后、社会化生产水平低的国情，人为地拔高了所有制结构，必然使生产力和生产关系之间产生严重的碰撞，甚至破坏已有的生产力。在这种所有制的基础上，建立起来的高度集中和统一的计划经济体制，否定了市场机制的作用，压抑了企业和劳动者生产经营的积极性和创造力，经济发展失去了动力与活力。这一时期也有一些突破，刘少奇提出了允许并在一定程度上鼓励个体经济与私营经济存在与发展的思想，以及陈云在党的八大发言中提出的关于我国社会主义经济三个"主体"和三个"补充"的重要思想。这些思想只是在 1949—1952 年的国民经济恢复时期和 1960—1962 年的三年经济困难时期，得到了短暂的贯彻执行。

（二）从 1978 年党的十一届三中全会召开以来 30 年所有制结构的重大调整和改革

作为整个社会经济制度的基础和核心，生产资料所有制改革成为 1978 年改革开放以来经济体制改革的重要环节。30 年来，随着所有制观念的不断更新和突破，我国的所有制结构按照社会主义市场经济的要求，适应最大限度地发展生产力的需要，不断调整和改革，取得了一系列重大突破。

1. 第一阶段：公有制经济为主体，非公有制经济为补充的所有制格局的形成

1978 年，党的十一届三中全会开启了我国改革开放的历史新时期，中国共产党和中国人民开始了波澜壮阔的创新实践，最初发展多种所有制经济的方针政策，随着改革开放的逐步推进和经济社会的迅速变化，得到不断完善和发展。1981 年，党的十一届六中全会通过的《关于建国以来党的若干历史问题的决议》明确提出："我们的社会主义制度还是处于初级的阶段。""社会主义生产关系的变革和完善必须适应于生产力的状况，有利于生产的发展。国营经济和集体经济是我国基本的经济形式，一定范围的劳动者个体经济是公有制经济的必要补充。必须实行适合于各种经济成分的具体管理制度和分配制度。"这个决议正式提出了个体经济是公有制经济必要补充的论点。五届全国人大四次会议通过的十条经济建设方针，重申了这个提法。

1982 年，党的十二大报告明确提出了"关于坚持国营经济的主导地位和发展多种经济形式的问题"。党的十二届三中全会做出了《中共中央关于经济体制改革的决定》。其中指出要"积极发展多种经济形式，进一步扩大对外的和国内的经济技术交流"，"要在自愿互利的基础上广泛发展全民、集体、个体经济相互之间灵活多样的合作经营和经济联合，有些小型全民所有制企业还可以租给或包给集体或劳动者个人经营"。还提出"利用外资，吸引外商来我国举办合资经营企业、合作经营企业和独资企业，也是对我国社会主义经济必要的有益补充"。以公有制为主体，多种经济成分并存的方针基本确立。

1987 年，党的十三大对以公有制为主体，多种经济成分并存的方针又有所发展。党的十三大报告进一步提出要以公有制为主体，发展多种所有制经济，鼓励个体经济、私营经济、中外合资企业、合作经营企业和外商独资企业要有一定程度的发展。报告还提出"公有制经济本身也有多

种形式。除了全民所有制、集体所有制以外，还应发展全民所有制和集体所有制联合建立的公有制企业，以及各地区、部门、企业相互参股等形式的公有制企业。在不同的经济领域、不同的地区，各种所有制经济所占的比重应当有所不同"。

1992 年，党的十四大在确定建立社会主义市场经济体制目标的基础上，阐明了所有制结构与社会主义市场经济的关系。党的十四大报告指出："社会主义市场经济体制是同社会主义基本制度结合在一起的。在所有制结构上，以公有制包括全民所有制和集体所有制为主，个体经济、私营经济、外资经济为补充，多种经济成分长期共同发展，不同经济成分还可以自愿实行多种形式的联合经营。国有企业、集体企业和其他企业都进入市场，通过平等竞争发挥国有企业的主导作用"。1993 年，党的十四届三中全会通过的《中共中央关于建立社会主义市场经济体制若干问题的决定》，在所有制结构问题上，进一步指出：随着产权的流动和重组，财产混合所有的经济单位越来越多，将会形成新的财产所有结构。就全国来说，公有制应在国民经济中占主体地位，有的地方，有的产业可以有所判别。公有制的主体地位主要体现在国家和集体所有的资产在社会总资产中占优势，国有经济控制国民经济命脉及对经济发展的主导作用等方面。进一步明确了公有制主体的含义。

2. 第二阶段：公有制为主体，多种所有制经济共同发展的所有制结构的确立

1997 年，党的十五大则从根本上明确，公有制经济为主体，多种所有制经济共同发展，是我国社会主义初级阶段的一项基本经济制度，非公有制经济是我国社会主义市场经济的重要组成部分。这意味着，作为基本经济制度，这种所有制结构就不只是一般的方针政策，更不是权宜之计，而是具有稳定性、长期性的制度安排。这种提法，实现了我国所有制改革的历史性突破。第一，突破了传统的"补充论"。党的十五大改变了过去"以公有制为主体，以国有经济为主导，以非公有制经济为补充"的提法，而是强调"多种所有制经济共同发展"，"非公有制经济是社会主义

市场经济的重要组成部分"，"要依法保护各类企业的合法权益和公平竞争"。非公有制经济与公有制经济长期并存、公平竞争、共同发展，是符合中国经济发展需要的，也是符合社会主义市场经济要求的。第二，突破了单纯的"数量论"。党的十五大明确提出："公有资产占优势，要有量的优势，更要注重质的提高"，"国有经济起主导作用，主要体现在控制力上"，"只要坚持公有制为主体，国家控制国民经济命脉，国有经济的控制力和竞争力得到增强，在这个前提下，国有经济比重减少一些不会影响我国的社会主义性质"。

3. 第三阶段：公有制为主体，多种所有制经济共同发展的所有制结构的进一步发展

随着我国经济建设事业的进一步发展，所有制结构的变革继续深入，非公有制经济在经济发展中占据着越来越重要的位置。

2002 年，党的十六大又重申"必须毫不动摇地巩固和发展公有制经济，必须毫不动摇地鼓励、支持和引导非公有制经济发展"，"个体、私营等各种形式的非公有制经济是社会主义市场经济的重要组成部分，对充分调动社会各方面的积极性、加快生产力发展具有重要作用"。在公有制与非公有制关系上，党的十六大提出"坚持公有制为主体，促进非公有制经济发展，统一于社会主义现代化建设的进程中，不能把这两者对立起来。各种所有制经济完全可以在市场竞争中发挥各自优势，相互促进，共同发展"。这样的定位，大大地促进了我国非公有制经济的发展，使得多种所有制形式出现了融合的趋势即混合所有制。党的十六届三中全会又进一步指出"要清除体制性障碍，放宽非公有制经济的市场准入，鼓励有条件的非公有制企业做大做强"；并提出"要适应经济市场化不断发展的趋势……大力发展国有资本、集体资本和非公有资本等参股的混合所有制经济，实现投资主体多元化，使股份制成为公有制的主要实现形式"。2004 年，十届全国人大二次会议在宪法修正案中明确，公民的合法的私有财产不受侵犯，国家依照法律规定，保护公民的私有财产权和继承权；并在宪法修正案中，将"国家保护个体经济、私营经济的合法的权利和

利益，国家对个体经济、私营经济实行引导、监督和管理"修改为"国家保护个体经济、私营经济等非公有制经济的合法的权利和利益，国家鼓励、支持和引导非公有制经济的发展，并对非公有制经济依法实行监督和管理"。把保护非公有制经济上升到根本大法的高度，充分表明了国家对发展非公有制经济的信心。国务院还颁布了《关于鼓励、支持和引导个体、私营等非公有制经济发展的若干意见》。2007 年 3 月 16 日，十届全国人大五次会议通过的《物权法》把坚持国家基本经济制度作为基本原则，明确规定："国家在社会主义初级阶段，坚持公有制为主体、多种所有制经济共同发展的基本经济制度。"

2007 年，党的十七大又进一步强调，完善基本经济制度，健全现代市场体系，坚持和完善公有制为主体，多种所有制经济共同发展的基本经济制度，毫不动摇地巩固和发展公有制经济，毫不动摇地鼓励、支持和引导非公有制经济发展，坚持平等保护物权，形成多种所有制经济平等竞争、相互促进的新格局。

总的来看，改革开放 30 年来，我国所有制结构发生了重大变化：国有经济比重大大下降，但仍发挥主导作用；集体经济的作用日益显现；非公有制经济在国民经济中的比重加大，显示了强大的生命力，到 2007 年非公有制经济在城镇就业人口、出口总额等方面已经全面超越了公有制。从发展趋势看，所有制实现形式趋于多样化，混合所有制将是我国未来所有制结构重组的方向。实践证明，这种以公有制为主体、多种所有制经济并存的所有制结构较好地适应了现阶段生产力发展水平，从而极大地推动了我国生产力的发展，增强了综合国力。

二、国有经济结构的战略调整

国有经济是生产资料由社会主义国家代表全社会劳动人民占有的一种

公有制形式，又称全民所有制。国有经济是我国社会主义公有制的重要实现形式，是建设有中国特色社会主义的基础，是社会主义市场经济的主导力量。在社会主义初级阶段，国有经济的实现形式具有灵活多样的特点。国有独资企业、国家控股的股份制企业、国有民营企业以及混合所有制中的国有成分等，都是国有经济的重要实现形式。

1978 年改革开放以来，特别是建立社会主义市场经济体制的改革目标确定后，按照建立现代企业制度的要求，历经了一系列的改革探索，我国国有企业改革取得巨大成绩，国有经济实现了战略调整。这个过程大致经历了两个阶段：

第一阶段是 1992 年以前的以"放权让利"为特征的改善管理阶段，即扩大企业在利润分配、生产计划、劳动人事、产品销售等方面经营自主权。其中，1978 年至 1984 年这段时期，主要以扩权让利为重点，实行企业利润留成制度，调整国家与企业的利益分配关系。1979 年，国务院发布了《关于扩大国营企业经营管理自主权的若干规定》等 5 个文件。根据不同行业、不同企业的具体情况，实行不同的利润留成比例。企业用利润留成建立生产发展基金、集体福利基金和职工奖励基金。国有企业普遍实行了利润包干，调动了企业的生产积极性。但利润包干使国家的财政收入占国民收入的比重下降，不利于国家集中财力进行重点建设。1983 年开始，分两步实行利改税，规范政府和企业的分配关系。但由于价格体制改革刚刚开始，价格体系不合理，造成企业间的税负不公平。1985 年至1992 年期间，以承包经营责任制为重点，实行企业所有权与经营权适当分离，确立企业的市场主体地位。1984 年 10 月党的十二届三中全会通过的《中共中央关于经济体制改革的决定》，提出了政企分开和所有权与经营权分开的改革原则。1988 年七届全国人大一次会议通过的《全民所有制工业企业法》，明确了国有企业的法人地位。1992 年国务院发布的《全民所有制工业企业转换经营机制条例》，规定了企业享有的 14 项经营权。国有企业普遍实行了承包经营责任制，扩大企业经营自主权，调动了企业和职工的积极性。但企业包盈不包亏的问题，助长了企业重生产、轻投资、拼凑设备等短期行为。

第二阶段是 1993 年后的以建立现代企业制度和"抓大放小"为特征的收缩国有企业阵地阶段。通过建立现代企业制度将国有企业改造成为"产权清晰、权责明确、政企分开、管理科学"的现代企业，以及通过调整产业结构，实行资产重组，采用合资、兼并、拍卖、租赁、破产等多种方式，改造和淘汰那些效益低、亏损大、无前途的企业，达到优化国有资产结构和提高国有企业效益的目的。其中，1993 年至 2002 年期间，以建立现代企业制度为重点，实行规范的公司制改革，转化企业经营机制。1993 年 11 月党的十四届三中全会通过的《中共中央关于建立社会主义市场经济体制若干问题的决定》提出，建立现代企业制度是国有企业的改革方向。1993 年 12 月第八届全国人大常委会第五次会议通过的《公司法》，明确规定公司是企业法人，有独立的法人财产，享有法人财产权。1997 年党的十五大提出，调整和完善所有制结构，探索公有制的多种实现形式，此后中国各地开始探索包括整体出售国有企业和出售部分国有股等形式在内的改制。改制最先是从乡镇集体企业和县、市属小型国有企业开始的。1999 年，党的十五届四中全会通过的《关于国有企业改革和发展若干重大问题的决定》，对国有企业改革的目标、方针政策和主要措施做出了全面部署。从 1994 年开始，中央和地方选择了 2500 多家企业，按照现代企业制度的要求进行试点。到 2000 年以后，双重置换（产权置换和职工身份置换相结合）的模式在实践中得到了确立，改制从县、市属国有企业向省属甚至中央国有企业扩展，从小型国有企业向中型甚至大型国有企业扩展。2003 年至现在这段时间，国有企业改革进入了以深化国有资产管理体制改革为重点，实行政资分开，推进企业体制、技术和管理创新的阶段。2002 年党的十六大报告提出，国家要制定法律法规，建立中央政府和地方政府分别代表国家履行出资人职责，享有所有者权益，权利、义务和责任相统一，管资产和管人、管事相结合的国有资产管理体制。2003 年 3 月按照全国人大通过的机构改革方案，国务院成立了国有资产监督管理委员会。2003 年 5 月国务院发布了《企业固有资产监督管理暂行条例》。之后，各省、自治区、直辖市相继成立了国资委，分别代表国家对经营性国有资产履行出资人职责。同时，国有企业联合重组步伐大幅度加快，在收缩阵地的同时，形成了一批具有国际影响力和竞争力的大型国有企业。

改革开放 30 年来，围绕着国有企业改革这个经济体制改革的中心环节，以公有制、国有经济与市场经济能否结合、如何结合的问题为实质线索，国有企业管理体制和经营机制发生了深刻变化。在公有制为主体、多种所有制经济共同发展的新格局下，通过认真贯彻落实党中央、国务院关于国有企业改革的一系列重大方针政策，不断深化改革，调整结构，加强管理，加快技术创新，国有企业改革发展取得了重大进展。时至今日，国有企业与改革之初的状况相比发生了历史性的转变，取得巨大成就。总的说来，国有经济发挥着主导作用，国有资产总量迅速增加，国有经济总体实力显著增强。主要表现在：

（一）以公司制为主要实现形式的现代企业制度初步确立

股份制改革不断深化。随着现代企业制度建设的不断推进，公司制已成为国有企业的一种主要组织形式。目前，在工商行政管理部门登记的公司制企业已达 120 多万家。全国大部分国有企业通过产权改造、引进战略投资者、资本市场上市等途径，已经改制为多元股东持股的公司制企业。中央企业及下属子企业的公司制股份制企业户数比重已由 2002 年的 30.4% 提高到 2006 年的 64.2%。一批大型国有企业先后在境内外公开发行股票并上市，在 A 股市场的 1500 多家上市公司中，含有国有股份的上市公司有 1000 多家，在中国香港、纽约、新加坡等境外资本市场上市的中央企业控股的上市公司达 78 家。

公司法人治理结构不断完善。实行公司制的企业，都建立健全了法人治理结构，开始以市场为导向独立经营。公司制企业初步建立起了决策、执行、监督相互制衡的机制。国家积极开展建立和完善董事会的试点工作。宝钢集团有限公司、神华集团有限责任公司等 19 家中央企业开展了董事会试点，3 家企业进行了外部董事担任董事长的探索。国资委共选派了 63 名外部董事，有 17 家试点企业的外部董事达到或超过了董事会成员的半数，初步实现了企业决策权与执行权分开和董事会选聘、考核、奖惩经理人员。从试点的初步效果看，企业内部制衡机制初步形成，决策更加科学，管理更加有效，风险防控能力得到增强。

做好分离企业办社会职能和主辅分离辅业改制工作。许多企业通过精干主业、健全研发体系、压缩管理层级、缩短管理链条，实现了企业组织结构优化和内部资源的有效配置。目前，已有 76 家中央企业主辅分离辅业改制方案上报并得到批复，共涉及改制单位 5043 个，分流安置富余人员 814 万人。同时，通过学习、借鉴国外先进管理经验并大胆创新，国有企业的现代化管理水平也得到了普遍提高。

（二）国有经济布局和结构实现战略性调整

继续调整国有经济的布局和结构，使国有经济的活力、控制力、影响力进一步增强，是深化经济体制改革的一项重大任务。随着国有中小型企业改制逐步完成，国有经济和国有资本逐步向关系国民经济命脉的重要行业和关键领域集中，向大企业集中，国有企业量多面广和过于分散的状况有了明显改观，国有经济的布局趋向优化，国有企业在关系国计民生的行业和领域仍占支配地位，具有较强国际竞争力的大企业成为国家实力的重要象征。为加快国有经济布局和结构调整步伐，国务院办公厅专门转发了《关于推进国有资本调整和国有企业重组的指导意见》，明确了国有经济布局和结构调整的基本思路。

近年来，国家主要通过实施政策性关闭破产、积极推进国有企业联合重组、规范国有企业改制和国有产权转让等措施，加快国有经济布局和结构调整步伐。截至 2006 年年底，全国共实施政策性关闭破产项目 4251 户，安置人员 837 万人，已完成政策性关闭破产 80% 的工作量。目前，由国资委直接监管的中央企业户数已从 196 家减少到 149 家。同时，针对企业改制、管理层收购、产权转让不规范等问题，有关部门出台了一系列政策性文件，不断建立完善规范国有产权转让的制度规定，有效地防止了国有资产流失，维护了职工的合法权益。

通过国有经济结构和布局的战略性调整，一批具有较强竞争力的大公司大集团，在激烈的市场竞争中涌现出来，一批国有中小企业通过多种形式放开搞活，一批长期亏损、资不抵债的企业和资源枯竭的矿山退出了市场。国有资本进一步向关系国家安全和国民经济命脉的重要行业和关键领域集中，向具有竞争优势的行业和未来可能形成主导产业的领域集中，向具有较强国际竞争力的大公司大企业集团集中，向中央企业主业集中。国有企业数量虽然减少了，但国有经济的活力、控制力和影响力大大增强。据统计，截至2006年年底，全国国有企业户数共计11.9万户，比2003年减少3.1万户；但户均资产2.4亿元，比2003年增长84.6%，年均增长22.7%；国有资本的控制力不断增强，国有资本直接支配或控制的社会资本1.2万亿元，比2003年增长1.1倍。目前，中央企业80%以上的国有资产集中在军工、能源、交通、重大装备制造、重要矿产资源开发领域，承担着我国几乎全部的原油、天然气和乙烯生产，提供了全部的基础电信服务和大部分增值服务，发电量约占全国的55%，民航运输总周转量占全国的82%，汽车产量占全国的48%，生产的高附加值钢材约占全国的60%，生产的水电设备占全国的70%，火电设备占全国的75%。

（三）国有企业内部劳动、人事、分配制度发生了重大变化

国有企业积极推进内部劳动、人事、分配制度改革，调动企业职工的积极性，激发了企业活力。在劳动制度方面，普遍实行了全员劳动合同制。许多国有企业实行了职工竞聘上岗，有些职工下岗、有些职工位置发生了变化，竞聘上岗的职工与企业签订了新的劳动合同，身份变成了市场化的社会人，待遇实现了市场化，福利实现了市场化。在人事制度方面，已取消了企业领导人员和管理人员的行政级别，开始实行企业经营管理人员竞聘上岗。近几年来，中央企业先后分7批进行了公开招聘高级经营管理者的试点工作，共有100家（次）中央企业的103个高级管理职位面向

全社会公开招聘，不仅为中央企业引进了一批优秀的经营管理人才，还初步建立了中央企业人才储备库。通过推行公开招聘和内部竞争上岗，国有企业已经初步形成了适应现代企业制度要求的多样化的经营管理者选拔方式。在收入分配方面，企业根据经济效益和当地社会平均工资水平，决定管理人员和职工的分配方式和分配水平，实行以岗位工资为主的工资制度，对有贡献的专业技术人员、营销人员给予相应的报酬，一些企业还探索了工资集体协商制度、企业经营者年薪制和股权期权激励制度。国有企业经营管理人员能上能下、职工能进能出、收入能增能减的新机制正在逐步形成。

（四）国有企业整体素质和竞争力进一步增强

企业经济运行质量和效益明显提高。以 2003—2006 年为例，中央企业主营业务收入由 4.47 万亿元增加到 8.14 万亿元，增长 81.9%，年均递增 22.1%；实现利润由 3006 亿元增加到 7547 亿元，增长 151.1%，年均递增 35.9%；净资产收益率由 5% 提高到 10%，提高了 5 个百分点；总资产报酬率由 5% 提高到 7.5%，提高了 2.5 个百分点。截至 2006 年年底，中央企业资产总额为 12.27 万亿元，比 2003 年年底增长 46.5%；净资产总额为 5.35 万亿元，比 2003 年年底增长 49.7%。

企业实力明显增强。2006 年，中央企业主营业务收入超过千亿元的有 19 家，利润超过百亿元的有 13 家，分别比 2003 年增加 10 家和 7 家。有 16 家中央企业进入 2007 年公布的世界 500 强企业名单，比 2003 年增加 10 家。中国石油化工集团公司排名第 17 位，成为首家跻身前 20 名的中国企业。世界上最主要的金融分析及风险评估服务商标准普尔公司提高了一批中央企业的信用等级。

技术创新能力明显提高。到 2006 年年底，中央企业已拥有专利 38084 项，其中发明专利 11249 项，占总量的 29.5%。2006 年，中央企业获国家科技进步奖 64 项，占全部奖项的近 1/3，其中唯一的国家科技进步特等奖由中央企业获得。在国家认定的 449 家国家级企业技术中心中，中央企业有 91 家，占 20%；在国家首批创新型企业试点单位中，中央企业占 30%。中央企业从事技术创新活动人员达 27.6 万人。

对国家经济社会发展的贡献明显增加。2003—2006 年，中央企业上缴税金由 3563 亿元增加到 6611 亿元，增长 5.5%，年均递增 22.9%，每年净增加 1000 亿元，三年累计上缴税余 1.7 万亿元。石油石化企业努力加强管理，降低成本，确保国内成品油的稳定供应。电力企业加强电网改造，加快发展农电事业，全面推进"户户通电"工程，保障了电力供应。电信企业在经济社会信息化建设中发挥了重要作用。军工企业深化改革，加快技术创新，按时保质保量完成军品科研和生产任务，为国防现代化建设做出了重要贡献。建筑、建材、商贸等行业的中央企业在承担国家重点建设工程、稳定市场等方面，都做出了重要贡献。在 2008 年抗击南方严重低温冰冻雨雪灾害和四川汶川地震抗震救灾工作中，电力、铁路、交通、煤矿、商贸等国有企业努力"保交通、保供电、保民生"，在抢救生命财产和灾后恢复重建工作中发挥了特殊作用。

（五）国有资产监管水平稳步提高

围绕进一步搞好国有企业，推动国有经济布局和结构的战略性调整，发展和壮大国有经济，实现国有资产保值增值的国有资产管理体制改革的目标，我国采取一系列政策措施，积极推进国有资产监管领域的改革。

建立和完善国有资产监管体制。2003 年 3 月，国务院国有资产监督管理委员会成立，第一次在政府层面上做到了政府的公共管理职能与国有资产出资人职能的分离，解决了长期存在的国有资产出资人缺位、多头管理等问题，这是我国经济体制改革的一个重大突破。经过努力，目前，中央和省、市（地）三级国有资产监管体制框架基本建立。

国有资产监管法制建设不断加强。制定了与《企业国有资产监督管理暂行条例》相配套的规章制度，共制定发布了企业改制、产权转让、资产评估、业绩考核、财务监督等 19 个规章和 82 个规范性文件，地方国资委制定了 1600 多件地方规章和规范性文件，国有资产管理的法律法规体系进一步完善。

实行企业经营业绩考核制度。2003 年，制定并颁布了《中央企业负责人经营业绩考核暂行办法》。2004 年，国务院国资委与所有中央企业负责人签订了年度经营业绩考核责任书，2005 年又与中央企业负责人签订了任期经营业绩责任书，这标志着中央企业负责人经营业绩考核制度正式建立。在实行经营业绩考核的同时，相应制定了配套的《中央企业负责人薪酬管理暂行办法》，绩效薪金与企业经营业绩考核结果挂钩。各地国资委对所出资企业也实行了业绩考核。国有资产保值增值的责任体系层层到位。

加强财务监督和风险控制。建立了企业重要财务事项备案监督制度，开展了企业财务预决算管理、财务动态监测、会计核算监督、经济责任审计、内部审计管理及中介财务审计监督等各项工作，出资人财务监督体系基本形成。在总结企业风险控制经验教训的基础上，制定了《中央企业全面风险管理指引》，引导和组织企业清理高风险业务，加强风险防控。目前，大多数中央企业都建立健全了风险管理的规章制度，一批中央企业的境外上市公司建立了较完善的内部控制体系，并将内控体系扩展到存续企业。

建立国有资本经营预算制度。研究出台中央企业国有资本经营预算制度总体框架、中央企业利润分配监督管理、国有资本收益收缴管理和国有资本经营预算支出管理等相关制度，并组织测算国有资本经营预算规模，在中央企业开展收益收缴试点。预算收入主要用于解决历史遗留问题和国有资本调整。

通过上述一系列的措施，国有资产管理体制改革取得积极成果。国有资产管理体制改革从机构设置上实现了政企分开、政资分开。国有资产管理体制改革使国有资产保值增值的责任得到了有效落实。国有资产管理体制改革使国有资产监管得到了切实加强。

三、非公有制经济不断发展壮大

非公有制经济在新中国成立初期曾经存在并有一定程度的发展。但后来由于多种原因逐步萎缩，几近消亡。自改革开放以来，非公有制经济的地位得以重新确立，政策上得到扶持，其经营领域与经济规模都有了长足的发展。

（一）改革开放后我国非公有制经济发展的背景

改革开放前的相当长一段时期内，在理论上否定非公有制经济存在的必要性，在实践上遏制非公有制经济的发展。1978 年党的十一届三中全会总结了我国社会主义现代化建设的经验教训，提出了大幅度发展生产力必须多方面改变同生产力发展不适应的生产关系和上层建筑，改变一切不适应的管理方式、活动方式和思想方式。1982 年党的十二大提出了坚持国有经济的主导地位和发展多种经济形式的论断。这两次重要会议奠定了我国非公有制经济发展的政策基础。

1987 年党的十三大提出要在公有制为主体的前提下，继续发展多种所有制经济，并对私营经济的地位和作用提出了明确的政策。1992 年党的十四大进一步肯定了非公有制存在的必要性，指出外国资金以及作为有效补充的私营经济，都应当而且能够为社会主义所利用。党的十四届三中全会进一步强调在积极促进国有经济和集体经济发展的同时，鼓励个体经济、私营经济和外资经济的发展。1997 年党的十五大实现了关于非公有制经济认识新的突破，明确肯定非公有制经济是我国社会主义市场经济的重要组成部分，强调对个体、私营等非公有制经济要继续鼓励和引导，使之健康发展。1999 年国家出台了《个人独资企业法》，至此，我国关于私营经济三种主要形式，即独资企业、合伙企业、有限责任公司的主体法律已经基本齐备。

2002 年，党的十六大又重申"必须毫不动摇地鼓励、支持和引导非公有制经济发展"。"个体、私营等各种形式的非公有制经济是社会主义市场经济的重要组成部分，对充分调动社会各方面的积极性、加快生产力发展具有重要作用"。党的十六届三中全会又进一步指出"要清除体制性障碍，放宽非公有制经济的市场准入，鼓励有条件的非公有制企业做大做强"。2004 年，十届全国人大二次会议在宪法修正案中明确，公民的合法的私有财产不受侵犯，国家依照法律规定，保护公民的私有财产权和继承权。为了推动非公有制经济的发展，国务院还颁布了《关于鼓励、支持和引导个体、私营等非公有制经济发展的若干意见》。2007 年，党的十七大又进一步强调，要毫不动摇地鼓励、支持和引导非公有制经济发展，坚持平等保护物权，形成多种所有制经济平等竞争、相互促进的新格局。

（二）非公有制经济发展的现状

改革开放以来，我国非公有制经济迅速成为国民经济中一支重要的生力军。随着社会主义基本经济制度的不断完善，各类所有制企业平等竞争的市场主体地位逐步确立，非公有制经济蓬勃发展，进入了历史新阶段。

1. 非公有制经济快速增长

改革开放以来，我国个体私营等非公有制经济从无到有，从小到大，从弱到强，迅速成长。特别是近年来，非公有制经济保持持续快速增长，现已成为我国社会主义市场经济的重要组成部分。一是个体私营企业数量大幅增加。据国家工商总局统计，私营企业从 20 世纪 80 年代末开始起步，1992 年以来一直以年均 30% 以上的速度增长。2007 年年末，登记注册的全国私营企业达 551.3 万户；登记注册的全国个体工商户为 2741.5 万户。目前，我国非公有制经济已成为数量最多、比例最大的企业群体。二是个体私营企业资金规模不断扩大。据国家工商总局统计，2007 年年末，私营企业注册资金总额为 7.6 万亿元，比 2002 年增加 5.1 万亿元；个体工商户注册资金总额为 7350.7 亿元，比 2002 年增加 3568.7 亿元。

三是非公有制经济投资快速增长。据国家统计局统计，2007 年，非公有制经济投资总额达 6.5 万亿元，同比增长 34.1%，非公有制经济占城镇投资的比重为 55.5%。另据国家工商总局统计，仅 2000—2006 年期间，私营个体经济总投资年均增长 31.6%，高于全社会固定资产投资年均增长 9.3 个百分点，高于国有经济投资年均增长 19.4 个百分点。四是私营工业利润较大增长。据国家统计局统计，2007 年规模以上私营工业企业利润达 4000 亿元，从 2002 年起的 5 年间年均增长 52.2%，增速比全国规模以上工业企业高出 20 个百分点。五是私营企业进出口总额成倍上升。2007 年非国有企业（内资）出口总额 2976.8 亿美元，比 2002 年增长了近 10 倍，占全国出口商品比重从 2002 年的 10.1% 提高到 2007 年的 24.4%。

2. 非公有制经济作用不断增强

改革开放 30 年来，非公有制经济的蓬勃发展，已经成为发展社会生产力和完善社会主义市场经济体制的重要力量，在促进经济增长、拓宽就业渠道、增加财税收入、优化所有制结构、加快工业化城镇化进程等方面，发挥了十分重要的作用。一是非公有制经济已成为经济增长的主要推动力。改革开放以来，我国非公有制经济迅速发展，占 GDP 中的比重快速上升。据国家统计局统计，我国非公有制经济占 GDP 的比重从 1979 年的不足 1%，已提高到目前的 1/3 左右。2007 年年末，非公有制经济投资已占全国城镇投资的比重为 55.5%。在 40 个工业部门中，非公有制经济在 27 个部门中的比例已经超过 50%，在部分行业已经超过 70%，成为推动行业发展的主体。二是非公有制经济已成为社会就业的主渠道。近年来，非公有制经济的快速发展，形成了巨大的劳动力需求，为社会创造了大量的就业机会，吸纳了大部分剩余和转移劳动力，对缓解当前就业压力、稳定社会发挥了重要作用。仅 2002—2007 年，个体私营企业增加从业人员约 5500 万人。目前，非公有制经济提供了 75% 以上的城镇就业岗位。国有企业的下岗失业人员 60% 以上在非公有制企业实现了再就业，1 亿多农民工中大部分也在非公有制企业务工。非公有制企业也已成为我国高校毕业生和复转军人就业的重要渠道之一。三是非公有制经济已成为国家财政收入的重要来源。据国家税务总局统计，近些年非公有制企业税收占全国税收的比重迅速提升，特别是私营企业的税收增长最快，从 2000 年的 3.3% 上升到 2007 年的 9.6%，明显高于全国平均水平及其他经济成分。2000—2005 年，私营企业税收年平均增长 45.3%，高于全国税收增长速度 25.8 个百分点，对国家新增财政收入的贡献份额不断加大。四是非公有制经济已成为支撑县域经济的主体。目前，全国绝大多数地市县的经济主体力量为个体私营经济，非公有制经济税收成为地方财政收入的主要来源。五是非公有制经济已成为推动农村工业化、城镇化的重要力量。近年来，以非公有制企业高度集聚为特征的产业集群发展迅速，如广东省的大沥铝材，福建省的晋江鞋业，浙江省的永康五金等，部分产业集群已成为我国的重要制造业基地，产品在全国市场占有较高份额。以非公有制经济为主体的产业集群有力地推动了农村工业化和城镇化进程。在广东省珠三角的 404 个建制镇中，以产业集群为特征的专业镇占到1/4。六是非公有制经济已成为提高自主创新能力的生力军。改革开放以来，我国技术创新的 70%、国内发明专利的 65% 和新产品的 80% 以上来自中小企业，而我国 95% 的中小企业为非公有制企业。据统计，我国民营科技企业目前已达 15 万家，在 53 个国家级高新技术开发区企业中，民营科技企业占到 70% 以上，取得的科技成果占高新区的 70% 以上。不少民营高科技企业目前拥有自己的自主知识产权。

3. 非公有制经济发展的外部环境不断优化

促进非公有制经济发展的物质基础明显增强，政策法律条件日益完备，市场环境不断优化，扶持、服务体系不断完善，有利于非公有制经济健康发展的良好社会氛围正在形成。一是积极建立和完善非公有制经济发展的政策法律体系。近年来，全国人大常委会陆续通过了《物权法》、《企业所得税法》、《反垄断法》、《劳动合同法》等多部重要法律，重新修订了《公司法》、《证券法》，为各类市场主体平等竞争创造了良好的法制环境。2005 年 2 月，国务院颁布了《关于鼓励支持和引导个体私营等非公有制经济发展的若干意见》（以下简称"非公经济36条"），这是我国新中国成立以来第一部全面促进非公有制经济发展的重要政策性文件，对于推动非公有制经济发展新阶段、实现更好更快地发展具有重要的现实意义和深远的历史影响。文件下发后，国家有关部门和单位相继出台了《促进产业集群发展若干意见》等35个配套文件，奠定了我国非公有制经济政策体系的基本框架。二是以放宽市场准入为重点着力营造公平的市场环境。国家加快清理和修改限制非公有制经济发展的法律法规和政策。截至2007年6月30日，国家有关部门和地方政府共审核规章文件160多万件，清理出6000多件与"非公经济36条"不一致的规章和文件，并按法定权限和程序明令修改或废止。同时，国家允许非公有资本进入垄断行业、交通基础设施、社会事业、金融服务业和参与国防科技工业建设。三是积极构建有利于非公有制经济发展的财税扶持体系。近年来，中央和地方通过注入资本金、贷款贴息、税收优惠等措施，积极鼓励和支持非公有制资本以独资、合资、合作、联营、项目融资等方式，参与经营性的公益事业、基础设施项目建设。《企业所得税法》统一了各类企业的税收制度，明显降低了非公有制企业的税收。国家设立了中小企业服务体系专项补助资金、中小企业发展专项资金等若干基金，通过无偿资助、贷款贴息等方式支持中小企业发展。四是切实解决非公有制经济发展融资问题。为满足非公有制经济的融资需求，各部门和地方在信贷支持、资金融通、信用保证等方面，做了大量工作。五是加强非公有制经济的社会化服务体系建设。各部门和地方加快建立面向非公有制企业的公共服务平台，为企业提供培训、咨询、技术推广等专业化服务。

（三）非公有制经济发展的新特点和新趋势

改革开放30年来，非公有制经济蓬勃发展，经济结构调整的步伐加快，转变发展方式取得重大进展，非公有制企业自身也发生了一些变化。在行业分布上，非公有制经济由早期以轻工纺织、普通机械、建筑运输、商贸服务等领域为主，向基础设施、公共事业等领域拓展，逐步呈现多元化覆盖的趋势。在组织结构上，非公有制经济由早期以劳动密集型企业、中小企业为主，形成一批资本密集、技术密集的大企业、大集团。在企业制度上，非公有制经济由早期以个人、家族企业为主，向多元投资主体的公司制企业发展，企业组织形式和公司治理结构不断优化。在产业布局上，非公有制经济由早期小规模、分散化经营为主，逐步发展形成一批以大规模、专业化经营为特征的产业集群和"块状经济"。在区域分布上，非公有制经济由早期的主要集中于东部沿海地区，向中西部地区迅速扩展、加速发展。在产品市场上，非公有制经济由早期以国内市场为主，逐步向国际市场迅速发展。

四、外资经济发展进入新阶段

推动中国经济和社会走向世界，是新中国成立后的社会主义建设的一项重要内容。在新中国成立后前 30 年积极地开展对外工作的基础上，1978 年以来我国把对外开放作为一项基本国策。30 年的探索取得了巨大的成就，中国在实现从计划经济体制转向社会主义市场经济体制的同时，也从封闭、半封闭状态，走向了开放。积极有效利用外资来加快社会主义现代化建设步伐，是我国改革开放基本国策的重要组成部分，也是对外开放的核心内容之一。

（一）我国引进和利用外资的背景

1979 年 1 月，邓小平同志在同几位工商界领导人谈话中就指出："现在搞建设，门路要多一些，可以利用外国的资金和技术，华侨、华裔也可以回来办工厂。"在邓小平同志的推动下，五届全国人大二次会议于 1979 年 7 月 1 日通过了《中外合资经营企业法》，并于同年 7 月 8 日正式公布实施。此后，我国又陆续制定了《中外合作经营企业法》、《外商投资企业法》等，以及有关实施条例和细则。这些法律法规为我国吸引和利用外资提供了基本的法律依据，也为营造一个有利于外商投资的环境奠定了基础。

1986 年 10 月，国务院发布了《关于鼓励外商投资的规定》，进一步明确了对外商投资企业，尤其是先进技术企业和产品出口企业在所得税、土地、水电、用工费用、利润汇出和进出口配额、关税减免、外汇调剂等方面给予优惠，保障外商投资企业享有按照国际通行做法进行经营管理的权利。这些具体政策措施的提出和全面贯彻，有力地促进了 20 世纪 80 年代中后期我国沿海地区吸收利用外商投资的迅速增长。

1992 年年初邓小平同志发表南方谈话以后，我国对外开放进入一个新的阶段，利用外资的领域也进一步拓宽。党的十四届三中全会通过的《中共中央关于建立社会主义市场经济体制若干问题的决定》，提出了在新形势下要"改善投资环境和管理办法，扩大引资规模，拓宽引资领域，进一步开放国内市场，创造条件对外商投资企业实行国民待遇，依法完善对外商投资企业的管理，发挥我国资源和市场的比较优势，吸引外来资金和技术，促进经济发展"。根据上述要求，有关部门陆续出台了引导外资投向基础设施、基础产业和企业技术改造，投向中西部地区的政策和措施。

1997 年召开的党的十五大上，明确地提出，要以更加积极的姿态走向世界，完善全方位、多层次、宽领域的对外开放，发展开放型经济，有步骤地推进服务业的对外开放，对外商投资实行国民待遇。

随着我国对外开放和利用外资工作的深入发展，我国政府利用外资的背景出现了重大变化：一是中国加入世贸组织及过渡期的结束，使经济全球化和国际资本对中国的影响有了全新的通道；二是区域化的发展、中国参与实质性区域经济合作的积极姿态及由此带来的深度开放，使中国利用外资进入到一个前所未有的新境界；三是国内新的发展需要对利用外资提出新要求，也就是要按照统筹国内发展与对外开放的要求来重新审视我国的利用外资问题。鉴此，对利用外资政策进行适时适度的调整成为必要。2002 年，党的十六大明确指出：改善投资环境，对外商投资实行国民待遇，提高法规和政策透明度。显然，目前外资在我国享受着超国民待遇，其主要集中体现为税收优惠，但实际上，外国投资者越来越重视公平的竞争环境和我国巨大的市场潜力。因此，2007 年 3 月 16 日，第十届全国人民代表大会第五次会议通过了新的《企业所得税法》，自 2008 年 1 月 1 日起施行，将内资和外资企业所得税按照统一税率纳税。

我国抓住经济全球化深入发展机遇，充分利用国际国内两个市场和两种资源，已连续 16 年位列发展中国家吸收外资的首位，并正在成长为新兴的对外投资大国。在此基础上，为了适应新形势的变化，2007 年，党的十七大提出了利用外资方式、对外投资和合作方式的两个创新，对全面提高对外开放水平提出新的更高要求。

（二）我国利用外资取得的成就

1979 年以来，中国开始主动利用两种资源、两个市场发展经济，经过多年的发展，我国积极、合理、有效地利用外资成果显著、成绩斐然。

1. 利用外资有力地促进了国民经济快速健康发展

改革开放以来，我国吸收外商直接投资迅速发展。从 1993 年起，我国一直是发展中国家中最大的外资流入国，到 2006 年年底实际吸收外商直接投资累计已超过 5000 亿美元。外商投资企业在促进国民经济增长、带动产业和技术进步、扩大出口和提供就业机会等方面，都发挥着日益重要的作用。据统计，2006 年中国涉外税收（不包括关税和土地税）达 7900 多亿元人民币，占全国税收总额的 21%；外商投资企业进出口占中国进出口贸易总额的 58.9%，而在 1985 年和 1990 年时的占比仅为 3.4% 和 17.4%。

2. 利用外资加速了我国技术进步和高技术产业发展

当前，全球最大的 500 家跨国公司中已有 450 多家来华投资，有些还把公司总部和研发中心迁到中国。在我国高技术产品出口中，外商投资企业超过了 80%，外商投资我国高技术产业明显增长，促进了我国产业结构调整和优化升级，加速了我国的技术进步。利用外资已成为我国技术引进的重要途径，外商投资企业已经成为我国技术创新的重要力量。

3. 利用外资促进了社会主义市场经济体制的完善

利用外资使人们的思想观念发生了巨大的变化，提高了人们的对外开放意识。利用外资促进了我国法制建设，促进了国内许多制度的改革，促进了我国商品、资金、技术、劳动力等方面的市场建设，促进了国内企业经营机制的转变。

（三）我国利用外资的新趋势和新特点

近年来，在保持利用外资稳步增长的同时，国家加强对外资产业和区域投向的引导，充分发挥利用外资在推动自主创新、产业升级、区域协调发展等方面的积极作用，不断提高利用外资的质量和水平。总的来说，外资结构和布局不断优化，利用外资质量进一步提高。

1. 外资产业投向逐步优化

国家先后两次修订《外商投资产业指导目录》，鼓励外资投向高新技术产业、先进制造业、节能环保业和现代服务业，限制外资投向高耗能、高污染和部分资源性行业。近几年，商业、银行、证券、保险等服务业已成为外商新一轮投资的热点，投资集成电路、计算机、通信产品等高新技术产业的外商项目明显增加，"两高一资"产业利用外资规模明显下降。2007年服务业（含金融业）实际吸收外资430亿美元，占全国吸收外资总额的52%。

2. 外资区域布局趋于合理

随着我国区域发展总体战略的实施和完善，国家在利用外资政策上出台了一系列措施。2004年修订了《中西部地区外商投资优势产业目录》，鼓励外资投向中西部地区，加快西部大开发进程。2005年，出台了进一步扩大开放、鼓励外资参与老工业基地国有企业改组改造的政策措施，推动了东北地区等老工业基地加快振兴。2006年又出台了扩大中部地区对外开放的政策措施，实施"万商西进"工程，在中部六省轮流举办"中国中部投资贸易博览会"，为中部地区开展对外经贸合作提供良好平台。

3. 利用外资方式逐步拓宽

适应跨国投资发展的新趋势，国家制定出台了创业投资、跨国并购、外国投资者对上市公司战略投资等方面的法律规范，加强对外资收购国内战略性行业的审查。修订了外商设立投资性公司的相关规定，为跨国公司在华设立总部、营运中心、财务公司等创造条件。2007 年跨国公司在华研发中心和地区总部分别达到 1000 个和 300 家。

五、进一步推进所有制改革的基本思路

（一）进一步巩固和发展公有制经济

公有制为主体是我国社会主义市场经济的重要特征。按照党的十七大关于我国基本经济制度的论断，必须坚持公有制为主体，毫不动摇地巩固和发展公有制经济，必须发挥国有经济在国民经济中的主导作用，促进社会主义市场经济健康发展。

1. 深化国有企业改革和国有资产管理体制改革

深化国有企业股份制改革，健全现代企业制度是现阶段巩固和发展国有经济的必由之路，是优化国有经济布局和结构，增强国有经济活力、控制力、影响力的必然选择。而进一步完善国有资产管理体制改革则将为深入推进国有企业改革提供重要的体制、机制保障。

一是深化国有企业公司制改革，健全现代企业制度。建立现代企业制度，是发展社会化大生产和市场经济的必然要求，是公有制与市场经济相结合的有效途径，是国有企业的改革方向。公司制是现代企业制度的一种有效组织形式。对国有大中型企业实行规范的公司制改革取得突破性进展，一批企业实现投资主体多元化，具备条件的企业实现整体上市。公司法人治理结构是公司制的核心。进一步完善公司治理结构，依法界定股东会、董事会、监事会和经理层的职责，形成较为完善的各负其责、协调运转、有效制衡的公司法人治理结构。基本建立起企业决策权与执行权分开和董事会选聘、考核、奖惩经营管理者的机制。企业劳动、人事和分配制度基本与市场接轨。

二是优化国有经济布局和结构，推动国有资本向关系国家安全和国民经济命脉的重要行业和关键领域集中。在社会主义市场经济条件下，国有经济在国民经济中的主导作用主要体现在控制力上。国有经济的作用既要通过国有独资企业来实现，更要大力发展股份制，探索通过国有控股和参股企业来实现。国有经济在关系国民经济命脉的重要行业和关键领域占支配地位，支撑、引导和带动整个社会经济的发展，在实现国家宏观调控目标中发挥重要作用。国有经济必须保持必要的数量，更要有分布的优化和质的提高。要把从战略上调整国有经济布局，同产业结构的优化升级和所有制结构的调整完善结合起来。当前，我国国有企业数量仍然太多，主要是地方中小国企太多，许多企业仍然活动在一般竞争性领域，很难发挥国企的优势，需要继续进行资产重组等推进国有经济布局和结构的战略性调整。中央企业资产重组任务也未完成。未来，要把中央企业户数调整到80至100家左右，初步形成一批具有自主知识产权和知名品牌、国际竞争力较强的大公司大集团。

三是增强国有经济活力、控制力和影响力。实现国民经济又好又快发展，必须适应全球产业结构调整的大趋势和国内外市场需求的新变化，加快技术进步和产业升级，进一步增强国有企业的核心竞争力。国有经济在国民经济中的重要地位，决定了国有企业必须在技术进步和产业升级中走在前列，积极拓展新的发展空间，发挥关键性作用。通过深化改革、结构调整、技术进步和产业升级，形成以企业为中心的技术创新体系，企业主业更加突出，管理更加科学，抗御风险能力进一步提高。走集约型和可持续发展道路，企业自主创新能力明显增强，资源节约、环境保护水平进一步提高，基本形成低投入、低消耗、低排放和高效率的增长方式。

四是深化国有资产管理体制改革。按照党的十七大提出的加快建设国有资本经营预算制度，完善各类国有资产管理体制和制度的要求，今后要坚持政企分开、政资分开，进一步完善国有资产管理体制。要不断加强国有资产监管法制建设，认真执行企业经营业绩考核制度，进一步完善国有企业监事会制度，加强对国有企业的财务监督和风险控制。加快建设国有资本经营预算制度，探索国有资本有效的经营形式，提高资本的营运效率。要尽快制定和明确对国有自然资源资产、金融资产、非经营性资产的监管制度。

2. 继续深化垄断行业管理体制改革

垄断行业是我国国有经济最集中和控制力最强的领域。垄断行业中的主要大型骨干企业，几乎都是国有企业，并且又都是中央企业。随着改革的深化，垄断行业改革已成为今后国有企业改革的重点。按照党的十七大精神，深化垄断行业改革的重点是要实行政企分开、政资分开，引入竞争机制，包括引入战略投资者或新的厂商（市场主体），同时加强监管，以提高资源配置效率，并有效保护消费者利益。

进入新世纪以后，我国垄断行业改革逐步展开，但发展不平衡，总的说攻坚任务尚未完成。今后，要根据各垄断行业的具体改革进程，分类推进或深化改革。对已经实行政企分开、政资分开和进行初步分拆、引入竞争机制的电力、电信、民航、石油等行业，要完善改革措施，进一步分离垄断性业务与竞争性业务。对竞争性业务要放宽准入，引进新的厂商参与市场竞争，特别是非自然垄断性业务，应开放市场，允许国内民间资本和外资进入，以提高效率；对垄断性业务要实行国有法人为主的多元持股。对尚未进行实质性体制改革的铁路、某些城市的公用事业等，则要积极推进政企分开、政资分开、政事分开改革。铁路投融资体制改革已开始进行，铁路建设、运输、运输设备制造和多元经营等领域已向国内非公有资本开放。

同时，对垄断行业要加强政府监管和社会监督。一方面要求既加强对安全、环保、普遍服务等的监管，也加强对价格的监管，包括实行价格听证制度等，以及广泛的社会监督，以维护公众的正当权益。另一方面，对不少垄断行业职工收入畸高、为维护自身既得利益构筑较高的进入壁垒、收费高服务差效率低等问题要高度重视。

2007 年 8 月 30 日十届全国人大常务委员会第二十九次会议通过，2008 年 8 月 1 日正式实施的《反垄断法》是国家对垄断行业进行规范和管理的重要法律依据。要以实施好《反垄断法》，作为推进垄断行业管理体制改革的契机，大力深化相关改革。可以预见，随着市场机制的引进和监管体系的逐步完善，我国垄断行业将会在稳步推进改革中呈现崭新面貌。

3. 发展多种形式的集体经济、合作经济

集体经济、合作经济是公有制经济的有机组成部分。党的十七大报告强调要"推进集体企业改革，发展多种形式的集体经济、合作经济"。我国集体经济（如乡镇企业）存在产权不够清晰的问题。经过多年来以明晰产权为重点的改革，已取得重大进展。下一阶段，要进一步发展各类农民专业合作组织，发挥各类农民专业合作组织对提高农民组织化程度、降低交易费用、提高农民市场谈判地位、增强应对自然与市场风险能力、提高规模效益等方面的重要意义和作用，不断提高农民收入水平。

（二）大力鼓励、支持和引导非公有制经济发展

非公有制经济是我国社会主义市场经济的有机组成部分，是我国重要的经济增长点，是提供新就业岗位的主渠道，是满足全国人民不断增长的多样化的物质和文化生活需要的生力军，必须继续毫不动摇地鼓励、支持、引导它们健康发展。

改革开放以来，我国非公有制经济实现了大发展和大跨越。但是，当前非公有制经济发展还存在一些亟待解决的困难和问题。从其发展的外部环境看，对非公有制经济的歧视现象依然存在，社会舆论存在某些负面影响，认识还有待进一步提高；政府职能转变滞后，面向非公有制经济的公共服务缺失，鼓励、支持和引导非公有制经济的工作还不够得力，推动非公有制经济发展的工作合力还需进一步加强；政策性障碍仍然存在，法律法规体系还不够完善，创业门槛高、市场准入"玻璃门"现象普遍，社

会反映强烈的中小企业融资难、税负不公等问题尤其突出，金融、税收政策总体改进不大，市场退出机制不健全；非公有制经济融资困难的问题也需进一步解决；公平的市场竞争环境尚未完全形成，企业权益不时遭受侵犯；社会化服务体系不健全，服务范围窄、服务水平不高，服务市场有待规范；非公有制经济的概念不清，统计口径不一，底数不明等。从其自身发展看，增长方式粗放、结构不合理等问题仍然较为严重，转变发展方式的任务十分艰巨；非公有制经济创新能力弱、人才缺乏，整体素质尚不适应科学发展的要求；一些非公有制企业过度依靠低价竞争，一味拼价格、拼劳力、拼资源、拼土地、拼环境，管理水平低下；劳资矛盾突出，劳动纠纷不断，违法犯罪案件时有发生等等。

鼓励、支持和引导非公有制经济发展，要进一步解放思想，深化改革，消除影响非公有制经济发展的体制性障碍，确立平等的市场主体地位，实现公平竞争；进一步完善国家法律法规和政策，依法保护非公有制企业和职工的合法权益；进一步加强和改进政府监督管理和服务，为非公有制经济发展创造良好环境；进一步引导非公有制企业依法经营、诚实守信、健全管理，不断提高自身素质，促进非公有制经济持续健康发展。为此，要切实做好以下工作：

1. 坚持以企业为主体、以市场为导向，正确处理好市场和政府的关系

一方面，企业作为市场主体，要努力提升自身素质，着力转变发展方式，增强自主创新能力，建立现代企业制度，构建和谐劳动关系，与自然和谐相处，自觉维护市场秩序，努力实现非公有制经济又好又快发展。通过制度创新、管理创新、技术创新以及人才培养，不断提高企业核心竞争力和可持续发展能力。另一方面，政府要在大力优化非公有制经济的外部发展环境方面发挥应有作用的同时，进一步转变职能。既要坚持鼓励、支持和引导，又要加强规范、监管和服务；既要依法保护非公有制企业的合法权益，又要切实维护企业员工的合法权益。还要把促进非公有制经济发展与加强和改善宏观调控结合起来，切实把各方面的积极性引导好、保护

好、发挥好，促进国民经济持续快速协调健康发展和社会全面进步。

2. 认真做好政策的制定和贯彻落实工作

狠抓政策法规建设，完善政策体系，是做好非公有制经济工作的重中之重。要加强调查研究，抓紧制定和完善促进非公有制经济发展的具体措施及配套办法，认真解决非公有制经济发展中遇到的新问题，确保党和国家的方针政策落到实处。同时，要加强对非公有制经济发展的指导和政策协调。要根据非公有制经济发展的需要，强化政府服务意识，改进服务方式，创新服务手段。要将非公有制经济发展纳入国民经济和社会发展规划，加强对非公有制经济发展动态的监测和分析，及时向社会公布有关产业政策、发展规划、投资重点和市场需求等方面的信息。

3. 继续破除各种体制障碍，重点推进公平准入和改善融资条件，进一步促进非公有制经济发展

当前，我国非公有制经济的发展，仍然存在一些体制性障碍，主要是有些领域在市场准入方面存在"玻璃门"，看起来似乎畅通，实际上进不去，或不让进。当前的主要任务是要打破一些既得利益集团设置的进入障碍，使非公有制经济有一个公平进入和竞争的市场环境。还有就是融资困难，今后需大力发展多种所有制形式和多种经营形式的中小金融机构，更好地为中小企业服务。大银行也要多放小额贷款，做好零售服务。

（三）努力形成各种所有制经济平等竞争、相互促进的新格局

党的十七大明确提出要坚持平等保护物权，形成各种所有制经济平等竞争、相互促进的新格局。因此，必须把形成各种所有制经济平等竞争、相互促进的新格局作为今后坚持和完善基本经济制度的重要着力点。

1. 加快建立健全现代产权制度，进一步奠定各种所有制经济共同发展的制度基础

产权是所有制的核心和主要内容。改革开放以来，我国关于产权问题的理论研究和实践探索不断深化，取得了丰硕成果。党的十六届三中全会明确指出，建立归属清晰、权责明确、保护严格、流转顺畅的现代产权制

度，是完善基本经济制度的内在要求，是构建现代企业制度的重要基础。在此基础上，党的十七大报告明确提出，以现代产权制度为基础，发展混合所有制经济。按照这些要求，今后必须进一步深化产权制度改革，要继续依法依规、合情合理地清产核资，理清各类财产权归属，要规范发展产权交易市场，健全产权交易规则和监管制度，推动产权有序流转，要建立健全产权保护法律法规，维护各类产权主体的合法权益和平等发展的权力，为多种所有制经济的平等竞争和共同发展创造好的条件。

2. 坚持平等保护物权，为各种所有制经济平等竞争提供法律保障基础

2007 年 3 月，十届全国人大五次会议通过了《物权法》。其中规定：国家实行社会主义市场经济，保障一切市场主体的平等法律地位和发展权利。国家、集体、私人的物权和其他权利人的物权受法律保护，任何单位和个人不得侵犯。平等保护物权，是要求市场主体享有相同的权利、遵循相同的规则、承担相同的责任。《物权法》的颁布实施，有助于完善我国平等竞争、优胜劣汰的市场环境，有助于完善现代产权制度和现代企业制度。今后，社会各个方面应该把贯彻落实好《物权法》作为一项重要工作，并在实践中不断予以完善，为真正实现平等保护物权和各种所有制经济平等竞争奠定坚实基础。

3. 大力发展混合所有制经济，增强我国经济发展的生机活力

随着社会主义市场经济体制的不断完善和实践的不断发展，我们对以股份制为主体的混合所有制经济的认识不断深化。从党的十五大提出股份制是现代企业的一种资本组织形式，资本主义可以用，社会主义也可以用，到党的十六大提出除极少数必须由国家独资经营的企业外，积极推行股份制，发展混合所有制经济，再到党的十七大进一步提出以现代产权制度为基础发展混合所有制经济，这个认识不断深化的过程也是以股份制为主体的混合所有制经济在实践中不断发展的阶段。同时，混合所有制经济的发展，也表明我国公有制特别是国有经济找到了一个有效的与市场经济相结合的形式和途径。

随着国有经济实力的不断壮大、个体和私营等非公有制经济的迅速发展和利用外资数量不断增长，在国家允许国内民间资本和外资参与国有企业改组改革的政策引导下，国有资本和各类非国有资本相互渗透和融合必然会不断加快，可以预见，以股份制为主体的混合所有制经济将越来越在国民经济中起举足轻重的作用。

（四）进一步提升外资经济发展的水平

适应不断拓展对外开放广度和深度，全面提高我国开放型经济水平的需要，要进一步创新利用外资方式和优化利用外资结构，大力提升外资经济发展的水平，最大限度地发挥利用外资在推动自主创新、产业升级、区域协调发展等方面的积极作用。

1. 创新外资利用方式

允许我国具备条件的企业和金融机构在境外融资，积极探索境外上市、投资基金、发行境外债券等利用外资方式。鼓励外商风险投资公司和风险投资基金来华进行创业投资，健全创业投资退出机制。鼓励外资企业通过多种方式在引进消化吸收再创新、集成创新和原始创新等方面发挥更大作用，推动我国产业竞争力提升。鼓励跨国公司和国内研发机构及企业开展研发合作，扩大外资投资技术溢出。

2. 优化利用外资结构

按照国家产业发展方向和区域发展总体战略的导向，因地制宜地引导外资投资方向。注重提高吸收外资的总体层次和技术含量，鼓励跨国公司在中国设立地区总部、物流中心、采购中心、运营中心和培训中心，鼓励外商来华投资建设研发中心、高技术产业、先进制造业。积极引导外资区域投向的合理布局，国际金融组织、外国政府的贷款要重点投向中西部地区和东北地区等老工业基地；同时，采取政策引导、信息发布等多种手段，促进东部地区的外资向中西部地区的有序转移。

3. 加强对利用外资的规范和监管

要根据国内外形势发展的变化，与时俱进地完善我国吸收利用外资的

各项法律法规。要针对新情况新问题加强监管，依法鼓励和规范外商并购
投资，促进国有企业改组改造和改善治理结构，保障国内企业、国有资产
和职工的合法权益。加强对外债的宏观监测和管理，优化债务结构，保持
适度的外债规模。要严格限制外商投资高耗能、高污染等产业，继续加强
对外资进入房地产领域的指导和监管。

第二章

农村经济体制改革的
回顾与展望

以 1978 年党的十一届三中全会为标志,中国进入了一个波澜壮阔的改革开放新时期。中国的改革首先从农村开始。农村改革成功后,城市和其他各方面的改革才全面展开并不断深入。农村改革不仅极大地促进了农村发展,而且对推进整个经济社会的全面发展和进步,发挥了巨大作用。

一、农村改革的历程和成就

中国农村 30 年的改革,大致可以分为四个阶段。

第一个阶段是 1978—1984 年

这个阶段农村改革的重点是建立家庭联产承包责任制。1978 年年底,安徽凤阳县小岗村的 18 户农民,冒着风险搞起了"大包干"。1980 年中央在政策上明确提出在农业领域普遍建立各种形式的生产责任制。随后,包产到户和包干到户等责任制逐步得到肯定和推广。到 1983 年年底,全国农村基本上实行了以家庭经营为基础、统分结合的双层经营体制。1984 年,中央提出土地承包期一般在 15 年以上。这样,家庭承包经营制度被确立为中国农村一项最基本的生产经营制度。这一阶段的改革，突破了高度集中的人民公社体制，理顺了农村生产关系，使农民获得了生产经营自主权，打破了分配上的平均主义和"大锅饭"，极大地调动了亿万农民的积极性，大大解放和发展了农村生产力，并由此奠定了农村改革不断前进的基础。

第二个阶段是 1985—1991 年

这个阶段农村改革的重点是改革农产品流通体制、调整农村产业结构和发展乡镇企业等。国家对农产品的统派购制度进行了全面改革，在农产品收购上，逐步取消统购，实行合同定购，并不断减少合同定购数量；在农产品价格上，逐步提高粮棉收购价，不断扩大市场自由定价的范围，放开了粮棉等主要农产品以外的其他农产品市场和价格；在调整农村产业结构上，坚持绝不放松粮食生产，积极发展多种经营，优化种植业结构，促进农林牧副渔全面发展，同时鼓励农民从事工商业等非农产业活动和发展乡镇企业。这一阶段的改革突破了计划经济时代农产品统购统销制度，面向市场搞活了农产品流通；突破了农村经济"以粮为纲"的单一结构，全面活跃了农村经济。

第三个阶段是 1992—2002 年

这一阶段的改革重点是稳定农村基本政策，建立和完善农产品市场体系，促进农村要素的流动，推进农村治理结构完善。明确了在土地承包期15 年到期后，继续延长 30 年不变。推进以粮食为主的农产品流通体制改革，建立与社会主义市场经济体制相适应的农产品流通体制。推进乡镇企业产权制度改革，调整产业结构和产品结构，加快技术改造，改善内部管理，乡镇企业发展水平有了大的提高。农村劳动力开始大规模向城镇转移，小城镇建设速度加快。建立了农村村民自治制度。这一阶段的改革，完善了农村基本经营制度，建立了农产品市场流通体系，改善了农村产业结构，突破了城乡之间劳动力流动障碍，农村民主制度建设取得重大进展。

第四个阶段是 2003 年以来

这个阶段改革的重点是着眼经济社会发展全局，调整城乡关系，建立促进农业和农村经济发展的长效机制。在清费正税、推进农村税费改革的基础上，彻底取消农业税，结束了在中国实行 2600 多年的农民种田缴税的历史。同时，推进乡镇机构改革、农村义务教育和县乡财政管理体制改革。全面放开了粮食收购和销售市场。着力解决农民工问题，努力为农民进城务工创造良好环境。按照统筹城乡发展的要求，全面推进社会主义新农村建设，大幅度增加了对农业农村的支持力度。这一阶段的改革，改变了国家和农民之间的分配关系，促进了城乡要素的合理流动，改善了农村经济社会发展的宏观环境。

30 年农村改革的不断推进和深化，给中国农村带来了历史性巨变。

一是粮食等主要农产品产量大幅度增长，改变了供给长期短缺的局面，解决了全国人民的吃饭问题。2007 年与改革前的 1978 年相比，全国粮食总产量由 30477 万吨增加到 50150 万吨，增长 65%；棉花总产量由 217 万吨增加到 760 万吨，增长 2.5 倍；油料产量由 522 万吨增加到 2461 万吨，增长 3.7 倍；糖料产量由 2382 万吨增加到 11110 万吨，增长 3.7 倍；肉类产量由 856 万吨增加到 6800 万吨，增长 6.9 倍；水产品产量由 465 万吨增加到 4737 万吨，增长 9.2 倍。农业生产能力的大幅度提高，各类农产品产量的快速增长，保障了市场供给，为促进国民经济持续健康发展和保持社会稳定奠定了坚实的基础。

二是农村产业结构发生巨大变化，农村经济实力大幅度提高。从 1978 年到 2006 年，农业增加值由 1028 亿元增加到 24700 亿元，扣除物价因素影响，年均实际增长 4.6%。农业产值中种植业的比重由 1978 年的 80%，降到 2006 年的 50.8%，林业比重由 3.4% 增加到 3.8%，牧业由 15% 增加到 32.2%，渔业由 1.6% 提高到 10.4%。农业快速发展的同时，乡镇企业和农村二三产业以更快的速度增长。农村增加值中，第一产业的比重由 1978 年的 84% 降到 2006 年的 30.2%，第二产业的比重由 14.2% 上升到 54.3%，第三产业比重由 1.8% 上升到 15.5%。

三是农民收入水平和生活水平显著提高，农村社会事业蓬勃发展。

1978 年时，全国农民人均纯收入只有 133.6 元，2007 年达到 4140 元。1978 年时农村居民消费恩格尔系数（即居民家庭食品消费支出占家庭消费总支出的比重）为 67.7%，2007 年降到 43.1%。1978 年农村人均纯收入在 100 元以下的贫困人口 25000 万人，2007 年农村人均收入在 785 元以下的贫困人口只有 1479 万人。农村经济的发展，还极大地促进了农村教育、卫生、文化等事业的进步，供水、供电、道路等基础设施明显改善，农村发生了翻天覆地的变化。

二、农村基本经营体制的形成与完善

1949—1978 年，中国农业经营体制有过两次重大变革：第一次是土地改革，将封建地主土地私有制变为农民土地私有制，实现了"耕者有其田"。1952 年时全国大部分地区完成了这一改革。第二次是农业合作化，将土地农民私有、家庭经营转变为集体所有、集体统一经营。经过互助组、初级社、高级社，形成农村人民公社"三级所有、队为基础"的体制。人民公社体制，扩大了经营规模，但其生产劳动的"大帮哄"和分配过程的"大锅饭"，严重挫伤了农民的劳动积极性，生产发展缓慢，甚至出现停滞。

针对人民公社体制存在的问题，1978 年前后中国农村出现了不同形式的农业生产责任制。1978 年 12 月，党的十一届三中全会通过了《关于加快农业发展若干问题的决定（草案）》和《农村人民公社工作条例（试行草案）》，提出建立严格的生产责任制，包括包工到组、联产计酬等农业生产组织方式。1979 年 9 月，党的十一届四中全会通过了《中共中央关于加快农业发展若干问题的决定》，这个决定不仅肯定了农业生产责任制，而且许可对深山、偏僻地区的独门独户的农村地区实行包产到户。1980 年 9 月，中共中央发出的《关于进一步加强和完善农业生产责任制的几个问题的通知》指出，在那些边远山区和贫困落后地区，长期"吃粮靠返销，生产靠贷款，生活靠救济"的生产队，群众要求包产到户的，应支持群众的要求，可以包产到户，也可以包干到户。到 1981 年全国 38% 的农村核算单位实行了包干到户的责任制。在实践中包产到户和包干到户的增产效果明显，其优越性逐步被广大农民和干部认可。学术界、理论界对包产到户和包干到户的认识也不断深化，认识到在农地集体所有的条件下，包产到户和包干到户有利于将集体统一经营的优越性和农户家庭经营的优越性结合起来。1982 年的《全国农村工作会议纪要》（中央一号文件）指出，"包括包产到户、包干到户在内的各种生产责任制，只要群众不要求改变，就不要动；目前的各种生产责任制，都是社会主义集体经济的责任制"。1983 年，中央一号文件进一步提出："人民公社的体制要从两方面进行改革，一是实行生产责任制，特别是联产承包制；二是实行政社分设。稳定和完善农业生产责任制，仍然是当前农村工作的主要任务。在这种经营方式下，分户承包的家庭经营只不过是合作经济中一个经营层次，是一种新型的家庭经济。"自此，对包产到户、包干到户的肯定，使得家庭承包经营在全国得到迅速推广，持续了 20 多年的"统一经营、集中劳动"的土地制度和农业生产经营方式成为历史。到 1983 年年底，全国实行包产到户的农户达 1.75 亿户，实行了包产到户的农户已占农户总数的 94.5%。

1984 年 1 月 1 日，中共中央在《关于一九八四年农村工作的通知》中指出："土地承包期一般应在十五年以上，生产周期长的和开发性的项目，如果树、林木、荒山、荒地等，承包期应当更长一些。在延长承包期以前，群众有调整土地要求的，可以本着'大稳定，小调整'的原则，经过充分商量，由集体统一调整。"同时指出，鼓励土地逐步向种田能手集中。至此，中国基本形成以家庭承包经营为基础、统分结合的双层经营体制。

1993 年 11 月 5 日，中共中央、国务院在《关于当前农业和农村经济发展的若干政策措施》中明确提出："为稳定土地承包关系，鼓励农民增加投入，提高土地的生产率，在原定的耕地承包期到期后，再延长 30 年不变；提倡在承包期内实行'增人不增地、减人不减地'的办法。""在坚持土地集体所有和不改变土地用途的前提下，经发包方同意，允许土地的使用权依法有偿转让。"1998 年 10 月 14 日，党的十五届三中全会通过的《关于农业和农村工作若干重大问题的决定》再次指出："稳定和完善双层经营体制，关键是稳定完善土地承包关系。要坚定不移地贯彻土地承包期再延长三十年的政策，同时要抓紧制定确保农村土地承包关系长期稳定的法律法规，赋予农民长期而有保障的土地使用权。对于违背政策缩短土地承包期、收回承包地、多留机动地、提高承包费等错误做法，必须坚决纠正。""土地使用权的合理流转，要坚持自愿、有偿的原则依法进行，不得以任何理由强制农户转让。少数确实具备条件的地方，可以在提高农业集约化程度和群众自愿的基础上，发展多种形式的土地适度规模经营。"2002 年颁布的《中华人民共和国土地承包法》进一步将农村土地承包制度以法制的形式固定下来，强调坚决保护农民的土地承包权益。

农村经营体制建立和完善的过程，也是生产不断发展的过程。30 年改革的实践证明，实行家庭承包经营，符合生产关系要适应生产力发展要求的规律，使农户获得了充分的经营自主权，能够极大地调动农民的积极性；符合农业生产自身的特点，可以使农户根据市场、气候、环境和农作物生长情况及时做出决策，保证生产的顺利进行，也有利于农户自主安排剩余劳动时间和劳动力，增加收入。这种经营方式，不仅适应以手工劳动为主的传统农业，也能适应采用先进科学技术和生产手段的现代农业，具有广泛的适应性和旺盛的生命力，必须长期坚持。

在农村经营体制建立和发展的过程中，中国农村新型合作经济组织也在不断发展。为解决农户小规模家庭经营与大市场相互衔接的问题，在坚持家庭承包经营的基础上，农村同类农产品的生产经营者或者同类农业生产经营服务的提供者、利用者，自愿联合、民主管理组建了互助性的经济组织，即农民专业合作社。农民专业合作社向农户提供农业生产资料购买、农产品销售、加工、运输、贮藏以及与农业生产经营有关的技术、信

息服务。据统计，截至 2006 年年底，全国农民专业合作经济组织有 15 万
多个，农民专业合作组织成员数为 3878 万户，占全国农户总数的 15.6%。
农民专业合作经济组织的发育和发展，提高了农业的组织化程度，对帮助
农户解决生产中的困难，发挥了重要作用。2006 年十届全国人大常委会
第二十四次会议审议通过了《中华人民共和国农民专业合作法》，对农民
专业合作组织依法进行保护和支持。

农业产业化经营是农业生产组织方式在家庭承包经营改革之后的一个
重要制度变革。作为一种新型的农业经营方式，农业产业化经营以市场为
导向，以家庭承包经营为基础，依靠龙头企业和其他各类组织带动，将农
产品生产、加工和销售的各个环节有机结合起来，通过多种方式，将农户
的生产与龙头企业、其他各类组织经营活动联系起来，与市场联系起来，
实现贸工农一体化、产加销一条龙，使农户的生产成为现代化生产的一个
环节，让农民分享专业化生产的好处，大大提高了农业的现代化水平。
2005 年年底时，中国各类农业产业化组织总数已达到 154842 个。

三、农产品流通体制改革

从 1953 年开始，中国逐步实行粮食、棉花、油料等重要农产品的统
购、派购制度，只允许国有粮食机构、供销合作社等特定的机构以计划价
格对农产品进行收购。统派购制度在农产品紧缺条件下，对稳定农产品价
格、保障城镇居民基本生活发挥了一定作用。但是由于生产和需求脱节，
收购价格过低，严重影响了生产发展和农民收入提高。农村改革较早启动
了农产品流通体制改革。

（一）提高收购价格，搞活农产品流通

1978 年前粮食流通方式主要是统购统销。统购是按照计划进行收购，

具有强制性。在完成计划后还必须完成的余粮交售任务为超购。统购、超购以后农民向国家粮食部门交售的粮食为议购。1978 年时农民自由出售和国家议购部分分别占全社会粮食总量的 2.31% 和 2.56%。为了调动农民生产积极性，1979 年 3 月国家陆续提高了计划内粮食、油料、棉花、生猪等共 18 种农产品的收购价格，平均提价幅度为 24.8%。同时国家逐步恢复了粮食、油料等农产品的议价收购，允许国营商业公司按照规定的价格浮动范围在市场上议购议销，对超过统购计划出售给国家的粮食、油料加价 50% 收购，对棉花加价 30% 收购或者销售一斤皮棉奖励一斤商品粮。为贯彻加价收购、议价收购等政策，国家重新限定了统购派购的范围和数量，规定粮食、棉花、油料、木材为统购品种，烤烟、茶叶等 127 种农产品为派购品种，并规定了收购基数，几年不变，超过部分加价收购或议价收购。20 世纪 70 年代末 80 年代初，国家通过超购加价、超购奖励、改变牌价收购和议价收购比例等办法，多次提高农产品价格，从 1978 年到 1984 年农副产品收购价格总指数上涨 66.9%。

收购价格的提高和统购派购办法的改革，改变了长期将农产品价格固定在较低水平的做法，极大地增加了农民出售农产品的收益，刺激了生产的发展。在提高收购价格的同时，国家还减少统购派购的范围。1983 年起，农民完成统购派购任务后的产品和非统购派购产品允许多渠道经营，恢复了农村集市贸易，打破了农村国有商业机构和供销社对农产品流通的垄断。

（二）取消统购统销，推进粮食流通市场化

1985 年起国家将粮食统购改为合同定购。国家收购的粮食由商业部门在播种前与农民协商签订合同，统一按合同定购价收购。定购以外的粮食可以自由上市。定购的粮食，国家确定按"倒三七"比例计价（即三成按原统购价，七成按原超购价）。如果市场粮价低于原统购价，国家仍按原统购价敞开收购，保护农民的利益。改革的核心是要更大限度发挥市场机制对粮食供求的调节作用。但是由于当年粮食大幅度减产，市场粮价

迅速回升，国家无力提高粮食合同定购价格，农民不愿与政府签订合同。许多地方不得已而使用强制性的行政手段来落实定购合同，用封锁市场等办法来保证合同实现。在这种背景下，政府在1985年年底重新赋予合同定购以"国家任务"的性质。1990年，国务院正式决定改"合同定购"为"国家定购"，明确规定完成合同定购是农民应尽的义务。这个期间，实际上就形成了粮食购销的"双轨制"。政府强制性低价收购农民的粮食，农民在完成定购任务后可以自由出售粮食。粮食的销售也一样，有低价的定量供应，也有一般的市场交换。

后来，为了保护农民粮食生产积极性，国家根据市场粮价的变化，多次提高粮食定购价格。比如仅1994年6月国家就一次性将定购粮综合价格提高了40%。1996年，国家再次提高粮食定购价，在1994年提价的基础上再提高42%。粮食价格提高，促进了粮食生产的发展。由于粮食供给增加，市场粮价下降，粮食定购价与市场价十分接近，很多地方市场粮价甚至低于定购价。定购价实际上也是根据市场价格来确定，即实行所谓"保量放价"，保证一定的定购数量，价格则完全放开。价格放开促进了生产，粮食供给大增，保量也就失去了意义，合同定购也自然而然地被取消。

粮食收购价格、收购制度的改革，推动着粮食销售制度的调整。粮食收购价格提高后，销售价格的提高相对滞后，因而出现了粮食价格购销"倒挂"的问题。为理顺购销关系，国家多次提高城镇居民定量口粮的价格，同时给居民发放粮油补贴，使粮食销售价格与收购价格接近，直至高于收购价格。1988年起一些地方开始试点压缩对城镇居民的平价粮销售，很多地方逐步放开了粮食销售价格，取消了定量供应，废止了粮票。1993年年底全国98%的县都放开了粮价，粮食的统销制度全面解体。

（三）实行粮食最低收购价制度，保护种粮农民利益

20世纪90年代中期以前的粮食流通体制改革，重点在购销关系和价格形成机制上，粮食企业内部的改革进展不快。市场的放开使国有粮食企

业的弊端进一步显现。1996 年，中国粮食总产量首次突破 5 亿吨。供给大幅增加，粮价回落，农民卖粮困难。1997 年开始国家制定粮食保护价，并按保护价敞开收购农民的余粮，这样，国营粮食企业的亏损大幅增加。针对国有粮食企业机制不活、亏损严重等问题，1997 年国家按照"四分开、一完善"的原则加快粮食流通体制改革。即粮食企业经营机制政企分开、中央与地方粮食责权分开、粮食储备与经营分开、粮食企业新老账务挂账分开，完善粮食价格机制。为解决粮食流通中的问题，1998 年实施"三项政策、一项改革"，即坚决贯彻按保护价敞开收购农民余粮、国有粮食收储企业实行顺价销售、农业发展银行收购资金实行封闭运行三项政策，加快国有粮食企业自身改革。随着粮食企业改革深化，多渠道参与粮食流通更加活跃。2001 年实行了"放开销区、保护产区、省长负责、加强调控"的政策，积极稳妥地推进以市场化为取向的粮食流通体制改革。到 2004 年，国家全面放开粮食收购与销售市场，实行购销多渠道经营。同时，在粮食供求发生重大变化时，为保证市场供应、保护农民利益，国务院决定对短缺的重点粮食品种，在粮食主产区实行最低收购价格。至此，粮食保护价收购制度开始过渡到最低收购价制度。

改革开放的 30 年中，粮食流通体制改革渐次推进，先提高收购价格，然后再逐步地放开价格；先部分放开农民的销售，再全面放开收购市场；先放开价格和渠道，再改革国有粮企经营机制；先全面市场化，再实行对农民的保护，避免了市场化改革中可能出现的大波动，保证了改革的顺利推进和社会的稳定。

（四）建立市场化的农产品流通体系

在农产品流通体制改革的过程中，除粮棉以外的农产品流通总是率先改革和突破，然后是棉花流通体制的改革，最后才是粮食流通体制改革。这种改革进程，体现了改革先易后难的选择，体现了改革稳妥推进的战略思想。

早在 1979 年，国家就对集体渔业的水产品试行派购和议购相结合的政策。派购比例一般为60%左右，其余部分实行议价收购或社队自行处理。到1985年就取消了水产品的派购制度，自由上市，自由交易，随行就市、按质论价。同时，对蔬菜也取消派购，实行国营蔬菜公司与菜农签订收购合同，对主要品种约定收购数量、品质及价格，开放其他品种的管理方式。1985年在农产品流通改革上，提出要搞活商品流通，调整购销政策，打破城乡分割和地区封锁，广辟流通渠道，鲜活产品要尽量放活，减少环节，组织产区、销区直接流通。由于生产的不稳定，相关的制约制度没有跟上，市场出现一定波动，改革农产品购销政策的目标并没有很快完全实现，但改革朝市场化方向前进的步伐却没有停止。到20世纪90年代初期，除了粮食棉花等主要农产品外，其他的农产品市场基本实现完全放开。在放开的同时，为保障供应，实行"菜篮子"市长负责制，加强蔬菜、肉蛋奶以及水产品等的生产基地建设，建设和扩大已有的蔬菜批发交易市场、集市贸易市场和零售网点。

农产品流通体制改革的过程，也是农产品市场体系建设和逐步完善的过程。20世纪80年代初期，农产品的市场流通还是个别的、小宗的、小范围的，这与农产品流通主要靠统购派购相适应。农民在完成统购派购任务以后，实际上也没有太多的剩余产品可以出售。1985年以后，统购派购的范围缩减，农民可供出售的产品增加，流通体制单一的渠道得到一定改变，农产品的市场也随之发育。开始是农民的剩余农产品在农村集市流通，后来又取消了限制农民进城贩卖农产品的做法。随着流通范围的扩大，又建立起农产品批发市场。在具有全国性和区域性影响的蔬菜、水果、畜产品、水产品、花卉、土特产品、粮棉油糖等主产区，都建立起能够满足流通需要、引导带动生产基地发展的专业产地批发市场；在大中城市和集中销区建立有能适应城乡消费需求、规范交易的销地批发市场；为促进产地市场和销地市场的联系，逐步形成布局合理、覆盖全国的农产品批发市场体系。1993年又开始了农产品期货交易。经过不断的改革和建设，中国农产品市场体系逐步完善，形成了由初级收购市场、零售市场、批发市场、期货市场等组成的多层次市场体系。

四、农村税费改革与取消农业税

20 世纪 80 年代中后期，中国农村出现各种乱收费、乱罚款、乱集资的情况，农民负担过重引起的恶性案件和干群冲突时有发生。针对这种情况，1990 年年初，中央在广泛调查研究的基础上，发出了《关于切实减轻农民负担的通知》，明确提出了向农民收取的"三提五统"不得超过上年人均纯收入 5％ 的规定。随后的几年，中央多次部署减轻农民负担工作，但农民负担重的问题一直难以解决。据统计，到 1999 年，全国农民直接承担的税费负担总额约为 1256 亿元，全国农民每年人均税费负担为 140 多元。其中，农民缴纳的农（牧）业税、农业特产税、屠宰税等各项税收收入 307 亿元；农民直接缴纳的村提留和乡统筹费约为 601 亿元；农民承担的"义务工和积累工"中的以资代劳以及其他各种社会负担（包括行政性事业性收费、集资、罚款、摊派等）339 亿元。农村劳动力还承担了义务工和积累工 82 亿个，每个劳动力人均 17 个。除此以外，实际上农民还有一些其他的负担。农民负担重不仅影响了农民的生产积极性，而且还影响农村社会稳定。

农民负担重，减轻负担难，症结主要在于两方面：一是税制问题，税费不分，费出多门，费重于税，还有乱罚款、乱摊派。二是行政体制和财政体制方面的问题，机构臃肿、人员膨胀，"食之者众，生之者寡"，一些应由财政负担的公共服务转由农民负担。为从根本上解决农民负担问题，1998 年 10 月，国务院成立了由财政部、农业部和中农办三个部门主要负责同志组成的农村税费改革工作小组，开始着手研究和制定新的改革方案，为减轻农民负担工作由治乱减负适时地转向税费改革做准备。2000 年，中央决定按"减轻、规范、稳定"的目标要求，选择安徽以全省为单位对农村税费改革先行试点。试点的主要内容是："三个取消，一个逐步取消，两个调整和一项改革"，即取消屠宰税，取消乡统筹，取消教育集资等税费负担，逐步取消劳动积累工和义务工，调整农业税政策、调整农业特产税征收办法，设定农业税税率为 7%，改革村提留征收和使用办法，以农业税征收额度的 20% 为上限征收农业税附加，替代原来的村提留。2001 年，江苏又进行试点。2002 年，在总结安徽、江苏等地试点经验的基础上，将试点范围扩大到 20 个省、自治区、直辖市，并针对一些地方出现的农村基层组织运转和中小学经费保障困难的问题，及时明确了要努力实现"三个确保"的目标要求，即：确保农民负担明显减轻，不反弹；确保农村义务教育经费正常需要；确保乡镇机构和村级组织正常运转。2003 年，鉴于各方面条件都已成熟，在全国所有省、自治区、直辖市全面推开了农村税费改革试点工作，中央财政用于农村税费改革的转移支付达到 305 亿元。可以说，这 4 年按照"减轻、规范、稳定"的目标进行的农村税费改革试点工作已基本到位。

2000—2003 年进行的农村税费改革，主要是正税清费、治理"三乱"，取消"三提五统"，将农民应缴纳的税费规范为农业税和农业税附加，把过重的农民负担减下来。但这不是最终目标，改革的最终目标是，在规范农村税费制度的基础上，按照完善社会主义市场经济体制的要求，取消专门面向农民征收的各种税费，逐步统一城乡税制，建立精干高效的基层行政管理体制和运行机制，建立覆盖城乡的公共财政制度，建立农民增收减负的长效机制，实现城乡经济社会协调发展。因此，在认真总结前几年农村税费改革试点经验的基础上，中央决定加快农村税费改革步伐，逐步取消农业税。从 2004 年起全面取消农业特产税，推进减征、免征农业税改革试点，用 5 年时间在全国范围内全面取消农业税。

2004 年，在全国降低农业税税率的同时，选择黑龙江省和吉林省进行全部免征农业税的试点，并取消除烟叶外的农业特产税，另外一些省份实行了自主免征农业税的试点。2005 年在全国范围内加快降低农业税税率的步伐，并鼓励有条件的省、自治区、直辖市自主进行免征农业税的试点。全国 28 个省份全部免征了农业税，其他 3 个省区中有相当部分市县也免征了农业税。根据经济发展和农村改革的实际，十届全国人大常委会第十九次会议审议决定废止《农业税条例》。从 2006 年起全面取消农业税，这标志着收取农业税的历史正式结束，实行了 2600 年的古老税种退出了历史舞台。

在党中央、国务院的领导下，各级党委、政府和广大干部群众共同努力，农村税费改革试点和取消农业税取得了历史性的成果。这主要反映在四个方面。

一是明显减轻了农民负担。改革不仅取消了原先农民负担的农业税赋，而且取消了农民负担的"三提五统"和农村教育集资，还取消了种种不合理负担，农民得到很大实惠。为保证免征、减征农业税后基层政权和农村义务教育正常运转，中央和地方财政提供了坚实的财力保障。从 2006 年起，中央财政每年安排 780 亿元财政支出，地方财政安排 250 亿元财政支出，用于巩固农村税费改革成果。

二是使农村税赋制度更加合理。从开始的"治乱减负"到形成比较规范的农业税及其附加，再到逐步减免直至最终取消农业税，这就终结了由传统的农业社会所遗留的税赋制度，消除了在现代社会中不应由农民承担的不合理税赋的制度性缺陷。

三是为全面深化农村改革奠定了基础。农村税费制度改革为推动乡镇机构改革、农村教育体制改革和县乡财政体制改革等多方面的改革，增强了动力，提供了好的条件。农村税费改革和取消农业税，引起农村经济社会一系列变化，不仅使国家、集体与农民之间的分配关系发生历史性重大变化，而且已经并将进一步引发农村上层建筑和农村经济社会各个领域的深刻变革。

四是干群关系出现积极变化。通过改革，进一步明确了农民的权利和义务，规范了干部的行政行为，增强了基层工作的透明度，减少了基层干部与群众的摩擦和矛盾，从制度上促进了基层党风廉政建设。农村税费改革顺民心、合民意，使农民普遍得实惠，农民情绪明显好转、积极性得到调动，农村社会保持稳定发展。

五、农村综合改革

全部取消农业税大大减轻了农民负担，但导致农民负担反弹的体制性、机制性因素依然存在，农村原有的一些深层次矛盾开始凸显，还出现不少新情况、新问题。为巩固和发展农村税费改革和取消农业税已经取得的成果，中央及时推进了农村综合改革。农村综合改革主要包括三方面内容。

（一）乡镇机构改革

农民负担重的一个根本原因是乡镇机构过滥，农村财政供养人员过多。乡镇机构改革，主要是解决"生之者寡、食之者众"的问题。20 世纪 90 年代，在推进农村税费改革的过程中，一些地方就进行了乡镇机构改革试点工作。2003 年，按照党的十六大要求，中央决定开展乡镇机构改革试点工作。安徽、黑龙江和吉林率先在全省范围内进行改革，江苏等省在部分县市进行了改革试点。到 2008 年，全国开展试点的乡镇已达 18047 个，占乡镇总数的 52%；安徽、湖北、黑龙江、吉林、河南、内蒙古、重庆、浙江等 8 个省（自治区、直辖市）已经完成乡镇机构和人员精简等阶段性任务。

乡镇机构改革试点的主要内容是：转变政府职能，整合事业站所，精简机构人员，提高社会管理和公共服务水平，加快建立行为规范、运转协调、公正透明、廉洁高效的乡镇行政管理体制和运行机制。

第一，抓转变职能，努力建设服务型、法制型政府。按照有所为有所不为的原则，适当调整乡镇在经济管理上的职能，把工作重点从直接抓招商引资、生产经营、催种催收等具体事务转到对农户和各类经济主体进行示范引导、提供政策服务和营造发展环境上来。重点强化三个方面的职能：一是为农村经济发展创造环境，包括稳定农村基本经营制度，维护农民的市场主体地位和权益，加强对农村市场的监管，组织农村基础设施建设，完善农业社会化服务体系。二是为农民提供更多的公共服务，加快农村教育、卫生、文化、体育、环境保护等社会事业发展。三是为农村构建和谐社会创造条件，加强社会管理中的薄弱环节，开展农村扶贫和社会救助，化解农村社会矛盾，保持农村社会稳定。在履行好政府职能的同时，把不应该由政府承担的经济和社会事务交给市场、中介组织和村民自治组织。

第二，进行事业单位的整合与改革。对公益性事业和经营性事业进行区分，实行分类管理。公益性的要强化服务功能，经费主要由财政保障；经营性的要强化自我发展能力，逐步走向市场。整合原有的事业站所，提高资源利用效率，做到既减轻农民负担，又增强为农服务能力。

第三，妥善安排分流人员。提出 5 年内乡镇机构编制只减不增，并把这一条作为必须坚守的一条底线。在严格定编定岗的基础上，根据公开、公平、公正的原则择优选用，严禁搞暗箱操作。积极探索多种分流方式，帮助分流人员重新就业，妥善解决他们的实际问题。

经过几年的努力，试点地方按照全面履行职能的要求，在抓好经济发展的同时，普遍强化了社会管理和公共服务职能。试点地方普遍优化机构设置，减少职能交叉和相互掣肘，降低了行政成本，提高了行政效率。同时，还普遍推行了党政领导交叉任职，大幅度减少领导职数，避免分工重叠，提高了乡镇党委政府的组织能力和执行能力，维护了农村改革发展稳定大局。

（二）农村义务教育管理体制改革

针对农村义务教育管理体制中存在的投入保障水平偏低、资源配置不合理、县级以上政府农村义务教育的责任不明确等问题，积极推进农村义务教育管理体制改革。按照在国务院领导下，由地方政府负责、分级管理、以县为主的要求，建立起各级政府责任明确、财政分级投入、经费稳定增长、管理以县为主的体制。中央决定，从 2006 年开始，全部免除西部地区农村义务教育阶段学生学杂费，2007 年扩大到中部和东部地区，在全国范围内全部免除农村义务教育阶段学生学杂费，实现了真正意义的义务教育，1.5 亿农村中小学生受益。同时，继续对贫困家庭学生免费提供教科书并补助寄宿生生活费，继续实施好西部地区"两基"攻坚计划。努力把农村义务教育全面纳入公共财政保障范围，按照明确责任、中央地方共担、加大财政投入、提高保障水平、分步组织实施的基本原则，逐步建立中央和地方分项目、按比例分担的农村义务教育经费保障机制；提高农村义务教育阶段中小学公用经费保障水平；建立农村义务教育阶段中小学校舍维修改造长效机制；巩固和完善农村中小学教师工资保障机制。

（三）改革县乡财政管理体制

农业税取消后，相当部分县乡失去了一个主体税种，一些乡只能主要依靠上级财政的转移支付来维持机构的运转，这不仅制约其职能的有效发挥，而且还会影响一级政府工作的主动性和积极性。针对这种情况，进一步改革了县乡财政管理体制。一是根据目前县乡财政的实际状况，进一步完善省以下财政体制，提高县乡财政的自我保障能力。二是进一步规范财政转移支付制度，完善中央对地方缓解县乡财政困难的奖励补助办法，继续增加中央财政在这方面的转移支付力度。三是改革县乡财政的管理方式，在具备条件的地方，推进了"省直管县"和"乡财乡用县管"的改革试点。四是按照公共财政的原则，进一步调整财政支出结构，增加公共产品和服务的支出比重。进一步明确省以下各级政府的财政支出责任，特别是在义务教育、公共卫生、社会保障、基础设施建设等公共服务领域，明确地方政府的支出责任和管理权限。按照财力和事权相匹配的原则，继续规范省以下各级政府间收入划分。

六、集体林权制度改革

农村家庭承包经营以后，对集体林权制度的改革一直相对滞后，个别地方一直在不断探索，但大规模的改革没有推开。从 2003 年开始，福建、江西、辽宁、浙江等省率先开展了以"明确产权、减轻税费、放活经营、规范流转"为主要内容的集体林权制度改革试点，并取得了明显成效。2006 年 8 月国务院召开了全国集体林权制度改革经验交流会，全面部署了农村集体林权制度改革。到 2007 年年底，已有 18 个省（含自治区、直辖市）出台了林改的文件，27 个省成立了林改领导小组及其办公室。全国已完成承包的林地约 7.1 亿亩，占集体林业用地的 28.4%。福建、江西、辽宁、浙江 4 省基本完成了主体改革，开始重点推进深化配套改革；河北、云南、安徽、湖北、重庆、河南、贵州等省正在全面推开主体改革；湖南、四川、陕西、吉林、海南等省正在进行改革试点和总结试点经验，2008 年全面推开；其他省也在积极开展改革试点或进行深入调研，为全面推开改革做前期准备。

集体林权制度改革，主要是通过确权发证推进主体改革，真正实现"山有其主，主有其权，权有其责，责有其利"，通过理顺林业管理体制，规范林业执法，促进林权流转，提高林业服务水平，全面推进林业配套改革，逐步建立林业要素市场，实现森林增长、生态改善、农民增收、林区增效的目标，建立起产权归属明晰、经营主体到位、责权划分明确、利益保障严格、流转顺畅规范、监管服务有效的现代林业产权制度。试点地区林权制度改革的主要做法是：

一是明晰产权。进一步明晰林木所有权和林地使用权，并落实到山头地块，通过核（换）发林权证，落实和完善以家庭承包经营为主体、多种经营形式并存的集体林权经营管理体制。大部分地方，对已划定的自留山保持长期稳定不变，继续坚持长期无偿使用、允许继承的政策。承包到户经营的林地，在完善办法的基础上，继续稳定承包关系。对尚未确权到户的集体山林，按人均确权到户，实行家庭承包经营。集体统一经营状况好的，经多数村民同意，有的也继续由集体统一经营。

二是规范流转。按照"依法、自愿、有偿、规范"的原则，鼓励产权明晰的林木所有权和林地使用权有序流转，盘活现有森林资源存量，活跃林业要素市场。很多地方都制定了较详细的林地流转管理办法。

三是放活经营。继续执行发展林业的优惠政策。放活商品林经营，在坚持森林采伐限额管理的前提下，放宽对商品林的采伐管理，同时完善林木采伐限额管理办法，加强民主监督。

集体林权制度改革，在坚持集体林地所有权不变的前提下，依法将林地承包经营权和林木所有权承包和落实到本集体经济组织的农户，确立农民作为林地承包经营权人的主体地位，明晰了产权，确立了经营权，保障了收益权，实现了还山于民、还权于民、还利于民，有效地激发了农民发展林业的积极性，极大地解放了林业生产力。农村集体林权制度改革，实现了"山定权、林定根、人定心"。这项改革是落实党和国家土地承包政策，将农村土地改革从耕地向林地延伸，进一步落实农村土地基本经营制度，促进农村经济发展、增加农民收入的一件大事，对促进农民脱贫致富，推进社会主义新农村建设，建设生态文明，推动经济社会可持续发展，具有重大意义。

在总结试点经验的基础上，2008年6月《中共中央国务院关于全面推进集体林权制度改革的意见》对集体林权制度改革进行了全面部署，提出要大力实施以生态建设为主的林业发展战略，不断创新集体林权经营体制机制，依法明确产权、放活经营、规范流转、减轻税费，进一步解放和发展林业生产力，促进传统林业向现代林业转变。中央提出，用5年左右时间，基本完成明晰产权、承包到户的改革任务，规范管理，逐步形成集体林业的良性发展机制，实现资源增长、农民增收、生态良好、林区和谐的目标。为实现这一目标，中央对如何明确产权、勘界发证、放活经营权、落实处置权、保障收益权等都做出了明确的规定，要求进一步完善林木采伐管理机制，规范林地、林木流转，建立支持集体林业发展的公共财政制度，推进林业投融资改革，加强林业社会化服务。可以预见，随着中央关于集体林权制度改革政策的逐步落实，我国林业发展步伐将会大大加快。

七、打破城乡分割的二元经济体制

中国农村 30 年改革的过程也是逐步打破城乡二元经济体制的过程。20 世纪 80 年代和 90 年代，城乡二元经济体制不断有新的突破，最重要的体现在以下三个方面：第一是打破了城乡商品流通的界限，建立了城乡统一的商品市场。农产品可以自由地向城市流动，消费品可以在城乡之间自由地流通。第二是打破了城乡产业发展的界限，冲破了对农村发展非农产业的限制，乡镇企业、农村二三产业迅速发展，形成了城乡分工协作、相互竞争的产业体系。第三是打破城乡劳动就业界限，大批农村劳动力进入城镇务工经商就业，不仅为数量巨大的农村剩余劳动力找到了出路，而且推动了城镇劳动用工制度的改革，激发了城镇经济发展的活力。这三方面的突破，极大地促进了社会主义市场经济体制的建立与发展。

进入新世纪后，城乡二元经济体制改革继续向纵深发展。城乡管理体制改革不断取得新的突破。最重要的是农民工管理制度的改革和对农业、农民补贴制度的建立。

农民工管理体制改革取得重要进展。据农业部有关方面测算，2007年全国已经转移到非农产业的农村劳动力达到 2.26 亿人，其中外出就业的农民工就有 1.26 亿人。21 世纪初期时，农民工已经成为中国数量最大的产业大军，在建筑、纺织、矿产、餐饮等众多行业已经成为劳动主力军。在农民工大量进城后，城乡二元经济体制的矛盾进一步暴露。农民工工资偏低，拖欠问题严重；劳动时间长，安全条件差；缺乏社会保障，职业病和工伤事故多；培训就业、子女上学、生活居住等方面也存在诸多困难，经济、政治、社会权益得不到有效保障。针对这些问题，政府分别多次出台政策，改善农民工就业和生活条件。2006年年初，出台了《国务院关于农民工问题的若干意见》的指导性文件，就保护农民合法权益和改善农民工就业环境，提出了四十条政策。随着这些政策的贯彻落实，农民工工作取得重大进展：农民工工资支付制度普遍建立，依法签订劳动合同全面推进，职业安全卫生工作力度加大，外出就业环境明显改善，职业技能培训得到加强，参加工伤和大病医疗保险取得重大进展，子女上学和留守儿童教育得到落实，疾病预防控制和计划生育政策不断完善，回乡创业持续发展，权益保障机制逐步建立。尽管农民工就业和生活方面还存在很多问题，但给农民工提供平等的就业机会、保障农民工权益方面取得的进展，使改革城乡二元经济体制迈出了重要步伐。

在努力解决外出农民工问题的同时，国家加大了对农业和农村的支持力度。胡锦涛总书记在党的十六届四中全会上提出了"两个趋向"的重要论断，即"纵观一些工业化国家发展的历程，在工业化的初始阶段，农业支持工业、为工业提供积累是带有普遍性的趋向；但在工业化达到相当程度以后，工业反哺农业、城市支持农村，实现工业与农业、城市与农村的协调发展，也是带有普遍性的趋向"。在2004年中央经济工作会议上进一步指出，中国总体上已进入以工促农、以城带乡发展阶段的基本判断，要求顺应经济社会发展规律，更加自觉地调整国民收入分配格局，更加积极地支持"三农"发展。在2005年的政府工作报告中，温家宝总理提出，要实行工业反哺农业、城市支持农村的方针。党的十六届五中全会提出建设社会主义新农村。加强对农业和农村的支持成为经济结构调整的重要内容。国家大幅度增加了对"三农"的投入，基础设施建设的重点开始转向农村，扩大了公共财政覆盖农村的范围，加强了政府对农村的公共服务，加大各方面对农村发展的支持力度。按照适合国情、着眼长远、逐步增加、健全机制的原则，建立了农业补贴制度。对种粮农民实行了直接补贴，对主产区主要农作物实行良种补贴，对农民购买农机具进行补贴，根据农业生产资料价格上涨情况对农民进行农资综合补贴，国家还对油料、生猪和奶牛生产进行补贴，对种粮大县、生猪大县等进行奖励补助。为保障农业投入增加，中央还提出要坚持做到县级以上各级财政每年对农业总投入增长幅度高于其财政经常性收入增长幅度，坚持把国家基础设施建设和社会事业发展的重点转向农村。2008 年，财政支农投入的增量要明显高于上年，国家固定资产投资用于农村的增量要明显高于上年，政府土地出让收入用于农村建设的增量要明显高于上年。耕地占用税新增收入主要用于"三农"，重点加强农田水利、农业综合开发和农村基础设施建设。2005 年中央财政用于"三农"的支出 2975 亿元，比上年增加 349 亿元，2006 年达到 3397 亿元，比上年增加 422 亿元，2007 年达到 4318 亿元，比上年增加 801 亿元。2008 年中央财政年初预算安排 5625 亿元，比上年增加 1307 亿元，4 月份国务院做出决定，中央财政支农资金再增加 252.5 亿元，这样，2008 年中央财政用于"三农"的投入将达到 5877.5 亿元，比上年增加 1559.5 亿元。

农民工问题的逐步解决，打破了农村劳动力向城市流动种种障碍，促进了城乡一体化的劳动力市场的形成。国家对农业农村投入的增加，使城市公共服务和基础设施向农村延伸，加上免除农村义务教育阶段学费、实行农村合作医疗、建立农村最低生活保障制度等，城乡一体化的进程大大加快，一个适应城乡统筹发展的农村新的政策体系框架正在形成。

八、农村改革的基本经验

中国农村 30 年的改革，不断地突破体制、机制障碍，建立了适应社会主义初级阶段基本国情的农村经营体制，市场机制在农村资源配置中的基础性作用显著增强，农村生产力得到极大解放和发展，农村民生问题显著改善，农村繁荣稳定，对整个经济社会持续健康发展奠定了坚实的基础。农村改革30年的经验主要有以下几个方面：

第一，坚持把保障农民的物质利益和尊重农民的民主权利作为农村改革的着眼点，注重让农民得到实惠，充分发挥农民在农村社会事务中的主体地位。这是政治上正确对待农民的重大问题，是农村经济和社会发展的根本保证。一切农村政策是否符合发展生产力的需要，就是要看这种政策能否调动农民的积极性。衡量一项政策是否正确，判断一项工作的成败，最主要的是看农民是否高兴、是否满意、是否赞成、是否拥护。调动农民积极性，核心是保障农民的物质利益，尊重农民的民主权利。在任何时候，任何事情上，都必须尊重这个基本准则。要优先解决农民群众最关心、最直接、最现实的利益问题。要急农民所急，解农民所难，办农民所盼，加快改善农村民生，加强农村公共服务，让农民平等参与现代化进程，共同分享改革开放的成果。

第二，坚持尊重农民首创精神，依靠农民的力量推进农村各项建设，珍惜和维护农民的创造性。邓小平同志说，"我们改革开放的成功，不是靠本本，而是靠实践，靠实事求是。农村搞家庭联产承包，这个发明权是农民的。农村改革中的好多东西，都是基层创造出来，我们把它加工提高作为全国的指导"。改革30年的每一项成果，都是农民在实践中的创造。每一项农村重大政策的出台，都是农民群众实践经验的总结、概括和提高，都是倾听农民呼声的结果。改革越是深入，越是需要深入群众、总结群众的经验，越是需要在解决群众困难和问题中制定政策，越是需要在政策中体现群众的要求。

第三，坚持市场化改革方向，发挥市场在资源配置中的基础性作用，不断为农业和农村发展提供新的动力源泉和生机活力。确立农户自主经营的市场主体地位，鼓励农民面向市场发展商品生产，进入流通领域。改革农产品流通体制，由市场形成价格，加强国家宏观调控，保护农民的积极性，保持市场供应和价格基本稳定。市场机制的不断完善，把农民的积极性引导到更高的阶段，对于发展生产，实现农业专业化、市场化、现代化，对保证农产品的供给和市场稳定，具有全局意义。

第四，坚持因地制宜、循序渐进的改革策略，根据不同阶段的不同要求有重点地推进农村改革发展，注重农村经济建设、政治建设、文化建设、社会建设和党的建设的有机衔接和协调推进。农村改革的任务十分繁重，需要解决的问题很多。在一定时期和一定条件下，不可能一下子解决所有的问题，不可能把所有的改革全面推开。同时，中国幅员广阔，各地方发展的差距很大，改革也不可能都一个模式，不能用一地的经验拿到另一地去生套。只有根据各个地方的实际情况有针对性地推进，改革才能成功。只有抓住不同时期、不同阶段、不同地方遇到的关键问题和关键环节，重点突破，才能加快改革的进程，也只有在改革的过程中加强各方面的协调与配合，才能巩固和发展改革的成果。

第五，坚持统筹城乡发展，在工业化过程中同步推进农业现代化，在城镇化进程中同步推进社会主义新农村建设。统筹城乡发展是促进全面协调可持续发展的本质要求，也是解决"三农"问题的根本出路。工农不协调，城乡差距大，不仅制约农村发展，而且制约整个国民经济和社会的健康发展。农业依然是中国经济社会发展的薄弱环节。农业基础脆弱的问题，必须经过长期的努力来解决。在工业化推进到一定程度后，要坚持工业反哺农业、城市支持农村，不断加大对农业的扶持力度、对农村的投入力度、对农民的补贴力度，不断激发农业增产的潜力、激活农村要素的活力、激励农民创业的热情。

九、农村改革的展望

今后的一段时期，中国农业和农村发展面临着全新的环境和问题。中国农村改革的任务依然十分艰巨。加快中国农村改革发展，要高举中国特色社会主义伟大旗帜，认真贯彻落实工业反哺农业、城市支持农村和

"多予少取放活"的方针，不断提高农业综合生产能力，保障粮食等主要农产品供给；全面发展农村经济，显著提高农民收入水平；大力加强农村基础设施建设和社会事业发展，全面改善农村生活环境和条件；继续扩大农民民主政治权力，保障农民各项权益。要按照"生产发展、生活宽裕、乡风文明、村容整洁、管理民主"的要求，协调推进农村经济建设、政治建设、文化建设、社会建设和党的建设，全面改善农村面貌，形成城乡经济社会发展一体化新格局。

（一）进一步巩固和完善农村基本经营制度

实践证明，这项基本制度适合中国国情，具有旺盛的生命力。走中国特色农业现代化道路，必须毫不动摇地长期坚持并不断在实践中完善这项制度。要切实稳定农村土地承包关系，依法落实和维护农民承包土地的各项权利，认真开展延包后续完善工作，确保农村土地承包经营权证到户。要进一步使农民的承包权长期化，在有条件的地方培育发展多种形式适度规模经营的市场环境。要推进土地资源的合理利用，按照依法自愿有偿原则，健全土地承包经营权流转市场。要更加明确土地所有权，更加稳定承包经营权，更加放活土地使用权，以更好地适应农村经济社会深刻变革和人口结构的持续变化。要培育农民专业合作组织，健全农业社会化服务体系，努力提高农业组织化程度。对农业产业化经营龙头企业和农民专业合作社实行多种扶持政策。鼓励和引导农村个体、私营等非公有制经济实现更大发展。推进征地制度改革，提高征地补偿标准，妥善安排被征地农民的长远生计。要进一步深化集体林权制度改革。

（二）进一步加强对农业的保护和支持

应着力抓好四个方面：一是增加农业投入。国家财政要大幅度增加"三农"投入，同时，引导和鼓励农民和社会力量积极增加对农业农村的投入。社会资金投入农业项目享受税收优惠。二是建立和完善农业补贴制度。对农业进行补贴，是世界多数国家的通行做法，是调动农民积极性最直接、最有效的措施，也是中国的一项长期政策。要按照适合国情、着眼长远、健全机制的原则，不断增加对农业的补贴。三是对主要农产品实行市场保护。对主要粮食品种实行最低收购价制度，保障种粮农民的基本收益。通过完善价格管理、储备调节和进出口调节等，把农产品价格保持在合理水平。四是加强对农业市场信息服务。建立强大的农产品市场信息平台，为农民提供可靠、免费的市场信息。

（三）进一步完善农业农村基础设施建设投入机制

推进公共财政对农村建设支持，切实把国家基础设施建设的重点转向农村。建立财政投入为主、农民积极参与的农村公共基础设施投入体制。加强以农田水利为重点的农业基础设施建设，不断改善农业生产条件。改善农村饮水安全状况，建好农村安全饮水工程。加快农村公路建设，完善农村公路建设筹资和养护机制。继续推进农村电网改造，发展农村可再生能源，大力推广农村沼气。重视农村环境建设，加强农村污染治理，改善农村生态环境。完善生态补偿制度。

（四）进一步推进农村社会事业管理体制改革

增强农业科技自主创新能力，加快农业科技成果转化应用，加强基层农业技术推广体系建设，健全公益性科技推广经费保障机制。大力发展农村义务教育，提高教育质量，实现城乡教育资源配备均等化。加强农民培训，全面提高农村劳动者素质。加强农村公共文化服务体系建设，特别是强化公共文化对农村地区的服务。进一步完善农村合作医疗制度，改善农村医疗卫生基础设施和公共服务水平。加快建立覆盖城乡的居民的社会保障体系建设，按照基本生活需要提高农村最低生活保障标准，逐步建立农村养老保险制度。

（五）进一步深化农村综合改革

继续积极推进乡镇机构和县乡财政管理体制改革。深化乡镇机构改革，加快转变乡镇政府职能，加强基层政权建设，从实际出发明确不同地区乡镇工作任务和工作重点，着力强化公共服务和社会管理，为农村经济社会发展创造有利环境。完善县乡财政体制，增强基层财政实力，建立健全村级组织运转经费保障机制，支持建立村级公益事业"一事一议"财政奖补制度试点。

（六）进一步加快农村金融体制改革

构建分工合理、投资多元、功能完善、服务高效的农村金融组织体系，充分发挥农业银行、农业发展银行在农村金融中的骨干和支柱作用，充分发挥农村信用社、邮政储蓄银行为"三农"服务的功能，积极发展多种形式的农村金融服务组织。农村金融改革要坚持以扩大农村信贷规模、提高为农业和农民服务质量为重点。要针对农业生产季节性强的特点，积极改进农业信贷的管理方式。对涉农贷款比例较高的金融机构实行更优惠的存款准备金政策和更为灵活的利率政策。尽快建立农业贷款风险补偿机制。扩大农业政策性贷款的业务范围。扩大农业保险范围，发展政策性农业保险业务。

（七）加快形成城乡经济社会发展一体化新格局

着眼于改变农村落后面貌，调整经济社会发展战略，全面推进城乡发展规划、产业布局、基础设施、公共服务、劳动就业、社会管理等方面的一体化，促进城乡市场开放统一、生产要素有序流动、经济社会协调发展。要加大公共财政向"三农"倾斜的力度，加大城市对农村的支持力度。促进城市资金、人才、技术、信息等要素向农村流动，推进城市教育、医疗、文化等公共服务向农村延伸。同时，加快破除城乡二元体制障碍，让有条件的进城农民成为市民，逐步融入城市社会。坚持走中国特色城镇化道路，促进大中小城市和小城镇协调发展。

第三章

计划体制改革的
回顾与展望

改革开放以来，特别是党的十四大以来，我国不断改革计划体制和计划方法，正确认识和处理计划与市场的关系，大力推进投资体制改革，积极培育和健全现代市场体系，努力使计划面向市场，反映市场，引导和调控市场，促进政府调控和市场调节的有机结合，取得了丰富和宝贵的实践经验，为在新世纪新阶段深入贯彻落实科学发展观，完善社会主义市场经济体制，深化宏观调控体制机制改革，从制度上更好发挥市场配置资源的基础性作用，促进国民经济又好又快发展指明了前进的方向。

"计划"这个概念，有广义和狭义的理解。在探讨"计划与市场的关系"时，我们使用的是广义的计划概念，是指国家宏观调控的总和。作为广义的计划手段与市场手段相呼应，涵盖的范围包括财政政策、货币政策、产业政策、收入分配政策，以及社会保障体系等。无论哪个国家和地区，实施广义的"计划"，其目的是弥补市场缺陷，校正"市场失灵"，保持和促进宏观经济稳定与增长。在探讨计划、财政、金融关系时，我们使用的是狭义的计划概念，是指作为国家宏观调控手段之一的计划手段，包括国民经济和社会发展年度计划、专项规划和中长期规划。

一、30 年来计划与市场关系理论创新和决策

以 1978 年年底召开的党的十一届三中全会为标志，我国开始了改革开放和现代化建设新的伟大征程。从改革传统高度集中的计划经济体制到初步建立社会主义市场经济体制，从排斥甚至取代市场到充分发挥市场在资源配置中的基础性作用，从政府指令性计划管理和直接调控经济运行到总体上为指导性预期性的计划以及主要运用经济法律手段向间接调控的历史性转变，新世纪开始我国进入到完善市场经济体制新的发展阶段。2008年是改革开放 30 周年。30 年来，伴随着体制改革的扎实推进和经济社会的深入发展，我们在正确认识计划与市场关系，大力推进计划与市场关系理论创新，切实更新计划观念，不断改革计划体制，充分发挥市场作用方面，理论上取得了广泛共识，实践上获得了突破性进展。

（一）正确认识计划与市场关系是改革计划体制的核心

我国计划体制改革始于 1978 年。其时代背景是新中国成立后实行了近 30 年的高度集中的计划经济体制，已经越来越不能适应社会生产力快速发展的迫切要求，越来越不能有效激发全社会创造财富的积极性，越来越不能促进综合国力提高和人民生活水平的改善，已经严重制约了我国现代化建设的进程和实现中华民族伟大复兴的梦想，根本妨碍了我国在世界上影响力和竞争力的积聚与增强。

改革计划体制的核心问题，是正确认识和处理计划与市场的关系。传统观念认为，市场经济是资本主义特有的东西，计划经济才是社会主义经济的基本特征，因而把计划经济与市场经济当做判断姓"社"姓"资"的标准。按照马克思主义经典作家的论述，共产主义社会消灭了商品货币关系，计划经济、公有制和按劳分配是社会主义制度的本质特征。因此，

在党的十一届三中全会召开以前的近 30 年，我国在社会主义经济建设中片面追求 "一大二公"，公有制越大越公越好，总体上实行指令性计划管理和直接行政命令控制的计划经济体制，从根本上否定市场配置资源的基础性作用，经济运行一度濒于崩溃的边缘。

我国国民经济运行中的困境，要求尽快改革计划体制，创建有利于解放和发展生产力，巩固经济基础的新体制，其核心是改革指令性计划管理，赋予市场调节以应有的地位，尽力发挥市场机制的作用。在推进计划体制改革的进程中，无论在农村实行家庭联产承包经营责任制，还是在城市增强企业生产经营活力，都是以改革政府集中过多、统得过死、指令性计划比重过大和僵化的计划体制为突破口，催生市场主体创造财富的动力，逐步拓展了市场主体和市场机制发挥作用的空间。30 年来，从农村到城市、从经济领域到其他领域的全面改革，从沿海到沿江沿边、从东部到中西部的对外开放，这场历史上从未有过的大改革大开放促进了经济社会的大发展，使我国告别了高度集中的传统计划经济体制，迎来了充满生机与活力的社会主义市场经济新体制。

我们说正确认识和处理计划与市场关系是改革计划体制的核心，就是因为高度集中的传统计划体制是由政府以行政命令方式直接配置全社会资源，从根本上排斥甚至取代市场，窒息了经济运行的活力，而推进其改革就是要尽量减少指令性计划对微观经济活动的过分干预，充分发挥市场主体自主决策和市场机制自动调节的作用。从理论上看，市场不仅是一个场所，更是一种资源配置的调节机制，它通过各种经济参数和价格信号的传递功能，引导市场主体自主进行资源配置的决策，从而通过计划与市场的共同作用，在更大程度上达到全社会资源的充分有效利用。

应该说，计划与市场同为资源配置的手段，各自有其局限性。市场调节具有自发性和滞后性，而由政府所运用的计划调节，也由于难以掌握充分、准确的市场信息和难以协调无数市场主体的供求，以及基于众多委托——代理环节所产生的低效率而使得政府制定的计划不可能覆盖国民经济和社会发展的方方面面，同时也由于计划从制定到实施再到后评价有一个难以避免的"时滞"过程，已经制定的计划未必能够完全反映市场环境的即时变化，因而政府在调控经济运行的过程中往往难以有效克服"政府失灵"问题的产生。因此，如何有效避免运用两种手段时"市场失灵"与"政府失灵"现象的发生几率，使两者的长处有机地结合在一起，共同发挥配置资源和调节经济运行的作用，成为我国这样的发展中国家，乃至西方发达国家一直以来倾力求索的问题，都力争在各自丰富的经济社会发展实践中寻找正确的答案。

（二）市场作用在不断的理论创新中获得了尊重

在正确认识和处理计划与市场关系的问题上，新中国成立以来尤其是改革开放以来的 30 年中，认识在不断深化，探求真理的思考从未间断。党的十一届三中全会明确提出，要多方面改变同生产力发展不相适应的生产关系和上层建筑，提出按经济规律办事，重视价值规律的作用。伴随着改革开放的进程，理论界在计划与市场关系上大致存在如下三种认识：

第一种认识是对立论，认为社会主义制度下计划与市场完全对立，市场经济与社会主义不相兼容。这根源于马克思主义经典作家对于未来社会前景的框架性描述，认为在共产主义社会完全消灭了商品货币关系，全社会生产由计划这一精密的机器所调节，全社会成员的积极性凝聚于各尽所能、按需分配的旗帜之下。整个社会既然没有商品货币关系，自然不再需要其发挥作用所赖以存在的土壤——市场。基于这样的认识，市场注定是与资本主义制度内生地结合在一起的，是资本主义制度的产物。正如上述，计划经济体制排斥甚至取代市场，超越了我国发展长期处于的社会主义初级阶段，结果使得我国国民经济几乎濒于崩溃的边缘。

第二种认识是板块论，认为国民经济总体上由计划调节，而在某个局部实行市场调节，这要求一些企业既要完成国家计划，又要面对市场，在双重体制下接受计划与市场的双重经济调节。长期以来，理论界的一些同志认为计划与市场是机械性的"板块结合关系"，计划与市场分别有各自的作用领域和范围。在人们的认识中，把企业按照市场需要自己安排生产或销售的那一部分经营活动，叫做"市场调节"，而把仍然由国家指令性计划来安排生产、收购或分配的那一部分，叫做"计划调节"，并且用百分比来表示这两种调节的结合状态。这里的"市场调节"，就是指通过各种方式自产自销的部分，"计划调节"则是指国家指令性计划安排的任务。这种计划与市场的板块式结合论在实践中已被证明是不可行的。比如，生产资料价格双轨制，诱使一些人把计划内指标转换成计划外指标，按照市场高价出售以牟取私利，产生了权钱交易和腐败等诸多问题，也使得两种价格信号难以有效地引导全社会生产和消费。

"板块论"在当时党的正式文件中曾有明确表述，比如，党的十二大报告在阐述"计划经济为主、市场调节为辅"的原则时指出："我国在公有制基础上实行计划经济。有计划的生产和流通，是我国国民经济的主体。同时，允许对于部分产品的生产和流通不作计划，由市场来调节，也就是说，根据不同时期的具体情况，由国家统一计划划出一定的范围，由价值规律自发地起调节作用。"

第三种认识是计划与市场作用范围的全覆盖论，认为计划与市场的作用覆盖整个国民经济运行。计划与市场"你中有我、我中有你"，都是资源配置的经济手段和方式，缺一不可。理论界的这种认识首次出现在党的十三大报告中。党的十三大报告明确提出，计划和市场的作用范围都是覆盖全社会的，新的经济运行机制，总体上说应当是"国家调控市场，市场引导企业"的机制。这以后，无论是理论界的探讨研究还是决策层的政策取向，计划与市场作用范围的全覆盖论成为主流的声音和基本的政策主张。

理论界对计划与市场的认识是逐渐认同的。20 世纪 70 年代末到 90 年代初，理论界关于经济运行中计划与市场谁主谁辅、两者应不应该结合、怎样结合的争论从未停止，并且有的把坚持计划经济还是市场经济作为划分姓"社"、姓"资"的标准。这一阶段理论界的认识总体上比较模糊，缺乏旗帜鲜明、掷地有声的科学结论。应当说，在计划与市场关系理论上做出重大突破和创新的是邓小平同志。

早在 1979 年邓小平就明确提出，"社会主义为什么不可以搞市场经济"，"社会主义也可以搞市场经济"。1992 年年初在南方谈话中他进一步指出：计划经济不等于社会主义，资本主义也有计划；市场经济不等于资本主义，社会主义也有市场。计划和市场都是经济手段。计划多一点还是市场多一点，不是社会主义和资本主义的本质区别。这一科学论断从根本上消除了把计划经济和市场经济当做社会基本制度范畴的思想束缚，使人们清醒地认识到，计划和市场都是社会化大生产和商品经济发展的伴生物，是资源配置的两种不同手段，不能体现姓"社"姓"资"的本质区别。计划与市场同样可以为社会主义现代化建设与发展服务。

至此，理论上终于厘清了计划与市场的相互关系，市场功能也从以往被压制到被解放，市场作用受到了尊重，市场活力从此迸发出来，两种资源配置手段相得益彰，共同调节经济运行，促进经济社会持续快速健康发展。

（三）30 年来计划与市场关系的重大决策

我国经济体制改革确定什么样的目标模式，是关系整个社会主义现代化建设全局的一个重大问题。这个问题的核心，是正确认识和处理计划与市场的关系。改革开放 30 年来，伴随着对计划与市场在经济运行中地位与作用认识的深化，我国经济体制改革不断探索与推进，体现在每一次党代会的正式文件中对于经济体制改革目标模式的重大决策，都折射出执政党在经济发展不同阶段对于计划与市场关系与作用的认知。

从党的十一届三中全会到十四届三中全会，我国经济体制改革目标模式的确立，经历了很多曲折，作为体制改革的核心——计划与市场关系的决策也在不断变化；但随着认识的深化和实践的拓展，改革计划体制，发挥市场作用的经济体制框架渐渐清晰，社会主义市场经济体制的改革目标最终确立起来。

党的十一届三中全会提出计划与市场相结合，党的十一届六中全会明确了商品生产和商品交换，提出"必须在公有制基础上实行计划经济，同时发挥市场调节的辅助作用";党的十二大提出"计划经济为主、市场调节为辅"的原则,党的十二届三中全会强调我国社会主义经济是公有制基础上的有计划的商品经济,改革的目标是建立具有中国特色的、充满生机和活力的社会主义经济体制;党的十三大提出有计划的商品经济是计划与市场内在统一的体制,国家调控市场,市场引导企业,从政策取向上确立了市场机制作用的中枢地位,为进一步深化经济体制改革指明了方向,奠定了理论基础,而党的十三届五中全会又提出计划经济与市场调节相结合,虽然提法上有些后退的印象,但市场的作用还是得到了肯定;党的十四大最终提出建立社会主义市场经济体制为我国经济体制改革的目标。

党的十四大强调,我们要建立的社会主义市场经济体制,就是要使市场在社会主义国家宏观调控下对资源配置起基础性作用,使经济活动遵循价值规律的要求,适应供求关系的变化;通过价格杠杆和竞争机制的功能,把资源配置到效益较好的环节中去,并给企业以压力和动力,实现优胜劣汰;运用市场对各种经济信号反应比较灵敏的优点,促进生产和需求的及时协调。同时也要看到市场有其自身的弱点和消极方面,必须加强和改善国家对经济的宏观调控。社会主义市场经济体制是同社会主义基本制度结合在一起的。

回顾我国 30 年来经济体制改革进程不难看出,从党的十四大到十六大,是计划经济体制向社会主义市场经济体制转变的关键十年。党的十四大确立了社会主义市场经济体制的改革目标,将经济体制改革由以往的放权让利阶段导入到全面制度创新的阶段,而从党的十四届三中全会到十六届三中全会这十年,可以说是社会主义市场经济体制从建立到完善的非常重要的十年。党的十四届三中全会做出《中共中央关于建立社会主义市场经济体制若干问题的决定》,党的十六届三中全会做出《中共中央关于完善社会主义市场经济体制若干问题的决定》,标志着经济体制实现了从计划经济到社会主义市场经济的根本性转变,市场在资源配置中日益明显地发挥基础性作用,经济运行与发展的体制环境发生了阶段性重大变化。

改革开放 30 年来，政府与企业、计划与市场的关系逐渐变化，边界日益清晰。政府通过不断改革计划体制，发挥市场作用的制度创新，培育了大量产权清晰的市场主体，这些具有独立利益诉求的市场主体在交换中谋求发展，创造财富，成就了改革与发展的丰硕成果。

30 年来，我国 GDP 年均增长接近 10%，目前经济总量位居世界第四，进出口总额为世界第三；人民生活从温饱不足发展到总体小康，城镇居民可支配收入和农村居民纯收入增长了 6.7 倍；贫困人口从 1978 年的 2.5 亿人减少到 2006 年的 2148 万人；利用外资累计达到 2575 亿美元，从 1993 年开始我国已经连续 14 年成为吸收外商直接投资最多的发展中国家。

虽然我国已经初步建立起了社会主义市场经济体制，但还远未完善。党的十六大提出本世纪头 20 年建成完善的社会主义市场经济体制和更具活力、更加开放的经济体系的基本任务，旨在为全面建设小康社会提供强有力的体制保障。在完善基本经济制度，建立健全现代市场体系，加强和改善宏观调控，发展开放型经济，提高开放型经济水平，完善社会保障体系等诸多方面，还需要破除制约经济社会发展的体制、机制障碍，体制改革的任务依然繁重，体制攻坚的难关仍待跨越。

二、原来计划体制的弊端和改革进展

在传统计划经济体制下，我国原来的计划体制，尽管对于建立独立的工业体系和国民经济体系发挥了特别重要的作用，但由于越来越不适应经济和社会生产力发展的要求，其内在缺陷越来越明显，弊端也越来越突出，如"统得过多"、"管得越死"、"效率低下"等，因此加快计划体制改革势在必行。我国对于原来计划体制的改革，是伴随着客观评价传统计划经济体制、正确认识计划与市场关系以及最终确立经济体制改革目标模式而渐进展开的。

（一） 对传统计划经济体制的正确评价

我国传统计划经济体制不是完全意义上的传统计划经济体制，与苏联相比带有很强的中国特色，因此对传统计划经济体制评价就必然包括两个方面：一是对世界范围内传统计划经济体制的评价，二是对我国传统计划经济体制的评价。

作为世界范围内相对完全意义上的传统计划经济体制的代表，以苏联领导人斯大林为代表的一批马克思主义者经过多年实践探索，在继承发展马克思主义基本理论的基础上，比较成功地探索出了一条适合当时苏联所处国内外环境下的发展道路，逐步形成了高度集中的传统计划经济理论。虽然高度集中统一的计划体制过多采用计划特别是指令性计划逐渐窒息了经济运行的活力，即使后来进行了不同程度的改革，也没有挽回最终淡出历史舞台的命运，但是其坚持马克思主义立场、观点和方法，对新生的社会主义国家如何发展生产力问题展开了初步探索和实践，对运用非市场手段及其体制配置社会资源进行了开创性的试验，最大程度地展示了政府配置资源作用和计划手段配置资源效能，为后续一些社会主义国家建国初期的经济建设和发展提供了可借鉴的重要经验。

由于马克思主义政治经济学的导引、苏联的政治经济影响和新中国成立前后所处的内外环境，我国最初必然选择苏联实行的传统计划经济体制。但与其不同的是，直到改革前，计划并没有完全涵盖国民经济和社会发展的方方面面，在部分领域市场仍然发挥作用，除了主要采用指令性计划手段以外，还存在其他非计划手段，而且计划在执行中确实存在不同程度松软现象，结果政府通过计划配置资源的作用没有得到很好的发挥，计划手段配置资源的效能也没有得到很好的体现。不过，传统计划经济体制的实施，为后来逐步探索建立和完善社会主义市场经济体制，充分发挥国家计划在宏观调控中的作用，提供了可资参照的鲜明坐标。

（二）原来计划体制的弊端及其成因

原来计划体制的弊端，如同传统计划经济体制"集中过多"、"统得过死"、"指令性计划比重过大"等弊端一样，根本原因在于我国对当时经济社会所处发展阶段认识不清，对经济体制中个人、企业和政府三者角色定位存在偏颇，结果是计划体制机制运转不畅，活力不足。具体主要体现在：

决策主体过于集中在政府特别是中央政府，使得计划难以反映经济运行的实际。由于计划决策深受信息缺乏的制约，加上当时并不存在广泛参与计划制定的民主决策机制，使计划决策做不到科学化、民主化，再由于计划对于微观经济活动的过分干预，使得个人和企业不能根据客观经济形势的变化及时做出相应的投资和消费决策，导致经济社会的整体运行效率低下，运行风险增大。

政府对企业的生产经营活动主要采用指令性计划，计划的实施形式趋于单一，指导性计划在当时不可能成为计划的主要实现形式。由于指令性计划的管理范围过宽过细，没有选择使用经济杠杆和经济参数的弹性调节机制予以替代，没有给予企业适当的经营自主权，结果使国有企业丧失了作为企业应具有的承担竞争压力、追求利润动力、开展自身创新等"经济人"属性，窒息了经济运行和经济发展的活力。

从计划实施的行政载体来看，"条块分割"的行政管理体制阻碍了中央和地方、地方和地方之间的协同配合，导致纵向横向信息不畅、工作重复、资源浪费，结果限制了地方积极性的充分发挥。

（三）原来计划体制的改革进展

自1978年以来，面对两种社会制度并存竞争的国际现实和长期处于社会主义初级阶段的客观国情，我国从现代市场经济体制和传统计划经济体制的优劣对比中认清了市场化的改革方向，开始了长达30年的传统计划经济体制改革，最终实现了社会主义政治制度和市场经济体制的有效对接，经济活力、综合国力、人民生活水平和国际竞争力都得到了极大提升。粗线条划分，计划体制的改革进展大致经历了两个阶段：

第一阶段：1978—1991 年，改革传统计划体制阶段。伴随农村家庭联产承包责任制和城市改革的试点推进，计划与市场关系的不断深化，按照"计划经济为主、市场调节为辅"、"有计划的商品经济"和"国家调控市场、市场引导企业"的改革指导原则，我国开始探索计划体制改革，主要通过"分权让利"，不断扩大地方尤其是企业自主权，适时调整计划形式、内容、体系及职能，逐步提高计划管理预见性，着力发挥市场调节的作用。形式上，由指令性计划为主逐步过渡到指导性计划为主；内容上，大幅度缩小国家指令性计划范围和比重，尽力扩大指导性计划和市场调节范围，不断向地方、部门、企业下放计划管理权限，陆续对一批中心城市和大型企业集团实行国家计划单列试点；体系上，由年度计划和五年计划逐步扩展到年度计划、五年计划、长远规划、行业规划、国土规划和若干专项规划，更加重视中长期发展计划的作用；职能上，通过制定颁布产业、区域和技术等政策确定发展序列，明确工作重点，拓宽计划范围。这些政策和措施的施行，从根本上打破了传统的高度集中的以指令性计划为主要形式的计划经济体制，为建立社会主义市场经济体制创造了条件。

第二阶段：1992 年至今，建立和完善社会主义市场经济体制阶段。按照党的十四大、十五大、十六大提出建立和完善社会主义市场经济体制的阶段性要求以及党的十四届三中全会《中共中央关于建立社会主义市场经济体制若干问题的决定》和党的十六届三中全会《中共中央关于完善社会主义市场经济体制若干问题的决定》的工作部署，我国进一步明确了国家计划在宏观调控中的地位、作用、范围和职能，主要通过建立和完善新型计划体制，对计划内容、形式、职能和调节手段等实行根本性改革，不断推进计划的民主化、科学化、规范化、法制化建设，逐步搭建起了符合社会主义市场经济体制要求的计划调控的基本框架。在计划调控的内容上，由注重经济发展逐步过渡到注重经济社会发展，妥善处理彼此关系，突出经济社会发展战略；改革计划指标体系，确立宏观经济调控目标，将若干重要经济活动和社会发展的计划指标改造为预期指标；突出宏观经济政策，制定相应的重大经济调节方案；合理确定国家公共资金、资源动员和运用的范围，改进计划管理方式。在计划调控的形式上，由五年计划为主逐步过渡到主要运用综合性的和若干重大专项的计划报告、政策文件和中长期发展规划。中长期规划的作用越来越明显，已经成为国家计划的主要形式。在计划调控的职能上，由主要发挥指令性作用逐步过渡到主要发挥指导性作用，突出强调国家发展规划的宏观性、战略性、政策性，努力为市场主体创造公平竞争的市场环境。加快推进投资体制建设与改革，尽力使计划调控面向市场、反映市场、引导和调控市场。在计划调控的调节手段上，由主要采用行政手段为主逐步过渡到主要采用综合协调宏观经济政策和经济杠杆，同时运用国家掌握的物力和财力资源进行即期调控，并充分发挥信息的导向作用。在计划调控的制度创新上，从没有监控制度逐步过渡到探索建立一套对经济形势的监测分析和预测、预警制度，加强对国民经济运行的综合平衡、协调分析和宏观调控。

三、投资体制改革进展

投资体制是投资运行机制和管理制度的总称。其中，运行机制包括企业投资运行机制、政府投资运行机制、投资者的融资机制以及投资中介服务机制；管理制度主要是指政府对投资活动的宏观调控和监管制度。

投资体制历来被看做是计划体制中最重要的组成部分，它因中央政府统揽各种投资资源，限制地方和企业投资自主权而彰显了传统计划经济体制指令性计划管理的鲜明特征：分钱分物分指标。随着计划经济体制向社会主义市场经济体制的逐步转轨和市场经济的深入发展，我国投资体制以改革高度集中的投资决策权、投资资源配置权为主线，以发挥市场配置投资资源基础性作用和加强改善政府投资调控为重点相继展开，取得了积极进展。

（一）投资体制改革要点回顾

改革开放以来，从制度创新的角度划分，我国投资体制在管理制度上主要经历了四次重大变革，这些改革不仅触动了原来国有投资一统天下的运行机制和利益格局，而且按照市场取向的投资体制改革要求，既着力放开企业投资，又严格管好政府投资，与投资领域正确处理计划与市场关系相适应，形成了企业投资与政府投资边界日益清晰、管理渐进有序的新的投资发展态势。投资体制的四次重大变革如下：

第一次是实行了固定资产投资拨款改为贷款的制度。规定“从1981年起，凡是实行独立核算有偿还能力的企事业单位，进行基本建设所需投资，除尽量利用企业自有资金外，一律由财政拨款改为银行贷款”。这种由原来财政拨款、无偿使用改为银行贷款、有偿使用的政策于1979年开始试点，1981年全面推开，到1985年预算内安排的基本建设投资全部实行了“拨改贷”，并规定了“拨改贷”差别利率和不同的还款期限。1985年国家预算内投资的93.5%改为贷款，而对科研、教育、医院及行政事业单位等10类没有收入和还款能力的项目，仍实行国家预算拨款的办法。这项改革有力地破除了财政资金供应上的大锅饭，加大了投资者的经济责任，提高了投资效益。

第二次是建立了基本建设基金，成立了国家专业投资公司。以1988年国务院发布《关于投资管理体制的近期改革方案》（以下简称《方案》）为标志，国家自改革开放以来首次对投资体制提出了比较系统的改革思路。这项改革是将财政预算内用于基本建设的资金和部分专项资金作为中央基本建设基金，在中央财政列收列支，专款专用，周转使用，从而保证了国家重点建设具有稳定的资金来源。

《方案》明确，为了用经济办法对投资进行管理，与建立中央基本建设基金制相配套，经国务院批准，在中央一级成立了国家能源、交通、原材料、机电轻纺、农业、林业等六大专业投资公司。它们是从事固定资产投资开发和经营活动的企业，是组织中央经营性投资活动的主体，既具有控股公司的职能，使资金能够保值增值，又要承担国家政策性投资的职能。

《方案》规定，中央基本建设基金分为经营性和非经营性两类。经营性基金，由国家计委切块给六大专业投资公司，主要用于基础设施和基础工业的重点项目。非经营性基金，主要用于中央各部门直接举办的文教科卫研等建设和大江大河的治理。

第三次是制定实施了投资项目的系列管理制度，强化了各类投资主体的风险约束机制。党的十四大确立了社会主义市场经济体制的改革目标模式，为深化投资体制改革指明了方向。按照党的十四届三中全会关于建立社会主义市场经济体制的决定要求，政府有关部门把固定资产投资项目区分为竞争性项目、基础性项目和公益性项目，并按此区分政府与企业、中央政府与地方政府各自的投资责任，还相继推出了项目法人责任制、资本金制度、项目招标投标制、工程建设监理制、国家重大建设项目稽查特派员制度等改革措施，这些投资管理制度的颁布实施，强化了各类投资主体的风险约束机制。

第四次是颁行了适应完善社会主义市场经济体制要求的新型投资管理制度。2004 年 7 月，国务院颁布了《关于投资体制改革的决定》（以下简称《决定》），其主要目标是按照完善社会主义市场经济体制的要求，通过深化改革和扩大开放，最终建立起市场引导投资，企业自主决策，银行独立审贷，融资方式多样，中介服务规范，宏观调控有效的新型投资体制。

我国投资体制经过 30 年来的改革和几次重大的管理制度创新，已彻底打破了传统计划经济体制下高度集中的投融资管理模式，初步形成了投资主体多元化、投资决策层次化、资金来源多渠道、投资方式多样化、建设实施市场化、投资管理间接化的新格局，有力地促进了国民经济和社会事业的发展。

经过了 30 年来的投资体制改革，我国实现了投资主体由单一政府向企业为主的转变。政府直接掌握投资由最高时控制全部扩大再生产投资降低到只占全社会固定资产投资的 5% 左右。目前政府只掌握预算内基本建设资金和用于建设的国债资金。占全社会固定资产投资 95% 左右的建设项目，中央政府只对一定规模以上项目的环境影响和是否符合国家产业布局规划做出评价，并决定是否允许其建设，做到了谁投资、谁决策、谁收益、谁承担风险，改变了长期以来存在的投资项目责权分离的状况，从而大大减少了投资决策的失误，缩短了建设周期，提高了投资效益。

（二） 投资体制改革的主要特点

回顾 30 年来我国投资体制改革历程，在投资领域正确处理计划与市场的关系，划分政府投资和企业投资的活动边界，呈现出鲜明的下放投资权力、放宽投资准入和市场化调控投资主体行为的改革特点。

1. 赋予企业和地方更大的投资决策权

从 1978 年到 1992 年以前的投资体制改革，是在破除传统的计划投资管理体制下进行的，其目的是打破传统计划经济体制下高度集中的投资管理模式，改变中央政府和地方政府包揽几乎所有投资项目的做法，扩大企业的投资自主决策权。这时期以简化项目审批环节、下放项目决策权限为主要特征，逐步扩大企业和地方政府的投资决策权限。1992 年以后的投资体制改革，是在建立和完善社会主义市场经济体制的环境下展开的，其鲜明特点是放开企业投资，管好政府投资。

1984 年，国家有关部委下发了《关于简化基本建设项目审批手续的通知》，提出政府对基本建设项目的审批环节从项目建议书、可行性研究报告、设计任务书、初步设计和开工报告 5 项，简化为只审批项目建议书和设计任务书（后改称可行性研究报告）。1987 年，国务院下发了《关于放宽固定资产投资审批权限和简化审批手续的通知》，对钢铁、石油等 7个实行承包部门管理的"七五"计划内的基本建设大中型项目，国家只审批项目建议书，将设计任务书、初步设计的审批权下放给承包部门，并将重点行业投资 5000 万元以下的项目审批权全部下放给各部门和各省、自治区、直辖市审批。

1988 年，按照国务院颁发的《关于投资管理体制的近期改革方案》的要求，扩大企业的投资决策权，使企业成为一般性建设的投资主体。现有企业的技术改造工程和必要的福利设施，主要由企业投资建设。资金富余的企业，还可以进行基本建设，搞扩大再生产。为了保证产品规模的经济合理，企业应着重组成群体联合投资。

1985 年到 1992 年，为了促进广东、福建、海南等省的经济特区以及上海浦东等地的发展，国务院先后赋予了这些地方较大的投资决策权限。2000 年，为了促进西部大开发，国务院做出简化西部地区投资项目的审批程序的决定。2001 年 11 月，国家有关部委下发了《关于取消部分行政审批事项的通知》，中央政府不再审批不需要中央政府投资、国家产业政策鼓励发展、国务院审批总投资限额以下的 5 类项目，按照谁投资、谁决策的原则，地方政府出资的项目由地方计划部门审批，并进一步扩大了企业投资的范围。

尽管上述改革措施还没有跳出下放审批权限的传统改革思路，但对促进地方经济的发展、推动企业成为独立的市场投资主体，仍起到了重要的促进作用。

2004 年的投资体制改革，进一步确立了企业在竞争性领域的投资主体地位，按照"谁投资、谁决策、谁收益、谁承担风险"的原则，进一步落实企业投资自主权。

2. 不断放宽外商投资和社会投资的准入限制

自 20 世纪 80 年代以来，随着全方位、多层次、宽领域对外开放格局的逐步形成，对外商投资项目的审批权不断调整，外商直接投资的领域、地域不断增加，投资规模迅速扩大，成为推动我国经济发展的一支重要力量。特别是我国加入世贸组织以后，向境外资本放开的投资领域逐步增加，审批手续大量简化，国家审批的限额也不断提高。

比如，吸收外商直接投资的审批权限，上海、天津、广东、福建、海南、北京、辽宁、河北、山东、江苏、浙江、广西、大连、青岛、宁波、广州和四个经济特区为 3000 万美元以下，其他省、自治区、直辖市及计划单列市的审批权限为 1000 万美元以下。

近年来，国家实行了一系列政策鼓励外商投资：一是鼓励外商投资企业进行技术开发和创新。对外商投资设立的研究开发中心，在投资总额内进口的自用设备及其配套的技术、配件、备件，免征进口关税和进口环节税；境外企业向中国境内企业转让技术，免征营业税，经批准，免征企业所得税；外商投资企业取得的技术转让收入，免征营业税。二是鼓励外商向中西部地区投资。三是进一步扩大服务业的对外开放。有计划有步骤地扩大商业、外贸、金融、保险、证券、电信、旅游等领域的利用外资，外商投资零售商业的地域已扩大到全国省会城市、直辖市和经济特区，外贸企业利用外资的试点范围也将进一步放宽。

在外商直接投资迅速增加的同时，国内社会投资也迅速发展，在满足社会需求、提供就业机会等方面发挥着日益重要的作用。为了进一步鼓励社会投资，2001 年 12 月，国家有关部委发布了《关于促进和引导民间投资的若干意见》，从放宽投资领域、拓宽融资渠道、实行公平合理的税费政策、建立社会化服务体系等方面，提出了促进和引导民间投资的若干意见。目前，集体、个体投资已占全社会固定资产投资的 30% 左右。

3. 市场取向的投资体制改革特征突出，政府与市场在投资领域的边界日益清晰

推进投资体制改革是建立和完善社会主义市场经济体制的重要举措。投资体制改革的实质，就是要充分发挥市场配置资源的基础性作用，构建一种市场主导投资的新型投资体制。从我国投资体制改革的历程不难看出，发挥市场在配置投资资源中的基础性作用一直是改革的主题。在发挥市场作用的同时加强和改善投资宏观调控成为 30 年投资体制改革的主旋律。随着经济体制改革的逐步深入，政府这只"看得见的手"与市场这只"看不见的手"在投资领域的职责划分更加清晰，即能由市场决定的投资就交给市场，能由企业自主决策的投资就下放给企业，真正使企业成为社会再生产最主要的投资主体。与此同时，对于政府投资，则进一步明确了投资范围和投资决策责任。对于全社会投资，更多的是综合运用经济的、法律的手段以及必要的行政手段进行调控。

（三）《国务院关于投资体制改革的决定》的主要内容和进展

在回顾投资体制改革进程中，最值得提出的是 2004 年 7 月 25 日出台的《国务院关于投资体制改革的决定》。因为在这之前，尽管整个经济体制的改革逐步加速，市场经济体制的目标得以确立，但作为经济体制重要组成部分的投资体制改革却一直给人以滞后的印象，这主要表现在两个方面：一是改革一直处于零敲碎打的状态，从 1988 年投资体制改革以后就再没有出台过一个完整而系统的改革总体方案；二是这些年的改革效果并不明显，投资效益越来越低，投资规模的调控和投资结构的调整缺乏通盘的考量。

1. 新的投资体制改革的主要内容

其主要内容包括：改革政府对企业投资的管理制度，按照"谁投资、谁决策、谁收益、谁承担风险"的原则，落实企业投资自主权；合理界定政府投资职能，提高投资决策的科学化、民主化水平，建立投资决策责任追究制度；进一步拓宽项目融资渠道，发展多种融资方式；培育规范的投资中介服务组织，加强行业自律，促进公平竞争；健全投资宏观调控体系，改进调控方式，完善调控手段；加快投资领域的立法进程；加强投资监管，维护规范的投资和建设市场秩序。

落实企业投资自主权，放开放活企业投资是这次投资体制改革的一项十分重要的决策。按照《国务院关于投资体制改革的决定》的要求，政府对企业投资项目一律不再审批，根据项目具体情况分别实行核准制和备案制。企业投资项目核准制和备案制的实施，是对传统投资项目审批制度的彻底改进，是真正落实企业投资自主权的关键举措。

政府投资体制改革逐步深入。对政府投资管严管好，是这次投资体制改革的一项重要指导思想。为此，国家发展改革委抓紧研究起草改进和规范政府投资管理的相关文件，逐步把政府投资体制改革推向深入，逐步缩小政府对投资项目的核准范围，改进和完善决策规则和程序，建立政府投资项目决策责任追究制和完善投资调控体系。

目前已经正式发布了《中央预算内投资补助和贴息项目管理暂行办法》、《国际金融组织和外国政府贷款投资项目管理暂行办法》、《国家发展改革委关于审批地方政府投资项目的有关规定（暂行）》、《中央投资项目招标代理机构资格认定管理办法》和《国家发展改革委关于进一步加强中央党政机关等建设项目管理和投资概算控制的通知》等配套文件。

2.《国务院关于投资体制改革的决定》实施以来取得的主要成效

自 2004 年 7 月国务院发布《国务院关于投资体制改革的决定》以来，投资体制改革在许多方面取得了重要进展和成效：

在企业投资管理体制改革方面，政府的管理职能正在转变，企业的投资主体地位开始确立，新的管理理念得到了普遍认同。核准制和备案制的体制框架基本建立，新的管理制度正在不断完善，企业正在逐步适应。大多数企业投资项目实行备案制，对于实行核准制的企业投资项目，发展改革部门开始从维护社会公共利益角度对"外部条件"进行审查，有关部门依法行使公共管理职能。投资决策自主权和相应责任已逐步落实到企业，绝大多数企业成为改革的受益者。从实施效果看，约 80% 的企业投资项目实行备案制，各级发展改革部门不再进行实质性审查，只需通过有关部门依法行政许可，企业可以自主进行投资决策。也就是说，对大多数企业而言，落实投资自主权的关键措施基本得到了贯彻。同时，需要核准的企业投资项目数量大大减少。在大量减少核准项目数量的同时，各级发展改革部门审查项目的角度和内容已经改变，不再审查项目的市场前景、经济效益和产品技术方案。

在政府投资管理体制改革方面，部分领域的改革有所突破。为了健全决策机制，在咨询评估领域引入了竞争机制；发布了中央政府投资项目公示试点办法。为了规范资金管理和项目审批，制定并实施了中央预算内投资补助和贴息项目管理办法、主权外债项目管理办法、地方政府投资项目审批规定等配套文件。为了加强建设实施管理，积极推行"代建制"工作，加强对中介机构的资质管理，加快完善建设标准体系。目前，正在抓紧研究制定其他配套文件，争取尽快形成适应改革要求的中央政府投资管理制度体系。同时，各级地方政府大胆探索、勇于创新、积极实践，在很多方面实施了改革措施，取得了很好的成效，积累了许多有益的经验。

四、计划、财政、金融关系

计划、财政、金融是宏观经济调控的三大支柱。梳理改革开放 30 年来计划、财政、金融关系，建立新的历史起点上新型的计划、财政、金融之间相互配合和制约的协调机制，形成有利于科学发展的宏观调控体系，是实现宏观调控目标，完善社会主义市场经济体制的关键。

（一）计划、财政、金融是宏观调控的三大重要手段

改革开放以来，在运用宏观调控政策工具实现经济社会发展目标的过程中，计划、财政和金融始终是国家重要的宏观经济政策手段。随着经济体制改革的不断推进，对计划与市场关系的认识不断加深，传统的集中过多、管得过死，指令性计划比重过大，忽视市场调节和价值规律的计划经济体制逐渐向社会主义市场经济体制转轨，适应市场经济发展要求的新型宏观调控框架初步形成并正在逐渐完善。

与经济体制转轨同步，三大宏观调控手段所面对的体制条件、调控对象、市场环境、调控力度、调控方式等也发生了根本性变化。在这样的体制转换背景下，计划、财政和金融自身以及它们之间的关系进行了全新的定位：计划已经实现了从指令性计划向指导性计划的方向转变；财政由资源配置的主要工具向公共财政的方向改变；金融由出纳员向市场主体转变，中央银行调控社会总供求的功能日益发挥。计划、财政、金融工作分别由国家发展改革委、财政部和中国人民银行具体负责，计划与财政、金

融之间实现了由主从关系到相互配合、相互制约关系的根本性转变。

计划作为宏观调控的重要手段，在不同的体制时期，其发挥作用的范围、方式和特点是不一样的。在高度集中的计划经济时期，人财物、产供销统一调配统购统销，指令性计划比重过大，行政命令经济是其显著特征；而在社会主义市场经济体制下，国家计划提出一定时期国民经济和社会发展的基本战略、基本任务和宏观调控目标，确定国民经济和社会发展的重大比例、结构、速度，以及需要配套实施的基本经济政策，集中体现了计划的宏观性、战略性和政策性，同时通过国家掌握的财力、物力，组织关系经济全局的重点建设。这种计划实际上是对国民经济和社会发展绘制的总蓝图和宏观调控的总方案，是政府有关部门综合运用经济、法律和必要的行政手段的基本依据。

社会主义市场经济体制条件下的计划方式更多采用的是指导性计划，计划中提出的计划指标也分为预期性和约束性指标两种。比如，年度计划提出经济增长和物价调控的预期性指标；中长期发展规划提出一定时期经济的预期性指标，但在公共服务和公众利益领域，比如节能减排、社会保障覆盖人数等则规定了约束性指标，这是各个地区和相关企业必须完成的目标。

在计划经济体制时期，财政成为依据国家计划配置资源的主要工具。因为，那时国家经济基础薄弱，企业还不是严格意义上的企业，没有生产经营和投资决策自主权，企业的经营活动完全隶属于国家计划，受其指令性控制。中央银行也不是真正意义上的银行，没有独立性，商业银行也不是真正的现代金融企业。现代企业制度、现代金融企业制度没有建立起来，绝大多数资源，包括人财物、产供销几乎是在全国一盘棋的"计划笼子"内运行。由于企业的绝大部分利润乃至折旧基金的全部或部分要上缴财政，政府可调动的社会资源极其有限，所以财政成为了在国家计划控制下最主要的资源配置工具。

社会主义市场经济体制下，财政的功能由以往的经济建设财政向公共财政加速转型，财政支出更加侧重于完善经济结构和注重社会建设，即按照国家总体发展规划，向国家规划发展的须由政府出资的产业和地区加大投入，促进各地区社会事业的均衡发展，逐步实现各地区基本公共服务的均等化。

随着社会主义市场经济体制的初步建立与完善，银行也改变了以往出纳员的角色而更加深入地融进国民经济运行之中，银行资金的筹集、使用，在调节社会总供求，促进经济总量平衡方面发挥着越来越重大的作用。中央银行实施货币政策的独立性显著增强，现代金融企业的逐步形成以及现代企业制度、社会征信制度的建设，为创设新型的金融宏观调控体系提供了基础性条件。

（二）计划、财政、金融关系的演变历程

改革开放以来，计划、财政、金融关系发生了历史性的变化。大致可以分为两个阶段：1978年至1992年之前破除传统计划经济体制时期的三者关系；1992年以后至今初步建立和完善社会主义市场经济体制时期的三者关系。概括起来，30年来，计划、财政、金融由计划经济体制下的主从关系变为市场经济体制下的协调配合关系。

回顾30年计划、财政、金融关系的发展历程，无论在哪种经济体制时期下，国家计划都集中体现了党和政府促进经济发展和社会全面进步的总方针、总政策，因而成为财政、金融调控手段运用的基本依据。但是，国家计划从没有代替财政、金融等其他调控手段。

在计划经济体制下，计划对财政、金融总体上处于支配地位，财政和金融对于计划是主从关系。计划是国家对各经济、社会单位的指令，被视为一种政治任务，甚至有"计划就是法律"的说法；国家计划不仅对国民经济和社会发展做出总体安排，而且将全国指标层层分解下达，直接对微观经济活动做出安排，并将计划完成情况作为评价和考核企业的唯一指标。因此，这种计划排斥甚至取代市场，由政府以行政命令方式直接配置全社会资源；在实际经济运行中，计划对财政、金融处于支配地位，即"计划点菜、财政付钱、银行记账"。

相较计划，财政、金融处于从属的地位，在当时的国民经济计划报告和党的正式文件中均有明确的表述。

在国家"七五"计划报告中，计划处于明显的支配地位。报告指出，国家计划是从宏观上引导和控制国家经济正确发展的主要依据，计划工作的重点逐步转到主要运用经济政策和价格、税收、信贷、利率、汇率、工资等经济杠杆，对宏观经济进行全面管理与调节的轨道上来。在这里，财政、金融与计划不是并列平行的关系，而是作为实现国家经济发展目标的经济杠杆存在的。

党的十三大虽然将计划、财政、金融置于整个宏观经济管理方式中看待，但也明确了计划的支配地位，并强调了计划、财政、金融各自的改革方向。计划管理的重点应转向制定产业政策，通过综合运用各种经济杠杆，促进产业政策的实现。财政、金融是实现国家产业政策的重要经济杠杆，通过改革计划、财政和金融体制，加快构建新型的宏观经济管理方式，实现社会总供给与总需求基本平衡，促进科学技术进步和优化产业结构。

而在社会主义市场经济体制条件下，计划、财政、金融各司其职、各负其责、相互协调配合，成为共同实现国民经济和社会发展目标的三大重要调控手段。1992 年提出建立社会主义市场经济体制目标以后，在党和政府文件中的行文和提法上已经没有了计划、财政、金融谁主谁辅的痕迹，而是规定了各自的职责和共同实现的目标。

党的十四大指出，国家计划是宏观调控的重要手段之一。要更新计划观念，改进计划方法，重点是合理确定国民经济和社会发展的战略目标，搞好经济发展预测、总量调控、重大结构与生产力布局规划，集中必要的财力物力进行重点建设，综合运用经济杠杆，促进经济更好更快地发展。进一步改革计划、投资、财政、金融和一些专业部门的管理体制，同时强化审计和经济监督，健全科学的宏观管理体制与方法。

在 1992 年的全国计划会议上，江泽民同志指出，国家计划是宏观调控的重要手段之一。建立社会主义市场经济体制，是要改革过去那种计划经济模式，但不是不要计划，就是西方市场经济国家也都很重视计划的作用。我们是社会主义国家，更有必要和可能正确运用必要的计划手段。所以，在进一步改革中要很好地发挥计划的功能和作用。当然，宏观调控不单单是计划手段，还有好多手段，包括金融、财政等。但是，大的恐怕就是计划、金融、财政这三个方面，财政里面包括税收。

党的十四届三中全会则提出计划、银行、财政都为宏观调控服务，体现了三者各司其职又相互配合，共同实现宏观调控目标的要求。国家计划要以市场为基础，总体上应当是指导性的计划。计划工作的任务，是合理确定国民经济和社会发展的战略、宏观调控目标和产业政策，搞好经济预测，规划重大经济结构、生产力布局、国土整治和重点建设。计划工作要突出宏观性、战略性、政策性，把重点放到中长期计划上，综合协调宏观经济政策和经济杠杆的运用；中央银行以稳定币值为首要目标，调节货币供应总量，并保持国际收支平衡；财政运用预算和税收手段，着重调节经济结构和社会分配。运用货币政策与财政政策，调节社会总需求与总供给的基本平衡，并与产业政策相配合，促进国民经济和社会的协调发展。

党的十五大、十六大以及十六届三中全会关于完善社会主义市场经济体制的决定，都是从完善政府宏观调控体系方面来阐述计划、财政、金融三者关系的，并强调深化金融、财政、计划体制改革，完善宏观调控手段和协调机制。党的十六届三中全会明确了国家计划、财政政策、货币政策的关系，强调进一步健全国家计划和财政政策、货币政策等相互配合的宏观调控体系。国家计划明确宏观调控目标和总体要求，是制定财政政策和货币政策的主要依据。财政政策要在促进经济增长、优化结构和调节收入方面发挥重要功能，完善财政政策的有效实施方式。货币政策要在保持币值稳定和总量平衡方面发挥重要作用，健全货币政策的传导机制。

党的十七大高度重视计划的一种表现形式——规划，明确了规划、计划、产业政策的导向作用。强调要完善国家规划体系。发挥国家发展规划、计划、产业政策在宏观调控中的导向作用，综合运用财政、货币政策，提高宏观调控水平。

（三） 计划、财政、金融在宏观调控中的协调与配合

既然计划、财政、金融同为宏观调控的三大重要手段，它们共同服务于宏观调控目标，以实现经济增长、物价稳定、充分就业和国际收支平衡，那么在制定和实施宏观调控政策时就需要三大部门各司其职、各负其责、密切配合。

国家计划体现国家的方针政策，成为制定和运用财政政策和货币政策的基本依据，具有总体指导、综合协调的功能；金融、财政具有独自的功能和运行机理，国家计划并不能完全涵盖和替代财政政策、货币政策。国家计划需要财政、金融的有力配合和支撑，因而也会受到财政、金融的制约。一般地说，计划确定国民经济和社会发展总体目标，在实施中，金融的影响力和着眼点侧重于短期的总量平衡，而财政侧重于调整经济结构和发展社会事业，促进结构平衡。

计划、财政、金融之间的协调与配合贯穿于宏观调控的全过程。不仅在国家计划编制的过程中要重视计划与财政、金融的协调，而且在国家计划实施的过程中也要经常协调。国家计划经全国人大批准后，财政部门、金融主管部门要根据国家计划确定的宏观调控目标和主要任务，灵活有效地运用财政政策和货币政策调节经济运行。国家发展计划部门对计划的执行情况进行跟踪、监测，并针对经济运行中突出矛盾和主要问题，及时提出相应的综合运用财政政策、货币政策及其他经济政策、经济杠杆的建议，报国务院批准后会同财政部、中国人民银行等部门组织实施。

五、市场体系建设

社会主义初级阶段的基本国情，决定着我国经济体制改革必然要转向社会主义基本制度与现代市场经济体制的有机结合。自 1978 年党的十一

届三中全会以来，经过 14 年的艰难理论实践探索，党的十四大终于提出社会主义市场经济体制改革目标，于是，我国开始了建立和完善社会主义市场经济体制的伟大征程，现代市场体系建设全面展开。

（一）市场体系建设的基本目标

根据建立和完善社会主义市场经济体制的总体要求，我国市场体系建设的基本目标是建成符合时代要求和经济发展阶段特点的统一开放竞争有序的现代市场体系，努力使市场在国家宏观调控下对资源配置起基础性作用，使经济活动遵循价值规律的要求，适应供求关系的变化，实现国民经济低消耗、高效益、快速度的良性循环。这一基本目标，既包含健全的商品市场体系，也包含完善的要素市场体系，既包括对国内市场充分开放，也包括对国外市场充分开放，既包括完整有效的市场体系，也包括高效有力的宏观调控体系，通过借助市场的灵敏信号进行有序竞争，形成彼此良性互动，从而促进资源的合理有效配置。

（二）市场体系建设的历史沿革

自 1978 年以来，伴随经济体制改革的不断推进，围绕对计划与市场关系的认识逐步深化和决策的渐次展开，我国市场体系建设经历了恢复、建立、发展和完善的过程。从发展阶段上看，1992 年以前，主要是在破除传统计划经济体制下恢复培育和发展市场体系；1992 年以后，主要是在建立和完善社会主义市场经济体制下规范培育和发展现代市场体系。具体如下：

1978—1991 年，破除传统计划经济体制下恢复培育和发展市场体系阶段。这期间，国务院先后批转国家计委《关于改进计划体制的若干暂行规定》和《关于投资管理体制的近期改革方案》，标志着我国开始了探索破除传统计划管理体制的改革。在计划管理领域初步引入市场机制，逐步扩大市场调节范围，着手恢复培育发展商品市场体系，规范发展要素市场体系，配合分步骤推进价格体系和价格管理办法改革，努力解决生产资料价格"双轨制"问题，不断重塑企业市场主体，积极发展市场经济组织和流通网络，严格加强市场管理，坚决整顿规范市场经济秩序特别是生产资料流通领域的秩序，争取最大程度地发挥市场调节作用。

1992 年至今，建立和完善社会主义市场经济体制下规范培育和发展现代市场体系阶段。根据建立和完善社会主义市场经济体制的总体要求和部署，围绕建立完善统一开放竞争有序的现代市场体系，我国继续大力发展商品市场特别是生产资料市场，着重发展要素市场，积极培育发展资本市场，探索发展产权、土地、技术、劳务、信息和房地产市场。根据各方面的承受能力，加快价格改革步伐，积极理顺价格关系，加速推进生产要素价格市场化进程，努力完善生产要素价格形成机制，逐步建立起以市场形成价格为主的价格机制。以建立高效、畅通、可调控的商品流通体系为目标，继续深化流通体制改革，积极发展多种交易形式特别是跨地区的综合性或专业性市场组织和商业集团，加快发展现代流通方式，努力构造商品市场网络，继续发展市场中介组织。建立健全市场规则，探索建立完善现代市场经济的社会信用体系，整顿规范市场经济秩序，积极发展独立公正、规范运作的专业化市场中介服务机构和各类行业协会、商会等自律性组织，坚决打破条条块块的分割、封锁和垄断，促进和保护公平竞争，尽快形成全国统一开放竞争有序的市场体系，进一步发挥市场对资源配置的基础性作用。同时，还积极建立完善农产品市场体系，建立健全农业社会化服务体系，努力提高农民进入市场的组织化程度，探索推进农村土地承包经营权有条件流转。

（三）市场体系建设的总体进展

经过 30 年的积极探索，特别是近十几年的加速发展，我国已经初步建成了统一开放竞争有序的现代市场体系。总体进展是：市场总量迅速扩大，产品的市场交换率明显提高。其中：

商品市场总体上仍然处于快速发展的新阶段，体系框架已经基本形成，包含了生产资料和生活资料在内的，有形市场和无形市场相结合，现货市场和期货市场相结合，以批发市场为主导，零售市场为主体的多门类的商品市场体系。初步形成了以公有制为主体，多种经济成分并存，多种方式经营，多渠道批发和流通，外资商业崭露头角，多元主体在法律规定范围内平等竞争、共同发展的商品流通格局。

各类要素市场加快发展，已初具规模，我国市场配置资源的基础性作用大大加强。货币市场形成比较完整的格局，在货币市场上，同业拆借市场、回购市场、商业票据市场、银行承兑汇票市场、大额可转让存单市场、短期外汇市场等子市场及其相应的投资工具也相应建立和完善起来，商业银行改革步伐加快，银行业总体实力和抗风险能力明显增强。包括主板市场、中小板块、股份代办转让系统、债券等多层次资本市场体系正在形成，股票发行上市的市场化约束机制得到加强，市场产品结构、上市公司结构和投资者结构不断改善，期货交易品种稳步增加。劳动力市场改革步伐进一步加快，城乡劳动力市场基本形成体系，市场导向的就业机制开始起主导作用。产权市场逐步发展，交易规范化程度不断提高，并在促进各类企业产权流动和企业重组中发挥作用。土地市场的市场化定价机制初步建立，政府对土地市场的宏观调控得到加强和完善。更多要素禀赋进入市场进行交换，市场配置资源基础性作用得到更大发挥。

供过于求成为市场常态，供求关系决定价格的价格形成机制已经确立，绝大多数商品和服务价格都由市场决定，包括相当部分技术、信息、劳动力、产权、房地产市场等商品和服务价格。市场开放程度大大提高，国内市场与国际市场全面接轨，对外经济贸易环境初步改善，开放型经济的体制框架基本建立。市场微观主体再造已经完成，多元化市场主体空前活跃，外资企业、国有企业、个体私营企业等多种所有制市场主体共同竞争的格局进一步形成，国民经济的微观活力增强。与市场相关的法律法规体系、现代信用体系、信息服务体系等进一步健全，市场监督机构和认证机构有所完善，地区封锁和行业垄断有所缓解。

（四）市场体系建设中存在的问题及今后任务

在市场体系建设过程中，目前仍存在着一些不容忽视的问题，主要有：

——市场体系发育不平衡，不同行业、部门、地区之间存在着市场的分割性和非开放性，地区封锁和行业垄断仍然存在，城乡二元市场问题比较突出，国内外市场的双向开放面临挑战，降低了市场的开放性程度。商品市场发育不平衡，要素市场发展还受限制，某些子市场发展不够成熟。特别是资本、劳动力、土地、技术等要素市场的发育还比较滞后，金融、电信、铁路等服务市场垄断问题还比较突出，导致竞争机制作用不能得到充分发挥。

——市场运行规则不健全，信用制度缺失，市场组织化程度偏低，市场中介组织发育滞后且作用不能正常发挥，市场风险机制建设比较落后，造成了市场秩序混乱，竞争不规范，影响了市场秩序规范化建设。

——外部环境发育不协调，阻碍了市场体系的完善统一。如国有企业改革不到位、财政和价格体系未理顺、国家宏观调控体系不完善、社会保障制度不健全、社会化服务体系和法律法规不健全、行政机构体制与市场体系的发育不配套。

根据党的十七大关于抓好市场体系建设的总体部署，结合现实中存在的主要问题，当前及今后任务应是健全统一开放竞争有序的现代市场体系。

第一，深入整顿和规范市场秩序，加快健全全国统一开放市场。严格执行反垄断法，着力打破行业垄断、经济垄断和地区封锁，尽快制定或修订保护和促进公平竞争的法律法规和政府规制，推进社会信用体系建设，保障各类经济主体公平进入市场。依法规范政府行为，准确界定政府市场权限。积极发展电子商务、连锁经营、物流配送等现代流通方式，加快推进现代流通进程，规范发展行业协会和市场中介组织，努力确保商品和各种要素在全国范围内自由流动和充分竞争。

第二，完善反映市场供求关系、资源稀缺程度、环境损害成本的生产要素和资源价格形成机制。加快推进资源价格改革，进一步减少政府对资源配置和价格形成的干预。当前，着重全面推进水价改革，积极推进电价改革，改革完善石油天然气定价机制，全面实现煤炭价格市场化，努力完善土地价格形成机制。

第三，加快农产品市场体系建设。围绕社会主义新农村建设，抓紧完善农产品流通领域的标准体系和监测体系，全程控制安全质量，鼓励引导农产品直接进入零售市场，大力改造提升农产品批发市场，稳步发展农产品期货市场，加快发展农产品物流体系，积极构建顺畅高效、便捷安全的农产品流通体系。

第四，培育发展和完善各类生产要素市场。继续发展土地市场，改进和完善政府管理土地市场的方式，建立市场化的土地交易定价机制。建立资源占用的约束机制，综合运用经济、法律和必要的行政手段，切实保护农民土地财产权，建立健全农村土地承包经营权流转市场。积极发展劳动力市场，健全技术市场，促进技术成果向现实生产力转化。深化中国农业银行、农村合作金融机构和国家开发银行改革，放宽全国农村地区银行业金融机构市场准入。稳步发展资本市场，着力加强证券、保险、期货等金融市场制度建设，建立多层次资本市场体系，完善资本市场结构，丰富资本市场产品。积极推进风险投资和创业板市场建设，规范和发展主板市场，积极拓展债券市场，扩大直接融资。大力发展信息市场，加强信息市场的基础建设，放开增值服务市场，提高信息的社会共享程度。

第五，加快推进市场外部环境建设和协调。进一步深化国有企业改革，理顺产权关系，培育产权明晰、自主经营、行为规范、富有竞争力的市场运行主体。继续推进政府机构改革，彻底转变政府职能，认真塑造理性的宏观调控主体。适时推进完善其他配套制度改革。加强市场法制建设，抓紧制定出台《反倾销法》和其他重要法律法规，改善提高政府执法观念，继续健全社会信用体系。

六、经验总结

经过 30 年改革计划体制，发挥市场作用的艰辛探索和不懈实践，我国成功破除了传统计划经济体制的束缚，初步建立并正在完善社会主义市场经济体制，积累了十分宝贵的经验。

（一）深化计划与市场关系的理论认识，明确计划与市场都是手段

正确认识和处理计划与市场关系，不仅涉及改革的根本指导思想和目标，而且也涉及改革的实践和建立新的经济体制模式的重大问题。30 年来，根据渐进性改革的总体要求，计划的内涵和实现形式不断调整，计划的职能不断变化，计划作为宏观调控重要手段的作用得到了切实的发挥。30 年改革计划体制，发挥市场作用的实践充分证明：计划和市场都是资源配置的手段。

在正确处理计划与市场的关系上，改革进程中我国主要解决了以下几个认识问题：一是社会主义与市场经济之间不存在根本矛盾。计划经济和市场经济不是区分社会主义和资本主义的标志。社会主义也有市场经济，资本主义也有计划控制。计划多一点还是市场多一点，不是社会主义与资本主义的本质区别。从根本上突破了把计划经济等同于社会主义，把市场经济等同于资本主义的传统观念。二是计划与市场都是资源配置的手段，都得要。为社会主义服务，就是社会主义的；为资本主义服务，就是资本主义的。三是计划要集中力量办大事。在社会主义市场经济下计划管理的任务，就是制定年度和中长期的国民经济和社会发展的目标、方向和战略，突出宏观性、战略性和政策性，通过国家所掌握的财力、物力，组织关系经济全局的重点建设，集中力量办大事。四是宏观管理必须具有权威

性。在实施国家宏观调控过程中，各地区、各部门必须按照宏观调控目标的要求，尊重市场，善于运用市场机制，调节经济运行，不允许上有政策下有对策，更不允许搞地区分割、行业保护。

（二）转变计划管理职能，发挥国家计划在政府宏观调控中的重要作用

改革计划体制并不是放弃国家计划，国家计划始终是国家的一项重要的宏观调控手段。1993 年，《中共中央关于建立社会主义市场经济体制若干问题的决定》，确立了适应社会主义市场经济体制的新的宏观调控体系，进一步明确了国家计划在宏观调控中的地位、作用、范围和职能。

社会主义市场经济条件下，计划管理的职能是面向市场、反映市场、引导和调控市场。计划职能的变化决定计划的基本性质是指导性的。计划工作的任务，是合理确定国民经济和社会发展的战略、宏观调控目标和产业政策，搞好经济预测，规划重大经济结构、生产力布局、国土整治和重点建设。计划工作要突出宏观性、战略性、政策性，把重点放到中长期计划上，综合协调宏观经济政策和经济杠杆的运用。计划的内容大体由经济社会发展战略、宏观经济调控目标及重要经济活动和社会发展的预期指标、宏观经济政策和相应的重大经济调节方案、国家公共资金和资源的动员和运用计划等组成。计划的主要形式是综合性的和若干重大专题的计划报告和政策文件。中长期规划居主导地位，年度计划是中长期计划的具体实施。计划的调控手段主要是综合协调宏观经济政策和经济杠杆，同时运用国家掌握的物力和财力资源进行即期调控，并充分发挥信息的导向作用。计划的制定要吸收社会各界广泛参与，计划实施要依托市场主体和各类中介组织。计划管理要规范化和法治化。

（三）渐进改革传统计划管理手段，不断探索完善宏观经济管理职能

发挥市场作用不是完全依靠市场，而是在国家宏观调控下发挥市场配

置资源的基础性作用，不断改革传统计划管理手段，探索完善宏观经济管理职能。

30 年来的实践证明，计划管理必须按照经济体制渐进性改革的总体要求，采取稳中求进、重点突破的方式，推进完善计划工作的民主化、科学化、法制化，及时调整传统计划管理手段，积极推进完善传统计划管理手段的改革，加强发挥计划手段作用的市场基础的构建和完善，充分释放计划管理手段的宏观调控效能。努力减少指令性计划，扩大指导性计划，逐步放开市场调节范围，争取尽快实现计划管理由直接调控为主向间接调控为主的战略性转变，着重突出计划和规划的宏观性、战略性、政策性，谋划发展大局，认真搞好经济预测和预警。加强与财政、金融等宏观调控手段的协调配合，着力解决当前宏观经济中突出矛盾和问题，确保经济持续平稳快速健康发展。加快推进投资体制改革，尽快缩小投资审批范围，充分发挥投资计划宏观调控作用，积极引导投资主体行为，整顿规范投资市场秩序。

（四）加快完善市场体系，不断夯实宏观调控的市场基础

市场体系是政府调控的基础。加强和改善宏观调控，必须服务于宏观调控的目标，从实际出发加快市场体系培育，有效释放市场调节信号，从制度上充分发挥市场配置资源的基础性作用。这样，宏观调控才能尽量依托现有市场体系，根据市场运行状况，及时向市场发出有效调控信号，积极引导和调控市场主体行为，避免"市场失灵"，实现资源优化配置。

市场经济的发展，市场经济体制的完善，需要"看得见的手"和"看不见的手"的密切协作，各自发挥应有的作用。既要有发育良好的市场体系，又要有灵活有效的宏观调控，不断夯实宏观调控的市场基础。正如美国经济学家萨缪尔森所说，"划分市场和政府的合理界限是一个持久的问题。一个有效率并且人道的社会要求混合经济的两个方面——

市场和政府同时存在。现代经济的运作，如果没有市场或政府，就都会孤掌难鸣"。①

（五）积极探索计划与市场最优结合方式，努力发挥两者最佳组合作用

任何经济体制都是计划与市场的统一体，不同经济体制、不同发展阶段下计划与市场的结合方式会有所不同。充分发挥计划与市场的合力作用，必须按照经济发展阶段选择恰当的经济体制，依据市场发育程度、经济社会发展的目标要求和两种手段的各自特点，扬长避短，积极探索计划与市场的最优结合方式。按照不同产业、不同地区和不同发展阶段的实际，加强计划与市场共同作用的基本经济制度和市场基础的建设，确保计划与市场的作用范围覆盖整个国民经济，最大程度地发挥两者最佳组合作用。

正确认识和处理计划与市场关系的理论思考与实践探索，使人们认识到，政府调控与市场调节贯穿于社会主义现代化建设的全过程；计划和市场手段的有机结合是社会化大生产和现代社会生产力发展的客观要求，只有正确处理好计划与市场的关系，充分发挥市场在配置资源中的基础性作用，经济才能持续快速健康发展；计划与市场关系的探索没有止境，这是任何一个市场经济国家其政府更好调控经济运行，实现宏观调控目标所必须始终面对和解决的紧迫课题。

在现代社会，无论是单靠计划手段，还是单靠市场手段，都不能适应社会化大生产的要求，难以实现经济的持续快速健康发展。正如美国经济学家保罗·R.格雷戈里和罗伯特·C.斯图尔特所说，"市场和计划都有各自的优点和缺陷，而且当我们考察现实世界中经济体制时，关键显然不在于计划与市场孰优孰劣，而是在既定的情况下，应当如何恰当地把这两

---

① 萨缪尔森、诺德豪斯著：《经济学》第16版，华夏出版社1999年版。

者结合"。① 而对于政府来说,找准自己在发展市场经济中的位置,加快把职能转到经济调节、市场监管、社会管理和公共服务上来至关重要,正如英国著名经济学家、被称为现代宏观经济学之父的凯恩斯在其 1926 年出版的《自由放任的终结》中写到的,"政府的当务之急,不是要去做那些人们已经在做的事,无论结果是好一点还是坏一点;而是要去做那些迄今为止还根本不曾为人们付诸行动的事情。"②

七、今后改革设想

按照党的十七大关于计划体制改革的工作部署和有关会议、文件精神的具体安排,今后完善社会主义市场经济体制要更加注重体制、机制创新,具体改革设想主要是:

(一) 深化行政审批制度改革,切实转变政府经济管理职能

加快推进政企分开、政资分开、政事分开、政府与市场中介组织分开,规范行政行为,减少和规范行政审批,减少政府对微观经济运行的干预。结合机构改革和部门职能调整,评估现有审批项目,力争再取消和调整一批。加强行政审批法规建设。认真核查清理涉及项目审批的部门规章、文件,该取消的坚决取消,该调整的加快调整,该完善的尽快完善,该制定的立即制定。对取消和调整的项目加强后续监管,对保留审批项目的名称、设定依据等向社会公布,对新设立审批项目,要建立健全新设行政审批项目审查论证机制,并通过多种形式听取社会各界的意见。提高行政审批监控水平。加快推广行政审批电子监察系统,加强对审批的全程监

---

① [美] 格雷戈里和斯图尔特著:《比较经济体制学》,上海三联书店 1988 年版,第 13 页。
② 转引自萨缪尔森和诺德豪斯:《经济学》第 16 版,华夏出版社 1999 年版。

控，约束行政审批行为。

（二）加强规划体系研究和制定，发挥规划、计划、产业政策在宏观调控中的导向作用

抓紧改革和完善规划体制，着力打破以地方计划为主的计划体制，健全编制程序，完善国家中长期规划和年度计划的管理和实施机制，形成以经济社会发展规划为统领，各类规划定位清晰、功能互补、有效衔接的规划体系。发挥国家发展规划、计划、产业政策在宏观调控中的导向作用，综合运用财政、货币政策，提高宏观调控水平。切实发挥政府规划在实现国家战略目标、弥补"市场失灵"、有效配置公共资源，促进经济社会全面、协调和可持续发展，实现人的全面发展。建立国家宏观调控的信息反馈机制，加强对经济运行的监测预警。更好地运用经济手段包括利率、税率、汇率等引导资源配置，调控经济运行，同时辅以法律手段和必要的行政手段，改进国家对地区发展的考核指标体系，增强宏观调控的预见性、科学性、有效性。

（三）完善政府重大问题决策程序，提高社会资源利用效能

完善政府重大决策的规则和程序，多渠道、多形式广聚民智，使决策真正建立在科学、民主的基础之上。分类规范重大决策：对涉及经济社会发展全局的重大事项，要广泛征询意见，充分进行协商和协调；对专业性、技术性较强的重大事项，要认真进行专家论证、技术咨询、决策评估；对同群众利益密切相关的重大事项，要实行公示、听证等制度，扩大人民群众的参与度。建立决策跟踪反馈评价和失误责任追究制度，健全纠错改正机制。广泛组织联系专家学者，建立多种形式的决策咨询机制和信息支持系统。

（四）健全经济运行监测体系，加强宏观调控部门协调与配合

围绕国家经济发展战略和当前宏观经济目标明确监测重点，建立健全

有关监测指标体系。适时监控宏观经济运行状况，前瞻性地选择确定宏观
经济调控手段及其组合。利用现代各种信息处理技术，审慎判定宏观经济
走势。认真区分计划、财政、金融和土地等宏观经济调控手段，合理确定
宏观经济政策组合。严密注视宏观经济形势变化，择机出台宏观经济政
策。依托现有宏观调控部门职能合理配置，建立健全部门协调配合机制。
根据宏观经济调控重点变化，及时调整完善宏观调控部门联席会议机制。
按照现有宏观调控部门职责配置，明确界定宏观调控主体主辅关系。针对
宏观经济调控具体问题，选择确定部门协调配合方式。围绕"稳中求进、
好字优先"方针，统筹把握宏观调控措施。认真分析经济运行中的突出
矛盾和潜在风险，统筹安排宏观调控措施，合理把握调控方向、力度和节
奏，远近结合，标本兼治，巩固和发展宏观调控成果。

（五）强化企业投资主体地位，健全政府投资机制，完善投资宏观调控

按照"谁投资、谁决策、谁收益、谁承担风险"的原则，放宽市场
准入条件，打破各种不必要限制，促进各类投资企业公平竞争，进一步确
立企业投资主体地位。分类办理投资项目行政许可。国家只审批关系经济
安全、影响环境资源、涉及整体布局的重大项目和政府投资项目及限制类
项目，其他项目由审批制改为备案制，由投资主体自行决策，依法办理用
地、资源、环保、安全等许可手续。对必须审批的项目，要合理划分中央
和地方权限，扩大大型企业集团投资决策权，完善咨询论证制度，减少环
节，提高效率。健全政府投资决策和项目法人约束机制。建立严格的政府
投资项目建设监督和风险责任约束机制。制定完善非经营性政府投资项目
管理办法和"代建制"实施办法，实行终身责任追究制；加强审计监督
和项目稽查，规范资金管理，完善制衡机制。全面实施企业投资项目管理
办法，建立健全项目管理与土地管理、城市规划、金融、环保和产业政策
联动的调控机制，改进实施企业投资项目核准制、备案制以及相关行政许
可配套联动机制，严格执行投资市场准入制度。通过编制土地、环保和投

资等重要领域的发展建设规划以及必要的专项发展建设规划，适时调整投资指导目录，及时修正发布投资市场信息，建立科学的行业准入制度等，灵活运用投资补助、贴息、价格、利率、税收等多种政策手段，引导社会投资方向，建立健全市场竞争规则，抑制无序竞争和盲目重复建设，确保国家对全社会投资的调控力度。

（六）做好市场体系布局规划，协调推进市场体系优化

根据国家经济发展战略和市场体系建设现状，研究制定市场体系整体规划和各专项规划，逐步确立完善不同市场体系地位、作用和发展思路，不断明确市场体系规划主体职责权限。会同有关宏观调控部门加强分工，注意协调，密切配合，狠抓市场体系规划的制定、落实和完善，确保市场体系规划落到实处。密切监视市场体系变化，按照市场体系建设整体目标和阶段性发展步骤，及时注意培育调整和完善，尽力实现不同市场体系建设有效衔接，努力优化市场体系发展的整体布局。

（七）深化生产要素价格形成机制改革，理顺要素价格体系

积极稳妥推进资源性产品价格以及资源补偿、环保收费改革。稳步推进石油、天然气价格形成机制改革，理顺天然气与可替代能源价格关系。完善水、土地、劳动力和技术等要素市场价格形成机制。加强输配电成本监审，完善可再生能源电价政策。稳步推进城镇供热体制改革。稳步推进利率市场化，建立健全由市场供求决定的利率形成机制，中央银行通过运用货币政策工具引导和调控市场利率。继续完善人民币汇率形成机制，保持人民币汇率在合理、均衡水平上的基本稳定。建立健全污染物排放收费制度，推进污染治理市场化，全面实施污水、垃圾处理收费制度，吸引、鼓励社会资本参与污水、垃圾处理等基础设施建设和运营。完善要素产权法律制度，规范和理顺要素产权关系，保护各类要素产权权益。

（八）建立健全政策法规体系，努力提高执行反馈力度

按照客观形势发展需要研究制定完善推进计划经济体制改革的法律法规和有关政策，规范引导和调控市场主体行为，维护市场主体权益，明确市场主体责任，确保有法有章有据可依。按照现有规定加大对违反市场经济秩序的监控处罚力度，努力使有关政策法律法规落到实处。建立完善政策法规体系运行情况的良好反馈机制，及时捕捉重要变化信息，尽早制定应急对策。

第四章
财税体制改革的
回顾与展望

以 1978 年党的十一届三中全会为发端，中国共产党带领全体人民以一往无前的进取精神和波澜壮阔的创新实践，开辟了改革开放的新时代。在 30 年经济体制改革的历史画卷中，财税体制改革作为整个经济体制改革的突破口和先行军，谱写了极富华彩的一章。财政改革的 30 年，是向规范的市场经济财税体制不断迈进的 30 年，是促进综合国力不断增强的 30 年，是广大人民群众在财政改革发展中得到实惠最多的 30 年。站在新的历史起点上，按照党的十七大"毫不动摇地坚持改革方向，提高改革决策的科学性"要求，总结 30 年财税体制改革的经验，将财政改革事业继续推向前进，具有十分重要的理论与实践价值。

一、30 年财税体制改革的简要回顾

1978 年以前，我国实行高度集中的计划经济体制，政府主导并直接配置资源；作为政府收支活动的集中体现，财政是一种"大而宽"的生产建设型财政，承担着对大部分社会资源和产品的直接分配职能。实行高

度集中的"统收统支"管理体制，地方和企业无财力自主权；国家财政收入主要由国营企业利润上缴形成，财政支出"先生产后生活"，并呈现出明显的"城市财政"特征，即对城市大包大揽，而对"三农"仅是农业生产有专项扶持渠道。1978 年召开的党的十一届三中全会，做出了"改革开放"的重大历史性战略部署，1979 年作为整个经济体制改革的突破口，财税体制改革正式拉开历史性序幕。

（一）财税体制改革前 15 年：艰辛探索改革方向

为解决国家对企业、中央对地方"管得过多、统得过死"的问题，财税体制改革以"放权让利"为突破口，以"利改税"和财政管理体制改革为主要内容，以规范国家与企业、中央与地方的分配关系为目标，旨在调动企业和地方建设社会主义现代化的积极性。

1. "利改税"

1979 年开始，我国对工商税制进行全面改革，改革的核心是实行"利改税"，即把国营企业向国家上缴利润改为交纳税款。根据价格改革进展情况，"利改税"分两步走：第一步，实行"税利并存"，即国家对国营企业普遍征收所得税，同时国营大中型企业的税后利润采取多种形式上缴国家；第二步，由"税利并存"转为"以税代利"，即国营企业将应当上缴的财政收入按 8 个税种向国家交税，税后利润自主安排使用。需要指出的是，随着"利改税"的进行，为充分调动企业积极性，国家还采取了"税前还贷"、"以税还贷"等一系列减税让利的政策措施。对搞活国有企业起到了明显的促进作用。

2. "分灶吃饭"框架下的财政管理体制改革

在"分灶吃饭"的体制框架下，财政管理体制改革先后经历了分级包干、分税包干和中央地方大包干财政管理体制三个阶段。1980 年，实行"划分收支、分级包干"的财政管理体制，主要是按照经济体制与企业隶属关系，划分中央和地方财政的收支范围。地方财政收支的包干基数，以 1979 年预算执行数为基础，适当调整后确定。地方支出不再由中央各部门下达指标，而是由各地根据国民经济计划的要求和自己的财力情况统筹安排；地方在划定的收支范围内自求收支平衡，多收可以多支，少收相应少支。

实行分级包干体制期间，国营企业"利改税"完成，国家财政收入由利税并重转向以税为主，国家与企业的分配关系发生了实质性变化，客观上要求进一步改革财政管理体制。1985年实行"划分税种、核定收支、分级包干"的财政管理体制。主要内容是：按照"利改税"后的税种设置，重新划分中央与地方财政收入，将国家财政收入分为中央财政固定收入、地方财政固定收入、中央和地方共享收入三类。但是，由于当时一些地方税种开征的条件尚未成熟，党中央、国务院决定在"七五"时期的前几年暂时实行"划分税种基础上的总额分成"办法，即将地方固定收入和中央地方共享收入加在一起，同地方支出挂钩。

分税包干财政体制缺陷明显，存在"鞭打快牛"的弊病，即地方收入多则上解多，收入少则上解少，收入短缺还能得到中央补贴，不利于调动经济发达地区的征收积极性。因此，1988年，实行中央地方大包干财政管理体制，采取了"收入递增包干、总额分成、总额分成加增长分成、上解额递增包干、定额上解、定额补助"等办法。其中，"收入递增包干"是以1987年决算收入和地方应得的支出财力为基数，参照各地此前年份的收入增长情况，确定地方收入递增率和留成、上解比例。"总额分成"是根据之前两年的财政收支情况，核定收支基数，以地方支出占总收入的比重，确定地方的留成和上解中央比例。"总额分成加增长分成"是在"总额分成"办法的基础上，收入比上年增长的部分，另加分成比例。"上解额递增包干"是以1987年上解中央的收入为基数，每年按一定比例递增上缴。"定额上解"是按原来核实收支基数，收大于支的部分，确定固定的上解数额。"定额补助"是按原来核定的收支基数，支大于收的部分，实行固定数额补助。

始于1978年的经济体制改革是社会主义发展史上的伟大创举。1992年党的十四大以前，在整个经济体制改革"摸着石头过河"的大背景下，财政改革虽然在一定程度上适应了当时改革发展的总体需要，却不可能走向规范清晰的、与市场经济体制相适应的体制目标。"利改税"过程中形成高税率、多优惠、松管理的工商税制，难以为企业构筑起成为相对独立经济实体的外部边界；财政管理体制频繁变动，多种体制并存，中央与地方"一对一"的谈判机制，难以解决体制的规范性、公平性和透明化问题。这导致国家财政收入占国内生产总值比重、中央财政收入占全国财政收入的比重失调，政府行政能力和中央调控能力明显下降。

（二）财税体制改革后 15 年：建立与社会主义市场经济体制相适应的财政运行模式

1992 年，党的十四大提出建立社会主义市场经济体制的改革目标，正式明确了我国经济体制改革的方向。作为宏观经济体制改革的中心环节，财税体制改革以适应市场经济为原则，以公共化为取向，以财政管理体制、财政收入制度、财政支出和预算管理制度改革为主要内容，开始了新一轮的改革。特别是 1998 年，在政府职能转变的战略背景下，按照"逐步建立公共财政基本框架"的战略目标要求，公共财政体制建设进程明显加快。

1. 以理顺政府间分配关系为重点，初步建立了比较完善的分税制财政管理体制

1994 年，按照社会主义市场经济体制原则要求，立足我国国情，并借鉴发达国家财政管理体制的经验，我国建立了分级分税制财政管理体制。为保证改革顺利进行，分税制财政管理体制改革在原包干体制确定的地方上解和中央补助格局基本不变的前提下，采取"三分一返"的形式，重点对财政收入增量进行调整。一是按照中央政府和地方政府的"基本事权"，划分各级财政的支出范围。中央财政主要承担国家安全、外交和中央国家机关运转所需经费支出，调整国民经济结构、协调地区发展、实施宏观调控所必需的支出，以及由中央直接管理的事业发展支出；地方财政主要承担地方各级政权机关运转所需经费支出，以及本地区经济、事业

发展所需支出。二是根据财权事权相统一的原则，合理划分中央和地方收入。按照 1994 年税制改革的税种设置，将维护国家权益、实施宏观调控所必需的税种划分为中央税；将与地方经济社会发展关系密切、适宜地方征管的税种划分为地方税；将涉及经济发展全局的主要税种划分为中央与地方共享税。三是与分税办法相配套，分别建立中央和地方两套税务机构分别征税。国家税务局负责征收中央固定收入和共享收入，地方税务局负责征收地方固定收入。四是税收返还承认现状，分省分别确定税收返还的数额。中央财政对地方税收返还数额以 1993 年为基期年，按照 1993 年地方实际收入，以及税制改革和中央地方收入划分情况，核定 1993 年中央从地方净上划的收入数额，并以此作为中央对地方税收返还基数，保证地方既得财力。1994 年以后，中央对地方的税收返还在 1993 年基数上逐年递增，递增率按全国增值税和消费税平均增长率的 1∶0.3 系数确定，即上述两税全国平均每增加 1%，中央财政对地方的税收返还增加 0.3%。

　　1994 年的分税制改革构建了市场经济体制下财政管理体制的基本框架，初步理顺了中央与地方、国家与企业的分配关系。此后，随着经济社会发展与体制改革深化，有针对性地对财政管理体制运行中的一些方面进行了调整。一是调整中央与地方收入安排。1997 年调整金融保险营业税收入划分；1997 年、2000 年、2001 年、2002 年多次调整证券交易印花税中央与地方分享比例；2002 年实施所得税收入分享改革，按市场经济原则，将企业所得税由按企业隶属关系划分改为中央、地方统一按比例分享；2004 年，按照"新账不欠、老账要还、完善机制、共同负担、推动改革、促进发展"的原则改革出口退税负担机制，建立了由中央与地方共同负担出口退税的新机制。二是完善政府间转移支付制度。1995 年起，中央对财力薄弱地区实施了过渡期转移支付，2002 年实施所得税分享改革后，合并因分享增加的收入，统一为一般性转移支付；2000 年起，实施民族地区转移支付；1999 年至 2004 年，安排调整工资转移支付资金；2005 年开始，实行对县乡"三奖一补"财政奖补转移支付制度。同期，根据我国经济社会发展的阶段性目标要求，为配合实施中央宏观政策目标和推动重大改革，新增了一些专项转移支付项目，如对农村税费改革、天然林保护工程、社会保障制度建设专项补助等，初步建立了比较规范的专项转移支付体系。

2. 以适应市场经济发展为原则，税制改革迈出重大步伐

为了适应市场经济的发展和分税制财政改革的要求，1994 年我国进行了税收制度的重大改革。此轮税制改革以"统一税法，公平税负，简化税制，合理分权"为指导思想，构建形成了以流转税和所得税为主体，辅之以若干辅助税种的较为规范完整的符合社会主义市场经济要求的复合制税收体系。一是建立以增值税为主体的新流转税制度。改变按产品分设税目、分税目制定差别税率的传统做法，确立了生产和流通环节普遍征收增值税并实行价外计税的办法；在普遍实行增值税的基础上，选择少数消费品再征收一道消费税；对有偿提供劳务、转让无形资产和销售不动产的业务征收营业税。改革后的新流转税制统一适用于内资企业、外商投资和外国企业。二是统一所得税制度。对国有企业、集体企业、私营企业，以及股份制和各种形式的联营企业，实行统一的企业所得税制；相应取消国营企业调节税，取消国营企业承包上缴所得税的办法，取消"税前还贷"和"以税还贷"，并规范企业所得税前的列支标准。同时，合并个人所得税、个人收入调节税和城乡个体工商业户所得税，建立统一的个人所得税制度。三是改革或调整其他税制。取消工资调节税等。开征土地增值税。将特别消费税和烧油特别税并入消费税，盐税并入资源税。改革资源税和城市维护建设税。

1994 年进行的税制改革，基本实现了财政收入的规范化和法制化，建立起以税收收入为主体、辅之以必要的非税收入的财政收入制度。1994 年后，根据市场经济发展的要求，进一步完善了税收制度。一是以体现公平税负为原则，统一内外资企业税制。2008 年，实现了内外资企业所得税"两法合并"，统一了内外资企业所得税制度；将车船使用牌照税和车船使用税合并为车船税，统一了内外资税制；提高了城镇土地使用税税额标准，并将外资企业纳入城镇土地使用税征税范围；提高了耕地占用税标

准税额，统一了内外资企业税负。二是强化税收对资源节约与保护环境的调节作用，改革资源税和消费税。提高煤炭等资源税税额标准，对有色金属、铁矿石的资源税减征政策进行了调整。2006 年对消费税的税目和税率进行了大规模调整，引导消费行为。三是配合国家宏观调控，改革完善增值税、个人所得税和进出口税收制度。从 2004 年起，在东北地区装备制造业等八个行业实行了生产型增值税向消费型增值税转型试点；2007 年起，将转型试点范围扩大到中部省份 26 个老工业基地城市的八个行业。2005 年、2007 年，先后两次提高个人所得税工资薪金所得减除费用标准；2007 年，将个人所得税储蓄存款利息所得的适用税率从 20% 下调至 5%。2006 年至 2007 年，多次调整出口退税政策和关税政策，抑制"两高一资"产品出口，鼓励高新技术产品出口和资源性商品、工业原材料等进口。四是为减轻农民负担，不断推进完善农村税费改革和农村综合改革。从 2000 年开始在安徽省推行农村税费改革试点，2002 年试点扩大到 20 个省市，2003 年在全国范围内全面推开；2005 年，屠宰税、牧业税和除烟叶外的农业特产税全部免征；2006 年，在全国范围内彻底取消了农业税，我国实行了 2600 年的"皇粮国税"自此退出历史舞台。农村税费改革过程中，还取消了"三提五统"和农村教育集资等向农民收取的行政事业性收费和政府性基金。

3. 以公共财政为导向，大力调整财政支出结构

1994 年以后，随着市场经济体制的初步建立，传统体制模式下，财政支出"缺位"与"越位"并存的问题逐渐显露。一方面，财政供给范围过大、包揽过多，几乎覆盖了社会再生产过程的各个领域和各种事务，特别是向竞争性生产建设领域的过多延伸，远远超出了政府职能范围；另一方面，应由政府承担的一些社会公共需要和国家重点支出项目，如"三农"发展、公共教育、医疗卫生、社会保障、基础设施建设、环境治理与保护等，却难以得到保障。因此，1998 年以来，公共财政不断调整和优化支出结构，减少并逐步退出对一般竞争性、经营性领域的财政投入，重点保证公共产品与公共服务领域的支出需要，推动财政支出重点向

困难地区、行业和群众倾斜。一是扩大公共财政覆盖农村范围，建立财政支持"三农"发展资金的稳定增长机制。近年来，切实加大"三农"投入，确定了"存量适度调整，增量重点倾斜"的原则，保证了财政支农资金稳定增长。2003 年至 2007 年，中央财政用于"三农"的资金投入达到 15581 亿元，超过 1993 年至 2002 年 10 年的总和，年均增长 19.1%，是改革开放以来对"三农"投入增加最多、增长最快的时期。与此同时，各级地方财政对"三农"的资金投入增长幅度超过了 20%。二是加大科技、教育投入，积极支持教育、科研发展。公共财政优先保障发展教育，特别是从 2003 年开始，中央财政除了年初预算安排的教育经费增长达到法定增长的要求外，在年度预算执行中根据超收情况，相应追加了教育经费。2003 年至 2007 年，全国财政用于教育支出累计 2.43 万亿元，比前 5 年增长 1.26 倍。与此同时，公共财政通过政府采购、加速折旧等政策措施，加大对基础研究和高科技研究等方面的支持力度，并大力推进企业提高自主创新能力。2003 年至 2007 年，全国科学技术支出从 822.60 亿元增加到 1774.52 亿元，年均增长率达到 21.2%。三是大力支持医疗卫生事业发展，建立健全公共卫生突发事件财政应急保障机制。近年来，政府医疗卫生投入增长速度明显快于财政收入增长速度，2003 年以来增长更为迅速。2007 年全国财政医疗卫生支出达到 1973.76 亿元，比 2003 年增长了 137.6%，年均增长 24.1%，远远高于同期财政支出年均 19.1% 的增速；2003 年至 2007 年，全国财政医疗卫生支出累计 6294 亿元，比前五年增长 1.27 倍。四是加大对就业与再就业、社会保障体系建设的支持力度。从 1998 年起，中央财政不断加大就业与再就业、社会保障体系建设资金投入力度。2003 年至 2007 年，坚持实施和完善积极的就业政策，中央财政安排就业补助资金 5 年累计 666 亿元；全国财政用于社会保障支出 5 年累计 1.95 万亿元，比前 5 年增长 1.41 倍；中央财政 5 年累计补助养老保险专项资金 3295 亿元，从 2005 年开始连续 3 年提高企业退休人员基本养老金标准。此外，2003 年至 2007 年，中央财政安排抗灾救灾支出 551 亿元，受灾群众生产生活得到妥善安排。五是支持生态建设和环境保护，促进建设资源节约型与环境友好型社会。1998 年以来，公共财政重点支持天然林保护、退耕还林、京津风沙源治理、大江大河大湖水污染治理等工程建设。截至 2006 年，公共财政累计为退耕还林（草）工程投入 1388.78 亿元，为天然林保护工程投入 753.91 亿元，为国家森林生态效益补偿基金投入 100 亿元。2007 年中央财政安排节能减排专项资金 235 亿元。

4. 以强化财政监管为要求，实施预算管理制度改革

近年来，财政部门重点推进以部门预算、国库管理、"收支两条线"管理和政府采购等为主要内容的预算管理制度改革。一是推进预算编制制度改革。为提高预算编制的科学性，从 2000 年起，财政部在中央部门推行部门预算改革，在编制原则上，实行"一个部门一本预算"；在编制内容上，实行综合预算，预算编制范围不仅包括预算内收支，还包括预算外收支和政府性基金，涵盖部门或单位所有收入和支出；在编制方法上，实行细化预算，预算落实到具体单位与具体项目。随部门预算改革的进行，2007 年起全面实施政府收支分类改革，建立了包括"收入分类"、"支出功能分类"、"支出经济分类"在内的完整的政府收支分类体系，实现了与国际口径的有效衔接。二是实施国库管理制度改革。为提高财政运行效率，切实防止财政资金截留挪用现象，从 2001 年起推行国库管理制度改革，以国库单一账户体系为基础，以国库集中收付制度为标志，以电子化动态监控系统为手段，实现对财政收支运行的全面动态监控，明显提高了财政运行效率。截至 2007 年年底，国库集中收付制度改革范围已经扩大到全部中央部门及所属 9300 多个基层预算单位，实施改革的预算资金达 5000 多亿元。36 个省、自治区、直辖市和计划单列市本级，300 多个地（市），1300 多个县（区），超过 23 万个基层预算单位也实施了此项改革。三是强化非税收入管理。为规范行政事业性收费与预算外资金管理，1999 年实施以"收支脱钩、收缴分离"为核心内容的"收支两条线"改革，将执收执罚单位履行职责所取得的收入与所需的经费分开，收入全部上缴财政，支出由财政供给。截至 2007 年，已有 49 个中央部门实行非税收入收缴改革，大多数省份的省本级、近 200 个地市、1000 多个县（区）、超过 18 万个执收单位实行了收缴改革。同时，按照"清、转、改、留"的原则，取消与清理各项收费与基金。2000 年起，以公路收费改革为突破口，实行道路和车辆的税费改革，用车辆购置税取代了车辆购置费；2002年至 2006 年，中央一级清理取消各种收费基金 450 多项，涉及金额达 600亿元。此外，将行政事业性收费与基金纳入预算管理，目前，中央批准的行政事业性收费项目 90% 已纳入预算管理，政府性基金和新审批的收费基金已全部纳入预算管理。四是推行政府采购制度改革。为了充分发挥政府采购制度在财政支出管理和宏观调控中的积极作用，提高财政资金的使用效益，减少采购环节的腐败现象，1996 年开始政府采购制度试点，2003 年《政府采购法》正式颁布，政府采购进入法制化阶段。近年来，政府采购制度不断向纵深推进，采购范围和规模不断扩大。目前，政府采购管采分离、职责清晰、运转协调的管理体制基本形成，采购项目已涵盖了货物、工程、服务三大类。"金财工程"的建设，为公共财政的建设与高效运行提供了现代化的技术平台。

二、以分级分税为取向的财税体制改革成就与经验

1994 年以来的财税体制改革，建立了新的财政体制、管理模式和运行机制，与社会主义市场经济相适应的公共财政体制框架基本建立，也为1998 年启动的公共财政制度建设奠定了坚实的基础，国家财政面貌焕然一新。事实证明，1994 年以来的财税体制改革方向正确、成效巨大。

（一）财税体制改革取得辉煌成就

1. 显著增强了国家财政实力

1994 年以前，国家财政收入增长缓慢，1979 年全国财政收入为1146.38 亿元，1993 年为 4348.95 亿元，年均增长率仅为 10%。到 1993

年，全国财政收入占国内生产总值的比重滑落到12.3%；同时，中央财政收入占全国财政收入的比重下降为22%。分税制财政体制的建立、税制改革的顺利实施，为财政收入的稳定增长提供了制度保障，实现了"两个比重"的提高。1994年以来，我国财政实力不断增强，全国财政收入从1993年的4348.95亿元增加到2007年的51304亿元，年均增长率达到19.3%。其中，中央财政收入从957.51亿元增加到27738.99亿元，年均增长27.2%；地方财政收入从3391.44亿元增加到23565.04亿元，年均增长14.8%。中央和地方在财政改革发展中实现"双赢"的同时，全国财政收入占国内生产总值的比重显著提高，由1993年的12.3%上升到2007年的20.8%；中央财政收入占全国财政收入的比重也显著提高，从1993年的22%上升到2007年的54%。当前，国家财政收入占国内生产总值的比重处于较为适合的水平区间；中央财政收入占全国财政收入的比重尽管低于市场经济国家60%—80%的一般性水平，但比较切合我国地方政府层级多的国情。实践证明，国家财政实力的显著增强和适度集中有利于办大事，也办成了多年来想办而没有能力办的大事；同时，增强了国家抵御自然灾害和经济风险的能力，保证了国民经济和社会发展的安全。

2. 极大地支持了经济社会发展

按照支持国民经济发展、做大经济财政"蛋糕"的要求，公共财政通过深化改革与制度创新，为市场主体创造良好的发展环境；并综合利用政府投资、税收优惠等政策手段，有效支持了国家经济建设与社会发展。一是推动了现代企业制度建设。改革完善税制是正确处理国家与企业关系的制度基础，1994年实施的新税制，规范了国家与企业之间的分配关系，从机制上推动了政企分离，推动建立了国有企业"自主经营、自负盈亏、自我约束、自我发展"的机制，加快了"产权明晰、责权明确、政企分开、管理科学"的现代企业制度建设步伐。截至2007年8月，中央企业及其下属子企业中，公司制企业户数的比重已达到64.2%。二是促进了各种所有制经济共同发展。财税体制改革后，各级政府步入依法组织收入的轨道，同时，综合运用预算、国债、税收、财政补贴等多种政策手段，积极为企业创造宽松的财税环境，从而保证了各种所有制企业的公平有序竞争，强化了市场对资源配置的基础性作用，促进了不同经济成分的共同发展。1994 年到 2006 年，我国非公有制经济工业产值从 16100 亿元增长到 48798 亿元，占工业总产值的比重由 21.94% 提高到 61.19%。各种所有制企业的共同发展，保障了我国国民经济的快速增长，1994 年至 2007 年，我国国内生产总值从 48198 亿元增长到 246619 亿元，年均增长率达到 13.4%。三是支持创新型国家建设。充分利用税收扶持措施，鼓励和引导企业增加科技投入，开发具有自主知识产权的关键技术。创新财政投入方式，实行创业风险投资，更加有效地支持产业研发。加大知识产权保护力度，推进创新型国家建设。四是加强了基础设施建设。充分利用政府投资与政府性基金等加强铁路、公路、港口等基础设施建设，一批重大工程相继建成顺利投产。积极调整支出结构，加强"六小工程"等农村基础设施建设。"村村通工程"、"广播电视覆盖工程"、"邮政普遍服务"工程顺利实施，新农村建设出现了历史最好的时期。

3. 增强了中央政府宏观调控能力

以市场为基础进行资源配置，并辅以有效的政府宏观调控，是市场经济运行的基本规律。国家财政实力的显著增强，为宏观调控提供了财力保障；预算、税收、公债和政府间转移支付等政策工具的日臻完善，更是极大地丰富了宏观调控的手段。1993 年以来，根据国民经济运行态势，中央财政相机抉择，先后实施了财政政策的三次转型：1993 年至 1997 年，面对通货膨胀的局面，采取了适度从紧的财政政策，成功地实现了国民经济的"软着陆"；1997 年亚洲金融危机爆发，面对通货紧缩的局面，从 1998 年至 2004 年，采用了适度扩张取向的积极财政政策，直接、有效地拉动了我国经济的稳定增长；2005 年以来，面对总量基本平衡，但结构不合理的局面，实行了中性取向的稳健财政政策，国民经济保持了"高增长、低通胀"的良好发展态势。

同时，中央不断加大对财力薄弱地区的转移支付规模和力度，统筹区域协调发展。2006 年，除税收返还 3933 亿元外，中央财政安排各类转移支付补助达到 9557 亿元，其中，财力性转移支付达到 5165 亿元，用于中西部地区的比例达到 90% 以上。1994 年至 2006 年，中央对地方转移支付占地方财政支出总额的比重从 13.6% 提高到 31.6%；中、西部地区转移支付占地方财政支出的比重分别从 15.8%、21.6% 提高到 47.2%、52.5%。中央政府通过建立以政府间转移支付为主的地区间收入再分配机制，大幅度地缩小了东、中、西部的财力差距，促进了地区协调发展和基本公共服务均等化。

4. 推动了整个经济体制改革

改革开放的实践证明，经济体制改革充分释放了我国经济发展的活力与动力。1994 年以来，公共财政不断深化财税体制改革，并通过调整和优化支出结构，支持整个经济体制改革的力度前所未有，推动建立了一系列与市场经济相适应的经济制度，突出表现在以下七个方面：一是大力推进国有企业深化改革。推动现代企业制度建设的同时，公共财政不断加大支付体制改革成本力度，每年支出数百亿元，支持国有经济战略性重组，分离企业办社会职能。二是支持粮食和棉花流通体制改革。通过剥离1998 年以来新发生的政策性粮食财务挂账，供销社中央新增政策性财务挂账一次性补贴到位，支持国有粮食购销企业和棉花企业卸掉历史包袱。三是支持推进金融体制改革。运用税收和补贴等政策支持 29 个省份深化农村信用社改革；支持开展政策性农业保险试点；支持商业银行股份制改造。四是深化收入分配改革。整顿和规范收入分配秩序，实施公务员工资制度改革，清理和整顿津补贴，建立体现公平的津补贴发放制度和监督约束机制。五是建立了"四免除、四补贴"的强农惠农制度。按照"多予、少取、放活"的要求，国家先后免除了农业税、牧业税、农业特产税和屠宰税；同时，建立了粮食直补、良种补贴、农机购置补贴和农资综合直补制度。"四免除、四补贴"强农惠农制度是我国农村政策的重大改革，强化了农业基础地位，为整个国民经济的健康发展奠定了基础。六是健全了社会保障制度。在公共财政的支持与推动下，我国社会保障体系建设取得明显进展。目前，我国已经建立起以企业职工基本养老保险、城镇职工基本医疗保险、失业保险、工伤保险和生育保险等社会保险制度，以及城市居民最低生活保障、城市医疗救助等社会救助制度为主要内容的城镇社会保障体系基本框架，以新型农村合作医疗、农村最低生活保障、农村医疗救助、农村五保供养等制度为主要内容的农村社会保障体系建设也取得长足进展。社会保障制度的建立与完善强化了财政"稳定器"的职能，为推进各项改革、保护好低收入群体利益提供了保障。七是建立健全了农村义务教育经费保障机制。按照"明确各级责任、中央地方共担、加大财政投入、提高保障水平、分步组织实施"的基本原则，逐步将农村义务教育全面纳入公共财政保障范围，建立健全了中央和地方分项目、按比例分担的农村义务教育经费保障机制。

5. 明显增加了人民群众福利

财政改革发展取得重大成就的同时，抓住财政收入增长较快、财政实力不断增强的有利时机，着力解决关系广大人民群众切身利益的突出问题，让 13 亿人民群众共享改革开放的成果和公共财政的阳光。一是解决"三农"问题。各项支农惠农政策的落实，有效促进了我国农村经济社会的发展，农村面貌明显改善。全国农民人均纯收入由 2001 年的 2366 元增加到 2006 年的 3587 元，年均增长 244 元；同时，农村贫困人口由 2002 年的 8645 万人减少至 2006 年的 5698 万人。二是解决就业和社会保障问题。在公共财政支持下，我国社会保障体系不断健全与完善。据统计，2007 年全国实现城镇新增就业 1204 万人。城镇职工基本养老保险制度不断完善，2007 年参保人数突破 2 亿人，比 2002 年增加 5400 多万人。2007 年城镇职工基本医疗保险参保人员数达到 1.8 亿人，比 2002 年增加了近 1 倍。2007 年在全国建立最低生活保障制度，3451 万农村居民纳入保障范围。三是解决"上学难、上学贵"问题。通过"两免一补"政策、"两基"攻坚计划、家庭经济困难学生资助政策体系等，实现了普通老百姓的子女"上得起学、读得了书"。到 2007 年，农村义务教育已全面纳入财政保障范围，对全国农村义务教育阶段学生全部免除学杂费、全部免费提供教科书，对家庭经济困难寄宿生提供生活补助，使 1.5 亿学生和 780

万名家庭经济困难寄宿生受益。2007 年中、高等职业教育在校生分别达到 2000 万人和 861 万人。普通高等教育本科生和研究生规模达到 1144 万人。四是解决"看病难、看病贵"问题。公共财政不断加大公共卫生投入，支持建立健全基本医疗保障制度，强化基层卫生服务体系建设。截至 2007 年年底，新型农村合作医疗制度已扩大到全国 86% 的县，参合农民达到 7.3 亿人。88 个城市启动城镇居民基本医疗保障试点。五是解决"住房难"问题。截至 2006 年年底，财政预算安排为主的全国用于城镇廉租住房保障资金达 70.8 亿元，全国城镇低收入家庭通过廉租住房制度改善了住房条件的累计有 54.7 万户，廉租住房制度正在让越来越多的低收入家庭获得实惠。六是解决生态建设和环境保护问题。到 2006 年年底，14.3 亿亩天然林得到有效保护，占据重要生态区位的近 1.4 亿亩耕地重新造林，荒山荒地造林 2 亿多亩，6 亿多亩区位极其重要或生态状况极其脆弱的重点公益林得到了有效管护。

（二）财税体制改革取得的宝贵经验

财税体制改革取得重大成功，是党中央、国务院精心部署、科学领导的结果，也是财税战线广大干部职工奋发进取、创新实践的结果。其成功的基本经验主要表现在：

1. 注重调动中央与地方两个积极性

1994 年以前，为调动地方政府发展经济的积极性，财税体制改革的制度设计一直在中央与地方的利益分配中寻找平衡点。在"分灶吃饭"时期，中央与地方"一对一"的谈判机制难以解决体制的规范化、透明化问题，收支指标的核定缺乏充分的客观性、科学性。1994 年分税制财政体制改革确立了"调动中央与地方两大积极性"的新理念，按照"一级政权、一级事权、一级财权、一级税基、一级预算、一级产权"的原则，着力打造中央、地方各级财政主体，构建了与市场经济体制相适应的分级分税制财政管理体制。分税制改革明晰了中央与地方之间的利益界限，促进了各级政府的理财思路从短期"博弈谈判"转向长期"增收节支"。各级政府注重加强财源建设，改变了过去主要依靠国有企业提供积累的单一型财源结构，积极拓展非国有经济，以及社会、个人财源，培植开辟来自第三产业的新兴财源。在狠抓财政收入的同时，各级政府也不断强化财政支出管理，将"以收定支"和"以支促收"相结合，从而保证了国家财政收入的持续快速增长。

2. 注重明确政府"出资人"与"管理者"两种身份

政府凭借行政权力对不同所有制企业征税，凭借财产权力对国有企业收取上缴利润，是依据"社会公共管理者"和"国有资产出资人"两种身份取得财政收入的两种形式，都有各自存在的客观必然性。1994 年以前，我国实施了"税利合一"和"利改税"的分配制度改革，但每次改革都走向极端。如实行"利改税"，由于否定了国有企业上缴利润的理论依据，形成高税率、多优惠、松管理的不良税制，淡化了国有企业成为相对独立经济实体的外部边界，还恶化了不同所有制企业公平有序竞争的政策环境。1994 年以来，税制改革以"税利分流"的指导思想打破了"税利合一"的禁锢，清晰界定了政府"国有资产出资人"和"社会公共管理者"两种身份、财产所有权和行政管理权两种权力、国有企业上缴利润和税收两种收入。新税制的建立与不断完善，真正规范了国家与企业间的利益分配关系，理清了市场经济中政府与市场的职能作用和活动范围，突出了国有企业和非国有企业在经济活动中的主体地位，为各种所有制企业走向共同繁荣奠定了制度基础。在稳定财政收入的同时，国家对国有企业实施了与"以税代利"有着本质区别的利润免缴政策，既尊重了政府"出资人"与"管理者"两种身份的基本原理，又适应了特定时期国有企业改革发展的需要，从而有力地推动了现代企业制度建设和国有经济战略性重组。

3. 注重运用加大投入与制度创新两种手段

财政是实现政府职能的重要物质手段。为促进特定社会事业发展，实现国家宏观调控目标，既要加大投入，提供财力保障，更要加强制度建设，发挥体制机制的力量。近年，公共财政在优化支出结构，加大重点投入的同时，注重体制、机制创新，加强基础制度建设，更是取得了良好的政策效果。一是注重长效机制建设。如在加大生态环保投入的同时，大力推进环境资源有偿使用制度改革，由企业承担起合理的环境资源成本，促使外部成本内部化，增强企业的压力与动力，从而建立节能减排长效机制。二是注重发挥市场的力量。通过合理化的制度安排，调动市场主体积极性。如通过建立成本分摊与风险分担机制，为市场主体创造稳定的市场预期，支持发展石油替代等新能源；通过税收优惠政策，调动企业自主创新的积极性与主动性；通过制定促进就业与再就业的优惠政策，鼓励居民创业与就业，从根本上解决民生问题等。三是注重提高财政政策效率。通过改进运行机制，提高财政政策效率。如盘活粮食风险基金与国债项目资金两个存量，将对粮食流通环节补贴改为对种粮农民的直接补贴，极大地提高了补贴效率；通过调整中央政府投资结构与运行模式，加强了经济社会发展的薄弱环节。

4. 注重兼顾财税体制改革与经济体制改革两项目标

财政是政府履行职能的物质基础、制度保障、政策工具和监管手段，财税体制是国家的基本制度。1994 年以来，公共财政加大改革力度，成为整个经济体制改革的重要组成部分；同时，又着眼宏观，服务大局，积极支付改革成本，推动了其他各项体制改革。一方面，公共财政体制的建立，促进完善了社会主义市场经济体制。适应于社会主义市场经济体制的建立与完善，财税体制从生产建设型财政向公共财政转型，财政职能向优化资源配置、稳定经济发展、调节收入分配转变。公共财政体制的建立，促进了社会主义市场经济体制的完善。如分税制财政管理体制改革，规范了政府间分配关系；农村税费改革与农村综合改革成为我国农村改革的重要内容；环境资源有偿使用制度改革更是完善了我国环境资源制度。另一方面，财税体制改革有效推动了各项经济体制改革。深化经济体制改革需要支付相应的改革成本，公共财政通过调整支出结构，加大支持力度，保障了各项改革的顺利推进。社会保障体系的建立与完善，减轻了国有企业职工下岗分流的压力，实现了国有企业脱困的目标。公共财政体制的建立与完善为推进科技教育体制改革、医疗卫生体制改革提供了有力保障。因此，正是较好地兼顾了财税体制改革与经济体制改革两项目标，财税体制改革成为整个经济体制改革不可或缺的重要组成部分，更为我国社会主义市场经济体制的建立与完善做出了突出贡献。

5. 注重突出公共财政与以人为本两大主题

公共财政是政府满足公共需要、提供公共产品、服务公共利益的经济活动和分配活动，其核心是帮助解决广大人民群众和社会各界共同关心的民生问题。近年财政增收较快，在支出结构上始终坚持调整优化结构，重点向民生问题倾斜，向百姓生活倾斜。在党中央、国务院领导下，中央财政集中财力办成了不少关系国计民生的大事。如，在农村实施"四减免、四补贴"政策、建立农村义务教育经费保障机制，大幅度地增加医疗卫生投入，支持建立新型农村合作医疗制度，支持生态建设与环境保护等，得到了广大人民群众的衷心拥护。因此，坚持公共财政的原则，突出以人为本和百姓生活的内容，成为优化支出结构的主线，也成为财税体制改革的基本经验。

三、以科学发展观为统领，深化财税体制改革，
加快完善公共财政体系

财税体制改革历经 30 年，取得了辉煌成就。中国特色社会主义建设事业进入新的历史阶段，对公共财政建设又提出了新的任务与更高的要求。按照贯彻落实科学发展观与构建和谐社会的战略目标要求，要进一步深化财税体制改革，促进形成有利于科学发展的财政体制、运行机制与管理制度，更好地推动经济社会的科学发展。

（一）在新的发展阶段，我国公共财政建设面临的重大任务

适应经济社会发展形势的需求，深化财税体制改革要着力解决不适应科学发展要求的问题，加快完善公共财政体系。要推动建立"财源巩固、分配科学、管理规范、充满活力"的财政管理体制，充分释放分税制财政管理体制能量；要建立有利于科学发展的财税制度，推动经济结构调整和经济发展方式转变；要完善结构优化、重点突出的财政支出制度，更好地满足社会公共需求与提供公共产品，保障与改善民生问题；要完善财政预算管理制度，着力推进依法理财，将公平、公正、公开、规范、透明等公共管理的原则与理念，贯穿到财政运行的全过程，建立健全精细化与科学化预算管理制度。具体来讲，适应经济社会发展转型与贯彻落实科学发展观的战略要求，公共财政建设面临以下几项任务：

1. 夯实"稳固平衡"基础，为落实科学发展观提供物质保障

近年来，我国财政收入保持快速稳定增长的态势，主要是国民经济快速发展的反映，分税制财政体制的建立也为财政增收提供了制度上的保证，财政收入占 GDP 的比重与中央财政收入占全国财政收入的比重明显提高，国家财政实力显著增强。加快构建和谐社会与全面建设小康社会对财政保障能力又提出了新的要求。我国仍是世界上最大的发展中国家与最大的"二元经济"体，为解决好"三农"问题，推进社会主义新农村建设，需要投入大量财政资金。在构建和谐社会过程中，财政提供公共产品与公共服务的压力很大，尤其是完善社会保障体系，充实社保基金，做实个人养老金账户的任务很重。另外，转变经济发展方式、建设创新型国家对财政资金也提出了新的要求。因此，需要构建稳固、平稳、强大的国家财政，为落实科学发展与构建和谐社会提供物质基础。今后公共财政一方面要进一步完善税制，充分发挥税收筹集组织收入的主渠道作用与调控经济的功能作用；另一方面要增强公共财政对政府性收入的统筹能力，进一步加强非税收入管理，加快建立健全国有资产经营预算制度，统筹各类政府性收入用于支持构建和谐社会。

2. 构建 "协调均衡" 机制，促进区域协调发展与实现基本公共服务均等化

改革开放以来，我国采取的非均衡发展战略，对发挥区域优势与带动作用、促进经济高速增长起到了重要作用，但也带来了城乡、区域之间的失衡。研究表明，我国 31 个省、自治区、直辖市最穷与最富之比差距为 13:1，贯彻落实科学发展观要求均衡协调发展，实现 "以工带农，以城促乡"，并按照建设主体功能区的要求，完善公共财政体系。分税制财政管理体制调动了各方面的积极性，提高了中央政府宏观调控能力。但总体来讲，1994 年进行的分税制改革对基本公共服务均等化缺乏系统性的制度安排。在事权划分方面，大量涉及改善民生的公共服务事权责任不清，地方往往注重增加经济建设支出，而教育、卫生、医疗和社保等基本公共服务支出不足，增加了中央财政支出压力。在转移支付制度方面，虽然过渡期转移支付制度不断完善，但一般性转移支付规模占比较低，基本公共服务均等化的保障和调节能力偏弱。因此，按照科学发展观的要求，应进一步完善分税制财税体制，为促进区域协调发展与实现公共服务均等化提供体制保障。

3. 突出 "民生民本" 政策，为人民群众共享改革发展成果提供制度保障

近年来我国虽然在解决民生问题方面迈出重要步伐，实现了历史性跨越，但社保、医疗、教育等社会事业发展与广大人民群众的要求还有较大的差距。社会保障仍然存在着覆盖面小、统筹层次低、制度不完善、城乡社会保障制度发展失衡等问题；医疗卫生方面，"看病难"、"看病贵" 问题仍普遍存在。从财政支出结构分析，财政资金用于社会公共服务支出的比重相对较低，2007 年我国教育、医疗卫生、就业与社会保障支出占 GDP 的比重约为 2.86%、0.80% 和 2.19%，均低于国际平均水平。按照科学发展观 "以人为本" 的要求，今后应进一步调整优化结构，真正打造 "民生民本" 财政。要调整国民收入分配格局，深化收入分配制度改革，提高居民收入在国民收入分配中的比重。要进一步加强对医疗、卫

生、教育等公共产品保障力度，加大公共财政解决民生问题的力度，促进公平正义与社会和谐。

4. 创建"绿色生态"制度，为促进经济结构调整与发展方式转变提供制度保障

我国长期形成的结构性矛盾与增长方式粗放的问题仍比较突出，经济增长的资源环境代价比较高，近年发生的环保事件表明，我国经济增长已越来越接近资源环境约束的边界。建设生态文明、促进资源节约和环境友好是落实科学发展观、全面建设小康社会的重要内容。财税政策在解决生态环境外部性问题、提供环保等公共产品和准公共产品方面负有重要的责任。支持节能减排，促进转变经济发展方式与调整经济结构是新时期我国公共财政建设的重要职责。一方面，需要加大投入，切实履行政府在生态环境保护方面的职责；另一方面，要提供合理化的制度安排，加强环境资源制度建设，建立健全资源有偿使用制度与生态环境补偿机制，实行有利于科学发展的财税制度。

5. 强化"法治规范"管理，为提高公共管理效率创造制度环境

财政管理是社会公共事务管理的重要内容，财政管理的好坏直接关系社会公共事务管理效率的高低。近年来，财政部门大力推进部门预算制度改革，实行国库集中收付制度，积极运用现代管理方式与手段，财政管理与监督得到了明显改善与加强。但财政管理粗放的问题仍不同程度地存在。进一步加强财政管理是更好地发挥财政职能作用、提高财政资金使用效率的需要；也是规范社会主义市场经济秩序、提高政府管理社会公共事务效率的迫切要求。今后要积极推进依法理财，按照法律法规要求，健全管理制度，完善岗责体系。要完善国家预算体系，规范政府资金管理，切实加强政府对公共资源的统筹管理能力。要精确、细致、深入地实施管理，并将公开、透明体现在各项工作中，不断提升财政管理水平。

（二）进一步深化财税体制改革的基本取向

党的十七大报告深刻指出："改革开放作为一场新的伟大革命，不可能一帆风顺，也不可能一蹴而就。……停顿和倒退没有出路。"在新的发展阶段，要切实增强历史使命感，以科学发展观为统领，围绕基本公共服务均等化和主体功能区建设，加快深化财税改革，完善公共财政体系，力争在一些重要领域和关键环节取得明显进展，构建有利于科学发展的财税制度。

1. 加强与完善财政宏观调控体系，推进经济结构调整和发展方式转变

发展是科学发展观的第一要义，为促进经济又好又快发展，适应经济社会发展的新形势，需要进一步加强与改善宏观调控。要发挥财税政策的杠杆作用，按照"控总量、调结构、促协调"的目标要求，完善财政调控机制，综合运用各种财税政策工具，积极发挥财政政策在稳定经济增长，特别是优化结构、协调发展方面的积极作用，不断增强宏观调控的前瞻性、针对性和有效性。

（1）实施相机抉择的财政政策。根据经济运行的态势，及时调整财政政策取向与力度，通过合理把握财政收支规模和中央财政赤字，向社会传递宏观调控导向信号。当前及今后一段时间，应继续实行稳健的财政政策，减少财政赤字和国债项目资金，适当增加一般预算内投资。进一步优化中央政府投资结构，向新农村建设、教育、医疗等经济社会事业发展的薄弱环节倾斜。当前，要充分发挥财税政策在稳定物价方面的作用，并密切关注价格上涨对民生的影响，及时完善和落实各项财政补贴政策，保障困难群体基本生活，不因物价上涨而使生活水平下降。

（2）着力提高城乡居民收入水平，实施扩大内需的财税政策。通过完善财税政策，进一步增强消费对经济增长的拉动作用，推动经济增长由主要依靠投资、出口拉动，向依靠消费、投资、出口协调拉动。深化收入初次分配制度改革，要支持逐步提高并落实企业最低工资标准，规范国有企业经营者年薪制度，从而逐步提高居民收入在国民收入分配中的比重，提高劳动报酬在初次分配中的比重。加大财政对收入再分配的调节力度，支持加快社会保障事业发展，加大对困难群体的财政转移支付力度，减轻

其教育、医疗、养老、住房方面的负担，稳定居民消费预期。

（3）实施促进外贸增长方式转变的财税政策。通过调整出口退税、关税等政策措施，控制贸易顺差的过快增长。抑制高耗能、高污染、资源性产品出口，支持高附加值产品出口，鼓励资源性、关键零部件等产品进口。支持企业创新、对外投资与合作方式，促进企业开展国际化经营。

2. 深化财政体制改革，健全中央和地方财力与事权相匹配的体制

完善的财政体制是推进基本公共服务均等化和主体功能区建设、促进地区协调发展的体制保障。要积极深化财政体制改革，健全中央和地方财力与事权相匹配的体制。

（1）以公共产品层次性为基础，进一步明确中央与地方政府的事权划分。按照法律规定、受益范围、成本效率等原则，明晰划分中央与地方事权，争取在关系民生的若干重大领域支出责任划分上取得进展。以效率优先、节约行政成本为出发点，全国性公共产品和服务，以及具有调节收入分配和经济稳定性质的支出责任应由中央承担，中央政府主要负责提供国防、外交、司法、本级行政等纯公共产品，以及基础科研、重大基础设施等准公共产品；同时，立足国情，对社会保障和农村义务教育等给予引导和补助，待义务教育经费保障机制健全后再下放地方。地方性公共产品和服务的支出责任应由地方承担，地方政府应以满足区域内社会公共服务为主要目标，做好本地区行政、教育、基本医疗卫生服务、基本社会保障、公共事业发展的支出管理。对中央与地方共同承担的事务，要明确各自负担的比例。对具有跨地区性质的公共产品和服务的提供，要分清主次责任，由中央政府与地方政府共同承担，或由中央政府委托地方政府承担，建立委托付费机制。

（2）以财力与事权相匹配为原则，增强地方财政保障能力。在保持中央财政收入占全国财政收入比重相对稳定的前提下，合理调整中央与地方政府间分配关系，要尽可能通过增加本级收入，满足地方主要是中西部地区的标准支出和基本公共服务需要，增强中西部地区安排使用收入的自主性，编制预算的完整性和加强资金管理的积极性。要按照各税种的宏观调控功能、税源的流动性和分布情况，以及征管效率等因素，改革完善地方税体系，增加地方财政收入。继续推进资源税改革，在促进资源节约与环境保护的同时，增加地方主要是中西部地区的财政收入。在统一内外资企业所得制度的基础上，进一步统一包括内外资企业房地产税、城建税和教育附加税等税收制度。积极稳妥推进物业税改革，调节居民收入分配差距，适当增加地方收入。

（3）以减少预算级次为突破，进一步深化省以下财政管理体制改革。我国政府层级较多，建立规范的省以下分税制财政体制不可能通过简单的收支划分解决，必须依靠预算管理体制创新。当前，要加快县乡财政管理体制改革，积极推进"省直管县"和"乡财县管"，在保持行政级别的前提下，尽可能将预算级次从五级简化为三级。在条件成熟后，可考虑借鉴国外市场经济国家的经验，严格按照市场经济原则，设置政府机构和职能，并精简行政机构和人员编制。

（4）以实现基本公共服务均等化为取向，进一步完善政府间转移支付制度。政府间转移支付制度是一种有效的财政均衡制度。当前，要着力优化转移支付结构，提高一般性转移支付资金规模和比例。规范现有专项转移支付，严格控制设立新的专项转移支付项目，区分不同情况取消、压缩、整合现有专项转移支付项目。调整完善转移支付测算办法，结合主体功能区规划建设，加大对禁止开发与限制开发区域转移支付力度，建立资源枯竭城市转产转制的专项转移支付制度。完善现行的转移支付因素法，尽可能采用能够反映各地客观实际的因素，如气候、资源、地理、环境等。此外，在进一步明确地方各级政府事权的基础上，完善省级以下转移支付制度，促使省级财政加大对财政困难县乡的支持力度，强化省级财政调节区域内财力差异的责任。

3. 深化税制改革，建立健全有利于科学发展的资源有偿使用制度和生态环境补偿机制

推进税制改革，完善财政收入制度，不仅要强化其筹集财政收入的职

能，建立起财政收入的稳定增长机制；更要注重发挥财税政策杠杆的调控作用，形成有利于科学发展的财税制度。今后一个时期，按照"简税制、宽税基、低税率、严征管"的原则，根据经济社会发展状况，综合考虑各方面承受能力，积极稳妥地推进税制改革，建立健全资源有偿使用制度改革和生态环境补偿机制。

（1）推进税制改革，加快形成有利于科学发展的税收制度。一是加快流转税改革。继续在东北老工业基地和中部地区 26 个老工业基地城市实施增值税转型改革试点，研究制定在全国推进的方案，加快在全国范围内实施消费型增值税。降低小排量汽车消费税、提高大排量汽车消费税负担。进一步完善"高耗能、高排放、资源性"产品的出口退（免）税政策。二是完善所得税。全面实施新的企业所得税法及其配套措施，妥善处理总分机构税收分配及地区间税源转移问题，实施对节能环保的优惠政策。推进个人所得税改革，逐步实行综合与分类相结合的个人所得税制，减轻低收入者税收负担，加强对高收入者税收征管，强化个人所得税调节收入分配作用。三是健全财产税体系。研究开征物业税，完善财产税收体系。研究改革耕地占用税。四是加强环境资源税制建设。适时开征燃油税。研究开征环境保护税。改革资源税制度，实行从价计征，调整征收范围，合理安排使用资源税、矿产资源补偿费等资源性收入，重点用于与资源开发相关的公共服务。五是完善特定目的税。根据社会保障制度改革的总体要求，适时开征社会保障税，完善社会保障的筹资形式。

（2）按照"强化税收、清理收费"的原则，深化税费制度改革。充分发挥税收筹集财政收入的主渠道作用，优化财政收入结构。全面清理不合法、不合理的收费、基金。整合性质相近、重复设置的基金，将部分收费转为经营性收费并依法征税。研究制定国有资源收入、社会公共资源收入、政府专有权出让收入等相关管理办法，把全部政府收入纳入预算管理，为分税制财政管理体制的高效运行提供制度环境与条件。

（3）加快建立健全资源有偿使用制度和生态环境补偿机制。从体制、机制入手，构建具有中国特色的节约资源和保护环境财政政策体系。

一是逐步在煤炭资源与其他矿产资源全面推进矿产资源有偿使用制度改革。将矿业权取得有偿和无偿并存的"双轨制"改为有偿取得的单轨制；建立矿区环境和生态恢复机制，从而建立煤炭资源勘查、开发合理成本负担制度，促进矿产资源合理有序开发。

二是推进排污权有偿取得及交易制度改革。实施环境容量和污染物排放总量控制，实现排污权无偿取得转变为市场方式有偿使用，推进形成既符合市场经济原则，又充分反映污染防治形势的环境保护长效机制，发挥市场机制配置环境资源的基础性调节作用。

三是加快建立健全生态环境补偿机制，在完善现行各类涉及生态补偿性质财政政策基础上，加快建立跨省水流领域生态补偿机制，实行下游对上游水资源、水环境保护的补偿和上游对下游超标排污或环境责任事故赔偿的双向责任机制，与以省际横向补偿和赔偿为主，中央财政引导或奖励为辅的利益补偿机制。通过建立健全生态环境补偿机制，有利于明确上下游生态保护的直接责任和义务，促进生态环境保护和经济建设协调发展。

4. 优化财政支出结构，完善体现科学发展要求的公共财政支出体系

要进一步优化财政支出结构，着力保障和改善民生，更好地提供公共服务与公共产品；要大力推进财政投入方式改革，提高财政资金使用效益。

（1）合理界定财政保障范围，做到有保有压、有促有控。要充分发挥市场配置资源的基础性作用，从我国经济社会发展的实际出发，合理界定政府与市场的作用边界，明确公共服务的范围。应由公共财政保障的，应保障到位；应由市场配置的领域，财政资金要予以退出。要持续加大民生领域的投入，着力解决人民群众最关心、最直接、最现实的利益问题，让人民群众共享改革发展的成果。要根据我国经济社会发展的阶段需要，充分发挥财政职能，着力创造好的发展环境，推动经济发展方式转变，增强自主创新能力。要加快退出一般性竞争领域，严格控制并努力节约一般性支出。

（2）坚持以人为本，建立健全保障和改善民生的长效机制。按照"学有所教、劳有所得、病有所医、老有所养、住有所居"的目标，加强财税制度建设，加大资金投入，优先保障和改善民生。

一是继续加大科技教育投入。全面实施城乡免费义务教育；继续在教育部直属师范大学实行师范生免费教育试点，有条件的地方也可以实行师范生免费教育试点；全面落实普通本科高校、高等职业学校和中等职业学校家庭经济困难学生资助政策。建立财政科技投入的稳定增长机制，支持国家重点实验室建设，推动产学研有机结合，保障重大科技专项顺利实施。

二是支持完善社会保障体系。按照"广覆盖、保基本、多层次、可持续"的方针，稳步推进社会保障体系建设。全面建立和完善农村最低生活保障制度；健全城市居民最低生活保障制度。完善企业职工基本养老保险制度，做好扩大做实企业职工基本养老保险个人账户试点工作。继续提高企业退休人员基本养老金水平；积极推进事业单位养老保险制度改革。进一步完善失业保险制度。继续支持做好国有企业政策性关闭破产，东北地区厂办大集体改革试点，解决库区移民的生产生活问题等工作。落实好减免税费、小额担保贷款财政贴息、职业培训补贴等促进就业的财税政策。全面实行新型农村合作医疗制度，扩大城镇居民基本医疗保险试点和覆盖范围，支持健全城乡医疗救助制度。完善政府卫生投入机制，加大公共卫生投入力度，加强公共卫生服务体系建设；推动深化医药卫生体制改革试点工作，支持建立公共卫生、医疗服务、医疗保障、药品供应保障四个体系。

三是加强廉租住房保障。根据各地政府制定的廉租住房保障年度计划，严格按照国务院规定的资金来源渠道积极筹措廉租住房保障资金，落实对廉租住房建设等方面的税费优惠政策，加快解决城市低收入家庭住房困难。同时，进一步完善和改进住房公积金管理政策，确保资金高效安全运行。

（3）大力支持社会主义新农村建设。要继续加大公共财政对新农村建设的投入，让公共财政的阳光更好地照耀农村大地。要按照统筹城乡发展，以城市反哺农村、工业反哺农业的方针，调整国民收入分配格局，向"三农"倾斜。要认真落实财政支农投入的增量稳定提高、政府固定资产投资主要用于农村、政府土地出让收入用于农村建设的增量稳定提高的要求，确保财政支农资金稳定增长，支持加强农业基础建设。继续增加粮食直补、农资综合直补、良种补贴和农机具购置补贴，并研究建立对种粮农民的综合补贴制度，强化政策合力，增强粮食生产能力，落实粮食安全战略。加快推进中国农民补贴网建设，提高支农、惠农政策效率。继续推进支农资金整合，并利用民办公助、以物代资、奖补结合等手段，调动农民和社会各方面增加投入。积极支持建立健全农村金融服务体系，建立有效的融资渠道，解决农村发展的活力问题。

（4）切实加大节能减排和环境保护的支持力度。要将节能减排、资源节约与环境保护作为今后财政投入的重点。主要采取"以奖代补"等方式支持十大重点节能工程、中西部地区污水管网、污染减排监管体系等建设，加快建立促进节能减排新机制。建立落后产能退出机制，中央财政对经济欠发达地区给予适当补助和奖励。加大"三河三湖"以及松花江等重点流域治理投入。支持加强能源报告、审计，能效标识等基础工作机制建设，支持主要污染物排放监测体系建设。完善财税政策体系，大力支持发展新能源与可再生能源，促进能源升级换代。

（5）积极创新财政投入方式，提高财政资金使用效益。创新投入方式，提高财政资金使用效益，是财政支出制度改革的重要内容。一是实行"先建后补、以奖代补"等方式，推进政府投资管理方式的改革。改革以往的行政审批制度，实行"以奖代补"、"代建制"等符合市场机制要求的资金管理模式。在新农村基础设施建设中，政府不再审批项目到县到乡到村，而是按建设规划将资金切块下达，由省政府统一组织实施。二是积极推进创业风险投资等新的投入方式，更好地支持产业研发。政府规定财政资金投入方向，由专业机构负责选择项目，并建立公共财政资金的退出机制，更大程度地发挥财政资金使用效益。三是积极探索实行资产证券化等方式，多渠道筹措建设资金。通过盘活高等级公路存量资产、大力推进 PPP① 等方式，动员更多的社会资金进入农路公路、新农村建设等经济社会发展的薄弱环节。四是以目标与结果为导向，完善财政资金投入机制。大力推进绩效考评，完善考评体系，更加关注资金的使用效果，提高财政资金使用效益。

5. 深化预算管理制度改革，实行科学化、精细化管理

为进一步提高财政资金分配使用的规范性、安全性和有效性，按照公共财政建设要求，全面深化财政预算管理制度改革。一是完善部门预算管理制度。建立编制科学、执行严格、监督有力、绩效考评，各环节有机衔接的预算管理机制。完善政府收支分类。科学编制预算，加快支出标准建设，建立滚动的项目库，优化编制流程，细化预算编制。建立和完善资产配置标准，将新增资产配置纳入部门预算，形成资产管理与预算管理有效结合的工作机制。加强预算执行管理，提高预算执行的效率和均衡性。建立健全预算执行与预算编制互动机制。研究建立覆盖各个政府级次的地方预算动态监控体系，完善财政国库动态监控机制。将预算执行的主体责任落实到各部门，将监管预算执行的责任落实到财政预算管理机构。二是建立国有资本经营预算制度。研究建立由公共财政预算、国有资本经营预算和社会保障预算组成的国家财政预算体系，以及规范的社会保险基金预算制度。按照市场经济原则，体现所有者权益，组织中央本级试行国有资本经营预算制度，制定和完善有关办法，全面推行国有资本金收益制度。三是深化国库管理制度改革。逐步将政府性基金和行政性事业收费全部纳入国库集中收付范围，完善国库单一账户体系和财政收支缴拨程序，规范中央对地方专项拨款支付方式。中央、省、地市级要将国库集中支付改革实施到本级所有基层预算单位，县级也要积极推进，并向乡镇延伸。此外，完善财政国库管理信息系统和监控管理，积极推进国债市场化改革，健全

---

① PPP：Public Private Partnership——公私合伙经营，是以政府投入引导社会资金投向的有效方式。

国债余额管理制度，提高财政运行效率。四是继续推进政府采购制度改革。深化政府采购制度改革，进一步规范政府采购行为，继续扩大政府采购范围，使政府采购符合财政政策取向，有利于科学发展。五是加强财政法制建设和财政监督。加强财政立法工作，进一步完善财政法律体系，提升立法层次，规范财政执法行为。更新监督理念，突出监督重点，改进监督方式，建立健全覆盖财政运行全过程的监督机制，强化事前和事中监督，促进监督与管理的有机融合。要进一步突出监督检查的工作重点，加强对教育、医疗卫生、社会保障等民生资金，以及企业、行政事业单位会计信息质量和会计师事务所执业质量的监督检查。进一步明确专员办职能，充分发挥专员办的监督管理作用。

第五章

金融体制改革的
回顾与展望

金融体制改革是中国改革开放篇章的一大亮点。作为现代经济的重要组成部分，金融业得益于改革开放，其理论研究与实践不断深化、不断飞跃。经过持续30年的改革开放和发展，中国金融业发生了历史性的变化，金融整体实力不断增强，金融调控和监管能力不断提高，适应社会主义市场经济发展需要的金融体制已初步形成。

一、金融改革发展的理论创新和重要决策

（一）金融核心理论在我国逐步确立，金融在经济社会发展中发挥着越来越重要的作用

金融核心理论是在邓小平同志指导下，顺应中国国情和改革发展进程，逐步形成并完善起来的。1978年以前，我国处于计划经济时期，对金融工作的指导思想基本是计划性的，把银行简单当做财政部门的会计、出纳，是算账、管钱的，金融调控和金融服务等重要职能基本缺失。1978年党的十一届三中全会后，金融改革的实质性步伐才真正迈出。早在金融

改革初期，邓小平同志从理论和战略高度指出了金融改革发展的方向，1979 年 10 月他提出要"把银行作为发展经济、革新技术的杠杆"，"要把银行办成真正的银行"。随着改革的推进，邓小平同志 1991 年视察上海时进一步明确指出："金融很重要，是现代经济的核心。金融搞好了，一着棋活，全盘皆活"。在这一科学精辟论断的指导下，全社会对金融是现代经济核心的认识越来越深刻。

江泽民同志进一步阐述了金融的核心作用。他指出，金融业"掌握着巨大的经济资源，在支持经济发展、调整经济结构、维护社会稳定等方面，发挥着越来越重要的作用。如何运用金融这个经济杠杆，是一门很大的学问。运用得好，就会对实现宏观经济调控目标，抑制通货膨胀，优化资源配置，起到积极作用，有效地促进经济和社会发展。如果运用不当，就可能产生金融风险和经济风险，甚至危及经济全局"。

胡锦涛同志对新形势下金融工作的重要性也做了深刻论述。他指出："做好金融工作，保障金融安全，是推动经济社会又好又快发展的基本条件，是维护经济安全、促进社会和谐的重要保障，越来越成为关系全局的重大问题"。对下一步改革发展，他提出"要全面推进金融改革发展，着力加强现代金融体系和制度建设，创新金融组织体系和发展模式，创新金融产品和服务，创新金融调控和监管方式；充分发挥金融服务功能，更加注重发挥金融配置资源、调节经济、服务发展的功能，更加有效地运用金融手段搞好宏观调控，推动解决经济运行中的突出矛盾和问题，保持经济平稳快速发展"。

这些重要论述，为金融改革发展指明了正确的方向和道路，形成和确立了金融改革发展的指导思想和理论。

（二）在金融核心理论指导下，正确制定金融改革重要决策

改革开放以来，特别是 20 世纪 90 年代以来，关于我国金融改革的重大决策集中体现在"两个决定"、"三次重要会议精神"上。这些是我国金融改革发展的重要里程碑。

"两个决定"就是《关于中国人民银行专门行使中央银行职能的决定》和《国务院关于金融体制改革的决定》。1983 年 9 月国务院发布《关于中国人民银行专门行使中央银行职能的决定》，明确中国人民银行是国务院领导和管理全国金融事业的国家机关，不对企业和个人办理信贷业务，集中力量研究和做好全国金融的宏观决策，加强信贷资金管理，保持货币稳定；专业银行和其他金融机构必须执行人民银行的决定。按照这个《决定》的要求和中央有关部署，各项改革工作全面展开，先后恢复和分设了工、农、中、建四大专业银行和保险公司、信托投资公司等多种金融机构，改革了统收统支、全国一起吃"大锅饭"的信贷资金管理体制和外汇管理体制，各类金融业务相继推出。1993 年 12 月《国务院关于金融体制改革的决定》发布，要求建立在国务院领导下独立执行货币政策的中央银行宏观调控体系；建立政策性银行与商业银行分离、国有商业银行为主体、多种金融机构并存的金融组织体系；建立统一开放、有序竞争、严格管理的金融市场体系；把中国人民银行办成真正的中央银行，把专业银行办成真正的商业银行。从这时起到 1997 年，改革重点转入国有专业银行商业化，金融调控进一步加强，中央银行开始利用货币政策工具调控货币供应量、稳定人民币币值，金融市场不断扩大和多样化。

"三次重要会议精神"就是三次全国金融工作会议精神。1997 年第一次全国金融工作会议，研究部署深化金融改革、整顿金融秩序、防范金融风险工作。江泽民、李鹏、朱镕基同志分别做了重要讲话。这次会议也为成功抵御亚洲金融危机奠定了基础。2002 年第二次全国金融工作会议，江泽民、朱镕基同志分别做了重要讲话，对进一步加强金融监管、深化金融企业改革、促进金融业健康发展等方面做出新的部署，标志着金融改革进入攻坚阶段。2007 年第三次全国金融工作会议，对新形势下的金融创新、银行业、农村金融、证券、保险、金融调控、金融开放、金融监管等方面的改革发展进行了全面部署。温家宝同志做了重要讲话。会后下发了《中共中央、国务院关于全面深化金融改革，促进金融业持续健康安全发展的若干意见》，细化了重要领域的改革方案。一些酝酿多年、难度很大的金融改革得以成功出台、顺利进行。

在金融改革发展理论的指导下，中央确定的重要决策得到有效贯彻和落实，金融改革、开放、发展、调控、监管不断取得重大进展，金融体系及其运行机制发生重大变化。突出的标志：一是中央银行基本职能和重要作用逐步确立。"大一统"单一银行制彻底改变，中国人民银行从财政部独立出来，并且与商业银行职能分离，专门行使中央银行职能。二是银行、证券、保险分业经营相互联系的金融体系逐步形成。多层次多样化的银行体系逐步建立和完善，商业银行从人民银行独立出来、实现从专业银行向商业银行转化，政策性银行与商业银行分开。证券市场从无到有，在改革中不断发展壮大，上海、深圳证券交易所先后开业，上市公司股权分置改革解决了历史遗留的制度性缺陷。保险业作为独立的专业行业迅速发展，保险从银行中分设出来，各类保险机构相继设立，一批保险公司先后上市。三是国有商业银行现代银行制度加快建立。国有商业银行历经多次改革，其中股份制改革是最重要、最根本性的改革，中国工商银行、中国银行、中国建设银行和交通银行相继完成股份制改造并上市，通过改革转变成具有一定国际认知度的大型商业银行，资产质量和盈利能力显著提高。四是金融调控监管体制不断健全，金融法律法规体系不断完善。继中国人民银行独立之后，中国证券监督管理委员会、中国保险监督管理委员会、中国银行业监督管理委员会先后设立，以"一行三会"为核心的分业监管、相互协调的机制逐步建立。

金融重大改革开放措施的实施和推进，极大地促进了金融业的发展。我国金融资产总量从 1978 年的单一银行存款 1100 多亿元人民币，增加到 2007 年年底存款、股票和债券三类金融资产 84.8 万亿元，增长了 700 多倍；银行业、证券业、保险业金融机构总资产分别达到约 52.6 万亿元、5 万亿元、2.9 万亿元；金融从业人员从 76 万人增长到 370 万人；金融资产占 GDP 的比重从 30% 左右增加到 3.4 倍。

经过 30 年实践探索，适合我国国情的金融改革发展理论体系基本确立，事实充分证明，中央关于金融改革的指导思想和重要决策是完全正确的。各地区各部门特别是金融系统认真贯彻中央方针政策和部署，做了大量卓有成效的工作。我国金融业持续健康发展，金融关键领域不断取得历史性突破，金融在调节经济运行、服务经济社会方面的功能不断增强，为下一步金融改革发展打下了重要而坚实的基础。

二、银行业改革发展

我国是间接融资为主的国家，银行业在金融业中占有重要地位。随着金融多元化发展，银行资产在金融资产中的比重虽呈下降趋势，但仍然是融资结构中的主导部分。经过近 30 年改革发展，银行业的规模和质量不断提高，整个面貌发生了很大变化。

（一）国有商业银行重建与改革

1979 年 3 月中国农业银行恢复成立，随后，中国银行和中国人民建设银行分别从中国人民银行和财政部分离出来，1984 年中国工商银行从中国人民银行分离出来。至此，新的银行体系有了雏形，工、农、中、建四大银行业务范围严格划分，分别在工商企业流动资金、农村、外汇和基本建设四大领域占据垄断地位。其后，国有银行确立商业化改革方向，全面推行责、权、利相结合的企业化改革，打破了银行间的业务限制。1998 年国家向四大银行发行 2700 亿元特别国债，用于补充资本金；1999 年成立四家金融资产管理公司，剥离不良贷款 13939 亿元，为进一步改革创造条件。国有商业银行经过相关改革，取得了很大成绩，在经济发展和现代化建设中做出了重要贡献。但是，由于多种原因，国有商业银行不良资产比例高、经营管理不善、冗员过多、竞争力较低、金融风险加剧的问题也十分突出，技术上濒临破产。针对这些问题，党中央、国务院果断决策、周密部署，大胆实施股份制改革。这是一项制度性、根本性的改革，是一次脱胎换骨的改造。2003 年以来动用国家外汇储备向中国银行、中国建设银行和中国工商银行先后共注资 600 亿美元。通过剥离不良资产、财务重组、注资、设立股份制公司架构等，2005—2007 年中国工商银行、中国银行、中国建设银行和交通银行（以下简称"四家银行"）相继完成股份制改造并实现了在香港和上海两地的上市，银行的信息透明度提高，市场约束和促进作用加强，公司治理结构不断规范，新的体制机制日益发挥重要作用；引进战略投资者，形成合作与竞争新局面；财务状况明显好转，发展的可持续性增强。截至 2007 年年底，四家银行的资本充足率均超过 12%，不良贷款率下降到 3.5% 以下，税前利润总额超过 3000 亿元。中国农业银行改革的基础性准备工作也已经基本完成。

（二）政策性银行创立与改革

1994 年我国相继成立了国家开发银行、中国农业发展银行和中国进出口银行三家政策性银行，国有商业银行基本不再承担政策性金融业务。三家政策性银行成立以来，在支持国家重点建设、促进对外经济贸易和农副产品收购等方面发挥了积极作用。随着我国社会主义市场经济的发展，政策性银行面临的市场环境、任务和经营条件都发生了很大变化，许多原有政策性业务实际上已逐步成为商业性业务。如果不加快推进政策性银行改革，不仅不能更好地发挥政策性金融的作用，还会产生和积累较大的风险。2007 年的全国金融工作会议，明确了政策性银行改革坚持"分类指导、一行一策"的改革原则。目前国家开发银行商业化改革的方向和原则基本确定，商业化转型开始启动，改革迈出了重要一步，2007 年 12 月中央汇金投资有限责任公司向国家开发银行注资 200 亿美元，增强了国家开发银行的资本实力。中国进出口银行和中国农业发展银行也在继续深化内部改革，稳步拓宽业务范围，努力提高市场化管理水平，为全面改革创造条件。

（三）股份制商业银行改革发展

股份制商业银行是我国金融体制改革过程中出现并迅速壮大的一类银行业金融机构。它采取了股份制的企业组织形式，股本金来源除了国家投资外，还包括境内外企业法人投资和社会公众投资，打破了国有银行垄断的局面。1986 年 7 月国务院批准重新组建交通银行，1995 年以民营资本为主体的民生银行成立，11 家全国性和区域性股份制商业银行陆续设立。20 多年来，在新机构、新机制基础上建立起来的股份制商业银行异军突起，涌现了招商银行、民生银行、华夏银行、光大银行等一批颇具竞争力的代表，上海浦发银行等区域性银行也迅速发展，其中 7 家银行先后上市，在明晰的产权基础上公司治理结构不断完善，机构与业务拓展迅速，整体实力不断壮大，呈现出特有的生机与活力，为国家和地方经济发展提供了有力的金融支持。其他中小银行改革重组、上市和跨区域发展步伐也在加快。

（四）农村信用社改革发展

1984 年国务院明确规定，把农村信用社办成合作金融组织，农村信用社管理体制在中国农业银行领导下有了初步改革，业务也得到了一些发展。1996 年《国务院关于农村金融体制改革的决定》颁布后，农村信用社与中国农业银行脱离隶属关系，服务"三农"的方向进一步明确，金融风险得到初步控制。但产权不明晰、管理体制不顺、历史包袱沉重、潜在风险很大等问题仍很突出。2003 年 6 月《国务院关于深化农村信用社改革试点方案的通知》下发，着手对农村信用社在管理体制、产权制度和组织形式等方面实施全面改革，主要内容包括：一是改革农村信用社产权制度，明晰产权关系，完善法人治理结构，转换经营机制。二是改革农村信用社管理体制，将农村信用社的管理交由省级政府负责，目前 30 个省（自治区、直辖市）均成立了省级联社或农村商业银行、农村合作银行。三是国家在资金、财税、利率等多方面给予政策扶持，帮助农村信用

社消化历史包袱。农村信用社改革试点工作已经取得了重要进展和阶段性
成果，监督、管理框架基本建立，省级政府、省联社和监管机构的职责分
工初步形成，产权制度改革稳步推进，历史包袱得到有效化解，资产质量
不断改善，支持"三农"服务功能不断增强。2007 年年末按贷款四级分
类口径统计，农村信用社不良贷款比例为 9.3%，比 2002 年年末下降 28
个百分点。2004 年以来，全国农村信用社连续四年实现整体盈利，2007
年盈利 440 亿元。截至 2007 年年末，农村信用社农业贷款 1.43 万亿元，
占全国金融机构农业贷款的比例由 2002 年年末的 81% 提高到 93%，发挥
了金融支农主力军的作用。

近年来，农村地区银行业金融机构准入政策调整放宽，2007 年 3 月 1
日全国首家村镇银行——四川仪陇惠民村镇银行有限责任公司、全国首家
贷款公司——四川仪陇农村贷款公司挂牌营业，进一步填补了金融服务空
白，多元化的农村金融机构体系正在逐步形成。邮政储蓄机构改革进一步
推进，邮政和储蓄分开，2007 年 3 月中国邮政储蓄银行挂牌，对支持农
村金融起到良好作用。

（五）非银行金融机构改革发展

1979 年中国国际信托投资公司成立，标志着停办 20 年的中国信托业
恢复。在计划经济向市场经济转轨时期，信托投资公司在吸引外资、搞活
地方经济、建立证券市场等方面发挥了积极作用，同时信托投资公司也经
历了几起几落，因多种原因曾出现过盲目竞争、乱设机构、资本金不实、
管理混乱、违法违规经营等问题，带来了很大的金融风险。为此，国家对
信托投资公司进行了数次清理整顿，对信托业与证券业进行分业经营、分
别设立、分业管理，根据信托投资公司经营状况分别实施保留、兼并重
组、接管、关闭等措施，撤并大量机构，提高其规模和质量。2002 年以
来，100 多家信托公司退出了金融市场，54 家信托公司通过重组基本走出
了困境。1999 年国务院明确信托投资公司"受人之托、代人理财"定位
后，在改革中信托公司的职能不断完善，业务转型和业务开拓加快，系统

性风险得到有效化解。1987 年 5 月，中国第一家企业集团财务公司——东风汽车工业财务公司诞生，标志着中国特色的产业资本和金融资本结合的开始，目前财务公司融资渠道拓展，在促进大型企业发展方面发挥了应有的作用。各类非银行金融机构相继设立，规范发展，通过改革焕发了新的生机。

随着银行业金融机构改革的不断推进，以国有商业银行为主体、多种机构并存、初步完善的多层次银行业金融机构体系基本形成。截至 2007 年年底，我国银行业金融机构共包括国有商业银行 5 家，政策性银行 3 家，股份制商业银行 12 家，城市商业银行 124 家，城市信用社 42 家，农村信用社 8348 家，农村商业银行 17 家，农村合作银行 113 家，村镇银行 19 家，贷款公司 4 家，农村资金互助社 8 家，信托公司 54 家，企业集团财务公司 73 家，金融租赁公司 10 家，货币经纪公司 2 家，汽车金融公司 9 家，邮政储蓄银行 1 家，金融资产管理公司 4 家以及外资法人金融机构 29 家。

三、证券业改革发展

证券市场特别是股票市场作为直接融资的重要手段，在优化资源配置、推动企业改革、促进结构调整、分散银行体系风险等方面，具有独特的重要作用。中国的证券市场是在邓小平理论指导下发展起来的。20 世纪 70 年代末以来的中国经济改革大潮，推动了证券市场的萌生和发展。证券市场从无到有、从小到大，从地区性到全国性，走过了不平凡的历程，在改革中规模不断壮大，制度和功能不断完善。

（一）股票市场改革发展

1984 年 11 月上海飞乐音响股份公司成立，标志着我国第一家股份公司诞生。1990 年 12 月和 1991 年 6 月上海证券交易所、深圳证券交易所先后营业，标志着中国股票市场正式形成。1992 年年初邓小平同志在南方视察时指出："证券、股市，这些东西究竟好不好，有没有危险，是不是资本主义独有的东西，社会主义能不能用？允许看，但要坚决地试。看对了，搞一两年对了，放开；错了，纠正，关了就是了"。正是在一些重大理论和实践问题上解除了认识上的禁锢，为股票市场的发展创造了历史机遇。1993 年年底，《中共中央关于建立社会主义市场经济体制若干问题的决定》进一步明确了股份制和股票市场在建设社会主义市场经济体制中的重要地位，推动了股票市场改革创新。2004 年 1 月发布的《国务院关于推进资本市场改革开放和稳定发展的若干意见》，进一步推动了各项基础性制度建设，特别是 2005 年 4 月坚定进行上市公司股权分置改革并在两年时间里基本完成，解决了长期困扰证券市场发展的制度性缺陷，资本市场改革和发展实现了重要突破。资本市场在经济社会发展中发挥着日益突出的作用：一是市场规模明显扩大。截至 2007 年年底，我国上市公司总数达到 1550 家，股票市场总市值已达 32.71 万亿元。中国资本市场成为世界上发展最快的资本市场之一，在新兴市场中占有重要地位。二是上市公司结构显著改善。一些大型企业通过并购重组实现了产业整合，一批规模大、盈利能力强的上市公司成为资本市场的主体力量。约 200 家上市公司在中小企业板上市，有力地支持了中小企业发展。三是证券经营机构实力明显增强，基金业发展迅速。2007 年年底证券公司和基金管理公司分别达到 106 家和 59 家。证券公司综合治理初显成效，历史遗留风险基本化解，行业规范运作和创新发展的新机制初步形成。基金管理公司管理的资产规模从 2002 年的 500 亿元增加到 2007 年的 3.3 万亿元。四是发行体制改革深化。发行体制从审批制过渡到核准制，引入发审委制度、保荐人制度和询价制，融资效率得到提高。五是投资者数量快速增加。截至 2007 年年底投资者开设的有效证券账户总数达到 9200 万户，资本市场逐渐成为全社会重要的财富管理平台。保险、社保基金以及企业年金等机构投资者逐步进入资本市场，改善了投资者结构。

（二）债券市场改革发展

债券市场是金融市场的重要组成部分，世界各成熟金融市场都有一个发达的债券市场。我国债券市场经历了从行政手段管理向市场化运作的逐步转化。1981年7月，为平衡财政预算，我国开始重新发行国债，1988年开始国债转让试点，目前国债柜台交易已遍布全国各大中小城市。随着国债市场发展，企业债券和金融债券市场也应运而生，1984年、1985年分别开始发行。1987年3月《企业债券管理暂行条例》颁布实施，标志着企业债券纳入法制化管理。由于一些地方出现企业债券到期不能兑付、超规模发行等问题，其后又经历了治理整顿和管理体制变迁。债券市场发展到今天，从发行规模看，国债、金融债仍然居于主要地位；从交易品种和交易主体看，产品日益丰富，参与者不断壮大，中国人民银行于2005年5月推出了企业短期融资券，截至2007年年底，短期融资券累计发行7693亿元，余额3203亿元；从交易场所看，银行间债券市场和交易所债券市场互为补充，交易日趋活跃，2003年至2007年，银行间债券市场共发行各类债券9.66万亿元，公司债券累计成交4911亿元，均占总量的90%以上。债券市场的发展，为扩大直接融资、支持金融机构和企业发展、建设大型基础设施和支柱产业发挥了积极作用。

（三）期货市场改革发展

我国期货市场发展经历了初步形成、清理整顿和规范发展三个阶段。1990年10月，郑州粮食批发市场开业并引入期货交易机制，成为我国第一家商品期货市场，1992年深圳有色金属交易所推出第一个标准化期货合约。由于一些地方一哄而上、盲目发展，1994年年初全国期货交易所达50多家，经过清理整顿，期货市场步入规范试点阶段，在国民经济中的重要作用日益受到认同和重视。近几年随着以棉花、燃料油、黄金为代表的一批关系国计民生的商品期货品种相继上市，到2007年年底，期货市场共有农产品、金属、贵金属、能源、化工5大类17个商品期货品种，我国的大宗商品期货品种体系基本形成，大连、上海、郑州 3 家商品期货交易所的交易量在世界分别排名第 9、第 16 和第 18 位。2006 年中国金融期货交易所成立，目前金融期货筹备工作正在稳步推进。

四、保险业改革发展

保险业是金融体系和社会保障体系的重要组成部分，保险不仅具有经济补偿和资金融通功能，而且具有社会管理功能，在经济社会发展全局中具有不可替代的作用。

（一）保险业在改革中发展壮大

1979 年 4 月国务院做出"逐步恢复国内保险业务"的重大决策，1980 年国内保险业务恢复办理，保险事业开始复苏并进入新的发展阶段。近 30 年来，保险业实施了一系列重要改革，特别是 2006 年《国务院关于保险业改革发展的若干意见》的出台，对保险业改革发展产生了深远影响，促进了保险业健康发展。改革开放之初，我国保险市场仅由一家公司经营，全部保费收入只有 4.6 亿元。目前全国共有保险公司 110 家，保险资产管理公司 9 家，保险专业中介机构 2331 家，农业保险、健康保险等专业化保险公司从无到有，保险机构格局由"一家独揽"转向"百家争鸣"。2007 年保险公司总资产达到 2.9 万亿元，实现保费收入 7000 多亿元，在世界排名第 9 位，市场规模增长 1500 多倍，成为国民经济中发展最快和最具活力的行业之一。

（二）保险公司改革发展

保险公司改革始终是保险改革的主要任务。国内保险业务恢复后，1984 年中国人民保险公司正式从中国人民银行分设出来，并彻底改变了财政核销和拨款的做法。1991年4月中国太平洋保险公司成立，1992年6月第一家全国性综合性股份制保险公司——中国平安保险公司成立，1995年中国人民保险公司拆分，改建为集团公司下辖财产险、人寿险、再保险三个子公司，其他保险机构相继设立。针对保险业快速发展中暴露出的风险，特别是占保险市场份额70%以上的国有保险公司，存在资本金不足、历史包袱沉重等问题，国家下大力气推进保险公司股份制改造。2003年11月16日，中国人民财产保险股份有限公司在香港联交所上市，成为第一家在境外上市的国有金融企业。目前已有6家保险公司在境内外上市，多家公司实现增资扩股，促进了保险公司经营机制转变和保险业快速发展，为建立和完善现代保险企业制度创造了条件，国有保险公司开始走上健康发展轨道，保险公司整体实力明显增强，盈利能力明显提升。1999年10月国务院批准保险公司投资证券和基金，保险资金运用渠道稳步拓宽，目前保险公司已成为货币市场的重要参与者、债券市场和股票市场的重要机构投资者。截至2007年年底，保险资金运用余额2.7万亿元，实现投资收益2791.7亿元，创历史最高水平。

（三）保险市场改革发展

保险公司多元化促进了保险市场大发展。我国保险市场主体逐步完善，形成了以国有商业保险公司为主体，中外保险公司并存、多家保险公司竞争发展的格局；保险覆盖面不断扩大，保险产品体系不断完善，人身保险、养老保险、医疗保险、子女教育保险、责任保险、投资连结保险、分红保险以及"三农"保险等险种相继推出，覆盖东、中、西部和覆盖城镇、乡村的保险服务网点体系逐步建立；服务经济社会的能力不断提高，在完善社会保障体系方面发挥了积极作用，2002年以来，保险业累计赔款与给付6800多亿元，在31个省市累计为5000万人次进城务工农民提供保险保障，在14个省114个县（市）参与了新型农村合作医疗试点，6省（区）5种主要农作物承保面积1.4亿亩，全国共承保能繁母猪2888万头；配合国家"走出去"战略，2003—2007年出口信用保险累计支持对外贸易与投资 1000 多亿美元，为 5000 多家企业提供了风险保障服务；风险防范能力逐步增强，截至 2007 年年底，保险业各项准备金余额达到 2.1 万亿元。

五、金融调控机制改革

金融调控是国家宏观调控体系的重要组成部分。随着社会主义市场经济体制的建立和完善，市场主体和利益主体日益多元化，金融调控的作用越来越重要。中央银行实施的货币政策是金融调控的核心内容。30 年来，我国金融宏观调控体制和货币政策是一个逐步建立和不断改革发展完善的过程，是直接调控向间接调控转变的过程。

（一）中国人民银行在改革中发挥重要作用

1978 年 1 月中国人民银行与财政部正式分设，改变了二家机构合署办公近 9 年的历史，拉开了我国金融体制改革序幕。1983 年《国务院关于中国人民银行专门行使中央银行职能的决定》，标志着中国人民银行开始完全摆脱具体银行业务、专门行使中央银行职能。1995 年《中国人民银行法》通过后，中国人民银行作为中央银行以法律的形式被确定下来。中国人民银行作为政府的银行、银行的银行，发挥着服务、调控与监管市场三大重要职能，中央银行体制适应经济和改革发展需要不断发展完善。从 1998 年 1 月 1 日起，中国人民银行取消对国有商业银行的贷款规模管理，实行新的信贷资金管理体制。这一重大改革标志着中央银行在货币政策实施上由直接调控转向间接调控，也促进了现代商业银行经营机制的形成。中国人民银行不仅在信贷政策、货币政策改革完善中不断成熟，而且在金融体系的改革构建中发挥了重要作用。中国证券监督管理委员会、中国保险监督管理委员会、中国银行业监督管理委员会都是在中国人民银行已有基础上建立或分离出来的，中国人民银行在人才输送、监管延续、改革创新、市场发展、金融稳定等方面均做出了积极贡献。

（二）实行正确的货币政策

《中国人民银行法》规定，我国货币政策的最终目标是保持货币币值的稳定，并以此促进经济增长。在党中央、国务院的正确领导下，中国人民银行通过运用灵活的货币信贷政策，合理调节货币政策取向和力度，在控制货币总量、调整经济结构、保持国内物价基本稳定方面发挥了重要作用，为经济社会发展提供了良好的金融环境。改革开放30年来，货币政策经历了数次由"松"到"紧"的转变，1985年、1988—1989年、1993—1995年，针对固定资产投资膨胀、工业生产过快增长、货币信贷投放过多带来的物价持续上涨问题，实施从紧的货币政策，在治理通货膨胀中发挥了积极作用。同时货币政策也根据形势发展变化，及时调整力度，注意区别对待。比如，为应对亚洲金融危机和世界经济低迷对我国经济的不利影响，防止通货紧缩和经济下滑，在金融方面既加大了对经济发展的必要支持，又防止了银行信贷的盲目扩张。2003以来，针对固定资产投资增长过快、货币信贷投放过多、外贸顺差过大的问题，实行稳健的货币政策，并在2007年年底进一步调整为从紧货币政策。近些年特别是近五年来，中央银行牢牢把握货币信贷"闸门"，增加调控手段和频度，灵活运用货币政策工具加强货币信贷总量控制，合理控制货币信贷总量增长，包括：加大公开市场操作等调控力度，回收过多的流动性；多次提高金融机构存款准备金比率，实行差别存款准备金制度；适时上调各层次存贷款利率水平，发挥价格杠杆调节作用；加强政策引导和窗口指导，促进商业银行优化信贷结构；加强与财政政策、监管政策、产业政策的协调配合。这些措施对抑制"三过"和防止经济增长由偏快转为过热、防止物价由结构性上涨演变为明显通货膨胀发挥了重要作用，有力维护了金融稳定运行，促进了国民经济持续平稳较快发展。

（三） 金融调控体系和机制改革发展

在实行正确货币政策的同时，金融调控方式也不断改进，货币政策工具体系进一步完善。1984 年中国人民银行建立存款准备金制度，从 1994 年第三季度开始按季向社会公布货币供应量（M_0、M_1、M_2）的执行信息。1996 年货币供应量正式纳入货币政策的调控目标，第一次写入"九五"计划。通过多年改革，综合运用多种货币政策工具，调控货币信贷总量的框架逐步形成：公开市场业务的调控作用增强，中央银行票据等工具的作用得到有效发挥；利率市场化改革稳步推进，金融机构贷款利率浮动区间逐步扩大，建立了作为市场定价基准的上海银行间同业拆放利率（Shibor），利率在货币政策传导中的作用增强，在调节经济运行和配置金融资源中的作用进一步提高；人民币汇率弹性增强，市场供求在汇率形成中的作用得到初步发挥；金融市场稳步发展，货币政策传导机制进一步改善；金融企业改革取得突破，货币政策传导的微观基础进一步夯实。

（四） 外汇管理体制改革不断推进

外汇管理体制改革经历了三个阶段，1978—1993 年，以双轨制为特征，实行外汇留成管理，官方汇率与调剂市场汇率并存；1994 年到 21 世纪初，实行结售汇制度，取消外汇留成与上缴，实行以市场供求为基础的、单一的、有管理的浮动汇率制度，其间成功抵御了亚洲金融危机、保持了人民币汇率稳定，受到国内外普遍赞许和高度评价；进入新世纪以来，外汇管理从"宽进严出"向均衡管理转变，有序推进资本项目可兑换，利率、汇率在促进国际收支平衡的作用进一步发挥。30 年来，外汇管理体制取得了一系列突破性进展：一是人民币汇率形成机制改革顺利实施。2005 年 7 月 21 日，人民币汇率形成机制改革正式实施，人民币汇率不再单一盯住美元，开始实行以市场供求为基础，参考一篮子货币进行调节、有管理的浮动汇率制度，汇率弹性进一步增强，人民币汇率日浮动区间逐步放宽。由于坚持主动性、可控性、渐进性原则，充分考虑各方面承受能力，我国出口等方面没有受到严重冲击，国民经济保持了平稳较快发展的良好势头。二是人民币经常项目分步实现可兑换，人民币资本项目可兑换程度逐步提高，在国际货币基金组织划分的 7 大类 43 类资本项目交易中，限制较少或实现一定程度可兑换的共计 20 多项。合格境外机构投资者（QFII）和合格境内机构投资者（QDII）制度相继推出，截至 2007 年年底，共有 52 家机构获得 QFII 资格，投资总额度提高到 300 亿美元，累计汇入资金 98.7 亿美元；50 家商业银行、基金公司和保险公司获得 QDII 资格，实际汇出资金 353 亿美元。三是外汇储备经营管理不断完善。我国外汇储备从 1978 年年底的 1.67 亿美元，增长到 2007 年年底的 15282.49 亿美元，通过规范管理、专业投资、风险控制，实现了国家外汇储备管理的保值增值。2007 年 9 月 29 日中国投资有限责任公司正式成立，进一步丰富了对外投资主体，拓宽了我国多元化、多层次的外汇投资渠道。

六、金融监管体制改革

金融监管的基本目标是保护存款人和投资者/消费者权益、维护金融市场公正有效透明和稳定、减少系统风险。为适应金融业的发展，我国一直在改革探索符合国情的金融监管体制。

（一）金融监管体系在改革中不断完善

1984 年以前，由于我国实行的是计划经济和大一统的银行体制，不存在监管机构和监管对象，没有形成现代意义上的金融监管。从 20 世纪 80 年代中期到 90 年代初期，金融监管统一由中国人民银行负责。1992 年 10 月中国证券监督管理委员会成立，标志着资本市场逐步纳入全国统一监管框架；1998 年 11 月中国保险监督管理委员会成立，行使对保险业的监督管理职责；2003 年 4 月中国银行业监督管理委员会成立，统一监管银行、金融资产管理公司、信托投资公司等金融机构，形成了银行业、证券业、保险业分业监管、分工协作的管理体制，而中国人民银行作为国务院组成部门，主要履行制定和执行货币政策、维护金融稳定和提供金融服务职责。1997 年《中国人民银行货币政策委员会条例》颁布，中国人民银行与其他金融监管、宏观调控部门负责人以及经济学家定期召开例会，讨论货币事项并提出政策建议。通过监管联席会议等制度，相关部门经常就货币政策、金融改革、风险处置等重大问题进行协调，监管协调机制初步建立。财政监督、审计等外部监督机制也不断完善。

（二）金融监管能力和水平不断提高

通过学习和借鉴国际通行的监管制度、标准和技术，结合我国实际，改进监管方式和手段，监管的专业性和有效性明显增强。在分业监管体制下，中国人民银行集中精力研究和制定货币政策，注重防范系统性风险和提高金融调控水平，努力维护人民币币值稳定和金融体系稳健运行；中国银监会成立以来，贯彻落实"管法人、管风险、管内控和提高透明度"的监管理念，实施以风险为本的审慎监管，建立了从市场准入到现场非现场检查，再到市场退出与风险处置的机构监管体系；中国证监会成立以来，强化上市公司监管，实施证券公司综合治理，全面改革客户交易结算资金存管制度，发展壮大机构投资者，建立了集中统一的稽查体制；中国保监会成立以来，完善保险市场准入机制，加强对保险资金运用监管，初步构建了市场行为监管、偿付能力监管、公司治理结构监管三支柱的保险监管体制。

（三）金融法制建设加强

改革开放以来，积极推动建立了比较全面、系统的金融法律体系，金融法制建设成效明显。一是出台新的法律法规，填补了金融领域的空白，《中国人民银行法》、《商业银行法》、《银行业监督管理法》、《证券投资基金法》、《保险法》、《票据法》、《反洗钱法》等相继颁布实施；二是根据市场发展变化，不断完善和修订现有法规，如《中国人民银行法》、

《商业银行法》、《证券法》均进行了修订；三是抓紧制订完善配套规章，提高实际可操作性，《外汇管理条例》、《外资银行管理条例》、《期货交易管理条例》、《外资保险公司管理条例》、《证券公司监督管理条例》等行政法规和部门规章相继出台或修订；四是在其他法规的制订修订中注重与金融法规的衔接与配合，如《刑法修正案（六）》、《公司法》、《企业破产法》、《担保法》、《物权法》等基本法律和一些司法解释，都注重有关内容的协调衔接。

（四）　维护金融稳定和反洗钱力度加大

长期以来，金融部门及其他有关部门积极配合，对非法金融机构、违章经营以及风险严重的金融机构，依法进行整顿、接管、关闭，维护了投资者的合法利益，为稳定金融秩序、保护国家经济金融安全，起到了重要的作用。近年来，针对一些金融机构长期积累的金融风险逐步暴露问题，妥善处置了一批高风险金融企业，查处了多起非法集资、洗钱等违法违规案件，一定程度上化解了历史遗留的系统性金融风险隐患。在加强风险处置工作的同时，积极探索建立维护金融稳定的长效机制，建立了证券投资者保护基金制度、保险保障基金制度，推动建立存款保险制度，完善金融机构市场退出机制，初步建立了金融机构突发事件应急机制，为金融业的安全运行提供了重要保障。反洗钱工作力度加大，国内的反洗钱工作部际联席会议制度、金融监管部门反洗钱工作协调机制、可疑交易情报会商制度不断完善；积极开展反洗钱国际合作，2007 年 6 月中国正式成为金融行动特别工作组（FATF）成员。

七、金融市场体系改革和金融服务创新

金融市场及其产品发展主要由两大动力推动，一个是不断增长的需求，一个是不断的改革创新。经过 30 年改革和发展，金融市场已在我国社会主义市场体系中具有核心地位，现代金融市场体系和丰富多样的金融产品服务，已经体现在国家宏观管理、企业微观运行和个人日常生活的方方面面。

（一）金融市场体系改革

金融市场是整个金融体系的重要组成部分，作为资金流动和各类金融工具交易的场所，它是连接商品市场和其他各种要素市场的枢纽，具有资源配置、价格发现、信号传递等重要功能，直接影响着个人财富、企业行为和经济效率。在不断的改革和发展中，包括货币市场、资本市场、保险市场、外汇市场、黄金市场、期货市场、金融衍生品市场等在内，功能相互补充、市场规模初具、交易场所多层次、交易品种多样化、交易机制多元化的金融市场体系基本形成。总的来看，金融市场的改革与发展紧密伴随，金融市场在改革中发展，在发展中不断改革；市场主体不断扩大，市场化程度不断提高；市场行为和市场秩序不断规范，市场信息披露和市场监管得到加强；在发展和完善各类金融市场的同时，加强市场联通方面的改革，破除了垄断和分割，增强了市场竞争。除前面提到的股票、债券、期货、保险市场以外，其他金融市场逐步形成和发展。1984 年同业拆借市场开始形成，1996 年 1 月全国统一的银行间同业拆借市场建立，1997年 6 月依托同业拆借市场的债券回购业务获准开展，它们与票据市场一起构成了我国的货币市场，对市场利率的形成、中央银行货币政策的实施等方面起到重要作用。继上海、深圳证券交易所成立后，1997 年 6 月银行间债券市场成立，初步形成了以债券和股票等证券产品为主体、交易所市场与场外市场并存的资本市场。外汇市场建立并不断发展，初步形成了外汇零售和银行间市场批发相结合，竞价与询价交易方式相补充，覆盖即期、远期和掉期等类型外汇交易工具的市场体系。1993 年中国银行上海分行推出首家个人实盘外汇买卖"外汇宝"业务，其他银行相继推出，外汇宝业务量快速增长，成为投资者外汇理财的重要工具。2007 年银行间外汇市场美元对欧元等八种"货币对"累计成交 898 亿美元。黄金市场发展很快并逐步向老百姓开放，黄金、白银和铂金三个贵金属交易品种陆续上市。2002 年 10 月上海黄金交易所开业，2003 年 11 月中国银行上海分行推出个人黄金实盘买卖业务"黄金宝"，成为第一个纸黄金交易产品，2005 年 7 月中国工商银行上海分行和上海黄金交易所合作，推出首个个人实物黄金投资品种"金行家"。近五年来上海黄金交易所黄金交易量以年均 70.7% 的增速递增，2007 年黄金累计成交达到 1828 吨。2007 年货币市场、债券市场、股票市场、黄金市场和期货市场累计成交 160.46 万亿元，达到历史最高水平。金融市场为实施宏观经济金融调控提供了平台，为市场主体提供了投资和融资渠道，为各类机构提供了资产负债管理和风险管理的场所，在经济发展和金融体系中的地位和作用日益增强。

（二）金融服务创新

我国 30 年的金融改革发展史，本身就是一部金融创新史。我国金融业务从过去单一的银行业务发展为银行、证券、保险、基金、信托、租赁等多种业务；银行业务由从存款、贷款、汇款三大传统业务发展为本外币存贷款、结算、信用卡、外汇以及中间业务等；证券业务从经纪、承销、自营三大传统业务，扩展到资产管理、资产证券化、财务顾问、创业投资等多个领域；保险公司积极开发农业保险、责任保险、商业养老和健康保险等保险产品。银行、证券、保险业不断拓宽服务领域，电子银行、银行卡、个人理财、网上证券交易、基金、外汇远期和掉期等金融工具和金融衍生产品不断涌现，在金融业务中日趋活跃，满足了不同企业、个人投融资和风险管理的需要，促进了市场价格发现和整体金融工具的协调发展。从服务范围看，在支持国有企业改革发展的同时，对民营企业、中小企业融资服务不断加强，适应中小企业的信贷机制和上市机制正在积极探索建立。综合经营试点稳步推进，银证保合作不断加强，商业银行、信托公司、财务公司、证券公司、基金管理公司、期货公司、保险公司等各类金融机构之间开始进行单向或双向的股权投资，共同推进新产品开发，在货币市场、资本市场、保险市场等领域开展业务合作或跨业经营。

八、金融开放进展

30 年来，我们从国情出发，坚持循序渐进、互利共赢的开放方针，始终把促进金融业发展、维护国家经济金融安全放在首位，牢牢把握对外开放主动权，坚持以开放促改革，以开放促发展。

（一）金融开放不断扩大

改革开放以来，我国金融业对外开放水平不断提高。1979 年，日本输出入银行在北京设立了第一家外资银行代表处；1981 年，香港南洋商业银行在深圳设立第一家外资银行分行；1992 年 9 月外资保险公司——美国友邦保险公司首次在我国建立分支机构，外资金融机构逐步成为我国金融体系中的一支重要力量。随着我国加入世界贸易组织以及国家实施"引进来"和"走出去"相结合的战略，我国金融业对外开放速度加快，金融对外开放进一步扩大。银行业经历了开放地域从沿海到内陆，客户对象从外商投资企业到中资企业、从非居民到居民，经营币种从外汇到人民币的历程。截至 2007 年年底，外资银行法人改制工作顺利完成，在华外资法人银行 26 家；23 个国家和地区的 71 家外国银行在华设立了 117 家分行；获准经营人民币业务的外国银行分行 57 家、外资法人银行 25 家；获准从事金融衍生产品交易业务的外资银行机构 50 家；外资金融机构的资产达到 1.25 万亿元；25 家中资商业银行引入 33 家境外机构投资者，投资总额 212.5 亿美元。在证券业，中外合资证券公司和基金管理公司分别达到 8 家和 28 家；上海、深圳证券交易所直接从事 B 股交易的境外证券经营机构分别达到 46 家和 19 家。在保险业，目前有 15 个国家和地区的 43 家外资保险公司在华设立 134 个保险机构。

我国金融业"走出去"步伐稳健。1980 年以前，只有中国银行在境外设有分支机构。改革开放以来，我国金融机构有计划、有步骤地走向国际金融市场，通过并购、设立新机构等方式，深度拓展海外市场。2007年，招商银行成功在美设立分行，实现了近 16 年来中资银行进军美国市场的重大突破。截至 2007 年年底，我国共有 5 家中资银行控股、参股 9 家外资金融机构，在美国、日本、英国、德国、澳大利亚、新加坡、香港、澳门等 29 个国家和地区设立 60 家分支机构，海外机构总资产达 2674 亿美元。14 家境内证券期货经营机构在香港设立机构，148 家境内企业境外发行上市。中资保险公司在海外共设立 41 家保险营业机构和保险代表处。

（二）平稳度过加入世界贸易组织过渡期

2001 年 12 月 11 日我国加入世界贸易组织以来，履行金融领域承诺，放宽了金融业对外开放的地域和业务范围，境外银行、证券、保险等金融机构通过建立合资、独资、分支机构或投资参股等各种方式进入我国，来华设立机构、开展业务和投资参股的外资金融机构不断增加。同时，我们还审时度势，结合我国实际，实施了一系列自主开放措施，主动加快开放，包括扩大证券市场开放，推进人民币资本项目可兑换，引进境外战略投资者和财务投资者参股中资银行和保险公司等。比较好地把握了对外开放的节奏和力度，既树立了良好的对外开放形象，又积极有效地防范了各种金融风险，确保了我国金融安全稳定运行，平稳度过了加入世界贸易组织过渡期。

（三）在开放中促进金融业发展

金融领域对外开放的不断扩大，不仅吸引了资金，更重要的是引进了国外先进的金融管理经验和技术，促进了金融业改革发展。金融对外开放，推动金融机构提高经营管理水平，促进了产品服务创新，填补了一些金融服务领域的空白；外资机构的进入，使市场主体更加多元化，促进了市场竞争和金融资源配置效率的提高；国内外金融市场不断融合，推动与国际市场接轨，我国金融市场的作用和地位不断提高；一些企业在境外上市，既筹集了大量资金，也有力支持了企业改革发展；金融监管标准逐步趋向国际通行标准，国际交流合作更加密切，促进了监管水平和监管透明度提高。

九、金融改革的主要经验

过去 30 年特别是近些年来，我们在丰富的金融改革实践中积累了许多宝贵的经验，主要是：

第一，坚定不移地深入贯彻落实科学发展观。科学发展观是我国经济社会发展的重要指导方针，也是金融业改革发展的根本指导思想。一方面，金融业自身改革发展需要贯彻落实科学发展观，要自觉遵循市场经济和金融发展的客观规律，坚持市场化改革方向，更新发展理念，转变发展模式，提高发展质量，实现金融发展的全面、协调和可持续。另一方面，金融服务于经济，金融改革的根本出发点在于增强金融对经济的服务，要从金融各个方面服从服务于整个经济社会落实科学发展观的要求：金融调控要服从于宏观调控的总体目标，比如要体现区别对待、有保有压；金融服务要从经济社会发展需要出发，提高服务的质量，增强主动为经济社会发展服务的自觉性。

第二，坚持从国情出发、借鉴国际经验，不断推进金融改革。建立社会主义市场经济体制是我国经济体制改革的目标，也是一项前所未有的大胆探索，没有现成的模式可以照搬，必须把国情意识和世界视野相结合。一方面要立足于社会主义初级阶段的基本国情，充分考虑到我国从计划经济向市场经济转轨过程中，经济发展的路径和条件与其他市场经济国家有着巨大差别，从实际出发，因势利导，因地制宜；另一方面，也充分认识到市场经济的共性，解放思想，大胆学习借鉴市场经济国家金融发展中的成功做法，避免从头开始探索，避免不必要的成本和损失，从而赢得后发优势，积极探索出一条符合国情的金融改革发展道路。

第三，坚持正确处理金融改革开放与发展的关系。坚持用改革和发展的办法解决金融领域的矛盾和问题。只有改革，才能提供体制机制保障，才能为金融业发展注入强大动力和活力。特别要坚定不移地推进重点领域和关键环节的改革，推进现代金融体系和金融制度建设。只有开放，才能引进先进管理理念、体制和技术，在更高的层次上实现发展，才能赢得更大的市场。而发展是硬道理，只有发展，才能为改革开放提供好的宏观环境，才能吸引国外的资金和人才，才能更好地走出去。金融改革、开放和发展必须坚持既积极又稳妥的方针，把握好方向、力度和节奏，通盘考虑、协同推进，实现改革力度、开放进度、发展速度与经济社会承受程度的有机统一。

第四，坚持维护金融安全，切实加强金融监管。金融安全是国家经济安全的核心，金融稳定和金融安全直接关系国民经济全局和社会稳定。经济发展中最大的风险往往是金融危机。20世纪90年代以来，亚洲金融危机、拉美货币危机、美国次贷危机等国际金融动荡此起彼伏，这既反映出在经济金融全球化浪潮下，金融风险具有极强的敏感性和突发性，国际资本流动复杂多变，也暴露出公司治理、风险控制、金融监管等方面缺陷，给一些国家的经济发展带来很大问题。在日益复杂的国际经济金融环境下，保障金融安全、维护金融稳定不是消极的，而是要靠改革、开放和发展，从根本上增强金融业的竞争力和抗风险能力；要靠加强和改进金融监管，把风险防范作为金融监管的核心，提高金融监管能力和水平。只有金融业安全运行和稳定发展，才能为金融改革提供必要的和稳定的环境，才能为金融经济健康发展提供重要基础。

第五，坚持加强金融调控、保持币值稳定，为经济发展提供良好的金融环境。金融是调节宏观经济的重要杠杆。加强金融调控、保持币值稳定是经济持续增长的重要条件。在我国市场机制还不够完善，市场机制的内在调节功能还无法有效发挥作用的情况下，维护货币稳定，始终是中央银行的首要职责。要根据经济运行变化，注重提高货币政策的预见性、科学性、有效性和灵活性，不断改进调控目标、工具和手段，既要防止通货膨胀，又要防止通货紧缩；既要防止经济过热，又要避免经济出现大的起落。在我国经济发展过程中，既有总量矛盾，也有结构问题，在发挥货币政策总量调控作用的同时，还要加强与信贷政策、财政政策、金融监管政策、产业政策等宏观政策的协调配合，特别是要突出发挥财政、产业等宏观政策在结构调整方面的突出作用，提高宏观调控效率，促进经济结构优化，努力实现国民经济又好又快发展。

第六，坚持金融业整体改革发展、金融改革与其他改革的协调推进。金融体系是一个整体，银行、证券、保险分业经营、分业监管，分为货币、股票、债券等不同市场，有各自的专业性和服务对象，但同时又联系越来越紧密，在资金、信息、客户等方面密不可分，这个趋势还在继续发展。金融内部的改革发展，既要分类指导、各个推进，更要从全局和长期发展趋势考虑，加强银行、证券、保险业改革发展的协调性，促进相互联通，提高金融业的整体效益和运行质量。经济稳定发展需要金融支持，经济稳定发展同时也是金融改革发展的根本基础和条件，金融改革发展需要有良好的经济社会环境。很多金融问题往往是经济问题在金融领域的反映，比如，银行的不良贷款问题，需要企业改革、信用体系建设、投资体制改革的支持与配合。因此，要促进财政、土地、税收、投资、外贸等经济体制改革的协调推进。金融体制改革与其他经济体制改革，只有同步进行，才能相互促进。

当然也要看到，在金融组织体系、金融监管体制、金融市场体系、金融风险防范、金融企业改革等方面，既有一些成功的做法并取得了显著成绩，同时也有一些值得汲取的教训，正反两方面经验都值得我们深思和汲取，结合不断发展变化的形势，指导我们今后的改革。

十、深化新形势下的金融改革

回顾过去，是为了更好地迎接未来。金融体制改革取得了巨大成绩，同时，还要清醒看到中国金融业仍处于发展初级阶段，在国际金融市场动荡加剧、国内金融领域风险隐患不少的背景下，探索中国特色的金融改革发展道路将是一项长期、复杂、艰巨的任务。党的十七大提出了"推进金融体制改革，发展各类金融市场，形成多种所有制和多种经营形式、结构合理、功能完善、高效安全的现代金融体系。提高银行业、证券业、保险业竞争力"的要求。"十一五"规划提出，要"深化金融企业改革，加快发展直接融资，健全金融调控机制，完善金融监管体制"。着眼于实现上述目标，要进一步深化金融改革，深入贯彻落实科学发展观，促进金融业持续健康安全发展，为实现经济社会又好又快发展做出更大贡献。

（一）继续深化银行业改革

银行业仍然是我国金融业的主体。国有商业银行股份制改革虽然取得了很大成就，但与现代银行制度的要求和国际先进银行相比，还有很大差距。总的改革目标是，加快形成资本充足、内控严密、运营安全、服务优质、效益良好、创新能力和国际竞争力强的现代化大银行。对已完成股份制改革并上市的中国工商银行、中国银行、中国建设银行和交通银行，进一步督促其巩固和发展改革成果，继续完善公司治理，强化基础管理、内部控制和风险防范，深化分支机构改革，保持资产质量和盈利能力的稳定和提高；按照"面向三农、整体改制、商业运作、择机上市"的原则，扎实、稳妥、有序推进中国农业银行改革；坚持分类指导、一行一策的原则，加快政策性银行重点是国家开发银行改革，按照建立现代金融企业制度的要求，全面推行商业化运作，自主经营、自担风险、自负盈亏，主要从事中长期业务。在深化大型国有银行改革的同时，推进其他银行业金融机构和金融资产管理公司改革和规范发展。

（二）加快农村金融改革

解决好农业、农村和农民问题，是党和国家全部工作的重中之重。要切实把推进农村金融改革发展作为金融改革的重点，不断满足建设社会主义新农村对金融的需求。总的要求是，加快建立健全适应"三农"特点的多层次、广覆盖、可持续的农村金融体系，包括构建分工合理、投资多元、功能完善、服务高效的农村金融组织体系，较为发达的农村金融市场体系和业务品种比较丰富的农村金融产品体系，努力解决"三农"融资难的问题，为建设社会主义新农村提供有力的金融支持。一是健全农村金融组织体系。充分发挥商业性金融、政策性金融、合作性金融和其他金融组织的作用。中国农业银行和中国农业发展银行要成为农村金融体系的骨干和支柱，进一步发挥农村信用社的农村金融主力军作用，邮政储蓄银行要探索建立符合"三农"需求的特色商业模式和零售业务经营体系。二是推进农村金融组织创新。新型农村金融机构是农村金融服务的有益补充。继续推进调整放宽农村地区金融机构准入工作，降低准入门槛，大力培育和发展以从事小额信贷业务为主的多种所有制性质的新型农村金融机构，鼓励和支持发展适合农村需求特点的多种所有制金融组织。三是推进农村金融产品和服务创新。积极开发和引入多样化、有特色的金融产品，探索发展各类符合农民使用特点和习惯的电子银行业务。

（三）继续推动资本市场改革和发展

资本市场的发展，既要扩大规模，优化资本市场结构，改善供求关系，继续多渠道提高直接融资比重，又要坚持不懈地抓好基础性制度建设，夯实发展的基础；既要解决不同时期具体重点问题，又要重视中长期发展，完善体制和机制，把规模的发展和体制的改革、解决当前任务和中长期发展结合起来，推动资本市场稳定健康发展，更好地发挥其作用。一是不断拓展资本市场广度和深度。在继续做优做强交易所主板和中小企业板市场的同时，加快推出创业板市场，积极探索推动场外市场发展，满足企业和居民多层次的投融资需求，创造条件让更多群众拥有财产性收入。稳步发展期货市场，促进商品期货与金融期货协同发展。二是大力提高上市公司质量。上市公司是资本市场发展的重要基础。继续推动境内优质大型企业和高成长性中小企业发行上市。建立健全提高上市公司质量的机制性保障，完善公司治理结构，严格信息披露制度，继续支持有条件的上市公司参与行业整合、产业整合或跨行业收购兼并。三是加快发展债券市场。债券市场是我国资本市场中的一个薄弱环节，有很大发展潜力，要扩大企业债券发行规模，大力发展公司债券，完善债券管理体制、市场化发行机制和发债主体的自我约束机制，逐步丰富债券品种，完善债券投资者结构，加快形成集中监管、互通互联的债券市场。四是加强资本市场监管和执法，建立和维护公开、公平、公正、规范的市场秩序和环境，增强市场信心，严厉打击内幕交易、操纵市场、虚假信息披露等违法违规活动，切实保护投资者尤其是中小投资者的合法权益。

（四）深化保险业改革

保险业是现代金融体系和社会保障体系的重要组成部分。大力发展保险特别是商业保险，对于建立健全多层次社会保障体系，构建社会和谐安全网，具有重要意义。进一步推进保险业改革发展，更好地发挥其经济"助推器"和社会"稳定器"的作用。一是完善多种形式的农村保险体系，扩大政策性农业保险试点范围，开发适合农业、农村和农民需要的保险产品与服务，逐步建立政策性农业保险制度和农业再保险体系。二是深化保险公司改革，完善公司治理，加强风险管理。创造公平竞争的市场环境，积极推动中小保险公司和专业保险公司发展。三是积极拓展保险服务领域。推进保险产品服务创新，扩大保险覆盖面。适应国家养老和医疗卫生体制改革的需要，充分利用保险业的技术、人才和服务网络优势，积极参与社会保障体系建设。

（五） 改进和完善金融调控

做好新形势下的金融调控工作，对于促进国民经济平稳较快发展，具有十分重要的意义。要进一步提高金融调控的预见性、科学性和有效性，把握好调控重点、节奏和力度。加强对国际国内经济金融形势的分析研究，完善货币政策操作体系，综合运用多种货币政策工具和审慎监管手段，合理调控货币信贷总量，优化信贷结构。充分发挥金融手段在促进经济总量平衡和优化经济结构中的重要作用，正确引导固定资产投资需求与消费需求。稳步推进利率市场化改革。进一步加强货币政策与财政政策、产业政策、金融监管政策等的协调配合，增强宏观调控的有效性。加强支付体系、信用体系、统计监测体系等基础设施建设，提高服务的技术水平。

（六） 进一步改革外汇管理体制

一是完善结售汇制度。进一步放宽境内企业、个人使用和持有外汇的限制，更好满足境内机构和个人合法持有与使用外汇需要。二是积极培育发展外汇市场。加强外汇市场基础建设。鼓励商业银行为不同需求的企业设计针对性更强的汇率避险产品。三是稳步推进资本项目可兑换。支持境内企业和个人境外直接投资，加大对企业"走出去"的金融支持力度，稳步推进实施合格境内机构投资者制度。四是改进和加强跨境资本流动监管。严格资本特别是短期资本流入和流出管理。严厉打击地下钱庄、非法买卖外汇等违法违规行为。五是拓展外汇储备使用渠道和方式。加强外汇储备经营管理，保证外汇储备的安全性、流动性，提高盈利性。按照依法合规、有偿使用、提高效益、有效监管的原则，积极探索和拓展外汇储备使用渠道和方式。完善多元化、多层次的外汇投资体系。

（七） 完善人民币汇率形成机制

进一步发挥汇率在调节国际收支、引导结构调整、促进经济平稳增长及抑制物价上涨中的作用。全面认真总结人民币汇率改革的经验，针对新情况新问题，坚持主动性、可控性、渐进性原则，深入研究进一步完善人民币汇率形成机制的办法，继续增强汇率弹性，更大程度地发挥市场供求在汇率形成中的作用，保持人民币汇率在合理均衡水平上的基本稳定。完善汇率机制要综合考虑我国宏观经济状况、经济社会承受能力和企业适应能力，保证经济不出现大的波动。

（八） 加强和改进金融监管，维护金融稳定健康安全发展

必须始终把依法加强金融监管作为金融工作的重中之重，这是金融业持续健康发展和安全运行的重要保证。一是不断完善金融监管体制机制。随着金融业的发展，各类金融市场交叉和融合程度提高，金融创新步伐加快，要适应金融改革、创新、发展、开放新形势的要求，建立健全协调机制，进一步加强金融监管工作的协调配合。二是强化金融监管手段。银行、证券、保险监管部门都要根据本行业特点，坚持全面监管与重点监管相结合，加强对金融企业全方位全过程监管，提高现场检查和非现场检查效率。加强监管队伍建设。三是健全金融风险防范机制和应急机制。要针对金融风险隐患点比较多、容易集中爆发的情况和特点，加强金融企业和金融市场风险防范机制建设，建立健全有效防范系统性金融风险、维护金融稳定的应急机制。四是进一步加强金融法制建设，深入整顿规范金融秩序，切实加强执法，加大对金融违法违规行为的查处力度。

第六章
流通体制改革的
回顾与展望

商品流通体制是整个国民经济管理体制的重要组成部分。在改革前的计划经济体制时期，与高度集中的计划管理体制相适应，商品流通是在单一封闭的计划系统内运行。高度集中的计划流通体制否定商品生产和商品交换，排斥市场流通、市场调节和市场机制，各种弊端逐渐地暴露，其变革势在必行。从1978年党的十一届三中全会开始，中国拉开了经济体制改革的序幕，中国商品流通体制开始步入不断深化改革的进程。

一、中国商品流通体制改革进程

在从传统的计划流通体制向市场流通体制转轨的过程中，伴随着中国经济体制改革的深化和对外开放的扩大，中国流通体制改革逐步深入。

（一）中国商品流通体制改革的历程

1. 起步阶段（1979—1984年）

1978年12月，党的十一届三中全会做出了中国进行经济体制改革的决定，拉开了中国市场化进程的序幕。这一阶段在"计划经济为主，市场调节为辅"的指导思想下，流通体制改革主要是对高度集中的计划流通体制的弊端进行纠正和冲击，包括：一是向商业企业扩权让利，使企业享受了利润留成和部分经营自主权，改革了计划体制权力过于集中、企业束缚过紧的弊端。二是陆续提高了农产品价格，调整了部分商品的比价和差价，逐步放开小商品价格，初步改变了价格管得过死、不能发挥杠杆作用的状况。三是随着生产、流通企业自主权的扩大，出现了企业自销、商业选购、产销一体化等流通形式，打破了产品由国家统一收购、分配和调拨的传统流通体制。这些改革冲击与松动了计划流通体制，为下一步市场化改革创造了条件。

2. 计划调节与市场调节相结合的阶段（1984—1992 年）

1984 年，党的十二届三中全会通过了《中共中央关于经济体制改革的决定》，指出社会主义经济是建立在公有制基础上的有计划商品经济，改革的目标不断深化。1987 年党的十三大报告明确提出"加强建立和培育社会主义市场体系"，流通体制改革进入了计划调节与市场调节并重的阶段。一是推行大企业承包制，国营和供销合作社企业实行经营、价格、分配、用工"四放开"，给予自主经营权；推动小型国营商业拍卖和兼并；允许个体、私营经营商业及居民服务业；培育真正的市场主体。二是放开大部分消费品价格，生产资料价格实行计划与市场定价并存的"双轨制"，理顺粮油价格，形成了"国家调节市场，市场引导企业"的运行格局。三是打破自上而下分配型的流通体系，建立多种经济形式、多条流通渠道、多种经营方式的流通网络。四是发展城市各种零售业、饮食服务业和集贸市场，建立贸易中心和批发市场，探索期货市场，培育商品市场体系。通过这一阶段的改革，商品市场已见雏形，市场机制开始发挥作用。

3. 深化市场化改革阶段（1992 年—至今）

1992 年年初邓小平同志南方讲话以后，市场经济理论取得重大突破。党的十四大报告明确提出，中国"经济体制改革的目标是建立社会主义市场经济体制"，发育市场、培育市场体系成为中国经济体制改革的核心内容，由此推动了中国商品流通体制改革进入新阶段。一是加大了国有流通企业改革的力度，一批国有资本退出了流通领域，多种形式的股份经济出现，并随着民营经济的快速发展和对外开放步伐的加快，流通企业的经营机制更加灵活，流通领域多种经济成分竞争的格局已经形成。二是价格改革继续深入，除少数涉及国计民生商品仍由国家管理外，绝大多数商品价格已经放开，市场化进入了纵深推进阶段。三是经过多年的培育与发展，初步形成了包括批发业、零售业、餐饮业、商品交易市场以及居民生活服务业在内的，服务于消费品、农产品、生产资料的有形市场与无形市场、批发市场与零售市场、城市市场与农村市场共同发展的多层次、多门类、多形式的商品市场体系。四是商业领域实行对外开放试点，2001 年加入世贸组织承诺三年过渡期后我国取消外商投资零售领域在地域、数量、股权比例等方面的限制，2005 年，中国分销领域转型基本完成，我国流通领域国际化水平不断提高，国内外市场相互融合程度不断加深。这个阶段商业流通体制改革的目标是适应社会主义市场经济体制的要求，根据市场经济发展的客观规律，建立和形成统一、开放、竞争和有序的市场体系，逐步建立现代化商业流通体制，充分发挥流通业在国民经济中的先导作用。

（二）中国商品流通体制改革的内容

商品市场是市场体系的基础，中国市场化改革首先是从商品市场开始的，商品流通体制改革是建立市场体系和形成市场机制的主要内容和具体途径，对于中国经济体制改革具有重要意义。

1. 消费品流通体制改革

自 1978 年改革以来，随着我国社会主义市场经济体制的逐步确立，关系到居民日常生活的消费品流通体制进行了一系列改革，其改革内容主要包括以下方面：

改革计划管理体制，培育和发展消费品市场。消费品流通体制改革首先从减少计划与分配，逐步放开市场开始。1985 年农业生产的指令性计划基本取消；工业消费品由1978年国家管理计划商品391种，至1981年减少到150种，1982年减少到115种，1984年减少到60种，1993年减少到9种；1983年取消了布票，1992年取消了粮票，居民生活用品基本依靠市场供应，消费品市场得到较快发展。

改革价格管理形式，由市场形成价格。在减少计划管理的同时，消费品价格管理形式逐渐发生重大变化。首先对三类农副产品和完成收购任务的一、二类农副产品允许议价，部分工业日用品试行浮动价格，160种三类小商品由工商双方协定价格或企业自主定价，使生产企业和经营企业具有了一定的定价权。本着"调放结合、最终放开"的原则，价格管理目录逐年减少，对价格形成机制和价格管理体制进行彻底改革。到1992年，绝大部分消费品价格放开，由生产者自主定价，价格由市场供求决定。

改革企业产权关系，培育多种经济成分的市场主体。改革初期，恢复了供销社的集体所有制成分，允许其自主经营；20世纪80年代，鼓励个体和私营企业进入消费品流通领域和居民服务业；"改、转、租、卖"小型国有商业企业，大部分小型零售业改变了经济成分；1992年首先从商业零售领域实行对外开放的试点，外资开始进入流通业。改革以来，消费品流通领域非国有成分迅速发展，形成了国有、集体、股份制、合资合营、私营和个体商业等多种成分参与的流通格局。

改革购销体制，建立现代化的消费品流通体系。随着一、二、三级批发单渠道流通体系被打破，消费品进入市场、流通渠道进一步呈多元化的趋势。具有生产经营自主权的生产企业开始自行设立销售机构，形成直接控制的、遍布全国各地的销售网络；改制后发展壮大的原有批发企业，同逐渐成长起来的股份制、民营的大批发企业，通过消费品分销活动，起着衔接生产、零售企业的桥梁作用；逐步发展起来的综合批发市场、专业批发市场、小商品市场和农产品集贸市场，既面向各种消费品零售企业，也面向普通消费者；迅速发展的连锁商店、超市、便利店，通过社会商品配送体系和自有配送系统，实现了生产商品快速配送、及时面向消费者销售的方便服务形式。初步形成了方便服务、满足居民生活需要的消费品流通体系。

2. 生产资料流通体制改革

1978 年改革前，生产资料作为产品实行统一管理、计划分配，由国家统配的一类物资 256 种，部门分配的二类物资 316 种，地方计划分配的三类物资多达上千种。生产资料流通体制改革开始了由计划分配向市场流通的转轨进程。

生产资料由计划分配，逐步转为市场流通。1984 年 10 月《中共中央关于经济体制改革的决定》提出"有计划的商品经济"后，确认生产资料是商品，逐步调整生产资料购销政策，搞活生产资料流通。1988 年，国务院批准了物资体制改革小组《关于深化物资体制改革方案》，减少分配物资的品种和数量，形成了计划分配与市场流通并存的格局。生产资料开始进入市场，且范围逐步扩大，到 1992 年末，国家统一分配的生产资料已由 256 种减少到 19 种。生产资料市场逐步形成并较快发展起来。1984 年大批物资贸易中心建立，为当时的生产企业调节商品供求、交流市场信息提供平台与服务。1986 年在国家政策支持下，全国建立了 200 多个钢材市场，促进钢材的有序流通。之后，围绕生产资料的主产地、主销地和主要集散地，建立起了各种类型的生产资料交易市场。1992 年，深圳、上海建立了有色金属期货交易所，有色金属、橡胶等生产资料可以进行期货交易。近两年，适应生产企业销售产品的需要，在生产资料交易市场的基础上，钢材、石油、塑料原料等大宗商品引进了电子交易方式，提供中远期网上交易和物流配送等服务。至此，多层次、多种类、多功能的生产资料流通体系基本形成。

进行生产资料价格改革，逐步实现市场配置资源。伴随着生产资料购销体制的改革，生产资料价格本着调放结合的原则，进行相应的改革。对于实行指令性计划管理的重要商品实行国家定价，采取有计划、有步骤调整计划价格，使其可获得合理利润，同上下游产品的比价基本合理，纠正了价格扭曲的状况；对供不应求、资源前景好、生产潜力大的商品，扩大自由购销的比重，实行国家指导价，给予企业更大的价格浮动空间，调动生产企业的生产积极性；对供需基本平衡的商品，价格逐步放开，由市场调节价格。从 20 世纪 80 年代初，生产资料价格呈现计划价格与市场价格"双轨"并存的状况。随着计划管理的商品种类、数量的减少，计划内外价格逐渐并轨，大部分生产资料进入市场流通，逐步实现市场配置资源。

物资部门经营机制转换，物流业开始发展。改革初期，生产资料被承认是商品，分配生产资料的物资部门开始由分配物资的政府部门向物资经营企业转换，各地的一、二级物资站逐渐转变成物资公司，并出现了经销、代销、联销、经济协作等多种经营形式。1984 年在物资流通部门的基础上建立了大批物资贸易中心，按照市场机制的要求开展了生产资料的流通业务，物资流通企业成为真正的市场主体。随着生产资料市场的开放，一批民营资本进入生产资料流通领域，共同在市场竞争中生存与发展。21 世纪初，国际现代物流企业随着其国际客户进入中国，给中国的生产资料流通领域带来了新的管理理念和现代管理方式，中国生产资料流通业通过企业重组、业务整合和提升，增加加工、包装、配送等综合服务，沟通生产与流通环节，涉足供应链管理，向现代物流企业转换，社会化、专业化的现代物流产业初步形成并得到较快发展。

3. 流通企业改革

流通企业的改革重点，是适应市场经济体制的需要，逐步培育和发展有竞争力的市场主体。

扩权让利，使国有流通企业成为自主经营的市场主体。1979 年，商业系统实行了全行业利润留成制度，给予部分业务的经营权、财权和部分商品的削价、处理权，流通企业因此具有了一定的经营活力。1987 年全面推行企业经营承包责任制，调动了流通企业追求效率和效益的积极性。1992 年国务院通过了《全民所有制工业企业转换经营机制条例》，同样适用于流通企业，流通企业具有了商品采购、销售、劳动人事、工资等方面更多的权力。1993 年 12 月份《中华人民共和国公司法》颁布，明确了流通企业商品自主经营者的地位，使其成为真正的自主决策、自主经营、自负盈亏的市场主体。

发展多元化的流通组织，培育多种经济成分的市场主体。一是在流通领域大力发展集体经济组织。1982 年恢复供销社集体所有制性质，吸收农民入股。1991 年颁布了《中华人民共和国城镇集体所有制企业条例》，1992 年商务部发布《商业企业实施细则》，明确了集体流通企业的性质、地位和作用，使集体流通业得到了较快的发展。二是在流通领域发展个体经济和私营经济。1987 年国务院颁布《城乡个体工商户管理暂行条例》，1993 年国家工商局发出《关于促进个体私营经济发展的若干意见》，进一步鼓励和支持个体私营流通业的发展，个体私营流通业已经成为中国商品流通的主要力量。三是促进混合经济成分的流通企业发展。1992 年党的十四大提出"股份制有利于促进政企分开、转换经营机制和积聚社会资金，要积极试点，总结经验，使之有秩序地健康发展"。伴随着国有资本有进有退的战略调整，大多数国有流通中小企业拍卖和兼并，随着流通企业产权的流动和重组，多种形式的股份经济出现。1992 年流通领域开始对外开放试点，外商合资或独资经营流通业逐步进入中国流通业，使市场构成发生了新的变化，中国流通业形成多种经济成分、多元化充分竞争的格局。

建立现代企业制度，提高流通企业的竞争能力。进入 21 世纪，流通企业的改革重点转向建立现代企业制度，提高流通企业竞争能力方面。一是大力推进国有流通企业改组改制。国有大中型企业以产权制度改革为核心，支持企业进行跨行业、跨地区、跨所有制的资产重组，改革企业组织形式，转变经营机制，建立与完善企业治理机制。二是鼓励强强联合，做大做强，按照市场经济规律和世贸组织规则，积极培育一批有著名品牌和自主知识产权、主业突出、核心竞争力强、具有国际竞争力的大型流通企业。三是放开搞活中小流通企业，鼓励和支持民间资本、外资等非公有资本参与国有中小流通企业改革，实现投资主体多元化。四是加快创新步伐，提高流通现代化水平。推动流通企业进行流通方式和技术创新，利用信息技术改造流通业传统作业方式，鼓励与发展连锁经营、物流配送等现代流通方式，提高管理效率，降低成本，鼓励各类流通企业发展电子商务。

4. 商品价格改革

市场机制配置资源的作用是通过市场的价格信号完成的，价格改革是市场化改革的核心，30年来我国价格改革的基本方向和目标，是逐步建立以市场形成价格为主的价格形成机制。价格改革的主要内容包括：实现由政府定价为主向经营者定价为主的转变；由主要依靠行政手段直接控制价格，向主要依靠经济手段、法律手段间接调控价格的转变；实行并完善在国家宏观调控下，主要由市场形成价格的机制。

建立与完善价格形成机制。自1978年以来，我国的价格改革始终沿着市场化的取向，由农产品向工业品、由生活资料向生产资料，经历了"以调为主"、"放调结合"、"以放为主"等阶段，稳步推进。逐渐理顺价格关系，逐步建立与完善市场形成价格的机制。1979年至1984年在"完善计划价格体制"的思路主导下，开始引入市场机制，采取调放结合，以调为主的方式。1979年，粮食统购价格提高20%，超购加价50%，1981年提高了烟酒价格，1982年放开了工业品中100种小商品价格等，改善了计划体制形成的严重扭曲的价格结构；1985年至1992年，市场取向明显加强，价格改革调放结合。1985年取消统购制度和统购价格；除少数重要农产品和少数经济作物之外，其他农产品价格放开。1986年，全部放开了小商品的价格。提高城市主要副食品售价，理顺粮食价格，工业生产资料实行了计划内平价、计划外议价的价格双轨制。市场形成价格的比例大幅度增加，市场机制开始发挥作用。1992年"建立社会主义市场价格体制"的目标模式最终确立并居主导地位，价格改革以放为主。1993年，在前几年连续大力度价格改革的基础上，放开了粮食、钢铁产品及部分统配煤炭的价格，大中城市先后放开和多次调整肉、禽、蛋、菜和调味品等基本生活必需品价格，以及日用品和服务项目价格，生产资料双轨价格逐渐向市场价并轨。1997年《中华人民共和国价格法》颁布实施后，以法律形式确立了由市场价格形成为主的价格形成机制。

我国价格改革取得了很大的成就。到目前为止，我国竞争领域的价格已经放开，市场机制在优化资源配置等方面的基础性作用得到进一步加强，由市场形成价格为主的价格形成机制初步确立（见表 6 - 1）。

表 6 - 1　1978 年以来三种定价形式比重变化

（单位：%）

类　　别	价格形式	1978 年	1988 年	1992 年	1997 年	2006 年
社会消费品零售额	政府定价	97.0	47.0	5.9	5.5	2.8
	政府指导价	0.0	1.9	1.1	1.3	1.9
	市场调节价	3.0	34.0	93.0	93.2	95.3
农产品收购总额	政府定价	92.2	37.0	12.5	16.1	1.2
	政府指导价	2.2	23.0	5.7	3.4	1.7
	市场调节价	5.6	40.0	81.8	80.5	97.1
生产资料销售总额	政府定价	100.0	60.0	18.7	13.6	5.6
	政府指导价	0.0	0.0	7.5	4.8	2.3
	市场调节价	0.0	40.0	73.8	81.6	92.1

注：政府定价，是由政府价格主管部门或者其他有关部门，按照定价权限和范围制
　　定的价格。
　　政府指导价，是由政府价格主管部门或者其他有关部门，按照定价权限和范围
　　规定基准价及其浮动幅度，指导经营者制定的价格。
　　　　　　　（资料来源：根据国家发展改革委员会价格司测算资料整理）

　　建立与完善价格监督与管理机制。适应社会主义市场经济体制和价格形成机制的需要，价格管理体制进行了相应的改革，价格管理机构成为国家宏观管理部门的组成部分，管理职能由制定计划价格为主向促进形成合理市场价格和稳定价格总水平转变。依据《中华人民共和国价格法》：一是对少数重要商品（中央和地方定价目录的商品）在开展价格、成本调查，听取消费者、经营者和有关方面的意见基础上，实行政府指导价或者政府定价。二是价格主管部门依法对企业的经营行为和价格活动进行监督检查，对价格违法行为实施行政处罚。三是加强对市场供求进行宏观调控，初步形成了以经济手段、法律手段为主，行政手段为辅的价格管理与

调控框架。四是根据价格管理的需要制定价格管理的法律、法规和规章，提供政府管理价格的原则和作价办法，研究、制定和组织实施重要商品的价格改革方案。

建立与完善价格预警与调控机制。适应价格调控和管理的需要，政府价格主管部门建立了价格监测制度和价格监测、预警系统，形成了遍布全国的价格信息网络，跟踪调查、分析重要商品和服务价格、市场供求的变动情况，使国家决策部门和价格主管部门及时了解和掌握市场价格变动趋势，进行宏观调控。同时我国的价格法已经赋予了政府在重要商品和服务价格显著上涨或者可能显著上涨时的价格干预权力，以及在价格总水平出现剧烈波动等异常状态时对价格采取紧急措施的权力。运用商品吞吐、价格补贴以及货币、财税等经济手段、法律手段，以控制社会总需求和总供给的间接调节为主，辅之以必要的行政手段进行管理的价格调控体系由此初步建立。

5. 流通业行政管理体制改革

为了适应建立市场经济体制和对外开放的需要，加强政府对流通业的监督与管理，与国家行政机构6次改革同步，流通业管理体制进行了不断深化的变革。

流通管理机构的改革。在中国历次行政管理体制改革中，流通业的管理机构由分散走向统一，为流通业的进一步发展奠定了基础。1988年第二次行政管理体制改革，撤销国家物资局，组建物资部，流通业形成商业部、物资部、对外经济贸易部三分天下的格局。1993年第三次行政体制改革，商业部与物资部合并，成立了国内贸易部，实现了生产资料流通与生活资料流通、城市与乡村商品流通的一体化，向建立统一的大市场迈出了重要一步。2000年年底第四次行政管理体制改革，撤销国内贸易部，并入国家经贸委，实现了"工贸结合"。2003年第五次行政体制改革，将国内流通管理部门与对外经济贸易合作部合并，成立商务部，基本形成内外贸合一的流通管理体制。商务部的成立标志着长期以来内外贸管理分割的局面被打破，内外贸一体化的"大流通"、"大市场"管理格局初步确立。它符合我国市场体系建设和内外贸发展需要，大大提升了我国流通产业的地位和作用。

转变政府管理职能，构建新型流通管理体制。流通管理体制改革要求政府管理职能，由主要按计划负责分配物资和商品逐步向培育和规范商品市场，发展商品流通，促进流通效率提高方面转变。改革内容包括：一是政企分开。1985 年原商业部首先将内部与专业管理局合一的各工业品公司摘牌，剥离经营职能。将一、二级工业品批发站下放到所在城市成立公司，实行企业化经营，由管理型向经营型转换，彻底实现政企分开。二是管理范围的改革。1988 年由部门管理转变为对全行业、面向全社会商业流通业的管理。三是管理形式的改革。由原来直接管理企业的"主体管理"转变为对市场主体的"行为管理"。通过制定相关的法律法规和流通业发展规划，依法对流通企业及其经营行为进行监督和管理，维护公平竞争的市场秩序，促进"统一、开放、竞争、有序"的现代市场体系的形成。四是管理行为由"统治型"向"服务型"转变。逐步减少行政审批、审核，增加了提供经济政策和经济信息咨询服务、经济决策和经济规划服务、综合协调服务、技术服务等服务的职能。为企业提供公平竞争的市场环境，为百姓创造规范有序、安居乐业的社会环境。

建立与完善流通领域的法律法规体系。社会主义市场经济是法制经济，依法行政和依法管理市场，建立、健全与社会主义市场经济相适应的流通领域的法律体系对于保障商品流通，打破地方和部门的行政性垄断或限制，建立和维护统一、开放和公平竞争的市场秩序十分重要。2003 年商务部组建后，一是全面清理了原有各流通管理部门发布的涉及商品流通的法规文件，分批废止了不适应市场流通形势的法规文件，为建立商品流通的法规体系奠定了基础。二是邀请有关部门、专家、学者，根据我国商品流通的现状及对法制建设的要求，初步完成了中国市场流通法律体系的框架设计，包括市场流通基本法、市场主体法律制度、市场行为法律制度、市场秩序法律制度、市场调控与管理法律制度等部分。三是研究起草了一批重点法律法规，大部分已经上报或颁布。包括，国家法律：《中华人民共和国反垄断法》；行政法规有《城市商业网点管理条例》、《商业特许经营管理条例》、《直销管理条例》、《生猪屠宰条例》；部门规章：《突发事件生活必需品管理暂行办法》、《外商投资商业领域管理办法》、《拍卖管理办法》、《美容美发业管理暂行办法》、《成品油市场管理办法》、《典当管理办法》、《汽车品牌销售管理实施办法》、《外商投资租赁业管理办法》、《散装水泥管理办法》、《二手车流通管理办法》等。四是加强了流通领域制度的基础性建设，如商品流通标准体系的制定和完善，行业和地方的信用体系建设等，进一步促进流通业规范化、标准化和现代化。

6. 商品流通领域的对外开放

商品流通领域对外开放是中国对外开放总体战略中的重要组成部分，中国从 1992 年开始实行流通领域对外开放的改革试点，逐渐打破了原有的严格市场准入和以专营体系为核心的管理体制，国内商品市场对外逐步开放，促进了国内外商品市场一体化的融合。

流通领域对外开放政策的思路与原则。我国对外开放采取了渐进有序开放的原则，先进行试点，在总结经验基础上，市场准入政策渐进放宽。一是在开放区域上，首先选择经济发展快、商业较发达、政府对外资企业的管理经验较多、商业企业竞争能力较强的城市进行开放；二是开放业务范围综合考虑行业地位、行业竞争力、管理难度、法律（法规）保障等因素，适时适度开放；三是在境外合营者准入资格上先大后小，引进现代商业经营的先进技术和管理经验以及促进商业基础设施的建设；四是严格对境外合营者股权、外商投资零售企业门店数量的要求，限制外商投资商业企业在中国市场份额的过快发展，为内资商业企业的成长、竞争力的提高创造较好的市场环境和较充足的时间。五是审批权限逐步下放，在加入世贸组织承诺期后，部分权限授权由国务院下放给省级商务主管部门。

中国流通领域对外开放的进程。试点阶段：1992 年 7 月，国务院批准在北京、上海、天津、广州、大连、青岛六个城市和深圳、珠海、汕头、厦门、海南五个经济特区各试办一至两个中外合资或合作经营的商业零售企业，1992 年中日合资的第一八佰伴商场在上海浦东开业，标志着我国商业领域对外资开放的开始。随后，零售业的开放试点从沿海地区扩大到所有省会和中心城市，外商被允许进入直辖市的批发环节。2001 年 9 月，正式批准成立的外商投资商业企业累计达到 40 家。

加入世贸组织承诺过渡期阶段：2001 年 12 月 11 日，中国正式加入世贸组织。根据加入世贸组织承诺，到 2004 年 12 月，分销（流通）领域具有三年过渡期，在此期间，外资投资批发、零售业务的股权比例逐步提高。到 2004 年年底，共累计批准成立外商投资商业企业 304 家，开设分店 3915 个，营业面积达到 828.6 万平方米。

加入世贸组织过渡期结束，全面开放阶段：2004 年 6 月 1 日，商务部正式颁布实施了《外商投资商业领域管理办法》，中国严格遵守加入世界贸易组织所做的承诺，取消了对外资商业的地域、股权和数量限制，允许生产企业增加分销业务，并将开放范围从批发零售扩大到佣金代理、无固定地点销售，流通领域全面对外开放，外商投资出现新变化。在业态上，由以开设大型店铺为主，向专业店、便利店、折扣店等多种形式发展；在地域上，由东部省会城市向中西部和地级城市扩张；同时外资商业开始向批发领域大举进军，2005 年全年共批准 571 家外资批发企业，占新批准企业总数的 56%。

流通领域对外开放的意义和影响。国际著名商业集团进入我国，不仅为我国的流通业发展提供了资金，而且给我们带来了先进的营销理念、管理经验和流通先进技术，带来了各种先进的经营业态，促进了我国流通现代化，提高了国内市场的国际化水平。同时，吸引了越来越多的跨国公司加快开拓中国市场的步伐，纷纷在中国设立生产基地、研发中心和采购基地。调查显示，有近 76% 的跨国公司将中国作为首选的物资采购基地，近两年在中国的年采购金额已经突破千亿美元。义乌小商品城已经成为国际型的小商品常年展示会，常驻的外国客商 4000 多名，年成交额 300 多亿元人民币，中国市场融入国际市场体系的速度明显加快。

（三）中国商品流通体制的现状

30 年的改革开放和市场化进程的推进，社会主义市场经济体制基本确立，经济快速发展和人民生活水平不断提高，流通领域发生了很大变化，主要特征是：

1. 市场机制发挥主导作用，商品市场快速发展

目前，绝大多数商品价格已经放开，商品流通领域的市场化程度比较高，市场决定价格的机制已经形成，市场配置资源的作用不断增强，促进了商品生产的快速发展，带动了居民消费的稳步增长，市场供需两旺，商品丰富多彩。作为连接生产与消费的流通产业，在促进消费、引导产品结构调整、满足城乡居民日益提高的生活消费需求等方面发挥出越来越重要的作用。市场流通规模不断扩大，2006 年实现社会消费品零售总额 76410亿元，是 1978 年的 49.02 倍，年均增长 14.9%（见图 6-1），流通业已经成为实现需求和消费以及启动市场、引导生产的助推器，正迅速从传统的末端行业发展为先导性行业。

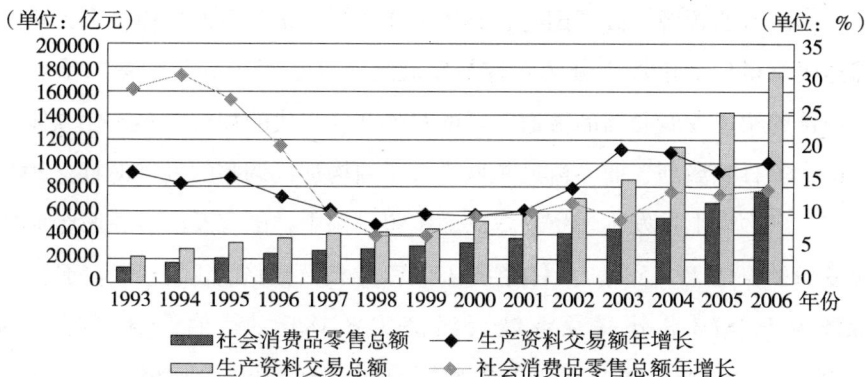

图 6-1　1993—2006 年社会消费品零售总额和
生产资料交易总额增长情况

（资料来源：根据中国统计年鉴、中国物流联合会信息中心数据整理）

2. 商品流通市场体系已经建立，功能不断完善

经过近 30 年的建设与培育，中国商品流通市场体系已经建立，功能不断完善。一是建立了以连锁经营为发展方向，百货店、专卖店、折扣店、各类超市、便利店和小商品市场、农贸市场同步发展，满足多层次消费、遍布全国各地的社会商业网点。二是适应中国企业规模小，分散生产、分散消费国情需要，建立与发展了不同类型、不同规模的商品交易市场。2006年交易额在亿元以上的商品交易市场有 3876 个，成交额达 37137.5 亿元。商品交易市场在服务经济发展、方便群众生活、加快商品流通方面发挥了重要作用。三是适应经济发展的需要，一些大宗生产资料专业市场在传统现货市场的基础上，引进电子信息技术，扩展服务功能，建起一批集电子交易、信息、物流配送于一体的大宗商品电子交易市场，提高了商品交易市场的现代化水平。目前，我国已经初步形成了包括批发业、零售业、餐饮业、商品交易市场以及居民生活服务业在内的，服务于消费品、农产品、生产资料流通的有形市场与无形市场、批发市场与零售市场、城市市场与农村市场共同发展的多层次、多门类、多形式的商品流通体系。

3. 市场主体多元化竞争的格局已经形成

商品流通领域打破了国有、集体流通企业一统天下的局面，多元化的流通组织得到了比较充分的发育与发展。尤其是"十五"以来，随着非公经济的快速发展和商品流通领域的对外开放步伐的加快，多元化主体之间的竞争日趋激烈，商品流通领域进入了结构加快调整的发展时期。2006年末，限额以上批发零售贸易业商品销售总额中，国有及国有控股企业的市场份额仅为 25.25%，集体经济 2.03%，私营经济为 20.74%，股份制经济为 19.87%，外商及港澳台经济为 8.18%，其他混合型经济为23.93%，多元化、多业态、竞争程度不断提高的市场流通格局逐步显现出来。

4. 流通领域不断创新与发展，现代化程度有较大的提高

改革开放以来，流通领域在实现市场化的过程中，商品流通的现代化进程不断加快，发达国家探索了几十年的现代流通组织形式和业态形式几

乎全部出现在我国商品市场，流通效率不断提高，流通企业的竞争能力不断增强。一是现代流通方式较快发展。以连锁经营、物流配送、电子商务为代表的现代流通方式受到流通企业重视，得到长足的发展（见表6-2）。

表6-2　物流业发展情况

（单位：亿元，%）

	2004年	比上年增长	增幅比上年提高
社会物流货物总值	383000	29.9	2.9
社会物流总成本	29114	16.6	3.0
物流业增加值	8459	8.4	1.4
第三方物流业增加值	1000	30.0	
物流业固定资产投资	7000	22.5	

（资料来源：根据中国物流统计年鉴数据整理）

二是新型业态加速发展。以经营方式和服务方式创新为主要特征的新型业态，已经深入到餐饮、零售、批发和生产资料流通等贸易领域之中。零售业除传统的百货店外，超市、专卖店、便利店、仓储式商店等都以其独特的方式在中国大中城市的零售市场上显示出发展的生机，目前国内零售业的业态形式已经基本涵盖了发达国家半个多世纪以来探索和创新出来的各种商业业态，形成了以专业店和超级市场为主，多层次、多业态的流通格局。

三是流通现代化水平逐步提高。以现代信息技术为主要内容的各种先进流通经营和管理技术，在商品流通领域得到了越来越广泛的应用。大部分流通企业具有了自己的网站和信息平台，网上公布商品信息和提供网上购物方式。零售企业中，销售时点系统（POS）和管理信息系统（MIS）已普遍采用，企业资源计划（ERP）、客户关系管理（CRM）、供应链管理（SCM）、供应商管理库存（VMI）等经营管理技术业已经开始应用推广。到2006年末，我国限额以上连锁零售企业的自有商品配送比重和非自有商品配送比重达64.06%和11.91%，极大地提高了流通效率、降低了流通成本。

5. 流通业对外开放取得成效，国内外市场已经接轨

随着我国加入 WTO 过渡期结束和流通领域的全面开放，几年来流通领域外商投资步伐出现较大幅度的增长，2006 年全年利用外资项目为 4664 个，比上年增长 79.25%，实际利用外资金额约 17.9 亿美元，同比上升 72.3%（见图 6-2）。

(单位：百万美元)　　　　　　　　　　　　　　　　　　　　(单位：个)

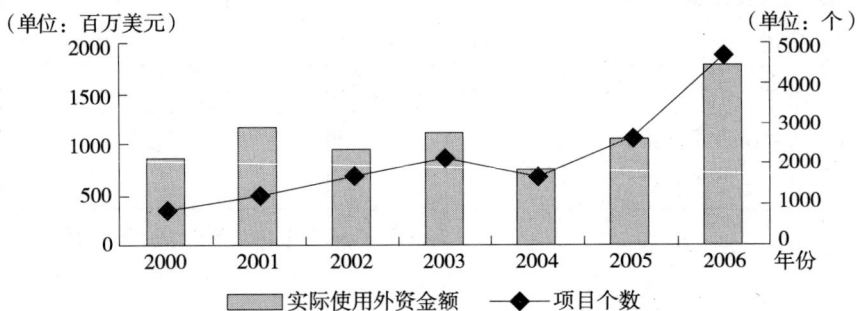

　　　　　▭ 实际使用外资金额　　　◆ 项目个数

图 6-2　2000 年以来流通产业利用外资趋势

（数据来源：根据国家统计局、商务部相关数据整理）

6. 商品市场宏观调控体系初步建立

按照建设大市场、搞活大流通、发展大贸易的要求，政府职能发生深刻变化。一是建立与完善流通领域的法律法规体系，以此规范市场主体的经营行为，建立良好的市场秩序，创造公平竞争的市场环境，保护消费者的利益。二是组织制定流通行业发展规划、发展战略、行业政策、行业标准，制定并发布了《全国商品市场体系建设纲要》、《国内贸易发展"十一五"规划》、《农村市场体系建设"十一五"规划》等指导性文件，引导流通业健康发展。三是依照法律法规和规划实施行业指导、监督、管理和服务。四是建立了市场监测信息系统，重要商品储备制度，突发事件应急制度，为宏观、微观决策提供信息服务，必要时参与市场调控，保证市场稳定和商品供应。

二、30 年来流通领域的理论创新和重大决策

（一）流通领域的重要理论突破与创新

1. 流通领域理论创新的背景

纵观 30 年流通领域改革和开放的历程，每一步进展都伴随着经济理论的重大突破，而经济理论的突破为流通理论创新奠定了基础，提供了条件。

第一，"有计划的商品经济"理论的重要突破

1978 年党的十一届三中全会拉开了改革的序幕，但在初期，改革仍是在计划经济体制框架下进行的，改革内容也主要是在"体制外"展开，市场在配置资源和调节经济中仍处于"补充"的地位，表明当时对商品经济和市场机制的认识仍存在局限性。随着农村改革取得巨大成功，农产品商品化率迅速提高，推动了消费品市场的发育。同时，改革重心由农村转向城市，对市场化改革的要求更为迫切，从而促进了对经济性质的认识取得明显进展。1984 年，在党的十二届三中全会通过的《中共中央关于经济体制改革的决定》中，明确提出了"社会主义经济是在公有制基础上的有计划的商品经济"的重要理论，这是对社会主义经济认识的一次飞跃。其重要意义在于，承认社会主义经济是商品经济，就是承认了商品经济发展是社会经济发展的不可逾越的阶段，是实现我国经济现代化的必要条件。而只要发展商品经济，就要尊重商品经济所特有的规律和体制制度安排，就要注重发挥市场机制的作用。因此，这一时期，对价值规律、价格理论以及对市场机制作用和属性的研究实践都取得了重要进展。

第二，"社会主义市场经济"理论的重大突破

"有计划的商品经济"理论的突破虽然具有重要意义，但仍未真正解决社会主义经济制度和改革方向等根本性问题。早在 1979 年，邓小平同

志就指出："说市场经济只存在于资本主义社会，只有资本主义的市场经济，这肯定是不正确的。社会主义为什么不可以搞市场经济"。1985 年 9 月，党的全国代表会议第一次提出"逐步完善市场体系"的问题，并强调发展商品、资金、劳务和技术市场。1987 年 9 月，党的十三大报告中明确提出"加强建立和培育社会主义市场体系"的概念，同时提出"国家调节市场，市场引导企业"的改革路径。1992 年年初，邓小平同志在南方谈话中明确提出："计划经济不等于社会主义，资本主义也有计划；市场经济不等于资本主义，社会主义也有市场。计划和市场都是经济手段。"这一系列重要认识，对长期争论不已、阻碍改革实质性推进的根本性问题做出了清楚、透彻、精辟的回答，从而推动社会主义市场经济理论取得重大突破。在认识不断深化的基础上，党的十四大报告中第一次明确提出了我国经济体制改革的目标是建立社会主义市场经济体制，解决了一个关系改革开放全局性、方向性的重大问题。在 1993 年召开的党的十四届三中全会通过的《中共中央关于建立社会主义市场经济体制若干问题的决定》中，进一步描绘了市场经济体制的总体框架和一系列新的理论观点。这些理论认识构成了社会主义市场经济理论的主要内容，而这一重大理论的突破也为流通领域的理论进展创造了条件。

第三，公有制实现形式的重大理论突破

在新中国成立后的较长时期内，公有制一直被看做是社会主义的主要特征，其实现形式是以国有独资企业和相应制度来体现。这种公有制及其实现形式曾发挥过重要作用，但在经济发展和市场配置资源过程中，单一的公有制实现形式排斥了其他实现形式的作用，影响了生产力的发展。经过十几年的理论发展和实践探索，1997 年召开的党的十五大，对公有制实现形式做出了明确的阐述，提出公有制可以有多种实现形式，股份制也可以是公有制的实现形式，从而取得了重大理论突破。在党的十六大报告中，提出要进一步探索公有制特别是国有制的多种有效实现形式。在党的十六届三中全会上，又提出了大力发展混合所有制经济，使股份制成为公有制的主要实现形式的观点。这一重大理论突破和创新，给包括流通领域在内的各领域的国有制改革和多元所有制经济共同发展注入了理论内涵。

第四，社会主义国家对外开放理论的重要突破

改革开放以后，党在总结社会主义国家发展的经验教训的基础上，抓住冷战结束、和平与发展成为时代主题的国际机遇，提出了社会主义国家对外开放的理论。邓小平同志多次明确提出"中国的发展离不开世界"，"社会主义制度是开放的制度"，"对外开放是社会主义制度本身所固有的，也可以说是社会主义的本质特征之一"。正是由于对社会主义国家开放性的清醒认识，中央将对外开放定为新时期的基本国策，认为社会主义要赢得与资本主义相比较的优势，就必须大胆吸收和借鉴人类社会创造的一切文明成果，吸收和借鉴当今世界各国包括资本主义发达国家的一切反映现代社会化生产规律的先进经营方式、管理方法，来为社会主义服务。在对外开放理论的指导下，我国确定的对外开放的战略决策是：在坚持独立自主、自力更生的基础上，积极开展同世界所有国家的经济合作、技术交流、贸易往来，引进先进科学技术、经营管理方法和其他先进成果，以及资金和人才，利用国内和国际两种资源，打开国内和国际两个市场，加速社会主义现代化建设。30年的实践证明，我国对外开放的战略决策是完全正确的，开放的步伐积极稳妥，开放度不断扩大，开放成就十分显著，走出了一条符合中国国情的对外开放路子，以更加积极的姿态走向世界，迎接竞争与挑战。

这些重大理论突破在中国的改革开放进程中发挥了重要的指导作用，有些理论创新具有划时代的意义，也为流通领域的理论创新奠定了基础。

2. 流通领域的理论创新的内容及其作用

第一，生产资料的商品属性及其流通理论的探索和创新

在传统计划经济体制下，生产资料不是以商品的属性存在，而是作为生产性物资进行调拨和分配。因为生产资料公有制是社会主义经济的核心，所以必须由计划控制生产和流通。这种认识的结果就是物资管理体制统得过多、管得过死，人为割断了客观经济过程的内在联系，违反了商品经济的客观规律，造成流通不畅，产需不调。在改革初期，农产品、工业

消费品的流通最先取得突破，市场化取向的改革取得进展，但生产资料的流通体制改革和市场发育明显滞后。1984 年，"社会主义经济是在公有制基础上的有计划的商品经济"这一重要理论的突破，促进了对商品经济理论研究的进展，生产资料是商品，应该实行市场化流通的理论探索取得一些突破，使得传统计划经济覆盖最为严密的生产资料流通领域市场化改革在理论上开始破题，在实践中也得到体现。在当时生产资料价格和流通全部放开仍有障碍的情况下，探索出了工业生产资料价格和流通"双轨制"的做法，即增量部分以市场价格进入市场流通，生产资料流通和市场开始发育（见表 6-3）。

表 6-3 80 年代重要原材料国家计划分配比重的递减情况

（单位:%）

品种 \ 年份	1979	1984	1988
钢材	77.0	66.0	46.0
木材	85.0	40.0	25.9
煤炭	58.9	50.0	43.5
水泥	35.7	25.0	13.6

（资料来源：张军《"双轨制"经济学：中国的经济改革（1978—1992）》，上海三联书店、上海人民出版社 1997 年版）

第二，商品价格管理体制和价格形成机制理论的创新

20 世纪 80 年代，随着经济理论研究的进展，商品价格管理体制和价格形成机制的理论创新取得明显进展。从最初的着力进行计划调整价格到实行价格"双轨制"，再到计划价格逐步减少、市场调节价格逐步增多。特别是社会主义市场经济理论取得突破以及市场经济体制的改革目标确定之后，作为市场配置资源的重要方式和手段，价格应通过竞争，根据供求关系由市场决定的理论在国内取得广泛共识，市场决定价格的机制逐步形成。在商品市场中，市场调节价格在社会商品零售总额、农产品收购总额、生产资料销售总额中的比重逐步扩大。除少部分关系国计民生的重要

商品和少数具有资源垄断性质的产品，以及部分服务价格仍由国家定价之外，其余已基本放开，由市场机制自主调节。同时，价格管理体制也逐步朝着适应市场化要求的方向发展。

第三，流通组织理论的引进吸收及其创新

从20世纪90年代中期开始，随着对外开放的扩大，国外连锁经营组织理论开始传入我国。其理论的实质，是将分工协作的产业组织原理应用于流通领域，突出地改变了传统的流通业的组织体系，不仅将零售分销的产业链条科学、专业化地进行重新组织和构建，而且通过规模化的组织体系大大提高了流通效率，降低了流通成本。这一理论的引进吸收创新，大大促进了国内流通业连锁经营的加快发展（见表6-4）。

表6-4　2005—2006年限额以上连锁零售业情况（按业态分）

指　　标	计量单位	合计		同比增长
		2006年	2005年	%
门店总数	个	123690	105684	
百货店	个	5149	3853	33.63
超级市场	个	23233	18924	22.77
专业店	个	77220	67471	14.44
加油站	个	31312	30957	1.14
专卖店	个	5572	5195	7.25
便利店	个	12310	10043	22.57
仓储会员店	个	79	78	1.28
家居建材商店	个	127	120	5.83

（数据来源：国家统计局：《2007年中国统计年鉴》，中国统计出版社2007年版）

第四，流通业态理论的创新与发展

零售业态是指零售企业为满足不同的消费需求而形成的不同的经营形态，是零售业向确定的顾客群提供确定的商品和服务的具体形态，是零售活动的具体形式。在市场经济条件下，市场消费需求日趋多样化、多层次，零售业态理论的发展对于面对目标市场更有针对性地提供零售服务、满足消费者需求发挥了重要作用。国外的零售业态理论在20世纪有了长足的发展，主要是业态循环理论，即零售业态以循环的形式向前发展。循环论又包括三种观点，一是"零售之轮"理论，认为创新型零售商在开始进入市场时总是以低价格、低毛利和低定位为特点和优势，从而在竞争中取得优势。而随着业态的进一步发展，经营成本会不断提高，并最终发展为衰退型的零售商，又为新的零售业态留下生存和发展的空间，而新的业态也以同样的模式发展。二是零售生命周期理论。认为零售业态存在一个从产生到消亡的过程，在不同周期阶段，零售业态表现出不同的特征。零售业态的生命周期包括创新阶段、加速发展阶段、成熟阶段以及衰退阶段。三是综合化与专业化循环理论。认为零售业态发展中，存在着商品种类由综合化到专业化，再到综合化的循环往复的过程。这些理论指导了20世纪国际零售业态的创新与发展。

从20世纪90年代开始，零售业态理论被引入我国，并根据我国国情，得到了创新性发展。2004年，国家商务部根据我国零售业发展趋势，借鉴发达国家业态划分方式，对原国家标准《零售业态分类》进行了修订。国家质量监督检验检疫总局、国家标准化管理委员会联合颁布了《零售业态分类》的新国家标准。新标准按照零售店铺的结构特点，根据其经营方式、商品结构、服务功能，以及选址、商圈、规模、店堂设施、目标顾客和有无固定营业场所等因素将零售业分为食杂店、便利店、折扣店、超市、大型超市、仓储会员店、百货店、专业店、专卖店、家居建材店、购物中心、厂家直销中心、电视购物、邮购、网上商店、自动售货亭、电话购物等17种业态，并规定了相应的条件。这种分类方式符合国内外零售业发展的趋势，是科学地规范和引导零售业发展的前提，是形成结构合理、功能完善、层次分明、体系完整的商品市场格局的重要技术基础。

（二）30年来流通领域的重大决策及其效果

1. 对价格管理体制进行重大改革与调整

从1979年起，国家在价格体系与价格管理体制方面进行了一系列重大改革与调整。一是对过去实行统一定价的商品进行了有计划的调整或放开。如 1979 年大幅度提高了粮、棉、油等 18 种农副产品收购价格，以后每年都有所调整，扩大了超购加价的幅度。提高了肉、禽、蛋、水产品等 8 种副食品零售价格。提高了统配原煤的价格，并在电子、机械产品中试行了幅度浮动价。1984 年允许地方煤矿的自销部分随行就市，议价出售，调整了部分钢材价格，并对部分钢材实行幅度浮动价，小商品除一小部分外全部放开。二是在价格管理体制方面做出一系列重要改革与调整：一是建立健全了中央和地方各级政府的物价管理体制，中央管理权限向地方政府下放。实行国家统一定价、幅度浮动价和自由价格等多种价格形式，扩大了市场调节的比重。如对少数重要商品仍然实行国家统一定价，而对其他大部分商品则实行幅度浮动价，以及议购议销价、工商企业协商价和集市贸易价等。从改革历程来看，改革初期的这些重要决策对推进商品市场领域的改革，发挥市场引导资源配置的作用等方面有明显成效。

2. 对商品购销体制改革的重要决策

20 世纪 80 年代初期，开始突破了长期实行的农产品统购统销派购和工业品统购包销的旧模式。从逐步缩小农副产品统购范围、减少统派购品种、扩大奖售标准，发展到不再向农民下达统派购任务，按不同情况实行合同定购或市场收购。农产品不再受原来经营分工限制，而实行多渠道直线流通。在工业品方面，首先是取消全部由商业包销的制度，改为统购统配、计划收购、订购、选购、商业代批代销、工商联营购销等多种形式。同时，有步骤地缩小了部管指令性计划，扩大了指导性计划的范围。这些改革举措收到了显著成效。多渠道、少环节、提高效率的流通体制开始形成。

3. 价格双轨制改革的重要决策

从 1981 年开始，国家允许在完成计划的前提下企业自销部分产品，其价格由市场决定。从而产生了国家指令性计划的产品按国家规定价格统一调拨，企业自行销售的产品的价格根据市场所决定的双轨制。价格双轨制开启了生产资料价格改革和流通方式改革，推动了市场化价格形成机制的进展，把市场机制逐步引入到生产资料的流通中，促进了主要工业生产资料生产的迅速发展。随着改革的不断深入，市场经济的建立和不断完善价格双轨制逐渐缩小，直至消失。

4. 粮食流通体制改革的重要决策

1985 年，中央发布《关于进一步活跃农村经济的十项政策》，开启了我国粮食流通体制改革的大幕，打破了实行 31 年的农产品统购派购制度。这是农产品购销体制走向"双轨制"的转折点。1991 年年底，国务院发出《关于进一步搞活农产品流通的通知》，要求在保证完成国家定购任务的情况下，对粮食实行长年放开经营政策。1993 年，国务院颁布《关于加快粮食流通体制改革的通知》，全国95%以上的县市放开了粮食价格和经营。实行了 40 年的城镇居民粮食统销制度被取消。1994 年 5 月，国务院发布《关于深化粮食购销体制改革的通知》，规定继续坚持政府定购，并适当增加收购数量。1998 年 5 月，国务院下发《关于进一步深化粮食流通体制改革的决定》，发起了新一轮粮食流通体制改革。其原则是"四分开一完善"，即政企分开、中央与地方责任分开、储备与经营分开、新老财务账目分开，完善粮食价格机制。并指出改革的重点是国有粮食企业，近期主要是落实按保护价敞开收购农民余粮、粮食收储企业实行顺价销售、粮食收购资金封闭运行三项政策。2001 年 8 月，国务院出台《关于进一步深化粮食流通体制改革的意见》，改革范围扩大至全国，改革内容是"放开销区、保护产区、省长负责、加强调控"。2004 年 5 月，《粮食流通管理条例》颁布，赋予粮食行政管理部门管理全社会的粮食流通和对市场主体准入资格审查的职能。同年 5 月，国务院发布的《国务院关于进一步深化粮食流通体制改革的意见》明确宣布，2004 年全面放开粮食收购市场，实现粮食购销市场化和市场主体多元化。这些粮食流通体制改革的重大决策，使我国粮食流通体制一步步走向市场化，市场机制在引导和配置粮食资源方面发挥了重要的基础性作用。

5. 商品流通领域对外开放的重要决策

1992 年 7 月，国务院批准在北京等 6 个城市和深圳等 5 个经济特区试办中外合资或中外合作商业零售企业，正式拉开了商业领域对外开放的序幕。1999 年 6 月，国家经贸委和外经贸部联合发布《外商投资商业企业试点办法》，允许设立中外合营批发企业，允许有条件的外方合营者控股，并对商业开放的地区、外资比例、经营年限、经营形式和审批权限做出明确规定，客观上促进了外资商业的有序发展。2004 年 6 月，按照加入世贸组织承诺，我国进一步扩大了商业领域的对外开放，取消了对外商投资商业企业在地域、股权和数量等方面的限制。同年 6 月 1 日，《外商投资商业领域管理办法》正式施行，标志着我国外商投资商业发展进入全面开放的新阶段。我国流通领域对外开放成效显著，不仅引进了大量资金，还带来了先进的经营理念、经营管理技术和现代营销方式，促进了我国流通市场的进步和发展（见表6-5）。

表6-5　2004—2006 年流通领域外商直接投资及增长速度

年份	项　　目	总计	批发和零售业	住宿和餐饮业	租赁和商务服务	居民服务等
2004	合同项目数（个）	43664	1700	1174	2661	251
	实际使用金额（亿美元）	606.3	7.4	8.4	28.2	1.6
2005	合同项目数（个）	44001	2602	1207	1981	329
	比上年增长（%）	0.8	53.1	2.8	-25.6	31.1
	实际使用金额（亿美元）	603.2	10.4	5.6	37.5	2.6
	比上年增长（%）	-0.5	40.5	-33.3	33.0	62.5
2006	合同项目数（个）	41485	4664	1060	2885	236
	比上年增长（%）	-5.7	79.2	-12.2	45.6	28.3
	实际使用金额（亿美元）	694.7	17.9	8.3	42.2	5.0
	比上年增长（%）	15.2	72.1	48.2	12.5	92.3

（数据来源：根据国家统计局、商务部相关数据整理）

三、30 年来流通体制改革的基本经验

（一） 始终坚持社会主义市场经济的改革方向

30 年来，在流通体制改革和流通业发展中，始终坚持了社会主义市场经济的改革方向。流通体制改革初期就坚持市场化的取向。当时的流通改革措施和市场发育，都为后来的改革发展创造了条件、奠定了基础。

（二） 始终坚持解放思想、不断进行理论突破和创新

流通领域改革发展的历程，就是坚持不断解放思想，不断冲破传统观念束缚、冲破计划经济体制禁锢的过程。流通领域改革和发展的每个阶段，都有理论上的重要突破，每一次理论突破都深化了对流通体制改革的认识，理论突破和创新又带动了制度创新和流通形式的创新，不断推动流通领域的改革向前推进。

（三） 始终坚持立足国情，一切从实际出发

30 年流通体制改革过程中，始终坚持从我国社会主义初级阶段的现实出发，立足于建立中国特色的流通体制和市场流通体系，不唯书，不崇外，只唯实。个体私营流通主体的产生、批发交易市场体系的形成、"双轨制"的改革举措、"政府指导价"等无不带有浓厚的中国特色，在特定的改革阶段切实推动了中国流通体制改革和市场体系的发育进程。

（四） 始终坚持尊重群众的主体地位和首创精神

30 年来，中国流通体制改革和流通业发展的每一步，如集贸市场的恢复、个体经济的产生、"双轨制"的探索、商品价格的逐步放开、多元

流通主体的形成等，无一不是人民群众不断冲破传统体制的约束，在实践中坚持不懈探索和创新的结果。而党和政府正是尊重人民群众的首创精神，以"三个有利于"为评判标准，鼓励试，允许看，不争论，对了就坚持，不对就改正，不断激发人民群众抢抓机遇、谋求发展的积极性和创造性，充分体现了"以人为本"的理念。

（五）始终坚持统筹兼顾，循序渐进，既积极又稳步地推进流通改革和开放

30 年实践表明，中国流通体制改革和开放是渐进式、分阶段的。作为全世界最大的发展中国家，人口多、二元经济结构特征突出、区域、城乡之间经济发展不平衡，尤其是改革开放是一场深刻的体制和制度变革，涉及重大的利益关系调整，加上社会进入剧烈转型期，改革无前例可循，因此，注定要采取渐进的、既积极又稳妥的方式向前推进。这种渐进性不仅体现了中国文化的精髓和务实精神，也被实践证明是成功的。

（六）始终坚持党的领导和加强对市场体系的宏观调控

流通体制是社会主义市场经济体制的重要组成部分，在改革和发展中坚持党的统一领导，加强统筹协调更为重要。同时，市场不是万能的，也有缺陷，市场机制也会失灵。尤其在流通体制改革中，市场流通机制尚不健全，法律规则不完善，更需要通过宏观调控来纠正市场缺陷和失灵。在30 年改革和发展中，我国政府的宏观调控也在实践中不断探索和完善。

（七）始终坚持流通市场的统一和开放

30 年来，我们坚持了建立全国统一的市场体系，坚持打破地区分割和封锁，打破画地为牢和以邻为壑，打破垄断和歧视，坚持对内开放。同时，在全球化和区域经济一体化的大趋势下，中国的流通市场建设坚持对外开放，不断扩展国际视野和战略性思维，尽快地融入国际经贸体系，尽快参与国际市场规则的制定。

（八） 始终坚持与时俱进，不断研究新情况、解决新问题

30 年流通体制改革发展过程中，始终坚持与时俱进。面对国内外环境的不断变化，对流通体系的认识不断变化，我们始终坚持不断研究新情况，解决新矛盾，处理新问题。正因为这样，才能不断促进流通业的发展与流通体制的不断完善。

四、深化流通体制改革的总体设想

（一） 新形势下商品流通领域发展的前景与趋势

经过 30 年来的改革开放和持续快速发展，中国社会经济发展已经进入了一个新时代。新的发展阶段和新的发展格局，不仅将为中国流通产业提供新的发展机遇，也对流通体制改革与流通产业发展，提出了一系列新要求和新挑战。

1. 流通业进入加快转变发展方式和实现创新发展的新阶段

党的十七大针对进入新的发展阶段的新情况和发展条件，对全面建设小康社会的奋斗目标提出了新要求，特别是在经济建设方面提出要"增强发展协调性，努力实现经济又好又快发展"，成为实现科学发展的重要指针。作为国民经济的重要组成部分，流通领域是国民经济运行中连接供需的关键环节和先导部门，迫切需要按照科学发展观的要求，加快转变流通产业发展方式，积极开展流通创新，深化流通体制改革，在优化结构、提高效益、降低消耗、保护环境的基础上，提升流通产业的发展质量，促进流通产业发展再上新台阶，为国民经济增长及人均国内生产总值到 2020 年比 2000 年翻两番做出更大贡献。

2. 城乡居民生活消费水平提高需要现代流通组织与流通方式的快速全面发展

经过30年来的改革和发展，我国城乡居民的生活消费水平已基本达到小康水平，正处在走向更加富裕的全面建设小康社会的关键阶段。未来10—20年，我国人均收入水平将达到3000—5000美元，恩格尔系数将继续快速下降，城乡居民生活水平将继续稳步提升，消费结构将加快升级与完善，生活消费内容和方式不断创新，从而形成多元化、多层次、多样化的消费需求加快发展的格局，为新型流通组织与经营方式的全面、快速发展提供了强大的市场动力。可见，中国经济已进入现代流通组织与经营方式全面快速发展的新阶段，流通部门将为城乡居民生活消费需求的全面实现和不断扩展提供支撑。

3. 市场化程度的进一步提高和市场机制不断完善，将进一步凸现流通产业的先导作用

随着我国社会主义市场经济体制的进一步完善和各项改革工作的推进，市场机制将成为主导我国经济运行方式的核心和主要动力机制，"市场导向"已经取代"生产导向"成为经济活动的主流运行方式。作为连接供需的桥梁和纽带，流通产业不仅会在促进和扩大消费需求方面发挥重要作用，更重要的是将成为引领国民经济发展的先导，促进各种产业以市场需求为导向，合理配置发展资源和加快创新，实现更好更快的发展。

4. 工业化进程及走新型工业化道路步伐加快，将促进流通产业结构优化调整和运行效率提升

目前中国已进入工业化中期阶段，在加快转变发展方式和走新型工业化道路的背景下，中国的工业化进程还将继续加速推进，产业结构的优化调整和整体运行效率的提升也将进一步加快。这不仅将进一步扩大工业文明的各种商品的供给规模和丰富供给结构，而且会带动流通产业规模的不断扩张和流通结构的优化调整，促进大规模、高效率的现代流通方式的发展，促进流通基础设施的加快建设和发展。

5. 城市化水平快速提高，直接促进以城市为核心的全国统一市场体系的形成和完善

目前我国的城市化已进入加速发展阶段，据测算，未来我国城市化将每年提高 1.4 个百分点左右，到 2020 年我国的城市化水平将超过 60%。随着城市化水平的提高和城市规模的扩大，经济结构的重心和布局进一步向城市集聚，城市将成为人们生活消费的主要场所，这将促进城市市场的规模和集中度的进一步提高，这不仅意味着城市市场将成为引领流通产业积聚发展的主要场所和主导力量，而且城市市场与农村市场之间的商品交流规模会进一步扩大，城乡市场之间的互动关系也将不断加强，为实现"以城带乡"、"城乡市场统筹发展"提供机遇和可能，促进城乡一体化流通体系的加快形成和发展。

6. 全面开放及国内外市场的加速融合，将促进中国流通产业的创新发展和国际竞争能力的提升

随着中国加入 WTO 后开放型经济的加速形成以及经济全球化趋势的快速发展，包括商品在内的各种资源的流动已突破国界的限制，在全球范围实现优化配置。这也是近年来国际流通业巨头企业加快进入中国市场的内在原因。在此背景下，要适应这一发展趋势，中国的商品流通体制需要尽快打破部门分割、地区封锁、内外贸分离的板块结构，重构具有开放性、连通性和高效性的新型市场流通体系。与此同时，要加快政府职能的转变，创造与国际市场全面接轨的运行环境和政策支持体系，促进和支持流通企业增强创新能力和加快发展，更好地应对从规模到实力、从服务水平到运行效率、从组织方式到管理模式、从资源到能力的一系列国际竞争挑战。

7. 信息化程度的提高和现代流通技术的加速普及，流通现代化进入加快提升阶段

加快技术进步和创新是提高流通产业现代化水平和竞争力的关键，也是提高流通领域整体运行效率的中心环节。现代信息技术的加快普及和应用，现代化流通设施与装备的加快建设和更新，各种现代商业经营管理技术和方法的创新和广泛应用，不仅有助于现代流通交易与服务方式的创新，而且将直接提升流通服务功能，提高服务水平与运行效率，增强和完善政府对流通领域的管理与监控。因此，未来5—10年，以信息化程度全面提高、现代流通设施与装备加速普及、流通创新能力不断提升为标志，我国流通现代化将进入加速提升的发展阶段。

8. 经济结构调整与区域经济发展格局的转变，将推动全国统一商品流通体系的加快形成

当前以及未来一段时期，我国经济结构调整以及大规模产业重组的步伐正在加快，由此形成了一批具有较强规模效益和国际竞争能力的行业和大型企业，迫切需要专业化、大规模、高效率、覆盖全国、联通国际的商品流通网络体系的加快发展，以适应大型企业的国内外市场扩张要求。此外，区域经济一体化和城市群的加速发展，特别是以长三角、珠三角及京津冀等经济区域的加速一体化发展，在相当程度上改变着传统商品流通体系的发展格局，直接促进了以大型经济中心城市为核心的区域一体化流通体系的加速形成，并成为带动和辐射全国商品流通领域共同发展的龙头，成为全国统一的流通体系形成的基础和主导力量。因此，随着我国经济结构调整的加快和区域经济发展格局的转变，各种专业化的商品流通网络组织将加快重组和整合，区域一体化的商品流通体系在加速发展的过程中，也就进一步实现区域互动和联通发展，直接促进全国统一的商品流通体系的稳步形成。

（二）深化流通体制改革和促进流通产业发展的方向与任务

面对中国经济发展的制度与市场环境的深刻变化，流通部门从国民经济运行的末端向先导行业的转变，深化流通体制、加快流通产业发展应当成为完善社会主义市场经济的优先领域，改革的思路与政策措施也应进行新的调整。

1. 以创新、规范与高效的思路推进流通体制深化改革

在打破传统计划流通体制与初步建立社会主义市场经济体制框架的过

程中，流通体制改革基本是遵循了"放开、搞活"的思路。但必须指出，目前我国流通体制对国民经济发展的制约依然明显，表现在内外贸一体化还需要向更广领域更深层次发展，生产与流通的有机结合还需要加强，中介组织作用发挥不够；流通领域法律、行政法规和标准体系不健全；部门分割、行业垄断、地区封锁现象依然严重，社会信用体系缺失，市场秩序不规范；城乡之间与区域之间发展不平衡，产业组织化程度低，现代流通业发展滞后；流通企业改革缺乏强有力的政策支持，劣势企业难以退出市场，优势企业难以发展壮大；流通业对国民经济增长的贡献度不足，吸纳就业的潜力没有得到充分发挥。为此，新时期加快推进流通体制改革，重点从"创新"、"规范"和"高效"三个方面实现突破：

第一，充分发挥市场机制优化配置流通要素的作用，通过加快流通创新，促进新型流通组织与经营方式的发展，形成与我国市场体制、规模和结构相适应的、具有更高流通效率的、生产与流通有机结合、内外贸一体化、符合市场经济和经济全球化发展要求的新型商品流通体制。

第二，理顺"条条"、"块块"政府机构与市场之间的关系，打破和铲除各种形式的地区封锁、市场割裂、地方保护主义和市场垄断行为，形成统一、公平与充分竞争的市场流通秩序，保障各种经济要素和商品在全国范围内的自由流通。

第三，提高流通产业的活力、效率和竞争力，促进生产，引导和扩大消费，增加就业，增强流通业对国民经济增长的贡献度。

2. 加快推进面向全社会商品流通管理体制的建设

目前我国流通管理的资源和手段还比较分散，需要进一步加快相关政府机构管理职能的整合，按照市场机制的要求和商品流通的规律，建立分工明确、职责清晰的管理体制，使各管理部门既有分工又能充分协调配合。

与此同时，进一步转变政府职能，减少政府对商品流通和市场主体的直接管理和微观干预，真正将管理职能转变到为流通领域提供高水平的公共服务方面上来。即在宏观上重视抓好流通发展战略、产业政策、行业规划、行业标准的制定和组织实施工作，加强政策和信息引导，例如可运用价格调控市场，运用税收调整所有者的经济利益关系，运用金融手段聚集民间资金，引导民间资金流向；微观上以经济手段管理流通，创造良好的市场环境，如通过直接投资和补贴政策发展市场、稳定市场等。

加强和规范政府对流通领域的宏观调控，一是要建立和完善政府宏观调控与干预的法规，如商业储备法、价格干预实施规则等。二是制定流通业发展规划，特别是针对流通设施开发与建设、多种流通业态的发展等方面存在过度竞争、无序开发现象，各级政府有必要对新型业态与商业网点及设施的布局、物流园区与物流配送中心的布局与开发制定规划，促进流通设施开发与新型流通组织与交易形式的合理、有序发展。

3. 继续推进重要商品流通领域的市场化改革

第一，加强市场与机制建设，促进市场机制充分发挥作用。在粮食和棉花流通体制改革方面，加快建设以批发市场为核心的粮食、棉花交易市场体系，这是形成粮棉市场价格、促进合理流通、加快种植结构调整的关键环节。在石油、成品油流通体制改革方面，应针对我国石油进口迅速增长的趋势，结合国内外石油资源的情况，认真研究和确立我国的石油价格形成机制，探索石油期货交易，以形成反映我国石油市场供求状况的合理价格水平。

第二，建立规范、透明的流通主体资格管理制度，以保障重要商品流通领域实现公平竞争。应根据重要商品的流通特性和政府调控的需要，确定从事特殊商品流通的市场主体资格，采取资格认证、许可证、特许经营等多层次、规范、透明的市场准入管理方式，打破国有流通企业对重要商品流通领域的垄断，实现公平竞争，提高重要商品的流通效率。

第三，建立规范化的政府调控与干预制度，确保重要商品市场稳定。为了保障政府对粮食、石油等重要商品资源的掌握与宏观调控的需要，应在完善中央与地方政府二级储备制度的基础上，规范流通主体建立必要的商业储备，以加强政府对重要商品资源的调控力度，减轻政府的财政负担。此外，政府还要建立特殊情况下的干预制度，如价格干预等。与此同时，政府还要建立重要商品的市场监控制度，以全面掌握重要商品的市场供求状况，并为宏观调控政策的制定提供决策依据。

4. 建立和完善商品流通法律法规及规划体系

建立市场流通体制、实现商品的有序流通，需要从流通主体的市场准入、交易行为、交易规范、商品交易标准等方面来加强流通领域法律法规的建设。从规范流通秩序方面，当前在流通组织建设、交易行为、商品标准、市场准入、重要商品经营资质管理等方面的法律法规还十分薄弱，应重点探索规范市场秩序、维护公平竞争关系、发展新型营销方式、加强商业网点布局规划等方面的立法和执法改革，进一步加快相关的法规、部门规章和行业标准的制定和完善。

更为重要的是，针对我国流通领域面临多元化竞争格局和流通领域全面开放的格局，政府应从与国际商品市场接轨的角度，为多元化流通主体创造公平、规范的竞争环境与规则。一是要依据反垄断法，加快促进商品流通领域的公平交易、公平竞争的相关规范的调整和完善，推进垄断行业的商品流通体制改革；二是要针对部分重要商品的流通特点和要求，尽快制定和颁布对相关流通主体的资质要求和市场准入条件，以保障国内、国际流通企业公平、有序地参与流通领域的竞争；三是应尽快清理现有针对不同经济成分流通主体制定的政策，特别是优惠政策，避免一些特殊流通企业如外资流通企业、国有流通企业享有不同于其他经济成分流通主体的政策优势地位或超国民待遇，为多元化流通主体创造平等的市场环境。

5. 深化流通企业改革，促进多元化流通主体的全面发展

虽然中国流通领域多元化市场竞争格局已经形成，但不同所有制类型、不同规模的流通企业，其发展环境及面临问题不尽相同，迫切需要采取更加有针对性的改革措施，促进多元化流通主体的全面发展。

一是需要继续深化国有流通企业制度改革。目前以及未来相当长的时期内，在一些重要商品的流通领域中，国有流通企业还将发挥较大的作用并占据着较大市场份额，国有资本还难以全部退出流通领域。因此，提高国有流通企业竞争能力、提高流通领域国有资本的效率应当成为加快国有

流通企业改革的主要目标。改革和发展的重点，一方面要继续完善国有流通企业的公司治理结构，增强企业社会责任；另一方面要积极促进和引导流通领域国有资产的合理调整，促进和引导国有流通企业进行跨行业、跨区域和跨所有制之间的资源重组和兼并整合，通过形成科学的运行机制提高国有流通企业的机制能力和国有资产的使用效率。对于那些已经丧失竞争能力、资产质量比较低的国有流通企业，要尽快通过出售、拍卖、租赁以及托管等方式加快国有资产的退出。

二是建立面向中小流通企业发展的长效促进和扶持机制。中小流通企业是我国流通企业的主体和就业的主要渠道。在借鉴国外经验的基础上，由相关主管部门牵头联合有关机构和行业组织，建立自上而下、统一的中小流通企业促进机制与服务体系，通过提供咨询、信息服务、企业诊断、经营指导、人才培训等，为中小流通企业提供支持和帮助，增强中小企业的发展能力。

三是加快流通领域行业组织建设。加快行业组织建设、充分发挥行业组织的作用，是多元化流通主体发展的共同要求，也是转变政府职能、深化流通管理体制改革的重要组成部分。应根据流通领域不同行业的发展进程和要求，打破内外贸分割局面，以企业为主体，以产业为平台，形成不同类型、不同层次的行业组织，使其按照市场化原则完善服务功能，切实履行服务、沟通、协调、自律等职能，发挥联系政府和企业的桥梁和纽带作用。

6. 加快流通领域社会信用体系建设

信用体系是当前我国市场经济建设和流通领域发展中突出的薄弱环节，要促进流通领域健康快速发展，加快培育和健全社会信用体系是流通体制中必不可少的内容。当前既要从提高政府的公信力入手，加快发展和健全信用组织、机制和制度，又要培育信用文化，形成"诚信为本"的法律和道德规范。要加强商业职业道德建设，开展多种形式的"诚信兴商"创建活动，树立"诚信兴商"的经营理念。要全面建立重点行业、重点企业的商业信用档案体系，推动商务领域同业商会、协会制订行业信用自律的行规行约，实行行业内的失信评议和惩戒制度。

7. 营造组织化程度不断提高的新型流通组织体系

改革流通组织分散化、小型化的传统结构，加快新型流通组织的发展，不仅是营造组织化程度不断提高的新型商品流通组织体系的重要内容，也是改善市场流通秩序、提高商品流通效率的组织保障。针对我国流通组织结构的特点，要采取措施多途径推进新型流通组织的发展：

第一，继续大力推进连锁经营组织向更大范围、更深层次发展和延伸，并在未来 5—10 年基本确立连锁经营组织在流通业中的主体地位。一是要鼓励现有连锁企业及有投资热情的多元化投资主体，结合新型流通业态的发展，采取兼并、重组、收购等多种方式实现连锁规模的快速扩张，形成具有较强竞争实力、实现跨区域经营的大型连锁企业；二是鼓励优势连锁企业、批发企业以及具有品牌优势的生产企业，采取加盟、特许等方式发展连锁经营，以吸收和整合众多分散经营的小型、单体经营的零售网点。

第二，加大流通企业的重组力度，培育大型流通企业。通过引入多元化投资主体、直接融资、加快国有流通资本退出等方式，实现流通企业跨区域兼并重组、流通企业与上游生产企业销售组织的重组与联合、（批发、零售与外贸）不同环节流通企业之间的合并与联盟，形成大型流通企业。

第三，培育多种形式的新型农产品流通组织。在继续发展、规范农产品批发市场与农贸市场体系的同时，要注重培育和发展"公司＋农户"型、农民合作型以及专业产品产销协会型等多种形式、专业化的农产品流通组织，逐步实现有组织的、规模化的农产品流通模式。此外，鼓励各种连锁企业向农村市场延伸，建立稳定农产品采购基地或生产基地，使农产品借助连锁经营组织的销售网络直接快速进入零售市场。

8. 用现代化的交易方式改造传统的流通方式

对于零售环节，要借鉴国际零售业发展经验，结合城乡居民消费水平提高与结构升级的需要，加快发展各类新型零售业态，形成布局合理、特色鲜明、错位经营的零售业态结构，以满足城乡居民日益多样化、多层次的消费需求。

对于批发环节，在规范各种代理交易方式、促进代理销售组织发展的基础上，还应当加快批发领域的对外开放，以培育现代批发交易形式。特别是对于大宗生产资料的交易，要在规范化和标准化的基础上，运用现代交易形式的批发市场和电子商务，发展和完善远期现货市场，并积极、稳妥地开发期货交易品种、推进期货市场发展。

对于大量初级商品批发交易市场，一方面要推进市场主办者的公司化改造，规范市场主办者的行为，明确其法律责任和地位，使其承担起应负的市场规范的责任；与此同时，应通过提档升级和规范规制来改变其交易的原始性、自发性特点，逐步引入拍卖制等现代市场交易形式，逐步形成以信息聚集、发布和大宗商品批发交易、物流配送为主要功能的连结产需的服务平台。

在加大力度推进流通企业信息化的基础上，积极推进电子商务和网络配送服务方式的发展。特别是要鼓励批发企业、仓储企业及运输企业依托信息技术的应用和客户网络基础，延伸物流服务，向"第三方"物流企业发展。

第七章
收入分配制度改革的
回顾与展望

　　收入分配制度改革是我国经济体制改革的重要组成部分。1978 年以来，我国逐步打破了计划经济体制下不合理的收入分配制度，初步形成了与社会主义市场经济体制相适应的按劳分配为主体、多种分配方式并存的分配制度。收入分配制度改革取得了重大进展，对推动经济社会发展、改善人民生活等产生了十分重要的影响。

一、收入分配理论的发展与创新

　　改革开放以来，在中国特色社会主义理论指导下，我国收入分配领域改革不断取得新突破，收入分配理论创新不断取得新进展。回顾 30 年来我国收入分配理论的发展与创新历程，大致可以分为以下四个阶段：

（一）恢复和贯彻按劳分配的社会主义原则

　　从 1978 年改革开放到 1987 年党的十三大，这一阶段在分配理论上的创新主要集中在，就中国特色的社会主义制度下应该坚持什么分配原则的问题展开激烈的讨论并进行积极的实践。

改革开放前，随着社会主义制度的建立，我国将马克思主义经济理论中的"按劳分配"思想确立为个人收入分配的基本原则。无论是农村生产互助合作经济组织的个人劳动报酬，还是城市集中统一管理的劳动工资办法，都在一定程度上体现了这一原则。这种分配制度，适应了当时计划经济体制的客观需要，对迅速恢复生产，短期内建立相对完整的国民经济和工业体系起到了积极作用。

但是，伴随着大跃进、人民公社化运动以及"左"的思想路线等因素的影响，社会主义按劳分配原则没能得到继续贯彻，平均主义分配倾向日益严重。这种分配方式是对马克思主义按劳分配理论的曲解，忽视微观主体利益，导致激励机制的缺乏，造成生产效率的低下。

在1978年12月的中央经济工作会议上，邓小平同志明确提出："一定要坚持按劳分配的社会主义原则"，"要允许一部分地区、一部分企业、一部分工人农民，由于辛勤努力成绩大而收入先多一些，生活先好起来。"邓小平同志的讲话否定了在分配体制上的平均主义分配方式，统一了关于按劳分配问题的若干争论，恢复贯彻了按劳分配的社会主义原则。

改革率先从农村起步，农村改革以实行家庭联产承包责任制为主要内容，其重要基点是调整分配关系，明确划分国家、集体、个人的权利和责任。家庭联产承包责任制强调以劳动成果，而不是劳动时间即工分为计酬依据，有效地将农民的收入同他们的实际劳动付出挂钩。此外，包括农副产品价格大幅提高和放松管制在内的市场化改革也顺利实施。两项改革举措打破了农村内部的平均主义，坚持了按劳分配的多劳多得原则，实现了效率提高与收入公平分配相统一的目标。

到了20世纪80年代中期，收入分配体制改革的重心从农村转向城市并全面推开。1984年党的十二届三中全会对企业深化收入分配制度改革做出了具体的规定。此后，以承包为主的多种形式经营责任制在企业广泛推广和运用。在全民所有制企业中引入了经营风险机制，逐步推行职工工资总额随本企业经济效益浮动的办法，把职工和经营者的工资、奖金与企业经营状况、本人贡献大小挂钩。国家机关事业单位也于 1985 年开始实行以职务工资为主要内容的结构工资制。这些体制创新体现了按劳分配的基本原则，也为后来提出"效率优先、兼顾公平"的分配目标取向打下了基础。

（二） 确立按劳分配为主体、其他分配方式为补充的分配制度

从 1987 年党的十三大到 1992 年党的十四大，这一阶段在分配理论创新上主要是如何突破单一的按劳分配、引入其他分配方式，建立适应社会主义初级阶段的收入分配制度。

1987 年党的十三大报告明确提出："社会主义初级阶段的分配方式不可能是单一的。我们必须坚持的原则是，以按劳分配为主体，其他分配方式为补充。除了按劳分配这种主要方式和个体劳动所得以外，企业发行债券筹集资金，就会出现凭债权取得利息；随着股份经济的产生，就会出现股份分红；企业经营者的收入中，包含部分风险补偿；私营企业雇用一定数量劳动力，会给企业主带来部分非劳动收入。以上这些收入，只要是合法的，就应当允许。"

党的十三大报告是党的文件中第一次明确提出以其他分配方式为补充的分配原则，承认和肯定了劳动以外的其他生产要素参与分配的必要性、现实性和合法性，解决了生产要素能不能参与收入分配的问题，只不过当时还把其他生产要素参与分配作为"补充"。此外，报告明确提出社会主义分配制度的目标取向是："既要有利于善于经营的企业和诚实劳动的个人先富起来，合理拉开收入差距，又要防止贫富悬殊，坚持共同富裕的方向，在促进效率的前提下体现公平"。

这一阶段的分配理论创新适应了当时经济社会发展的客观需要。一是发展以公有制为主体、多种经济成分并存的所有制结构，必然要求在分配体制上实行以按劳分配为主体的多种分配形式；二是"社会主义有计划的商品经济"的发展，要求股息、红利和利息等其他分配方式的存在；

三是乡镇企业、个体私营企业和"三资"企业等多种经营方式的发展要求实现多种分配方式。

（三）建立按劳分配为主体、多种分配方式并存的分配制度

从 1992 年党的十四大到 2002 年党的十六大，这一阶段我国收入分配理论创新的主要特征是如何让其他分配方式更好地参与分配，初步建立与社会主义市场经济体制相适应的收入分配制度。

党的十四大提出我国经济体制改革的目标是建立社会主义市场经济，要使市场在国家宏观调控下对资源的配置起到基础性作用。1993 年党的十四届三中全会通过的《中共中央关于建立社会主义市场经济体制若干问题的决定》指出："个人收入分配要坚持以按劳分配为主体、多种分配方式并存的制度"、"国家依法保护法人和居民的一切合法收入和财产，鼓励城乡居民储蓄和投资，允许属于个人的资本等生产要素参与收益分配"。这是党的重要文件首次明确提出"多种分配方式并存"，即将其他分配方式从补充的附属地位提升为并存的平等地位。《决定》还首次提出在处理公平与效率的关系问题上应坚持"效率优先、兼顾公平"的原则。

1997 年党的十五大报告进一步指出："把按劳分配和按生产要素分配结合起来"、"允许和鼓励资本、技术等生产要素参与收益分配"。报告是对多种分配方式并存的分配制度的具体化，指出要努力形成按劳分配、按经营成果分配、按资分配、按技术分配等多元分配格局，使要素市场的供求关系逐渐成为个人收入分配的基础性调节机制。

1999 年党的十五届四中全会通过的《关于国有企业改革和发展若干重大问题的决定》提出了"建立与现代企业制度相适应的收入分配制度，在国家政策指导下，实行董事会、经理层等成员按照各自的职责和贡献取得报酬的办法"。这为深化国有企业分配制度改革开辟了新的思路。

（四）探索生产要素按贡献参与分配的分配制度

2002 年党的十六大至今，这一阶段我国收入分配理论发展的主要特

征是如何进一步完善按劳分配为主体、多种分配方式并存的分配制度，促使"一切劳动、知识、技术、管理和资本的活力竞相迸发，让一切创造财富的源泉充分涌流"。

党的十六大报告首次提出了："确立劳动、资本、技术和管理等生产要素按贡献参与分配的原则，完善按劳分配为主体、多种分配方式并存的分配制度"。报告首先把劳动作为生产要素之一，而且是最重要的生产要素加以肯定下来，必须坚持按劳分配的主体地位；又肯定了非劳动生产要素在财富生产中的重要作用。其次，对"按劳分配为主体，多种分配方式并存的分配制度"从过去所提的"坚持"发展到"完善"，适应了市场经济发展的需要，体现了与时俱进的时代特征。第三，明确生产要素按贡献分配，解决了劳动和非劳动生产要素如何参与收入分配的问题，使得收入分配标准更加具体，也使得分配原则的表述更加科学。这有利于充分调动各种生产要素的积极性，有利于要素资源的优化配置和有效利用。此外，对原有的"效率优先、兼顾公平"的分配目标取向进一步细化，提出了"初次分配注重效率，再分配注重公平"。区分初次分配与再分配中处理效率和公平关系的不同，有利于明确市场与政府在处理效率与公平相互关系中各自应发挥的作用。

2007 年 10 月党的十七大报告对社会主义收入分配理论又有新的突破，主要表现在以下四个方面：一是"合理的收入分配制度是社会公平的重要体现"。将社会公平作为合理的收入分配制度的重要评判依据，这是对我国收入分配制度内涵的丰富和完善。二是"提高居民收入在国民收入分配中的比重，提高劳动报酬在初次分配中的比重"，为近阶段的收入分配制度改革指明了方向。三是"创造条件让更多群众拥有财产性收入"，是各种生产要素按贡献分配原则的进一步具体化。四是"初次分配和再分配都要处理好效率和公平的关系，再分配更加注重公平"。从党的十一届三中全会以来，效率优先一直是贯穿收入分配体制改革的目标取向，而党的十七大在科学发展观的指导下，提出了注重分配公平的新思路。

总的来看，我国收入分配理论的发展与创新过程，是根据我国经济社会发展的客观需要，不断与时俱进的过程。这一过程贯穿了对劳动和其他生产要素、公平和效率等辩证关系的思考，是对马克思主义收入分配理论的不断丰富和发展。

二、收入分配制度改革的探索与实践

在中国特色社会主义分配理论指导下，我国农村、企业和机关事业单位等领域的收入分配制度改革稳步推进，收入分配体制发生了巨大变化，对完善社会主义市场经济体制，促进和谐社会建设发挥了积极作用。

（一）农村收入分配制度改革

我国收入分配制度改革首先从农村开始，通过 30 年改革，促进了我国农村经济组织结构的创新和发展，解放和发展了农村生产力，增加了农民收入。

1. 实施承包制，在农村基本确立按劳分配制度

从 1978 年到 1984 年，通过实施家庭联产承包责任制，使按劳分配原则在农村得到贯彻，这一基本分配制度成为延续至今的农村收入分配制度。改革开放以前，我国农村在计划经济体制下实行平均主义的"统一分配"，即固定僵化的工分制，政府还通过粮食统购统销等形式，获得了农业的主要剩余，从而为国家工业化提供积累。党的十一届三中全会后，中央明确提出，为调动农民生产的积极性，必须在经济上关心农民的物质利益。针对农村集体劳动形式和与之相适应的"集体为主的集中统一分配制度"和"按照工分取酬"的方式，农村改革从建立生产责任制开始，先是实行包产到户、联产计酬，进一步发展到多种形式的家庭联产承包责任制。在过去，国家和人民公社拿走农业经济中的绝大部分剩余，农民通

过付出劳动、评工记分，获得有限的收入（以实物性收入为主）。在承包制下，国家和集体只拿走事先约定的部分，即"交够国家的、留足集体的、剩下全是自己的"。这种分配方式使农民的收入直接与其劳动投入的数量和质量相联系，农民取得了生产成果的获取权，极大地调动了农民生产积极性。与此同时，国家提高了多种农副产品的收购价格，调整了粮食征购基数，新的分配方式使农民可以更加有效地从事副业生产和经商活动，扩大了收入来源，农民人均纯收入从 1978 年的 133.6 元提高到 1984 年的 355.3 元，增长了近 1.5 倍。

2. 乡镇企业崛起和民工潮，促进农民收入来源多样化

从 1985 年到 1991 年，乡镇企业在农村迅速崛起。这一阶段，政府取消了对农村发展非农产业和农民从事个体经营的限制，特别是 1984 年中央发布了关于发展乡镇企业的四号文件以后，全国乡镇企业走上了迅猛发展的道路，1986 年全国乡镇企业总产值猛增到 3484 亿元。乡镇企业崛起可以说是中国农村继实施承包制之后的又一件大事，对于推进农村工业化、城镇化具有重要意义。乡镇企业不但为中国农民提供了大量就业机会，而且使农民收入来源多样化。除劳动报酬和家庭经营收入构成的基本收入外，农民收入构成中还增加了转移性收入和财产性收入，非农产业收入增长明显加快，农民总体收入呈现上升趋势。

从 1992 年至今，随着农村经营模式由集体经营向家庭经营转变，以及非农产业的不断发展，大量农民开始涌向城市和沿海发达地区寻求务工机会，这是中国农村改革以来的又一次重要转折。据有关部门统计，全国每年大约有超过 1 亿的农民外出打工，务工收入已经成为农民收入的重要来源。与之相适应，农村居民收入构成中除了家庭经营所得外，还出现了农民以半工半农双重身份取得的工资性收入，并且在总收入构成中的比例逐年上升（见图 7-1）。同时，农民的财产性收入也在不断增长，农民收入来源日益多样化。

3. 完善支农惠农政策，进一步增加农民收入

实施税费改革，减轻农民负担。20 世纪 90 年代末以前，农民除需要

（单位：%）

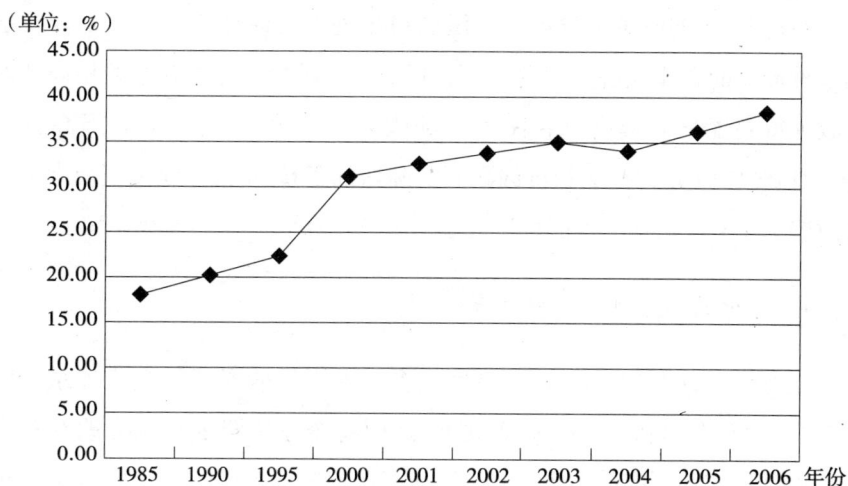

图7-1 90年代以来工资性收入占农民人均纯收入的比重

（资料来源：《中国统计年鉴2007》）

向国家交纳农业税和农业特产税之外，还要缴纳"三提五统"和各种集资收费（"三提五统"指村组公益金、公积金、管理费三项村提留和教育费附加、民兵训练、优抚、计划生育、民办公路建设等五项乡镇统筹）。针对农民负担沉重、影响社会稳定发展的问题，国家从2000年开始在安徽试点农村税费改革，2003年在全国范围内推开，2006年全部取消农业税，减轻了农民负担。农业税的取消标志着在中国延续了2600年的"皇粮国税"的终结，在农民和国家的分配关系上具有重要意义。

完善支农政策，加大对农民的"多予"力度。进入新世纪以来，为推进社会主义新农村建设，公共财政增加了对农村的投入，取得了显著成效。加大了对农民的直接补贴力度，设立了粮食直补、良种补贴、农机具补贴、农资综合补贴等补贴种类，强化了对农业的支持保护。农村义务教育阶段学生全部免除了学杂费，并且对贫困家庭学生免费提供课本和补助寄宿生生活费，农村学生开始享受到免费的义务教育。2003年起步的新型农村合作医疗已基本覆盖全国农村地区，2007年农村也开始建立最低生活保障制度，3000 多万农村低收入群体受益。

经过 30 年的改革和发展，我国农村出现了集体经济、个体私营经济和多种形式的合作经济并存的局面，形成了多种分配方式并存的格局。农民收入得到了显著提高，农民人均纯收入从 1978 年的 134 元提高到了 2007 年的 4140 元，扣除物价因素，实际增加了 6.34 倍，农民生活水平明显改善。

（二）企业收入分配制度改革

企业收入分配制度改革从内容上看，主要包括国家与企业关系调整（主要是国有企业利润分配制度改革）、国有企业工资福利制度改革和企业收入分配宏观调控等方面。改革开放 30 年来，企业收入分配制度改革坚持市场化方向，成绩显著。国家与企业的分配关系进一步规范，企业工资市场决定机制不断健全，企业福利制度改革取得重大进展，企业收入分配的宏观调控体系初步建立。

1. 调整国家与企业分配关系（国有企业利润分配制度改革）

我国企业收入分配制度改革始于国家与企业利益关系的政策调整，这种关系调整主要集中于国有企业。改革开放以前，计划经济下国家与企业之间的关系简单而统一，实行财政的统收统支，国有企业的所有利润上缴财政，这种分配制度不利于调动国有企业的主动性和积极性。

从 1984 年开始，我国经济体制改革重点转向城市，按照社会主义有计划商品经济的要求，启动了以国有企业利润分配制度改革为重点的企业收入分配制度改革。围绕"增强企业活力"这一中心环节，对国有企业实行以"减税让利"为核心的系列改革，主要措施包括：实行企业利润留成办法、两步利改税、承包经营责任制、税利分流试点等，国家与国有企业的收入分配关系逐步调整。同时，国家制定和出台了一系列鼓励非国有经济发展的优惠政策，主要是"两免三减"的税收优惠政策，非国有企业迅速发展。

1992 年，党的十四大确定了国有企业改革的目标是建立现代企业制度，成为自主经营、自负盈亏、自我发展、自我约束的商品生产和经营单位。按照建立现代企业制度的要求，恢复征收了国有企业所得税。1994年，统一了内资企业所得税，国家与国有企业的利润分配关系进一步理顺。

20世纪90年代末以来，我国进一步调整国家与企业的分配关系，在中央和省、市两级地方政府设立国有资产管理机构，实行政企分开，所有权和经营权分开。为明确国家的国有资本所有者身份，并依法取得国有资本收益，试行了国有资本经营预算制度，完善了国有企业收入分配制度。部分行业建立了特别收益金制度。启动和扩大了增值税转型改革试点，统一了内外资企业所得税税率。

改革开放30年来，国家与国有企业之间的利润分配关系发生了巨大变化，先后经历了统收统支、企业基金、利润留成、利改税、税利分流、利润承包以及国有资本经营预算等多种分配形式，国家与国有企业的分配关系逐步理顺。

2. 改革国有企业工资福利制度

计划经济时期，国有企业实行"低工资、高福利"的工资福利制度，企业职工之间工资差距很小，平均主义倾向严重。企业工资制度改革的初衷就是要克服平均主义，恢复按劳分配原则。1978年国务院发布了《关于扩大国营工业企业经营管理自主权的若干规定》，企业获得了一定的经营自主权和部分分配决策权，并开始恢复和试行计件工资制和奖金制度。1983年，实行了职工工资总额同经济效益按比例浮动的办法，简称"工效挂钩"。1985年的工资制度改革实现了国有企业同行政机关和事业单位脱钩，国有企业实行工资总额和经济效益挂钩的办法。

从20世纪80年代中后期开始，企业工资制度改革进一步深化，提出了"市场机制决定、企业自主分配、政府监督调控"的工资制度改革新模式。在继续实行工效挂钩等办法的同时，对少数具备条件的国有企业，依据"两低于"原则自主决定工资总额，即：工资总额增长幅度低于企业经济效益增长幅度，职工实际平均工资增长幅度低于企业劳动生产率增长幅度。90 年代末开始，逐步形成了市场经济基础上的现代企业工资分配制度，对生产要素参与分配进行了积极探索。改革企业经营者收入分配办法，试行企业经营者年薪制。企业内部实行以岗位工资为主的基本工资制度，引进内部职工持股计划，探索按劳分配与按生产要素分配相结合的具体途径，试行了经营者股票期权、企业职工持股、劳动分红、技术入股等股权激励方式。

在国有企业福利制度改革方面，1979 年开始通过出售公房、提租补贴等办法，逐步改革住房福利制度。1991 年，国务院发布了《关于积极稳妥地推进城镇住房制度改革的通知》，提出分步提租、交纳租赁保证金、集资合作建房、出售公房等多种形式推进房改的思路。1994 年，国务院下发了《关于深化城镇住房制度改革的决定》，要求建立与社会主义市场经济体制相适应的城镇住房制度，实现住房商品化、社会化改革。1998 年，国务院发布了《关于进一步深化城镇住房制度改革加快住房建设的通知》，进一步确定了停止住房实物分配，逐步实行住房分配货币化改革的方向。从 20 世纪 90 年代末期开始，住房制度改革步伐加快，住房市场化逐步推行，同时，加快住房保障制度建设，加强政府对房地产行业的宏观调控。

针对离退休人员迅速增加、退休费用增长过快的状况，20 世纪 80 年代开始陆续进行了国有企业职工退休费社会统筹改革，着手建立国家、企业、个人相结合的多层次养老和医疗保险制度，个人开始承担缴费责任。1995 年，国务院颁布《关于深化企业职工养老保险制度改革的通知》，开始在职工中推行基本养老保险个人账户制度。1997 年国务院《关于建立统一的企业职工基本养老保险制度的决定》以及 1998 年国务院《关于建立城镇职工基本医疗保险制度的决定》，明确了社会统筹和个人账户相结合的养老和医疗保险制度模式。为配合劳动合同制的实行和企业破产法的实施，建立了国有企业职工失业保险制度。1990 年开始扩大失业保险实施范围，打破了部门和所有制界限，变企业保险为社会保险。进行了分离企业办社会职能的改革试点，将企业自办的公益性单位移交社会。

改革开放 30 年来，国有企业工资福利制度改革取得了重大进展。企业工资制度改革从恢复奖金制和计件工资制起步，随后实施了工效挂钩，最终建立现代企业工资分配制度，企业内部的分配权限由政府转移到了企业。企业工资的市场化程度不断提高，工资收入逐步同劳动力市场价位相衔接，以市场为基础的工资形成机制已基本确立。推动劳动报酬的全额工资化、货币化，把福利性补贴逐步纳入职工工资，强化工资分配的激励作用。通过建立住房公积金制度和发放住房补贴，住房福利从过去的实物分配转向货币化分配。国家、企业和个人共同负担的社会保险模式基本确立，社会化程度不断提高。

3. 建立健全企业收入分配宏观调控体系

在理顺国家与企业、企业与职工的收入分配关系过程中，建立健全企业收入分配宏观调控体系。1991 年开始实行国家宏观调控、分级分类管理、企业自主分配的企业工资宏观调控体制。1992 年以后，国家宏观调控手段不断增加，建立健全了弹性工资计划、工资控制线、工资指导线、最低工资保障以及工资内外收入监督检查制度等。随着非国有单位的壮大，加强了对社会工资收入形成的规范和调节。2000 年出台了《工资集体协商试行办法》，2005 年出台了《关于进一步推行工资集体协商工作的通知》，探索实施市场化的工资集体协商制度。初步建立了以工资指导线制度、劳动力市场工资指导价位制度和人工成本预测预警制度为核心的工资管理与调控体系。加强垄断行业企业工资管理，提高企业普通劳动者工资水平。

总的来看，遵循市场经济要求，政府对企业工资分配的管理从直接调控向间接调控转变，从行政手段向经济、法律手段转变，从调控工资总量向调控工资水平转变。强化了政府在工资分配过程中的立法规范、信息服务、指导监督职能，间接引导企业工资分配行为，企业收入分配的宏观调控体系初步建立。

（三）机关事业单位收入分配制度改革

机关事业单位收入分配制度改革是收入分配制度改革的重要组成部分。建国以来，随着经济体制改革的不断深化和干部人事制度的变革，机关事业单位收入分配制度改革稳步推进。

1. 机关事业单位收入分配制度改革历程

新中国成立之初，机关事业单位实施供给制和工资制相结合的收入分配制度。1955 年，按照国务院《关于国家机关工作人员全部实行工资制和改行货币工资制的命令》，机关事业单位取消了供给制，统一实行工资制。1956 年，为缩小工资差距，实行了职务等级工资制。工资仍设为 30 级，但最高最低工资标准差距由原来的 31.1 倍缩小为 16 倍。

改革开放以来，我国进行了三次机关事业单位收入分配制度改革：

1985 年实施第一次机关事业单位收入分配制度改革。为提高机关事业单位工作效率，1985 年进行了第一次改革，制定实施了结构工资制。这次改革，通过实施职务工资、奖励工资等制度，突出了岗位因素，加强了机关事业单位收入分配制度的激励作用。

1993 年实施第二次机关事业单位收入分配制度改革。为进一步克服平均主义的影响，探索建立机关事业单位职工工资正常增长机制，1993 年实施了第二次改革，实行职级工资制。同时，根据建立社会主义市场经济体制的要求，建立了正常的增资机制和工资平衡比较制度，赋予地方一定的工资分配自主权。

2006 年实施第三次机关事业单位收入分配制度改革。为解决不同地区、不同部门之间机关事业单位工作人员工资差距过大等问题，规范津贴补贴发放秩序，2006 年实施了第三次机关事业单位收入分配制度改革。

2. 公务员收入分配制度的基本状况

现行的公务员收入分配制度，是按照党的十六大关于"完善干部职务与职级相结合的制度，建立干部激励和保障机制"的精神和《中华人民共和国公务员法》的规定，于 2006 年改革后实施的国家公务员收入分配制度。

（1）基本工资制度。为突出岗位贡献，加强激励作用，2006 年，将公务员基本工资构成由职务工资、级别工资、基础工资和工龄工资调整为职务工资和级别工资两项。其中，职务工资主要体现公务员工作职责的大小，领导职务和相当职务层次的非领导职务对应不同的工资标准。共划分为 12 个职务等级，最高最低工资标准差距为 11.76 倍。级别工资主要体现公务员的工作实绩和资历，共设 27 个级别，最高最低工资标准差距为 13.17 倍。同时，还配套改革了机关工人工资制度，完善了机关工人岗位技术等级（岗位）工资制。

（2）津贴补贴制度。在清理规范津贴补贴的基础上，实施了地区附加津贴制度，完善了艰苦边远地区津贴制度和岗位津贴制度。地区附加津贴制度主要用来反映地区经济发展水平、物价消费水平等方面的差异。

（3）工资增长和奖励制度。建立工资调查制度，定期进行公务员和企业相当人员工资收入水平的调查比较。国家根据调查比较的结果，结合国民经济发展、财政状况、物价水平等情况，适时调整机关工作人员的基本工资标准。公务员晋升职务后，执行新任职务的工资标准，并按规定增加级别工资。

在公务员工资奖励制度方面，对年度考核称职（合格）及以上的工作人员，发放年终一次性奖金，奖金标准为本人当年 12 月份的基本工资。

此外，为保障公务员基本生活需要，继续实施公务员福利保障制度，主要包括：退休公务员养老制度、工伤保险制度、医疗保险制度以及工时制度、探亲制度、年休假制度、产假制度等。

3. 事业单位收入分配制度的基本状况

现行的事业单位收入分配制度，是按照党的十六大和十六届三中全会关于加快事业单位收入分配制度改革的精神，为体现岗位绩效、鼓励创新，完善激励机制，于 2006 年制定实施的事业单位收入分配制度。

（1）工资分配制度。2006 年的改革，在事业单位实行了岗位绩效工资制度，由岗位工资、薪级工资、绩效工资和津贴补贴四部分组成，其中岗位工资和薪级工资为基本工资。岗位工资主要体现工作人员所聘岗位的职责和要求，分为专业技术岗位、管理岗位和工勤技能岗位。薪级工资主要体现工作人员的工作表现和资历。绩效工资主要体现工作人员的实绩和贡献，事业单位在核定的绩效工资总量内，按照规范的程序和要求，自主分配。同时，事业单位实施艰苦边远地区津贴和特殊岗位津贴补贴。

（2）工资正常调整机制。事业单位工资的调整主要有以下四种途径：一是正常增加薪级工资。在年度考核的基础上，对考核合格及以上等次的工作人员每年增加一级薪级工资。二是岗位变动调整工资。工作人员岗位变动后，按新聘岗位执行相应的工资标准。三是调整基本工资标准。国家根据经济发展、财政状况、企业相当人员工资水平和物价变动等因素，适时调整工作人员基本工资标准。四是调整津贴补贴标准。国家根据调控收入分配关系等的需要，适时调整津贴补贴标准。

（3）激励约束机制。为加大对高层次人才的激励力度，事业单位继续实行政府特殊津贴制度，建立重要人才国家投保制度，采取一次性重奖以及协议工资等灵活多样的分配形式和办法，逐步完善高层次人才分配激励机制。同时，逐步建立事业单位主要领导的分配激励约束机制，探索多种分配形式，规范分配程序，合理确定收入水平，加强对事业单位主要领导收入分配的监督管理。

此外，事业单位的养老、医疗等社会保险制度改革不断推进，部分地区、部分行业已经进行了有益的探索，如在事业单位建立年金制度等。

4. 机关事业单位收入分配制度中存在的主要问题

通过改革，我国的机关事业单位收入分配制度基本适应了社会主义市场经济体制的需要，强化了激励约束作用，规范了分配秩序。但与发达国家公务员收入分配制度（国外一般没有事业单位，但一般将类似我国事业单位职能的教育、卫生等单位工作人员纳入公务员管理范围）相比，仍然存在一些主要问题，突出体现在：

一是机关事业单位工资分配的平衡比较机制尚未真正建立。为实现机关事业单位工作人员收入与经济增长、社会工资增长等相协调，美国、日本、新加坡、香港等发达国家或地区普遍建立了平衡比较制度，设有专门机构从事公务员薪酬水平和趋势的评估，通过掌握企业工资的变动情况，及时提出调整公务员工资标准的建议。而我国尽管在 1993 年的机关事业单位收入分配制度改革中，就提出要建立工资调查等平衡比较制度，但具体办法仍未出台，机关事业单位收入正常增长机制尚有待进一步完善。

二是基本工资在公务员总收入中所占比重过低。实行公务员制度的国家，公务员一般以工资收入为主，发放津贴为辅。工资收入一般占总收入的 70%—80%，津贴约占 20%—30%。而我国目前机关事业单位工作人员基本工资只有总收入的 50% 左右，部分地区只占 30% 左右。津贴补贴所占比重过高，不利于发挥其激励作用。

（四）国民收入分配格局的调整与变革

改革开放以来，我国政府、企业、居民三者收入分配关系的总体变化趋势为：20 世纪 80 年代三者比例在年度之间显著波动，进入 90 年代后，呈相对稳定的态势，2000 年至今，居民收入所占比重则呈现出持续下降趋势。三者收入分配关系的演变经历了以下三个阶段：

第一阶段主要为 20 世纪 80 年代。政府和企业可支配收入占国民可支配总收入的比重持续下降，居民可支配收入所占比重持续上升，宏观收入分配主要向居民个人倾斜。1978 年，政府、企业和居民三者之间的分配关系为 33.9∶11.1∶55，到 1988 年三者之间的分配关系变为 21.2∶8.3∶70.5（见表 7-1）。这一时期三者分配关系显著变动的主要原因是城乡经济体制改革打破了原有的分配制度，政策导向鼓励更多地提高居民收入水平。

第二阶段大致为 20 世纪 90 年代。政府收入比重由小幅下降转为小幅上升，企业所得份额有所增加，居民所得部分略有下降，但基本稳定，宏观分配的总体格局没有发生明显变化。从 1992 年到 1995 年，政府收入占比从 20.0% 下降到 16.3%，但下降幅度较之 80 年代已经明显减小，企业收入占比从 11.7% 提高到 16.4%，上升了 4.7 个百分点，居民收入从

表 7 - 1   1978—1990 年政府、企业、居民可支配收入比例

（单位:%）

年份	政府	企业	居民
1978	33.9	11.1	55.0
1980	28.2	9.8	62.0
1985	25.4	7.7	66.9
1988	21.2	8.3	70.5
1990	21.5	9.1	69.4

（资料来源：《中国居民收入分配年度报告 2005》。1992 年之前，由于我国采用的是物质平衡表核算体系，没有编制资金流量表，此数据为推算数据）

68.3% 下降到 67.3%。1995 年后，政府收入比重开始小幅上升，所占比重从 1995 年的 16.3% 上升到 1999 年的 18.1%，这与这一时期的财税体制改革，提高税率水平以及加大税收征管力度有关。企业收入比重呈小幅回落态势，从 1995 年的 16.4% 下降到 1999 年的 14.7%，居民收入所占比重则基本稳定（见表 7 - 2、图 7 - 2）。

第三阶段为 2000 年至今。政府收入比重略有提高，企业收入比重明显提高，而居民收入比重持续下降。从 1999 年到 2003 年，政府收入比重从 18.1% 提高到 22%。从 1999 年到 2004 年，企业收入比重从 14.7% 提高到 23.3%，提高了 8.6 个百分点；居民收入的比重则从 67.2% 下降到 57.8%，下降了 9.4 个百分点（见表 7 - 2、图 7 - 2）。

从国际经验看，我国政府、企业、居民三者分配关系的变化基本符合规律。各国经验表明，在由低收入国家向中等收入国家迈进的过程中，居民和企业所得比重有所上升，政府所得比重则有所下降。从实践角度看，我国三者分配关系的变化也是基本合理的，是符合改革方向的。收入分配在一定阶段向企业和居民倾斜，有利于解放和发展生产力，有利于增加消费，改善投资与消费的比例关系。

表7-2　政府、企业和居民可支配收入及其占
国民可支配总收入比重

（单位：亿元,%）

年份	政府		企业		住户		国民可支配总收入
	可支配收入	占比	可支配收入	占比	可支配收入	占比	
1992	5389	20.0	3159	11.7	18453	68.3	27001
1993	6943	19.7	5557	15.7	22827	64.6	35328
1994	8927	18.5	7005	14.5	32292	67.0	48224
1995	9916	16.3	9723	16.4	40292	67.3	59930
1996	12570	18.1	9625	13.6	48125	68.3	70320
1997	14363	18.3	10282	13.1	53842	68.6	78487
1998	15120	18.1	11216	13.5	57044	68.4	83379
1999	16089	18.1	13067	14.7	59733	67.2	88889
2000	18916	19.2	16355	16.6	63252	64.2	98523
2001	22298	20.5	19035	17.5	67438	62.0	108771
2002	25236	21.0	21631	18.0	73305	61.0	120172
2003	30059	22.0	24867	18.2	81707	59.8	136634
2004	30522	18.9	37573	23.3	93388	57.8	161483

注：根据2004年经济普查的数据，有关部门对1992—2004年的资金流量表数据进行
了调整。本文中的数据根据国家统计局核算司和中国人民银行调查统计司2008
年1月出版的《中国资金流量表历史资料（1992—2004）》中的数据进行分析。

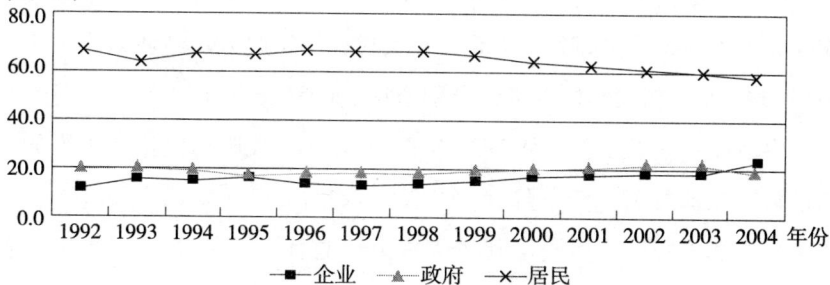

（单位：%）

图7-2　1992—2004年政府、企业和居民可支配收入
占国民可支配总收入的比重变化图

但是，近年来，我国的国民收入分配格局出现了过多向政府、企业倾斜的现象，居民收入所占比重明显偏低，且呈持续下降趋势。城乡居民收入偏低限制了居民的购买力，不利于扩大国内消费需求和经济增长方式的转变，不利于经济的持续平稳健康发展，因此，国民收入分配格局需要进一步调整。

三、收入分配制度改革的成效与经验

从 1978 年党的十一届三中全会至今，通过不断的理论创新与实践探索，我国的收入分配制度已经发生了深刻变化。收入分配制度改革取得了显著成绩，积累了丰富经验。

（一）收入分配制度改革的主要成效

收入分配制度改革极大地调动了劳动者生产经营的积极性，提高了资源配置效率，促进了城乡居民生活水平的提高。改革开放的 30 年是新中国成立以来居民收入增长最快的时期，也是经济发展最具活力的时期。

1. 城乡居民收入大幅增长，收入来源日趋多元化

收入水平大幅提高。从 1978 年至 2007 年，我国城镇居民家庭人均可支配收入由 343 元提高到 13786 元，农村居民家庭人均纯收入由 134 元提高到 4140 元，扣除价格因素，分别增长了 6.53 倍和 6.34 倍（见图 7-3）。

生活质量显著改善。从 1978 年至 2007 年，反映居民生活水平的恩格尔系数，城镇由 57.5% 下降到 36.3%，农村由 67.7% 下降 43.1%（见图 7-4），城乡人民生活质量得到较大提升，总体上达到了小康水平。农村贫困人口由 2.5 亿减少到 1479 万人，贫困发生率由 30.7% 下降到 1.6%。

收入来源日益多元。改革开放前，我国城乡居民收入来源较为单一。随着改革开放进程不断加快，城乡居民收入的种类增加，收入结构发生了

（单位：元）

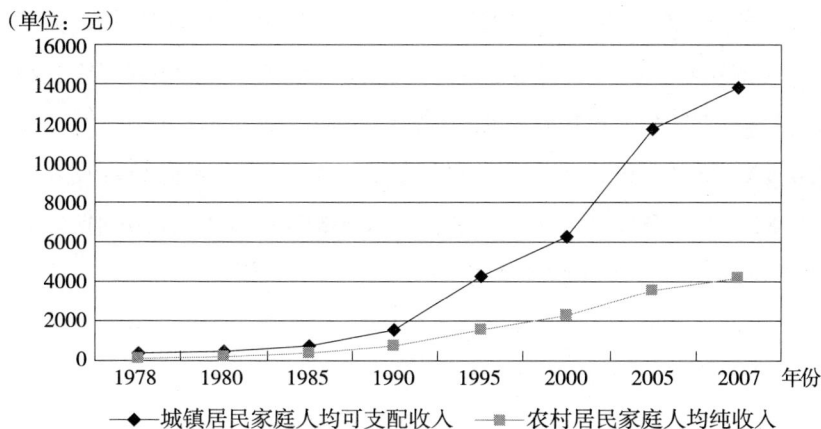

图7-3　1978—2007年城乡居民收入情况

（资料来源：《中国统计年鉴2007》、《2007年国民经济和社会发展统计公报》）

（单位：%）

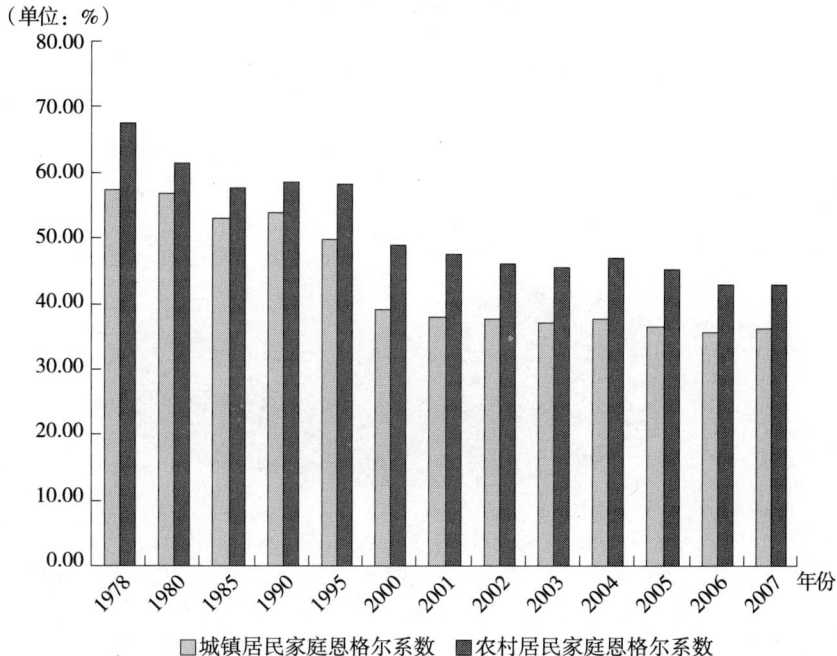

图7-4　1978—2007年城乡居民恩格尔系数

（资料来源：《中国统计年鉴2007》、《2007年国民经济和社会发展统计公报》）

变化。总体上看，城乡居民收入中劳动收入仍占主体地位，但生产要素参与分配，使其他收入来源的比重日益增加。从 1990 年到 2007 年，城镇居民人均全部年收入中，工薪收入所占比重从 75.8% 下降到 68.7%，经营净收入、财产性收入和转移性收入占比分别从 1.5%、1.0%、21.7% 上升到 6.3%、2.3% 和 22.7%；农村居民人均纯收入中家庭经营收入所占比重从 82.4% 下降到 53.0%，工资性收入和转移性收入占比分别从 14%、0% 上升到 38.6% 和 5.4%（见图 7-5、图 7-6）。

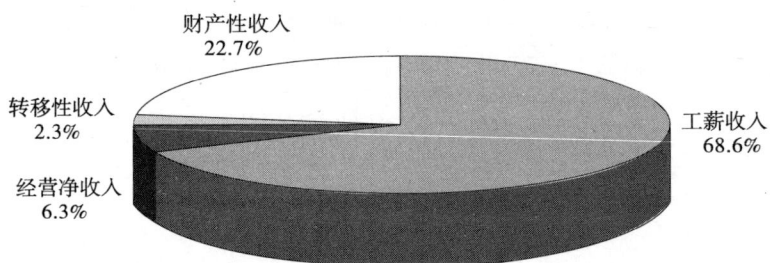

图 7-5　2007 年城镇居民人均总收入构成情况

（资料来源：国家统计局）

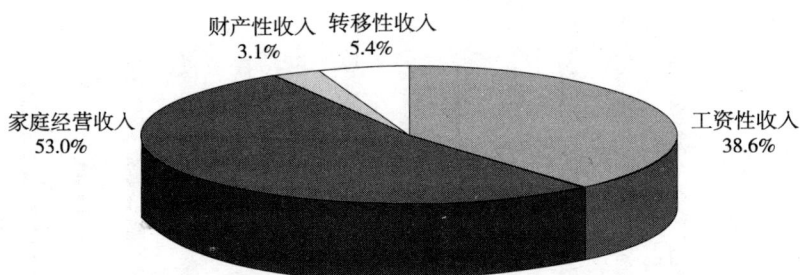

图 7-6　2007 年农村居民人均总收入构成情况

（资料来源：国家统计局）

2. 增进了经济活力，提高了经济效率

改革从根本上改变了计划经济体制下平均主义分配的弊端，更好地体现了按劳分配原则，发挥了分配对生产的激励和促进作用，极大地调动了劳动者的生产积极性和创造性，劳动生产率不断提高。多种生产要素按贡献参与分配，推动了知识创新、技术进步和资本积累，有利于各种资源的合理有效配置，提高了经济效率。据有关数据，从1978年到2006年，我国平均每个就业人员创造的国内生产总值已经由908元提高到27409元，名义增长29.2倍。同时，随着收入水平的提高，居民消费结构不断调整升级，消费领域不断拓宽，市场需求不断扩大，为促进经济发展提供了动力。

3. **按劳分配为主体、多种分配方式并存的制度基本确立**

改革开放以来，我国公有制经济进一步壮大，个体、私营等非公有制经济发展较快，已成为社会主义市场经济的重要组成部分。生产资料所有制结构已由单一公有制转变为以公有制为主体、多种所有制并存。与此相适应，我国的分配方式由过去的按劳分配转变为按劳分配为主、多种分配方式并存，劳动、资本、技术和管理等生产要素按贡献参与分配，初步形成了与社会主义市场经济相适应的收入分配制度。

4. **初次分配的市场机制基本形成**

农村在实行家庭联产承包制后，农民的农业收入和非农收入直接受市场机制的调节。个体、私营等非公有制经济的经营者和从业人员，其经营收入和工资收入直接由市场机制决定，工资水平大体反映了劳动力市场供求关系。国有企业职工的工资水平与企业经济效益挂钩，在很大程度上受市场机制调节。由于就业流动性的增强，国家机关事业单位的职工收入也受到市场机制作用的影响。在竞争性行业，尤其是非公有制经济部门，以市场机制为基础的工资形成机制正在逐步形成。同时，按资本要素的分配，如利息收入、股票债券等投资收入，按技术要素的分配，如专利技术转让、技术入股等收入，按管理要素的分配，如企业家期权收入等，基本上都已按照市场供求关系和市场价格信号进行配置，建立了符合市场经济的激励机制。

5. 再分配的调节体系初步建立

在税收调节方面，我国初步形成了以个人所得税调节为主、以消费税和部分财产税调节为辅的居民收入分配税收调节体系，调节力度不断增强。全国个人所得税收入从 1994 年的 72.7 亿元提高到 2007 年的 3185 亿元，名义增长了 44 倍。在社会保障方面，我国建立了以养老、医疗、失业为主的社会保险体系和以最低生活保障为主的社会救助体系。农村社会保障体系也在发展完善之中，新型农村合作医疗覆盖到全国，农村最低生活保障制度普遍建立，被征地农民和农民工的社会保障制度也在加快建立和完善的过程中。全国财政用于社会保障的支出从 1998 年的 5.52% 提高到 2006 年的 11.05% 。

（二）收入分配制度改革的经验总结

收入分配体制改革的 30 年，是以邓小平理论和"三个代表"重要思想为指导，全面落实科学发展观，不断取得新突破、新进展的 30 年。回顾收入分配体制改革三十年的伟大历程，主要有以下四点经验：

1. 正确处理发展和改革的关系

发展是硬道理，只有发展经济和提高就业水平，物质财富才能日益丰富，人民才能富裕起来，强化收入再分配才能有相应的物质基础。经济体制改革是利益调整的过程，而利益调整的成果和存在的矛盾必然在收入分配中反映出来。解决这些矛盾，主要靠发展。实践证明，实现经济又好又快发展，把国民经济的蛋糕做大，是解决好这些矛盾的基础。当然，发展并不是单纯追求经济增长速度，而应是以人为本，全面协调可持续的发展。收入分配既是经济活动的重要环节，也关系到群众切身利益，收入分配制度改革必须坚持科学发展观。改革是促进发展的动力，只有依靠制度创新，消除束缚生产力发展的各种体制性障碍，生产要素才能优化配置，劳动者才能富有主动性和创造性。同时，因为收入分配制度改革牵涉面广，利益格局调整范围大，涉及的改革措施多，兼顾各方利益的任务相当繁重，因此必须坚持突出重点、循序渐进的原则，要在保证社会稳定的前提下，统筹协调，稳步推进。

2. 坚持社会主义基本分配制度

30 年的改革证明，我们必须坚持以按劳分配为主，多种分配方式并存的基本分配制度。这是我们党充分考虑社会主义初级阶段的现实国情，把马克思主义劳动价值论基本原理同建设中国特色社会主义的实际相结合，是对马克思主义收入分配理论的继承和发展。从本质上讲，生产关系决定分配关系，所有制决定分配制度。我国在社会主义初级阶段实行公有制为主体、多种所有制经济共同发展的基本经济制度，与这种基本经济制度相适应，就必须实行按劳分配为主体、多种分配方式并存的收入分配制度。实践证明，这一基本分配制度充分调动了广大劳动者的生产积极性，有利于提高经济效率，是适应社会主义市场经济体制的分配制度。

3. 正确处理效率和公平的关系

回顾收入分配制度改革的历程，对效率和公平关系的认识是一个不断深化的过程，适应了不同阶段收入分配制度改革要解决的主要矛盾。党的十四大提出，要"兼顾效率与公平"。党的十四届三中全会又提出，收入分配要"体现效率优先、兼顾公平的原则"。党的十五大和十六大都明确提出，要"坚持效率优先、兼顾公平"。党的十六大还提出，初次分配注重效率，再分配注重公平。党的十七大又明确提出"合理的收入分配制度是社会公平的重要体现，初次分配和再分配都要处理好效率和公平的关系，再分配更加注重公平"。这是在新形势下对效率公平理论及实践做出的重要发展，反映了在收入分配中对公平的重视，体现了对民生问题的关注。效率与公平是在对立基础上的有机统一，公平是效率的前提、基础和保证，效率是公平的体现、动力和结果，没有公平保障的效率不是真正的效率，同时，缺乏效率的公平不会是真实的公平。因此，收入分配制度改革的过程中必须正确处理好效率和公平的关系，才能促进经济持续健康发展和社会和谐稳定。

4. 发挥政府对收入分配的调节作用

收入分配既要发挥市场机制的作用，又要发挥国家的宏观调控作用。建立与社会主义市场经济相适应的收入分配制度，必须坚持以市场机制为基础。收入分配发挥市场机制的作用，有利于市场竞争、优胜劣汰，提高效率。初次分配由市场去完成是市场机制发挥作用的前提，是市场在资源配置中发挥基础性作用的关键。政府在初次分配领域，应着重完善市场机制，维护市场秩序，保证市场分配机制的正常发挥，从而保证整个经济的运行具有效率。同时，社会主义市场经济具有市场经济的一般特征，即在保证效率的前提下，单纯地依靠市场机制并不能保证收入分配的公平，也可能出现收入分配的贫富悬殊。因此，政府有必要对收入分配进行干预，通过再分配来保证收入分配的公平，尤其在当前收入分配差距过分拉大的情况下，为形成社会成员获得工作和收入机会公平的制度，更要加强国家对分配过程的宏观调控，使收入差距控制在相对合理的范围内。

四、深化收入分配制度改革的思考与展望

党的十七大提出了深化收入分配制度改革、提高城乡居民收入的宏伟目标和具体要求。当前我国的收入分配制度仍不完善，改革任务非常艰巨，必须充分认识改革的重要性和紧迫性，抓住机遇、把握重点，扎扎实实推进收入分配制度改革。

（一）收入分配制度改革面临的形势

当前，我国仍处于体制转轨时期，市场机制尚不完善，政府职能转变还未完全到位，收入分配领域还存在许多矛盾和问题。突出表现在：

1. 国民收入分配格局仍不够合理

居民收入的增长落后于国民收入的增长，居民收入在国民收入分配中

的比重偏低。据统计，居民可支配收入占国民可支配总收入的比重从1992年的68.3%下降到2004年的57.8%。而据测算，从1996年到2004年，美国居民收入在国民收入中所占的比重从74.7%上升到了75.8%。尽管两国处于不同的发展阶段，但总体来看，我国居民收入在国民收入中所占比重依然偏低，并呈下降趋势。与此同时，劳动报酬在初次分配中的比重偏低。1990年至2006年，劳动者报酬在国民收入分配中的比重从53.42%下降到44.49%，职工工资总额占国民总收入的比重从15.8%下降到11.0%[1]。

2. 居民收入差距持续扩大

居民收入的基尼系数在2000年突破了0.4的国际警戒线以后继续扩大。城乡居民收入差距过大，城乡居民人均收入之比从改革开放之初的2.5:1扩大到2007年的3.33:1，处于历史高位。而国际上普遍接受的城乡差距是1.5:1，发展中国家的城乡差距是1.7:1[2]。行业门类间的职工工资差距从1990年的1.76倍扩大到2006年的4.75倍，而在国外市场经济国家，行业门类间的平均工资差距一般在1.5倍左右[3]。另外，地区间的居民收入差距也在拉大。

3. 收入分配秩序仍不规范

垄断行业工资收入过高，2006年，烟草制品等18个垄断行业在岗职工总人数占全部行业在岗职工人数的10.78%，而工资总额却占全部行业工资总额的17.30%。国家公职人员工资收入不协调，机关、事业单位、国有企业、特设机构等国家公职人员之间的工资收入标准缺乏统筹协调，待遇差距过大。部分国有企事业单位管理者同普通职工收入差距过大，职工同岗不同酬现象多有存在，工资外收入管理仍不规范。

① 白暴力主编：《让城乡居民收入稳步增长》，人民出版社2008年版，第47、48页。
② 雷晓宁：《我国城乡差距的质变及政策含义》，《改革》2005年第4期。
③ 张东生主编：《中国居民收入分配年度报告2006》，中国财政经济出版社2006年版，第126页。

4. 税收调节力度有待加强

个人所得税在调节收入分配差距方面的作用还有待进一步发挥。考虑家庭负担因素的税前扣除制度尚未建立，现行的分类税制不能根据纳税人的实际负税能力确定税负水平，部分中低收入者税收负担较重。财产税体系不完善，调节财产差距的税种欠缺。税源监控体系和收入申报制度还不健全。

5. 社会保障体系还不完善

城镇社会保险制度覆盖面窄，统筹层次低，制度设计不适应农民工、灵活就业人员等群体参保，不同人群之间的社会保障待遇差距过大。农村居民的社会保障制度建设相对滞后。城乡社会救助体系还不健全，救助水平偏低。社会慈善事业发展缓慢。

在充分认识收入分配领域存在问题的同时，我们也要看到，当前深化收入分配制度改革面临着难得的历史机遇：

一是经过近 30 年的改革开放和经济发展，我国社会生产力水平明显提高，社会财富不断增加，尤其是国家财政收入连年大幅增收，为深化收入分配制度改革提供了坚实的物质基础。

二是"三个代表"重要思想和科学发展观的提出，全面建设小康社会和社会主义和谐社会战略目标的确定，党中央、国务院的坚定决心和坚强领导，为加快收入分配制度改革提供了极其重要的政治保证。

三是收入分配制度改革已成为社会各界强烈关注的热点问题，广大人民群众参与改革的意识空前高涨，加快改革的群众基础和社会环境已经成熟。

（二）对深化收入分配制度改革的展望

深化收入分配制度改革，要坚持以邓小平理论和"三个代表"重要思想为指导，全面贯彻落实科学发展观，从社会主义初级阶段的基本国情出发，坚持按劳分配为主体、多种分配方式并存的分配制度，完善各种生产要素按贡献参与分配的具体形式。加强收入分配调节，合理调整国民收入分配格局。着力提高低收入者收入，扩大中等收入者比重，调节过高收入，取缔非法收入，促进共同富裕。

收入分配制度改革的政策措施应主要包括：

1. 推进基本公共服务均等化，促进分配起点公平

（1）促进就业、发展教育，提高劳动者获得收入的能力。深化劳动人事和户籍管理制度改革，打破影响劳动者合理流动的体制性障碍，促进劳动力在城乡、地区、行业以及不同经济类型之间的合理流动。实施积极的就业政策，完善面向所有困难群众的就业援助制度，鼓励发展劳动密集型产业、服务业，扶持中小企业，着力改善中低收入者的就业状况和收入水平。优化教育结构，促进义务教育均衡发展。扶持贫困地区、民族地区教育，健全学生资助制度。大力发展职业教育，健全面向全体劳动者的职业教育培训制度。

（2）统筹城乡、区域均衡发展，逐步缩小城乡、地区差距。加强农业基础设施建设，健全农村市场和农业服务体系。大力发展现代农业，推进农业产业化经营。加大支农惠农政策力度，建立农民增收减负的长效机制。多渠道转移农民就业，优化农民工就业和创业环境。实施有利于欠发达地区加快发展的地区和产业政策。加大对中西部等欠发达地区的支持力度，加快落后地区基础设施建设，促进中西部地区发展。帮助资源枯竭地区实现经济转型。转变扶贫开发方式，加大扶贫力度，改善贫困地区的生产生活条件。

（3）加快公共财政体系建设，提高居民收入在国民收入分配中的比重。按照建立公共服务型政府的要求，健全中央和地方财力与事权相匹配的体制，完善省以下财政体制，增强基层政府提供公共服务的能力。建立健全统一规范的财政转移支付制度，扩大一般性转移支付规模，促进基本公共服务均等化。进一步调整财政支出结构，扩大基本公共服务财政支出比重，更多向"三农"、教育、卫生、就业、廉租住房等重点领域倾斜，着力保障和改善民生。

2. 深化工资分配制度改革，规范收入分配秩序

（1）健全职工工资正常增长机制。健全职工工资决定机制、正常增长机制和支付保障机制。科学制定、及时调整并严格实施最低工资制度。建立适应经济发展水平的最低工资标准增长机制，及时调整并合理提高最低工资标准。加大对企业执行最低工资规定的监督检查，切实解决部分企业滥用最低工资标准问题。完善工资宏观指导体系，进一步发挥工资指导线、劳动力市场工资指导价位和行业人工成本信息的调节作用。健全三方协商机制，推进以区域、行业为重点的工资集体协商。加强对企业工资支付情况的监督检查，建立解决拖欠和克扣工资问题的长效机制，切实维护劳动者的合法权益，促进外出务工农民工资收入合理增长。

（2）深化公职人员工资分配制度改革。在规范公务员工资分配和管理制度的同时，抓紧清理并规范津贴补贴，探索实施地区附加津贴制度，完善艰苦边远地区津贴制度，建立公务员与企业相当人员工资调查制度，健全工资正常调整机制。同时，加快推进公务用车等机关后勤服务体制改革和公务员保险、福利制度改革，逐步实现福利待遇的规范化和货币化。尽快建立符合不同类型事业单位特点、分级分类管理的事业单位工资制度。

（3）加强对垄断行业收入分配的调控。加快政府职能转变，引入市场竞争机制，推进垄断性行业国有企业公司制改革，规范公司的法人治理结构，健全垄断企业的内外部监督机制。调整国家和企业分配关系，完善国有资本经营预算制度和垄断行业特别收益金制度。完善工资总额控制制度，确定经营者与职工收入的合理比例，建立人工成本管理制度，实施职工收入水平调控办法。加强对垄断行业职工工资外收入监管，严格规范企业负责人的薪酬制度和职务消费。加强垄断行业产品和服务价格管理。

（4）加强收入分配法制建设。加强有关的法制和机构建设，运用法律手段调节和规范收入分配秩序，整治不合理收入，加大对非法收入的打击力度，依法严厉打击违法收入及各种经济犯罪行为。加强部门预算、国库集中支付、政府采购和收支两条线等制度建设，堵塞灰色收入渠道。

3. 加强再分配调节能力建设，促进社会公平

（1）完善税收体系，强化税收对收入分配的调节。完善个人所得税制度，推进综合与分类相结合的个人所得税制度建设，优化税率结构，适当降低中低收入者的税收负担，加强对高收入的调节。加强对财产的税收调节力度。在完善车船税等现有财产税的基础上，适时开征物业税，研究遗产税和赠与税。调整消费税税目税率，加强消费环节的收入分配调节能力。加强税源监控和税收征管。建立个人收入双向申报制度和交叉稽核制度，依托信息化管理手段，实现对个人收入的全员全额管理和对高收入者的重点管理，切实强化税收征管，堵塞税收漏洞。

（2）加大投入力度，健全体现社会公平的社会保障体系。进一步完善城镇社会保险制度，扩大社会保险覆盖面，提高统筹层次，健全多层次的社会保险体系，着力解决不同人群间社会保险待遇差别过大问题。统筹规划城乡社会保险制度改革，普及新型农村合作医疗制度，探索建立与农村经济发展水平相适应的农村社会养老保险制度。完善城乡最低生活保障制度，逐步提高保障水平。完善城乡居民生活救助制度及医疗、教育、城镇廉租住房、就业、司法等救助援助制度，健全社会救助体系，提高综合性救助救济能力。大力发展社会慈善事业，落实优惠政策，发挥慈善组织在社会安全网中的重要补充作用。

（3）提高对收入分配的宏观监测能力。加快完善个人征信系统和个人支付结算系统，鼓励居民使用银行卡、银行本票、个人支票等非现金支付工具，减少现金交易，推动支付手段票据化、电子化。建立健全居民个人收入和财产的监测体系，完善信息统计和调查分析制度。建立收入分配政策评估体系，提高政府科学决策水平。发挥中介机构、科研单位等在信息收集和政策评估中的作用。

第八章

社会保障制度改革的
回顾与展望

　　社会保障是国家的一项基本经济社会制度,是人民群众最关心、最直接、最现实的利益问题,是国家长治久安、人民幸福安康、经济持续增长的重要基础。如果说就业是民生之本,那么,社会保障就是民生之盾。改革开放 30 年来,我国社会保障事业取得长足进展:基本制度建立并逐步完善,覆盖范围不断扩大,基金收支规模持续增长,各项待遇水平稳步提高,为保障人民基本生活、促进经济发展、维护社会稳定、构建社会主义和谐社会发挥了积极作用。

一、社会保障制度概述

　　"社会保障"由英文"social security"一词翻译而来,最初使用于美国 1935 年颁布的《社会保障法》。在我国,社会保障是国家和社会依据法律和规定,通过收入的再分配,对社会成员的基本生活权利予以保障的一项重大社会政策。具体地说,就是当社会成员因生、老、病、死、伤、残、灾、失业等造成基本生活困难时,国家和社会给予其经济上的支持和

264

帮助，保障其基本的生活权利。

社会保障是社会的"安全网"和"稳定器"。通过有效的制度安排，实现老有所养、病有所医、工伤有保护、失业有救济、残疾有安置、贫困和灾害有救助，保障社会成员的基本生活，解除人们的后顾之忧，从而有效地化解有可能发生的各种社会矛盾，实现国家安定和社会稳定。社会保障通过对社会成员的收入进行必要的再分配调节，将高收入者的一部分收入转移给低收入的社会成员，可以在一定程度上缩小社会成员之间的贫富差距，弥补市场经济的缺陷，缓和社会矛盾，从而促进社会公平目标的实现。

社会保障制度是经济发展的"助推器"和"调节器"。从宏观经济来看，雄厚的社会保障基金能够有力地支撑经济发展，并对经济运行发挥宏观调控的作用。在经济低迷的情况下，高额的社会保障基金的投资能支撑经济发展，带动经济再次腾飞；而在经济过热的情况下，又可以通过调节社会保障基金在债券、房地产、股票、储蓄等方面的投资比例和投资结构，对经济格局发挥宏观调控的作用。从微观经济来看，社会保障制度可以规范和均衡企业的社会负担，有助于社会主义市场经济微观基础的形成，特别是有助于各类企业建立现代企业制度，从而促进经济的健康发展。

二、中央关于社会保障制度改革的重大决策

建立和完善社会保障制度，是中国特色社会主义伟大事业的重要组成部分，是建立和完善社会主义市场经济体制的基本前提和重要保证。

我国传统的社会保障制度，是指新中国成立以来至改革开放初期数10年中形成的社会保障制度。1951年我国颁布了《中华人民共和国劳动保险条例（草案）》，其中包括了疾病、负伤、生育、医疗、退休、死亡

待遇和待业救济等保障和福利项目。以后又陆续颁布了一系列政策法规，使社会保险、社会救济、社会福利、优抚安置等保障项目步入正常发展轨道。其中，1966—1976 年"文化大革命"期间，社会保障制度建设受到严重挫折和破坏，社会保险演变为企业保险。

传统的社会保障制度是计划经济体制的重要组成部分，具有三个基本特征：一是属于"单位保障"，就是依赖用人单位提供保障。二是不同单位的保障范围、保障方式和待遇差距很大。三是一次就业定终身，无失业之虞。在传统的社会保障体制下，企业和机关事业单位职工，能够从单位获得养老、医疗、工伤、丧葬等福利性社会保障，但差异比较大；而农民基本没有真正意义上的社会保障，主要依靠家庭和子女提供有限的保障。随着改革开放特别是建立社会主义市场经济体制，传统的社会保障制度已不适应经济社会发展的需要，改革势在必行。

党中央、国务院高度重视社会保障制度的改革与发展，自改革开放以来，先后做出了一系列重大决策：

1984 年，党的十二届三中全会通过《中共中央关于经济体制改革的决定》，提出以城市为重点推进整个经济体制改革。这也标志着社会保障制度改革序幕的拉开。随后，一些地方开始引入个人缴纳养老保险费用机制，探索实行退休费用社会统筹。

1992 年，党的十四大报告第一次提出建立社会主义市场经济体制，也第一次明确把社会保障制度改革作为经济体制改革的四个环节之一。社会保障制度改革步伐明显加快。

1993 年，党的十四届三中全会通过《中共中央关于建立社会主义市场经济体制若干问题的决定》，进一步明确了社会保障制度改革的目标和原则，初步形成了改革的总体思路和总体框架。同时，提出养老、医疗保险制度改革实行社会统筹与个人账户相结合的原则。这是我国社会保障制度改革具有里程碑意义的重大突破。

1997 年，党的十五大报告指出，完善的社会保障制度是社会主义市场经济体制的重要支柱，要建立独立于企事业单位之外的社会保障体系，提供最基本的社会保障。

1998 年起，为了适应国有企业改革深化和国有经济结构战略性调整带来的新情况，中央决定采取"两个确保"措施，即确保国有企业下岗职工的基本生活、确保离退休人员的基本生活。

2000 年，党的十五届五中全会提出了建立独立于企业事业单位之外、资金来源多元化、保障制度规范化、管理服务社会化的社会保障体系建设目标。同年，国务院制定发布了完善城镇社会保障体系的试点方案，并决定在辽宁省进行以"做实基本养老保险个人账户和推进下岗职工基本生活保障向失业保险并轨"为主要内容的试点。

2002 年，党的十六大报告把社会保障作为全面建设小康社会的重要内容，明确要求建立健全同经济发展水平相适应的社会保障体系。

2006 年，党的十六届六中全会通过了《中共中央关于构建社会主义和谐社会若干重大问题的决定》，把到 2020 年基本建立覆盖城乡居民的社会保障体系，作为构建社会主义和谐社会的重要目标。我国社会保障体系建设进入全面完善、加快发展的新时期。

2007 年，党的十七大报告进一步明确了社会保障制度建设的远景目标，就是到 2020 年，"覆盖城乡居民的社会保障体系基本建立，人人享有基本生活保障。"

这些都表明，我国社会保障制度改革与发展是在党中央、国务院的科学决策和直接部署下进行的，是与我国推进改革开放、完善社会主义市场经济体制、全面建设小康社会和社会主义现代化的伟大事业相伴相生、互动发展的。

三、中国特色社会保障体系框架基本形成

在现代社会中，社会保障常常表现为一个社会政策和社会立法的庞大

体系。由于划分的角度和标准不同，社会保障体系的内容也不尽相同。国际上大致有四种不同的划分方法：一是就保障方式而言，可分为社会保险、社会救助、社会福利、特定人群保障（如针对公务员、军人、海员等特殊对象的社会保障）。这是最常采用的划分方法。二是就保障条件而言，可以分为：与就业关联的社会保障制度、须经家庭经济调查的社会保障制度和普遍享有（或"按人头"）的社会保障制度。三是就保障目标而言，可分为老年残疾遗属保障、疾病与生育保障、职业伤害保障、失业保障、住房保障和教育保障等。四是就保障手段而言，可分为资金保障和服务保障。

中国特色社会保障体系包括哪些方面？我们的认识是逐步深化的。1993 年，党的十四届三中全会《中共中央关于建立社会主义市场经济体制若干问题的决定》将社会保障体系的内容规定为社会保险、社会救济、社会福利、优抚安置和社会互助、个人储蓄积累保障等六个方面。到 2007 年，党的十七大报告指出，要以社会保险、社会救助、社会福利为基础，以基本养老、基本医疗、最低生活保障制度为重点，以慈善事业、商业保险为补充，加快完善社会保障体系。这是对我国社会保障框架体系比较科学和权威的阐述。

按照党的十七大精神，我国社会保障是一个多层次体系，包括社会保险、社会救助、社会福利三个核心部分。这三个部分具有由政府强制实施、覆盖广泛、保障基本生活等特点，这是社会保障体系的基础。进一步细分，社会保险又分为养老、医疗、失业、工伤、生育等五个险种；社会救助可分为城乡居民最低生活保障、灾害救助、医疗救助、教育救助、司法救助、住房救助等；社会福利可分为老年人福利、残疾人福利、孤残儿童福利等。慈善事业和商业保险可以对社会保障进行有益补充，也是社会保障体系的组成部分。这里，慈善事业可以对社会保险、社会救助、社会福利进行捐助；商业保险通过投保人的自愿投保满足更高层次和多样化的保障需求。

在我国社会主义初级阶段，建立健全多层次社会保障体系，为什么又要以基本养老、基本医疗、最低生活保障制度为重点呢？这是因为：一是在众多的保障项目中，养老、医疗、最低生活保障是每一个城乡居民都需要的，覆盖范围最为广泛。其他项目，不论是失业、工伤、生育保险，还是灾害、医疗、教育等专项救助，或是老年人福利、残疾人福利等专项福利，保障对象都是特定的人群。我国现在的财政能力和各方面承受能力有限，必须抓住人民群众最关心的利益问题，以这三项制度为重点，推进覆盖城乡的社会保障体系建设，为全体人民提供基本的生活保障。二是养老、医疗、最低生活保障在保障功能上具有不可或缺性和不可替代性。有了这三项制度，老有所养，病有所医，生活有"兜底"，就可以为社会成员解除后顾之忧。三是完善养老、医疗、最低生活保障制度，具有直接拉动国内需求特别是消费需求的作用。目前我国居民的消费需求仍然不足，消费对经济增长的贡献比较低，不适应转变经济发展方式的需要。消费需求不足的重要原因之一，是居民的储蓄率比较高，其中固然有节俭持家传统文化的影响，但更多的是人们担心社会风险的因素，希望通过省吃俭用、积极储蓄来防老、防病、防失去生活来源。把这些方面的保障制度建立起来，可以增强人们的社会安全感，起到拉动消费、扩大内需，从而促进经济增长的作用。

经过多年的改革与发展，中国特色的社会保障体系框架基本形成，主要标志：一是建立了城镇企业基本养老保险制度。同时，积极探索建立农村养老保险制度、农民工养老保险制度，机关事业单位基本养老保险制度改革稳步推进。二是初步形成了城乡基本医疗保障体系，建立了城镇职工基本医疗保险、城镇居民基本医疗保险和新型农村合作医疗等三项制度，从制度上实现了对城乡居民的全覆盖。三是建立了失业保险、工伤保险、生育保险制度。四是以建立城乡居民最低生活保障制度为重点，城乡社会救助体系进一步完善。目前，我国城镇普遍建立了比较完善的居民最低生活保障制度；农村也于2007年全面建立居民最低生活保障制度，但需要完善制度，逐步提高保障水平。同时，农村"五保"制度和城乡灾害救助、医疗救助等制度也不断健全。

截至 2007 年年底，全国基本养老保险、基本医疗保险、失业保险、工伤保险和生育保险参保人数分别达到 20107 万人、22051 万人、11645 万人、12155 万人和 7755 万人，五项社会保险基金总收入首次突破 1 万亿元，达到 10724 亿元。城镇居民最低生活保障制度不断完善，近些年来每年相对稳定地保障了 2200 多万贫困人口的基本生活。2007 年在全国农村全面建立了最低生活保障制度，3451.9 万农村居民被纳入保障的范围。此外，为应对将来人口老龄化可能带来的资金支付压力，国家从 2000 年开始建立具有战略储备性质的全国社会保障基金，到 2007 年年底已积累资金约 5000 亿元。

四、建立城镇基本养老保险制度

从 1984 年起，随着在城市推进经济体制改革和国有企业改革，广东、江苏、辽宁、四川等省的少数市县开始试行退休费用社会统筹。1986 年，我国开始实行劳动合同制度，建立了劳动合同制工人的养老保险制度，规定按照本人工资的 3% 缴费，改变了过去完全由国家和企业负担的办法。这也是我国社会保险史上第一次建立个人缴费制度。1986—1993 年，经国家有关部门批准，先后有 11 个行业实行了养老保险系统统筹，包括水利、电力、铁道、邮电、交通、人行、民航、中国建筑工程总公司、中国石油天然气总公司、中国有色金属总公司等。1990 年前后，宁波、深圳等一些地方开始探索实行养老保险社会统筹与个人账户相结合的筹资模式。

1991 年 6 月，在地方试点的基础上，国务院颁发了《关于企业职工养老保险制度改革的决定》，明确规定养老保险实行社会统筹，费用由国家、企业和职工三方负担，职工按照本人工资的 3% 缴费，基金实行部分积累。1993 年，党的十四届三中全会《中共中央关于建立社会主义市场经济体制若干问题的决定》提出养老、医疗保险制度改革实行"社会统筹与个人账户相结合"的筹资模式。1995 年 3 月，国务院颁布《关于深化企业职工养老保险制度改革的通知》，进一步明确"统账结合"是建立我国城镇企业职工基本养老保险制度的方向，要求各地建立个人账户，逐步提高个人缴费比例。《通知》同时提出两套具体实施办法，由各地政府选择试点。但实际上几乎是一个地区一个办法。这种状况导致地区之间养老金水平相互攀比，中央难以管理和调控，职工跨地区流动困难；同时，基金统筹层次低，调剂能力弱，挤占挪用现象盛行。

为此，1997 年 7 月，国务院发布《关于建立统一的企业职工基本养老保险制度的决定》，统一了各地"统账结合"的实施方案，规定了统一的缴费比例和管理办法。统一制度的要点是：按照职工工资的 11% 建立基本养老保险个人账户，其中个人缴费 8%，企业缴费划入 3%；企业缴费的费率不超过 20%（含划入个人账户部分）。养老金支付分为两部分：一是基础养老金，其标准为职工退休时当地职工社会平均工资的 20%；二是个人账户养老金，其标准为个人账户累计额除以退休职工平均余命月数（120 个月）。"26 号文"的发布，标志着我国城镇企业职工基本养老保险制度的建立，该制度的基本框架一直延续至今。

1998 年，是绝大多数地区养老保险制度转轨的分界之年。1998 年之前参加工作并已退休的职工，被称为"老人"，他们将按老办法领取退休工资；1998 年之前参加工作但在 1998 年之后退休者，被称为"中人"，他们将按新制度领取养老金，但可获得适当的过渡期补偿；1998 年后工作的"新人"，则完全按新制度运行。由于转轨前退休或者参加工作的职工并未建立个人账户，转轨后一方面要照常支付已退休人员的养老金，另一方面又要在并不增加缴费率的前提下为"中人"的个人账户做出积累，因此需要支付巨大的转轨成本。这就是养老保险转制的所谓"隐性债务"问题。据世界银行和国内有关部门的估算，该"隐性债务"总计约 3 万亿元或更多。这个问题至今尚未从根本上得到解决，成为困扰我国社会保障制度运行的核心问题之一。

1998 年，针对部分地区企业离退休人员的基本养老金不能按时足额发放的状况，中央提出"两个确保"，其中之一就是确保企业离退休人员基本养老金按时足额发放。同年 8 月，国务院下发《关于实行企业职工基本养老保险省级统筹和行业统筹移交地方管理有关问题的通知》。随后，11 个行业统筹部门所属的 2000 多家企业的养老保险工作如期移交各省区市管理，解决了多年来存在的条块分割矛盾。

2000 年，为解决基本养老保险社会统筹基金入不敷出和个人账户"空账"问题，国务院采取了两项重大举措：一是建立全国社会保障基金，并在 2001 年专门成立了全国社会保障基金理事会，负责通过减持国有股所获资金、中央财政投入的资金及其他各种方式筹集的社会保障资金的运营和管理。二是提出完善城镇社会保障体系试点方案。试点的主要内容有两项：即做实基本养老保险个人账户，推进下岗职工基本生活保障向失业保险并轨。按照试点方案，基本养老保险继续坚持"统账结合"原则，个人账户规模由本人缴费工资的 11% 调整到 8%，企业缴费部分不再划入个人账户；做实个人账户，逐步提高统筹层次，向省级统筹过渡。2001 年起国务院在辽宁省进行的完善城镇社会保障体系试点全面展开，到 2004 年年底，在中央财政拿出巨额财政补贴的支持下，试点任务基本完成。自 2005 年起，国务院把试点从辽宁省扩大到吉林和黑龙江两省，在两省做实养老保险个人账户 8% 的资金中，由中央财政补贴 3.75%，补贴力度较辽宁省有所减弱。

2005 年，国务院颁布《关于完善企业职工基本养老保险制度的决定》，规定从 2006 年 1 月 1 日起，个人账户的规模统一由本人缴费工资的 11% 调整为 8%，并全部由个人缴费形成，单位缴费不再划入个人账户。同时，统一了城镇个体工商户和灵活就业人员参保缴费政策，改革基本养老金计发办法，建立了参保缴费的激励约束机制，进一步扩大了做实个人账户试点，对基本养老保险制度做了一次重要调整和完善。

2006 年 9 月，国务院批复扩大试点的八省（自治区、直辖市）做实个人账户实施方案，方案沿用了"黑吉模式"。截至 2007 年年底，已有辽宁、吉林、黑龙江、上海等 11 个省区市开展做实个人账户试点，共做实个人账户资金约 550 亿元。按照有关政策规定，中央拿出的补贴个人账户做实的资金（即 3.75% 的部分），委托给全国社会保障基金理事会经营，承诺的年收益率是 3.5%；省级财政补贴的资金由地方负责投资。

　　总的看，我国城镇基本养老保险制度仍处于不断调整完善之中，覆盖范围已从企业职工扩展到城镇个体工商户、灵活就业人员等各类从业人员，参保人数不断增加。建立和完善基本养老金正常调整机制，稳步提高基金统筹层次。截至 2007 年年底，全国已有北京、天津、吉林、黑龙江、上海、福建、重庆、云南、陕西、甘肃、青海、宁夏、新疆等 13 个省区市实现了养老保险省级统筹。积极发展企业年金。1991 年开始建立企业年金制度，2000 年国务院决定企业年金实行市场化管理运营。截至 2007 年年底，全国企业年金总规模已达 1400 亿元。积极推进机关事业单位养老保险制度改革和农村社会养老保险制度建设，探索建立农村和被征地农民、农民工的养老保险制度。

五、初步形成城乡基本医疗保障体系

（一）建立城镇职工基本医疗保险制度

　　我国传统的职工医疗保障制度是在 20 世纪 50 年代初期建立起来的，包括机关事业单位的公费医疗制度和国有企业单位的劳保医疗制度。1951 年发布的《中华人民共和国劳动保险条例》，确立了国有企业单位的劳保医疗制度。该条例规定，享受劳保医疗的对象主要是全民所有制企业、城镇部分集体所有制企业的职工，以及退休人员。劳保医疗由企业自行管理，经费来自企业的职工福利基金，并列入成本。1952 年又发布了《关于全国各级人民政府、党派、团体及所属事业单位的国家工作人员实行公费医疗预防的指示》，开始建立公费医疗制度。享受公费医疗的对象主要是国家机关、事业单位的职工和离退休人员，以及高等院校在校学生和在乡的二等乙级以上革命残废军人。公费医疗经费由国家财政拨款，分级管理使用。劳保医疗制度和公费医疗制度所提供的医疗项目与待遇标准，大体上是一致的，主要包括疾病、非责任伤害、工（公）伤、职业病、妇女生育、计划生育手术等。

多年来，公费、劳保医疗制度在保障职工身体健康和维护社会稳定等方面发挥了积极的作用。但是，随着社会主义市场经济体制的建立和国有企业改革的不断深化，这种制度的弊端日益暴露，已难以为继，改革势在必行。一是国家和单位对职工医疗费用包揽过多，职工不负担或负担很少的医疗费用，缺乏自我保障意识，财政和企业不堪重负。二是对医患双方缺乏有效的制约机制，医疗费用增长过快，浪费严重。1978 年全国职工医疗费用为 27 亿元，1997 年增加到 774 亿元，增长了 28 倍，年均递增约 19%，而同期财政收入只增长了 6.6 倍，年均递增约 11%，职工医疗费用的增长速度超过了同期财政的增长速度。同时，据有关部门调查分析，不合理的医疗费用支出约占全部医疗费用的 20%—30%。一些医疗单位在利益的驱动下，大量经销贵重药、进口药甚至营养滋补品、非医疗用品，盲目进口和使用 CT、核磁共振等高档医疗设备，乱收费、高收费。一些职工缺乏节约医疗费的意识，"小病大养"，"一人看病，全家吃药"。三是医疗保障以单位自我保障为主，职工医疗费用社会互济程度低，管理和服务的社会化程度低。新老企业之间、不同行业之间，职工医疗费缺乏统筹互济，职工医疗待遇苦乐不均，阻碍了劳动力的流动和统一的劳动力市场的形成，许多经济不发达地区和效益差的企业职工基本医疗待遇得不到保障，引发大量的社会矛盾。四是医疗保障的覆盖面窄。改革开放以后发展起来的外商投资企业、股份制企业、私营企业及职工和个体工商户，基本没有纳入社会医疗保障的范围。

针对这些问题，各地开始探索医疗费用与个人利益挂钩、医疗费用定额管理和大病医疗费用社会统筹等改革办法。1984—1993 年，主要进行了两项改革：一是引入个人分担医疗费用的机制，全国普遍实行公费、劳保医疗费用和个人挂钩的办法，就医时个人适当负担部分医疗费用。也有的地方实行医疗费定额包干的办法。二是引入社会统筹机制，部分省市开展了离退休人员医疗费用社会统筹和职工大病医疗费用社会统筹的试点。1987年，北京市东城、西城两区蔬菜公司率先试行大病医疗费用统筹，取得良好效果。1989年，国家批准四平、丹东、黄石、株洲作为医疗保险制度改革试点城市。1994年3月起，原国家体改委、财政部、劳动部、卫生部共同制定了《关于职工医疗制度改革的试点意见》。经国务院批准，率先在江苏省镇江市、江西省九江市进行试点，首次将社会统筹与个人账户相结合的模式引入医疗保险制度，并且劳保医疗和公费医疗改革同步进行，此即后来所谓"两江"模式。在"两江"试点的基础上，1996年4月，国务院又选择了58个城市，扩大医疗保障制度改革试点。除"两江"模式外，一些地方还进行了其他形式的探索，如北京、武汉的"大病统筹"模式，上海的"总量控制、结构调整"模式以及海南、深圳的"板块式"模式等。这些改革措施都取得了明显成效，对增强个人费用意识，抑制医疗费用过快增长起到了积极作用，较好地解决了原有制度缺乏制约机制、缺乏合理的医疗经费筹措机制、覆盖面过窄、管理和服务社会化程度低等弊端。

在总结试点经验的基础上，1998年12月国务院发布《关于建立城镇职工基本医疗保险制度的决定》，标志着城镇职工医疗保险制度改革取得重要突破。改革的基本思路是："低水平、广覆盖、双方负担、统账结合"。低水平，就是要根据财政和企业的实际承受能力，确定合理的医疗保障水平，而不能超越生产力水平和实际可能确定过高的保障水平。广覆盖，就是要使基本医疗保险覆盖所有城镇用人单位及其职工，包括企业、机关和事业单位等。双方负担，就是要由用人单位和职工个人共同缴纳基本医疗保险费。按规定，用人单位缴费率控制在职工工资总额的6%左右，职工缴费率一般为本人工资的2%，随着经济发展缴费率可作相应调整。统账结合，就是要建立社会统筹和个人账户相结合的基本医疗保险基金，这是具有中国特色的医疗保险制度的基本特征。为保证医疗保险制度改革的顺利实施，国家配套推进医药卫生体制改革，强化医疗服务管理。主要采取三项措施：一是明确基本医疗保险服务的范围、标准和医疗费用结算办法。二是对提供基本医疗保险服务的医疗机构和药店实行定点管理，引进竞争机制，规范医疗行为，提高医疗卫生资源的利用效率。职工可选择若干定点医疗机构就医、购药，也可持处方在定点药店购药。三是进一步推进医药卫生体制改革，包括建立医药分开核算、分别管理的制度，加强医疗机构和药店的内部管理，理顺医疗服务价格，合理调整医疗机构布局，积极发展社区卫生服务等。到 2000 年前后，全国绝大多数地区完成了医疗保险制度改革方案的组织实施，标志着新制度在全国基本建立。

为适应经济结构调整和就业形势变化，我国不断完善职工医疗保险制度，逐步扩大覆盖范围。2003 年，明确从建立社会统筹基金起步，将灵活就业人员纳入医疗保险范围。2004 年，出台了推进混合所有制企业和非公有制经济组织从业人员参加医疗保险的政策。2006 年，明确了农民工参加医疗保险"低费率、保大病、保当期、用人单位缴费为主"的原则，组织农民工参保专项行动。

（二）建立新型农村合作医疗制度

合作医疗是农民互助共济的医疗保障制度，在保障农民获得基本医疗服务、缓解农民因病致贫和因病返贫方面发挥了重要的作用。新中国建立后相当长一个时期内，农村合作医疗曾经是与城镇公费医疗、劳保医疗并列的三大医疗保障制度之一。20 世纪 70 年代，农村合作医疗覆盖率达到全国行政村（生产大队）的 90%。"合作医疗"（制度）与合作社的"保健站"（机构）及数量巨大的"赤脚医生"队伍（人员）一起，成为解决我国广大农村缺医少药的三件法宝。合作医疗被世界银行和世界卫生组织誉为"发展中国家解决卫生经费的唯一范例"。以最常见的婴儿死亡率为例，我国的婴儿死亡率在 1964 年高达 180‰，到 1981 年，这一比例急剧下降到了 26.92‰，其中农村地区 36.96‰。印度在 1981 年到 1997 年间的婴儿死亡率由 110‰ 降至 70‰。但是，随着家庭联产承包责任制的实施，以农业合作社为依托的合作医疗制度开始解体。1985 年合作医疗覆盖率降至 5%，90 年代初期全国仅存的合作医疗主要分布在上海和苏南地区。与此同时，婴儿死亡率不降反升，农村地区在 1990—1995 年的短短五年间由 32.24‰上升到了 44.79‰。疾病成为部分农村家庭贫困的重要原因。严重的疾病一方面降低了农民的收入能力，另一方面迫使农户举债，两者叠加的结果使患病农民陷入不能自拔的贫困境地。可见，农村医疗保障是关系到农民收入和基本生活的重大问题。

2002 年 10 月，中共中央、国务院下发了《关于进一步加强农村卫生工作的决定》，要求建立以大病统筹为主的新型农村合作医疗制度，并明确了财政支持政策，提出"到 2010 年，新型农村合作医疗制度要基本覆盖农村居民"的战略目标。2003 年，国务院办公厅转发卫生部等部门发布《关于进一步做好新型农村合作医疗试点工作的指导意见》，要求中央财政对中西部地区除市区以外的参加新型合作医疗的农民每年按人均 10 元安排合作医疗补助资金，地方财政对参加新型合作医疗的农民补助每年不低于人均 10 元。这是我国政府第一次为解决农民的基本医疗保障问题进行大规模的投入。

从 2003 年起，本着多方筹资，农民自愿参加的原则，新型农村合作医疗试点地区不断增加。截至 2007 年年底，全国 2448 个县（自治区、直辖市）开展了新型农村合作医疗工作，7.3 亿农民参加了新型农村合作医疗，参合率 85.7%；新型农村合作医疗基金累计支出 220 亿元，累计受益 2.6 亿人次，标志着新型农村合作医疗制度在全国初步建立。

2008 年，温家宝总理在《政府工作报告》中提出，用两年时间将新型农村合作医疗的筹资标准由每人每年 50 元提高到 100 元，其中中央和地方财政对参合农民的补助标准由 40 元提高到 80 元。新型农村合作医疗制度建设的步伐明显加快。

（三）建立城镇居民基本医疗保险制度

这是继建立城镇职工基本医疗保险制度和新型农村合作医疗制度之后

又一重大举措，主要解决城镇非从业人员，特别是中小学生、少年儿童、老年人、残疾人等群体看病就医问题。建立这项制度，是改善民生的重要任务，是医疗保障制度建设和完善社会保障体系的重要组成部分，是深化医药卫生体制改革和推进卫生事业发展的重要环节，也是落实科学发展观和构建社会主义和谐社会的要求。

国务院决定，从 2007 年开始试点（首批确定 79 个试点城市），用三年时间逐步在全国城镇全面推开。试点工作重在制度建设，通过试点探索和完善城镇居民基本医疗保险的政策体系，形成合理的筹资机制、健全的管理体制和规范的运行机制。一要合理确定筹资水平和保障标准，从低水平起步，实现广覆盖。二要坚持群众自愿，加强政府引导。对群众参保不能搞强制，而是通过财政支持，改进医疗保险管理和服务，让群众在参保、缴费、就医、报销等环节都感到方便，增强制度的吸引力。三要加强医疗保险基金管理，确保基金安全。科学设计医疗保险费用支出的项目、范围和比例，完善费用结算办法，努力降低医疗费用。四要加大财政投入，形成稳定的资金筹措机制。目前，这项制度建设正在稳步推进。

总的来看，覆盖城乡的基本医疗保障体系已在我国初步形成，成为社会保障体系中制度相对健全、覆盖人数最多、受益面最广的保障项目。下一步的任务是继续完善制度、扩大覆盖面、稳步提高待遇水平，并搞好城镇职工基本医疗保险、城镇居民基本医疗保险和新型农村合作医疗三项制度之间的衔接。

六、建立失业保险、工伤保险、生育保险制度

（一）建立失业保险制度

计划经济时期，几乎不存在失业问题。城镇企业职工失业保险制度，是自 1986 年开始建立并逐步发展起来的。1986 年，配合劳动合同制度和

企业破产制度的推行，国务院颁布实施了《国营企业职工待业保险暂行规定》，提出按照工资总额 1% 的筹资规模设立基金，为宣告破产企业的职工、濒临破产的企业法定整顿期间被精简的职工、企业终止和解除劳动合同的工人、企业辞退的工人等四类人员提供"待业保险"。

随着改革的进一步深化，特别是 1992 年国务院发布《全民所有制工业企业转换经营机制条例》后，《暂行规定》在实施中遇到了覆盖面较窄等问题。为此，1993 年国务院颁布实施了《国有企业职工待业保险规定》，扩大了待业保险的适用范围和享受失业保险的对象范围，调整了待遇标准，增加了救济内容。

1994 年，国家正式提出实施再就业工程，突出了失业基金促进失业人员再就业的作用，在失业救济与促进就业的有机结合上取得了明显进展。这与国际上失业保险的发展潮流是一致的。据统计，1986 年到 1996 年，共帮助 500 多万人实现再就业，其中享受失业金人员的再就业率为 54%。

1998 年前后，随着国有企业改革深化和国有经济结构调整，职工下岗问题凸显，形成一种特有的在职失业现象。为适应保障国有企业下岗职工基本生活及促进再就业的需要，国有企业下岗职工基本生活保障制度应运而生。它作为特定发展阶段的特殊安排，专门用于解决长期累积下来的历史遗留问题。1998 年，中央提出实行"两个确保"措施：一是确保国有企业下岗职工的基本生活，在国有企业普遍建立下岗职工再就业服务中心，由再就业服务中心为下岗职工发放基本生活费，并为他们缴纳社会保险费，所需资金由各级财政、企业和社会（主要是失业保险基金）三方共同筹集。同时，组织下岗职工参加再就业培训，引导和帮助他们实现再就业。二是确保离退休人员的基本生活，保证按时足额发放基本养老金。为保证"两个确保"的实施，国家实行"三条保障线"政策：国有企业下岗职工在再就业服务中心最长可领取三年的基本生活费；三年期满仍未实现再就业的，可继续领取失业保险金，领取时间最长为两年；享受失业保险金期满仍未就业的，可申请领取城市居民最低生活保障金。"两个确保", 对于深化国有企业改革、推进经济结构调整和维护社会稳定发挥了积极作用。2000 年, 国务院发布《完善城镇社会保障体系试点方案》, 规定从 2001 年 1 月 1 日起, 国有企业原则上不再建立新的再就业服务中心, 企业新的减员原则上不再进入再就业服务中心, 由企业依法与其解除劳动关系, 凡所在单位参加了失业保险并依法足额缴费的, 按规定享受失业保险待遇。标志着国有企业下岗职工基本生活保障制度作为过渡性措施, 正式退出历史舞台。

1999 年 1 月, 国务院颁布实施《失业保险条例》, 标志着失业保险制度正式建立。该《条例》明确规定了失业保险的覆盖范围、缴费比例、个人缴费、待遇标准、享受条件、基金支出、管理监督等, 并在政策上作了较大调整。一是覆盖范围方面, 把所有城镇企业事业单位及其职工纳入了失业保险, 也就是除公务员以外的所有城镇从业人员都可以被纳入失业保险的范围, 体现出"广覆盖"特征。二是保险费筹资方面, 提高缴费比例, 实行国家、用人单位和职工个人三方共同合理负担, 拓宽了资金来源渠道。三是基金支出方面, 首先用于保障失业人员基本生活, 也可部分用于对失业人员的职业培训和职业介绍费用的补贴。

失业保险制度的建立, 为保障下岗失业人员基本生活、培育市场就业机制和维护社会稳定, 发挥了重要作用。《失业保险条例》实施以来, 先后有 2400 万失业人员获得了基本生活保障和再就业服务支持。但是, 现行失业保险制度还不完善, 全国失业保险基金结余余额达 900 亿元, 而失业保险金水平全国月均只有 300 元, 待遇水平还不高。近两年来, 针对各地失业保险基金不断增加的实际, 为了进一步发挥失业保险制度促进再就业的功能, 国家在东部地区的北京、上海、江苏、浙江、福建、山东、广东等 7 省市进行适当扩大失业保险基金支出范围的试点, 支持实训基地建设、创业培训, 有的地区甚至扩大到支持农民工参加培训。下一步, 需要加快修订《失业保险条例》, 进一步改革完善失业保险制度。

（二）　建立工伤保险制度

1951 年颁布实施的《中华人民共和国劳动保险条例》，规定了职工因工伤亡的享受条件、待遇标准等。此后，国家又发布了一系列政策文件，不断完善工伤保险制度，为保障职工权益、维护社会稳定、促进经济发展发挥了重要作用。随着改革开放和经济社会的发展，传统工伤保险制度已不适应形势的发展，迫切需要改革。现在，我国职业病患者每年新发病几万例，每年因工死亡人数近万人，工伤残疾人员累计以百万计，引发出严重的社会问题。

20 世纪 90 年代以来，我国一些地方积极探索工伤保险制度改革，包括建立社会统筹的工伤保险基金、规范工伤待遇标准、建立工伤认定和评残标准、建立工伤保险预防机制等。1996 年，在总结各地探索实践的基础上，原劳动部按照《劳动法》的要求颁布了《企业职工工伤保险试行办法》，对沿用 40 多年的工伤保险制度进行了改革。该《办法》对工伤保险的范围、鉴定程序、待遇标准等做了较为详细的规定。同年，国家技术监督局颁布《职工工伤和职业病致残程度鉴定标准》。

2003 年 4 月，国务院颁布《工伤保险条例》，为建立和发展工伤保险制度确立了基本的法律框架。《条例》规定，工伤保险覆盖的人群从过去的国有企业，扩大到国有、集体、外资、私营等各类企业职工以及事业单位和民间非营利组织的工作人员等，国家公务员也将出台有关办法，纳入适用范围。认定工伤的情形范围扩大，除包括因工作原因受到事故伤害或患职业病的职工外，上下班途中受到机动车事故伤害以及为维护公共利益受到伤害等情形也列入了工伤范围。工伤保险基金的筹集采取了社会统筹办法，实行行业差别和单位浮动费率。工伤保险费由雇主交纳，职工个人不交费，基金在市（地）一级统筹使用。提高了工伤补偿待遇的保障水平。工伤认定和劳动能力鉴定程序通过法规进行了规范。实行工伤预防、工伤补偿、工伤康复相结合的制度等。

自 2004 年 1 月 1 日《工伤保险条例》在全国实施以来，我国工伤保险制度日趋完善，参保人数和享受待遇人数不断增加。2007 年，全国当年享受工伤保险待遇人数达到 96 万人，基金收支规模达到 250 亿元，保障能力大大提高。工伤保险参保人数已成为仅次于养老保险和医疗保险的第三大社会保险险种。工伤保险制度正朝着建立适应社会主义市场经济体制要求的、覆盖城乡所有用人单位和职工，制度体系法制化，保障水平个性化，管理服务社会化，工伤补偿与事故预防、工伤康复相结合的工伤保险制度改革的目标迈进。

（三）建立生育保险制度

1951 年颁布的《劳动保险条例》对企业职工的生育保险待遇，也做出了规定。1955 年，又颁布了《关于女工作人员生育假期规定的通知》，对机关、事业单位女职工生育保险做了规定。为了进一步保护妇女和婴儿的身体健康，提高民族整体素质，国务院于 1988 年 6 月颁布了《女职工劳动保护规定》。这是新中国成立以来保护女职工劳动权益，减少和解决她们在劳动中因生理原因造成的特殊困难，保护其安全和健康的第一部比较完整的、综合的女职工劳动保护法规。

随着改革开放特别是社会主义市场经济体制的建立，过去在计划经济体制下实行的"企业自我保障"办法的缺陷和弊端日益明显，企业负担大量生育费用会影响其经营和发展，生育保险制度需要改革。1988 年，江苏省南通市率先试行生育费用社会统筹，此后，各地相继开展了生育保险制度改革工作。1994 年，为了配合《劳动法》的贯彻实施，在总结各地改革经验的基础上，原劳动部颁布了《企业职工生育保险试行办法》，对生育保险的内容、标准、形式等方面进行了规范，推动了各地生育保险制度改革。截至 2007 年年底，全国有 26 个省（自治区、直辖市）出台了生育保险办法。目前，我国生育保险还面临制度不健全、覆盖面窄、统筹层次和待遇水平低等一些问题，需要进一步改革完善。

七、完善城乡社会救助体系

早在新中国成立初期，就建立了针对城乡贫困居民的社会救济制度。20 世纪 90 年代以来，国家开始建立面向不同社会群体的最低收入保障制度和社会救助制度。目前，对于就业者，规定了最低工资保障线，保障工薪劳动的最低报酬权益；对于城乡贫困居民，规定了最低生活保障线，将城乡所有生活在最低保障线标准以下的居民全部纳入救助范围；对于遭受自然灾害，国家提供灾害救助等。

我国社会救助大体分为三类：一是经常性社会救助，主要包括城乡最低生活保障、农村五保供养以及城乡医疗、教育、城市住房等专项救助。二是紧急性救助制度，主要包括发生自然灾害时对灾民紧急救助和应急救助行动。三是临时性救助，主要包括对城乡低收入人群的救助、对城市生活无着的流浪乞讨人员（包括流浪儿童）的救助。经过多年努力，我国初步建立起了以城乡居民最低生活保障、灾害救助、农村五保制度为基础，以医疗、教育、住房、司法等专项救助为辅助的城乡社会救助体系。初步估计，目前我国得到经常性救助的城乡贫困人口每年超过 7000 万人，加上紧急性、临时性救助，年度总计约 1.3 亿人受益，有效保障了城乡困难群众的基本生活，促进了社会和谐稳定和全体人民共享改革发展成果。

（一）建立城乡居民最低生活保障制度

这是社会保障体系中最后一道"安全网"。1993 年，上海在全国率先实行最低生活保障制度，对城市救济对象逐步实行按最低生活保障标准进行救济，取得了很好的社会效果。1994 年，国务院第十次全国民政工作会议首次提出，要在全国城市中逐步实施最低生活保障线即贫困线制度。随后，这一制度在厦门、海口、广州等近 20 个城市相继推行。

1997 年 9 月，国务院发出《关于在全国建立城市居民最低生活保障制度的通知》，要求从当年起到 1999 年年底以前，在全国建立起城市居民最低生活保障制度（以下简称"低保"）。1997 年 10 月，广东省在全国率先全面实行城乡最低生活保障制度。1999 年 10 月，国务院颁布《城市居民最低生活保障条例》，对保障对象、保障标准、资金来源和有关政策措施做出了明确规定。按照《条例》规定，家庭人均收入低于最低生活保障标准的城市居民均可申请领取最低生活保障待遇。最低生活保障待遇需要经过家庭收入调查，领取的待遇水平为家庭人均收入与最低生活保障标准的差额部分。地方政府根据当地维持城市居民基本生活所必需的费用来确定最低生活保障标准。到 1999 年年底，全国所有城市和有建制镇的县城均建立了低保制度。2001 年，国务院办公厅发出《关于进一步加强城市居民最低生活保障工作的通知》，针对城市低保发展过程中存在的问题提出了明确要求。

从 2002 年开始，城市低保开始实现"应保尽保"，呈现出保障人数大体稳定、财政投入逐年增加、保障水平不断提高的态势。截至 2007 年年底，全国共有 2270.9 万（1065.6 万户）城市居民享受了最低生活保障，平均保障标准为每月 182.4 元/人，全年共发放最低生活保障资金 274.8 亿元，人均补差 102 元/月。

2007 年 8 月，国务院下发《关于在全国建立农村最低生活保障制度的通知》，标志着我国覆盖城乡居民的最低生活保障制度正式建立。截至 2007 年年底，已有 3451.9 万人（1572.5 万户）享受了农村最低生活保障，平均保障标准为每月 70 元/人，全年共发放保障资金 104.1 亿元，人均补差 37 元/月。

另外，在建立农村低保制度之前，各地区按照"政府救济、社会互助、子女赡养、稳定土地政策"的原则，全部建立了农村特困户生活救助制度。但随着全国普遍建立农村最低生活保障制度，绝大多数农村特困户转为享受农村最低生活保障，农村特困户生活救助制度快速萎缩。此外，还有 508.5 万人次得到了农村临时救济。

（二）完善农村五保供养制度

从20世纪50年代起，各地相继兴办了敬老院，将部分五保对象集中供养，逐步形成了集中供养和分散供养相结合的五保供养模式。1994年1月，国务院发布施行《农村五保供养工作条例》，规定五保供养的主要内容是"保吃、保穿、保住、保医、保葬（孤儿保教）"，供养标准为当地村民一般生活水平，所需经费和实物，从村提留或者乡统筹费中列支。1997年3月，民政部颁布《农村敬老院管理暂行办法》，规范了农村敬老院建设、管理和供养服务。这两项法规规章的出台，标志着农村五保供养工作开始走上规范化、法制化的管理轨道。2006年3月1日，新修订的《农村五保供养工作条例》正式施行，实现了由集体内部互助共济为主向政府提供救助为主的根本性转变，标志着五保供养制度进入了一个新阶段。该《条例》规定，农村五保供养资金，在地方人民政府财政预算中安排。有农村集体经营等收入的地方，可以从农村集体经营等收入中安排资金，用于补助和改善农村五保供养对象的生活。中央财政对财政困难地区的农村五保供养，在资金上给予适当补助。截至2007年年底，全国共有525.7万（492.4万户）农村五保老人享受到了救济，农村五保分散供养平均标准为1432.0元/人·年，集中供养平均标准为1953.0元/人·年。

（三）完善灾害救助制度

2003—2006年期间，国家制定了突发公共事件总体应急预案，包括25个专项预案和80个部门预案。目前，我国自然灾害紧急救助机制基本确立，救灾物资储备网络不断完善，救灾社会动员体系初步形成，国家减灾工作平台建设取得积极进展。2007年，为了妥善安排受灾群众的生活和灾后重建工作，各级政府共投入救灾资金65.6亿元，救济灾民1.3亿人次，恢复重建民房126.2万间。

（四）建立城乡医疗救助制度

2003 年 11 月，国家发布《关于实施农村医疗救助的意见》，提出到 2005 年，在全国基本建立农村医疗救助制度。2005 年，发布《关于建立城市医疗救助制度试点工作的意见》，提出对城市居民最低生活保障对象中未参加城镇职工基本医疗保险的人员、已参加基本医疗保险但个人医疗费用负担仍然较重的人员和其他有特殊困难的人员，实行医疗救助。截至 2007 年年底，全国农村全面建立医疗救助制度，86% 的市区县建立了城市医疗救助制度。2007 年当年农村医疗救助共救助 603.4 万人次，资助参加合作医疗 2305.5 万人次，总支出 23.5 亿元。城市医疗共救助 406.6 万人次，救助人均月支出水平为 306.7 元，总支出 12.5 亿元。全国用于医疗救助的各级财政投入达 71.2 亿元。其中，中央财政补助地方城乡医疗救助资金 33.4 亿元，地方各级财政预算安排资金 37.8 亿元。

此外，2003 年 6 月，国务院发布《城市生活无着的流浪乞讨人员救助管理办法》，并于同年 8 月 1 日起实施。该《办法》的主要精神，是以自愿接受救助制度取代强制性收容遣送制度，这是社会救助制度的一项重大改革。2007 年全年共救助流浪乞讨人员 133.9 万人次。一些地方还稳步开展了教育、住房、司法等专项救助工作。

八、社会保障其他方面改革与发展

（一）完善优抚安置制度和军人保障制度

1992 年以来，国家出台了一系列文件，不断完善优抚安置政策，提高优抚对象的抚恤补助标准。截至 2007 年年底，全国共有国家抚恤、补助各类优抚对象 545.7 万人。2007 年全年安置城镇义务兵、士官 26.3 万人，接收军队离退休人员 2.5 万人，保证了军休干部等人员的政治待遇和生活待遇。

军人保险制度是国家通过立法设立专项基金，在军人遇到死亡、伤残、年老、退役等情况时，给予军人及其家属一定经济补偿的特殊社会保障制度，是国家社会保障制度的重要组成部分。实行军人保险制度，是新形势下军队政策的一项重大改革；是解决军人后顾之忧，维护军人合法权益的重要举措；是缓解军费供需矛盾，实现军队社会化保障的有效途径。1997 年 3 月，由解放军三总部联合组建的中国人民解放军军人保险办公室在北京成立，标志着我国军人保险制度正式建立。1998 年 7 月，解放军总参谋部、总政治部、总后勤部、总装备部联合发出通知，向全军印发《军人保险制度实施方案》。至此，军人保险制度正式启动。根据《方案》规定设立的险种，目前已实施了军人伤亡保险和军人退役医疗保险两个险种。军人伤亡保险，主要是针对军人因战、因公伤亡而设置的，保险对象为全体现役军人。军官和士官需要个人按月缴纳一定的保险费。军人退役医疗保险，主要是为了解决军人退出现役后与地方基本医疗保险制度接轨而设置的，保险对象为师职以下现役军官和全体士兵。军官和士官每人每月按工资收入的一定比例缴纳保险费，国家给予同等数额的补助，逐月计入个人账户。义务兵在退出现役时，给付一定数额的退役医疗保险金。

（二） 加强社会福利工作

社会福利是国家和社会为保障和维护社会成员一定的生活质量，满足其物质和精神的基本需要而采取的社会保障政策以及所提供的设施和相应的服务。按享受对象类别来划分，社会福利一般可分为以下几种类型：为全体社会成员提供的公共福利；为本单位、本行业从业人员及其家属提供的职业福利；专为老年人提供的老年福利；为婴幼儿、少年儿童提供的儿童福利；为妇女提供的妇女福利；为残疾人提供的残疾人福利等。在我国现阶段，社会福利的重点对象主要是老年人、残疾人、孤儿三类人群。截至 2007 年年底，全国共有收养类福利单位 4.2 万个，拥有床位 204.6 万张，收养老年人、残疾人、孤儿等各类民政服务对象 163.4 万人。福利企业 2.6 万个，集中安置 55.6 万残疾人就业。

社会福利有奖募捐事业取得快速发展。1987 年，国务院批准民政部开展有奖募捐，用于筹集社会福利资金。截至 2007 年年底，全国累计发行福利彩票 2760 多亿元，筹集福彩公益金 923 亿元。其中，定向用于扶老、助残、救孤、济困的社会福利事业 545 亿元，上缴中央财政用于支持其他公益事业 378 亿元，用于补充社会保障基金和其他专项基金，支持了社会保险事业、残疾人事业、城乡医疗救助及青少年课外活动设施建设等公益事业的发展。

（三） 加强农民工社会保障工作

农民工是我国改革开放和工业化、城镇化进程中涌现的一支新型劳动大军。农民工的社会保障问题，是一个关系保障农民工合法权益、改善农民工就业环境、引导农村富余劳动力合理有序转移、统筹城乡发展的重大问题。2006 年，国务院发布《关于解决农民工问题的若干意见》，提出要"根据农民工最紧迫的社会保障需求，坚持分类指导、稳步推进，优先解决工伤保险和大病医疗保障问题，逐步解决养老保障问题。"截至 2007 年年底，全国农民工参加工伤保险和医疗保险人数分别突破 3000 万人。目前，国家有关部门正在抓紧研究探索低费率、广覆盖、可转移，并能与城乡养老保险制度相衔接的农民工养老保险办法。

（四） 稳步推进社会保障管理体制改革

20 世纪 90 年代中期以来，为加强各项社会保障制度的统一规划和社会保障基金的管理监督，我国对社会保障管理体制进行了一系列改革。1998 年，我国进行改革开放以来的第五次政府机构改革，组建了国家劳动和社会保障部，地方政府随后也相应进行了改革。通过改革，过去由多个行政部门分别管理的社会保险，转变为由劳动和社会保障行政部门统一管理。各级劳动和社会保障行政部门建立了相应的社会保险经办机构，承担社会保险具体事务的管理工作。过去由企业承担的社会保险事务逐步转变为由社会机构管理，即社会保险待遇实行社会化发放，社会保险对象实行社区管理。同时，加强了对社会保险基金的行政管理和社会监督工作。社会保险基金被纳入财政专户，实行收支两条线管理，专款专用。各级劳动和社会保障行政部门专门设立了社会保险基金监督机构，负责对社会保险基金的征缴、管理和支付进行检查、监督，对违法违规问题进行查处。

2008 年，我国进行了第六次政府机构改革。按照《国务院机构改革方案》，组建国家人力资源和社会保障部，将人事部、劳动和社会保障部的职责整合划入该部。目的是统筹机关企事业单位人员管理，整合人才市场与劳动力市场，建立统一规范的人力资源市场，促进人力资源合理流动和有效配置，统筹就业和社会保障政策，建立健全从就业到养老的服务和保障体系。社会保障管理体制进一步理顺。

九、社会保障制度建设取得重要成效

综观社会保障制度改革与发展 30 年的历史，从制度建设的角度看，有三个方面的重要成效或者说制度创新：

一是社会保障实现了"社会化"。或者说从"单位保障"转到"社会保障"。改革前我国的社会保障制度，是以公有制经济单位（城镇企事业单位）为实施单位、以国家财政兜底为特色的"单位保障"模式。采用现收现付的运行方式，个人不直接负担社会保障费用，按照国家规定的社会身份（如干部、工人等）实行差别化保障待遇。"单位保障"制度是计划经济体制的产物，与国有企业的性质密切相关，并成为政府与企业角色错位的典型体现。"单位保障"实际上是一种企业自我保障，其覆盖面窄、基金规模小、互济性差，难以达到参保人群统筹互济的目的。实行改革开放政策以后，"单位保障"制度越来越不适应企业竞争和劳动力流动的要求，迫切需要建立独立于企业之外的社会化的保障制度。通过社会保障制度创新，引入社会保险机制，实行保险基金的社会统筹，符合分散风险的"大数法则"原理，实现了由企业自我保障向社会互济保障的制度转换，实现了职工从"单位人"向"社会人"的身份转换。社会保障的社会化，使社会保障责任从企业中分离出来，有利于均衡各类企业负担、促进公平竞争和建立现代企业制度。

二是社会保障实现了"多元化"。过去，我国政府和企事业单位对职工的社会保障实行统包统揽，福利支出采取现收现付、实报实销办法，已经到了不堪重负、难以为继的地步，也使劳动者缺乏自我保障意识和责任。从国际上看，降低政府在社会保障中的责任，相应增加企业和个人的责任，乃是当今世界社会保障制度改革与发展中的一个主流倾向和基本态势。20 世纪 70 年代以来，社会保障中的"高福利"政策，使一些西方福利国家的财政负担越来越重，引发了许多社会问题和政治问题，不得不进行一系列的改革。然而，尽管这些国家认识到了改革的出路所在，但原有高福利社会保障制度的历史比较长，受所谓"福利刚性"（任何形式的社会福利，都是增加容易、减少难）的影响，改革的阻力很大，难以进行大规模的制度调整，只能做一些局部的修补和校正，因而危机尚存。这是一个教训，必须引以为戒。我国是一个发展中大国，社会保障的水平应当与现阶段生产力发展相适应，特别是应使政府和单位的社会保障负担能限定在一个合理的范围内。这是保持企业竞争力乃至整个经济发展活力的必然选择。通过社会保障制度改革，改变了政府兜底、单位负责的"福利"保障模式，社会保障责任在政府、单位和个人之间进行了合理的分摊，资金筹集从单一主体走向多元化。这既有利于推动国民经济又好又快发展，也有利于社会保障自身的可持续发展。改革也强调建立多层次的社会保障体系，以适应不同层次的需求，增加新制度的弹性和适应性。

三是注重在社会保障中引入激励机制。我国传统的社会保障体现出明显的"平均主义"、"大锅饭"特征。通过制度创新，在基本养老保险和基本医疗保险中确立了"社会统筹与个人账户相结合"基金模式，这在世界社会保障制度发展史上是一个新的尝试，体现了"中国特色"。建立个人账户的主要目的，是引入个人激励机制，强调效率因素。在"统账结合"模式下，保障待遇与"贡献"挂钩而不是与"身份"挂钩，注重了权利与义务的统一、公平与效益的统一。这就打破了社会保障中的平均主义倾向，有利于建立起调动职工个人缴费积极性和促进职工勤奋工作的内在激励机制，有利于企业经营机制转换和劳动力的合理流动。

十、下一步社会保障制度改革的设想

尽管我国社会保障制度改革与发展取得令人瞩目的成就，但总的来看，社会保障制度建设仍然处于初级阶段，还存在着一些突出问题，完善城乡社会保障体系任重道远。现阶段我国社会保障存在的主要问题：

一是制度不完善。在基本养老保险方面，由于巨大的"隐形债务"尚未得到有效解决，"统账结合"模式还需要修订甚至是重大变革。在基本医疗保险方面，个人账户作用不大，医疗保险制度改革目标事实上日益单纯地走向对医疗费用的控制，未能充分考虑到保障参保者身体健康和提高全体国民身体素质的目标。城乡社会救助制度建设总体比较薄弱，客观上需要一个综合性社会救助体系，统筹解决贫困人口的基本生活、医疗、子女教育、住房等问题。

二是体系不健全。主要是农村社会保障体系建设严重滞后。近些年，随着新型农村合作医疗制度、农村最低生活保障制度的建立，这个问题已经得到高度重视并正在逐步加以解决。农民工、失地农民的社会保障制度尚未建立起来。城乡无业人员、残疾人、遗属等特殊困难人群，还缺乏有效的社会保障。社会保险、社会救助、社会福利、慈善事业等各项保障制度的衔接问题，还没有很好地解决。

三是覆盖面窄。总的来看，我国现行社会保障覆盖的对象主要还是

"体制内"人群，包括城镇机关和企业事业单位职工，灵活就业人员、无业人员和农村劳动者大都没有纳入社会保障的"安全网"内。

四是立法滞后。现有的社会保障制度的法律法规立法层次低，还没有一部专门调整社会保障关系的基本法律。作为社会保障制度核心内容的社会保险，目前还没有建立起统一的、适用范围比较大的社会保险法律制度，社会保险费的征缴、支付、运营、管理不规范。社会救济、社会福利和优抚安置的立法相当欠缺。国家立法滞后，地方立法分散，社会保障工作在许多方面只能靠政策规定和行政手段推行。这是导致社会保障制度不统一、覆盖面窄、保障程度低的重要原因。

今后一个时期，完善我国社会保障体系，必须重新确立"公平优先、兼顾效率"的价值取向，坚持"城乡统筹、人人享有"的方针，近期目标是实现"广覆盖、保基本"，为城乡全体居民特别是困难群众提供基本保障；中长期目标应是"覆盖全民、水平适度、多层次体系、可持续发展"，以不断增进全体国民的福利水平。重点抓好以下方面改革和制度建设：

第一，进一步改革基本养老保险制度，建立"国家养老金"。借鉴国外"三支柱"养老保障体系的模式，把现有的社会统筹部分与个人账户部分分开。第一支柱是社会统筹，可作为国家养老金，立法强制执行，覆盖所有企事业单位，基金通过社会保障税征缴，实行现收现付、全国统筹。实行国家养老金制度的最大好处，是在不过多增加国家财政负担的前提下，迅速扩大养老保险的覆盖面，能够把城镇各类劳动者、农民工等都覆盖进来，条件成熟的地方，甚至也可以把农民覆盖进来。对于因人口老龄化高峰而出现的基金支付危机，由于调低了基本养老金的替代率，则完全可以通过代际转移手段来解决。第二支柱是个人账户，作为企业年金，也采用立法强制执行，由用人单位和职工自行选择参加不同企业年金基金组织，缴费上国家给予税前列支的政策优惠。基金实行完全积累制，按国家有关规定管理运营，保值增值。国家在第二支柱中对"老人"（已退休人员）和"中人"（有一定工龄的在职人员）做实个人账户负责。第三支柱是商业养老保险、社会互助保障和个人储蓄性保障等，政府要积极引导，政策上鼓励发展。同时，加快推进公务员养老保险制度改革，借鉴国际经验，还是单独设立一套制度比较好，可以在现有的退休制度基础上略加完善即可。

第二，建立覆盖全民的基本医疗保障体系。基本医疗保障有两层核心含义：一是从技术上看，能够提供有效的、可靠的"基本医疗"服务，为城乡居民的常见病、多发病、大病重病以及急诊、急救等，提供有效的诊断、治疗手段和基本药品服务；二是从经济上看，所提供的是"基本保障"，就是把医疗费用支出控制在政府、用人单位和个人等各方面可以承受的一个合理的范围内，按照经济上的可能性、而不是完全根据个人需求来提供医疗服务。从发展方向上看，要建立覆盖全民的基本医疗保障体系，必须将现有的城镇职工基本医疗保险、城镇居民基本医疗保险、新型农村合作医疗和医疗救助制度等四套制度进行重新整合，解决城乡居民的基本医疗保障需求，实现人人享有医疗保障的目标。可以考虑通过整合完善两项制度：一是随着经济社会的发展，把现有的城镇职工基本医疗保险、城镇居民基本医疗保险和新型农村合作医疗三项制度合并为一项制度，可称为"国家基本医疗保险制度"，医疗保障水平也逐步向城镇职工基本医疗保险过渡，在基本医疗保障方面率先实行城乡一体化，实现全覆盖。二是继续保留并全面完善医疗救助制度，主要解决少量患者的大病重病和高额医疗费用问题。要从扩大救助覆盖面、提高救助标准、提高救助效率等方面大力完善城乡医疗救助制度。不断加大医疗救助资金投入，不断完善救助程序与措施，创新救助途径与方法，让困难群众能够简便、快捷地享受到医疗救助。

第三，完善城乡社会救助体系。这是最广泛、最基本、最重要的保障，也是社会保障的"底线"。要坚持城乡统筹的原则，进一步完善社会救助体系。一是完善灾害救助制度，对遭受自然灾害的农民进行生活救济。据统计，一般年份，我国有灾民1亿左右，重灾年份则有1.5亿以上，因而灾民的生活救济就成为农村社会保障的首要任务。二是健全城乡统一的居民最低生活保障制度。进一步整合现有的城市低保、农村低保、农村"五保"、"送温暖工程"等各种救助资源，建立城乡统一、待遇有别的居民最低生活保障制度，保障城乡困难群众的基本生活。可以按照城乡不同生活指数的固定比例确定低保待遇，使农村低保水平适当低于城市。农民工在城市如果失业了，可以享受失业保险待遇；但要享受低保待遇，则必须回到家乡户籍所在地，按有关规定执行。三是把医疗救助从社会救助中分离出来，纳入医疗保障体系。这是国际惯例，这样会在管理体制、管理成本和救助效率等方面更有优势。四是稳步开展教育救助、住房救助和司法救助等专项救助活动。

第四，建立适合农民的社会养老保险制度。我国农村社会保障制度体系发展滞后，长期以来主要依靠传统的家庭保障。从国际经验看，美国从1935年开始建立覆盖城乡的社会保障体系，英国从1945年开始建立这一体系。从我国的现实状况看，按照世界银行和联合国开发计划署公布的数字，从可比价格和实际购买力来看，现在的人均收入已经略超过当时的美国和英国；而从财政能力看，更是远远超过当时的美国和英国。因此，加快农村社会保障制度建设的时机已经成熟。农村社会保障制度建设，重点要解决最低生活保障、基本医疗保障和社会养老三大问题。在建立覆盖城乡的社会救助和基本医疗保障制度后，重点就要解决农民的社会养老问题。要改革和完善农村社会养老保险制度，建立由各级政府、乡村集体以及农民三方合理负担的筹资机制，加强基金监管和投资运营，并使之与城镇基本养老保险制度对接，以满足农村劳动力跨城乡、跨地区流动就业和农村人口城镇化的需要。

第五，加快社会保障立法。社会保障是通过国家立法强制实施的社会经济制度，必须有完善的法律法规作为保证。社会保障法律体系的健全和完善，是推进社会保障制度建设的根本基础。当前，我国已经具备较好的社会保障立法基础，需要加快这方面的工作步伐，把成熟的经验和做法上升为法律。中央高度重视社会保障立法工作，全国人大已将社会保险法等列入立法计划，目前已进入修改论证阶段。同时，社会保障基金管理条例、企业年金条例等配套法规，也正在积极研究之中。加强社会保障法制建设，形成基本法律、行政法规和政策措施相结合的法律政策体系，将会有力地推动社会保障事业的健康发展。

第九章

对外经济体制改革的
回顾与展望

对外开放是中国改革开放事业的重要组成部分，30年的对外开放是一次新的长征，我们成功实现了以开放促改革促发展，完成了从封闭半封闭经济向开放型经济的转变，开创了全球范围内走开放式发展道路的成功范例。过去30年的对外开放不仅成为现代化建设的重要动力，促进了综合国力的大幅提升，而且有力推动了思想解放和观念转变，促进了社会主义市场经济体制的建立和完善，特别是加入世贸组织开启了中国全面融入世界经济的进程。以加入世贸组织过渡期结束为标志，我国对外开放站在新的起点。

一、对外开放的伟大历程和重大决策

党的十一届三中全会确立了以经济建设为中心的政治路线，做出了改革开放的重大决策，掀开了波澜壮阔的对外开放进程，对外开放成为一项基本国策。

（一）　我国提出对外开放方针的重大国内国际背景

中国的对外开放方针，是基于对中外近现代历史的广泛比较，正确分析国际政治经济格局、特别是总结新中国成立以来我国社会主义建设正反两方面经验教训做出的重大决策。

1. 对外开放的国内背景

中国历史上曾是对外开放的国度，自明朝中叶以后，国力衰落，中国逐渐关闭国门。闭关锁国三百多年的历史，使中国人民吃够了苦头，终于悟出了一个警示国人的真理：封闭就会落后，落后就要挨打。

19 世纪中后期，中国封建社会已处于总崩溃的前夜，而西方世界已进入自由资本主义时代。清政府愈加严厉的闭关政策只是加速了它的灭亡。从鸦片战争到 19 世纪末，英国以鸦片贸易为先导，以枪炮为手段强行打开了中国的门户。中国的近现代是在帝国主义列强的侵略、奴役中度过的。在帝国主义、封建主义和后来发展起来的官僚资本主义压迫下，中国长期积贫积弱，受到欺凌和压迫。总结历史经验，中国长期处于停滞和落后状态的一个重要原因就是闭关自守。

新中国成立后，真正取得了政治上的独立和经济上的自主，从根本上改变了中国的面貌。一方面，与高度集中的计划经济相适应，我国选择了封闭半封闭型经济模式。另一方面，从 20 世纪 50 年代初开始，以美国为首的帝国主义国家对中国实行了封锁和禁运。这样中国不得不实行"一边倒"的政策，只能与以苏联为首的社会主义体系和社会主义阵营内的国家有限制地发展对外贸易和经济技术合作，而对其他国家特别是资本主义国家开放的窗户则被迫关闭。

20 世纪 60 年代中苏关系破裂，中国先是被迫通过民间外交来打破外部的封锁，继而提出以"一条线"战略替代"一边倒"，就是从日本到欧洲一直到美国这样的"一条线"，但是由于国内种种原因，这一设想也未能实现。后来"四人帮"采取极端做法，将一切对外经济交往都戴上"崇洋媚外"、"卖国主义"的帽子，更把中国同世界隔绝了。总的来说，就是对外封闭，对内以阶级斗争为纲，忽视发展生产力，到"文革"结束前，中国经济处于崩溃的边缘。我们错过了几次历史性的外部机遇，不仅与发达国家差距拉大，而且与周边一些新兴经济体也存在明显差距。中国经济在很长时间处于缓慢发展和停滞的状态，人民生活贫困。因此，我们必须改变闭关自守的状态，实行对外开放的政策。

2. 对外开放的国际背景

我国做出对外开放的重大决策，也是对当今世界政治、经济形势做出客观、准确判断的结果。如果说国内"以阶级斗争为纲"转向"以经济建设为中心"是对外开放的内因的话，那么和平的国际环境则是中国对外开放极为重要的外部条件。

根据对整个世界政治格局的全面把握，我们认识到"和平与发展"是当今世界的两大主题，并果断地做出了世界大战可以避免的科学论断，这为中国实行对外开放提供了可能。邓小平指出：总起来说，世界和平的力量在发展……虽然战争的危险还存在，但是制约战争的力量有了可喜的发展。[1]"我们的立足点还是自力更生，但是我们搞开放政策，利用国际和平环境更多地吸收对我们有用的东西，这对加速我们的发展比较有利。"[2]

同时，这一时期美、欧等发达国家经济处于停滞状态，大量资金和要素需要寻找出路；日本和亚洲"四小龙"面临货币升值的压力，正在将越来越多的低端产业向外转移。我国面临着一次承接国际产业转移的宝贵机遇。这是我国实行对外开放政策的一个直接动力。亚洲"四小龙"和其他新兴经济体通过实行出口导向战略加快工业化也为我们提供了可资参考的经验与做法。

（二）我国对外开放的重大决策

1978 年，党的十一届三中全会确立了以经济建设为中心、实行改革

---

[1]《邓小平文选》第三卷，人民出版社 1993 年 10 月第 1 版，第 105 页。
[2]《邓小平文选》第三卷，人民出版社 1993 年 10 月第 1 版，第 128 页。

开放、加快社会主义现代化建设的路线，并明确提出："在自力更生的基础上积极发展同世界各国平等互利的经济合作，努力采用世界先进技术和先进设备"。这实际上是最早做出了对外开放的重大决策。此后，以广东、福建两省实行特殊政策、灵活措施和创办四个经济特区为起点，揭开了波澜壮阔的对外开放进程，对外开放的大门毅然决然地打开了，中国经济从此告别了封闭半封闭状态。随之，我国对外开放的思想理论不断丰富，方针政策更加明确。特别是随后中央提出社会主义现代化建设要利用两种资源（国内资源和国外资源）；要打开两个市场（国内市场和国际市场）；要学会两套本领（组织国内建设的本领和发展对外经济关系的本领），这是中国经济战略思想的重大转变。在此基础上，在1984年10月召开的党的十二届三中全会上，对外开放第一次正式被称之为一项长期的基本国策。

邓小平同志是我国对外开放方针的伟大倡导者，在对外开放的重大决策中发挥了关键作用。在党的十一届三中全会上，邓小平同志就指出："总结历史经验，中国长期处于停滞和落后状态的一个重要原因是闭关自守。经验证明，关起门来搞建设是不能成功的，中国的发展离不开世界。当然，像中国这样大的国家搞建设，不靠自己不行，主要靠自己，这叫做自力更生。但是，在坚持自力更生的基础上，还需要对外开放，吸收外国的资金和技术来帮助我们发展。"[1] 此后，他又做出了一系列精辟的论述，丰富了我国对外开放的理论和方针政策。他先后指出："一个国家要取得真正的政治独立，必须努力摆脱贫困。而要摆脱贫困，在经济政策和对外政策上都要立足于自己的实际，不要给自己设置障碍，不要孤立于世界之外。"[2] "资本主义已经有了几百年历史，各国人民在资本主义制度下所发展的科学和技术，所积累的各种有益的知识和经验，都是我们必须继承和学习的。"[3] "社会主义要赢得与资本主义相比较的优势，就必须大胆吸收

---

[1]《邓小平文选》第三卷，人民出版社1993年10月第1版，第78—79页。
[2]《邓小平文选》第三卷，人民出版社1993年10月第1版，第202页。
[3]《邓小平文选》第二卷，人民出版社1994年10月第2版，第167—168页。

和借鉴人类社会创造的一切文明成果，吸收和借鉴当今世界各国包括资本主义发达国家一切反映现代社会化生产规律的先进经营方式、管理方法。"① "你不开放，再来个闭关自守，五十年要接近经济发达国家水平，肯定不可能。"② 对外开放不是收、而是放，是邓小平同志的一贯思想。

邓小平同志还是对外开放重大决策和实践的坚定推动者。从 1979 年 7 月在广东、福建两省实行特殊政策和灵活措施，到深圳、珠海、汕头、厦门试办经济特区，再到扩大沿海开放和上海浦东开发开放等，邓小平同志都予以坚定的支持和推动。在社会上对经济特区和对外开放存在重大分歧和认识误区的关键时刻，邓小平同志发挥了关键作用，使我国的对外开放进程不仅能够持续下去，而且不断扩大。正是在邓小平同志的倡导和推动下，我国成功实践了开放式工业化、现代化道路，赋予了我国国民经济巨大的生机和活力。

（三） 我国对外开放的历史进程

我国对外开放大概经历了以下几个主要阶段：

1. 对外开放起步阶段 （1978—1983 年）

这一阶段是我国渐进式区域开放最为关键的起步阶段，我国寻找到了广东、福建两省先行开放和兴办经济特区的关键突破口，对以后的对外开放发挥了重要的先导和示范带动作用。

1979 年 7 月，党中央、国务院决定对广东、福建两省的对外经济活动实行特殊政策和灵活措施。这些政策措施主要有：扩大两省的经济管理权限，增强其经济发展活力；在发展外贸、吸收外资、引进先进技术等对外经贸业务上，在国家计划指导下，给两省一定的机动权；利用两省作为重要侨乡和毗邻港澳的人文、地理优势，使之抓紧有利国际机遇，在现代化建设中先行一步，尽快把经济搞上去。

---

① 《邓小平经济理论学习纲要》，人民出版社 1997 年 2 月第 1 版，第 16 页。
② 《邓小平文选》第三卷，人民出版社 1993 年 10 月第 1 版，第 90 页。

1980 年 5 月，国家决定在深圳、珠海、汕头、厦门设立经济特区。这四个经济特区的举办，参照了国外出口加工区、自由贸易区的成功经验，同时又坚持从国情出发，具有社会主义的本质和特征。四个经济特区在经济活动中实行特殊政策，在经济管理上实行特殊的管理体制：实行以社会主义公有制为主导、多种经济成分并存的所有制格局，外商投资企业占经济比重（特别在工业方面）可以大于内地；在国家宏观经济指导下，主要采取市场调节手段，充分发挥市场机制的作用；对到特区投资的外商提供较多的优惠待遇，企业所得税率减按 15% 征收，对进出特区的境外客商、外籍人员简化手续，给予方便；对特区政府授予相当省级的经济管理权限。属于中央统一管理的外事、边防、公安、海关、金融、外汇、港口、铁路、邮电等方面的业务，由国务院主管部门结合特区实际情况，制定专项管理办法；国家对特区建设实行政策倾斜，给予支持，如增加信贷资金规模，新增财政收入、外汇收入在一定期限内全部留用，特区进口基本建设所需的物资免征关税等。四个经济特区的设立和发展，是中国对外开放进程取得突破的关键步骤。

2. 对外开放从沿海逐步向内地推进阶段（1984—1991 年）

20 世纪 80 年代中期至 90 年代初，对外开放的范围由特区逐步扩大到沿海开放带和部分内地地区，初步形成从沿海向内地推进的格局。

1984 年 5 月，开放大连、秦皇岛、天津、烟台、青岛、连云港、南通、上海、宁波、温州、福州、广州、湛江、北海 14 个沿海港口城市。为了扶持这些城市充分发挥原有的工业技术基础、港口运输、科教事业等方面的优势，增强国际经济技术联系，加快经济发展，对这些城市在对外经贸活动的自主权、外商投资企业的优惠待遇、老企业技术改造等方面，给予了政策倾斜。特别是为了尽快创造吸收外商投资的"小气候"，不失时机地引进有利于调整产业结构、推动科技进步的外资项目，批准除北海和温州以外的其他 12 个有条件的沿海开放城市，参照经济特区的某些做法，举办经济技术开发区。由于采取了这一重大步骤，我国的对外开放在沿海地区由点到线推进，形成了从南到北的主干线。

1985 年 2 月，分两步开放长江三角洲、珠江三角洲、闽南厦漳泉三角洲和辽东半岛、胶东半岛。目的在于增强其开展对外经贸活动的能力，以便借助国际市场的牵动，增加出口商品的生产，更好地利用外资，提高经济技术水平。这一重要举措，标志着我国的对外开放在沿海部分地区开始由线向面上推进。

1988 年 4 月，党中央和国务院做出重大决定，设立海南省，同时兴建我国最大的经济特区——海南经济特区，并给予了较大的政策倾斜。同时，为了抓住新的国际产业转移的机遇，1988 年我国开始实施沿海地区经济发展战略，鼓励广大沿海地区发展"两头在外、大进大出"的进料加工，实现外向型经济的大跨越。这项重大举措不单是开放地区的扩大，而且说明：对外开放的指导思想已从一般互通有无、扩大经贸合作，升华到优化生产要素组合，使国内经济与国际经济更好地结合。它为沿海地区大批农村劳动力的转移指明了出路，也大大缓解了沿海和内地在原材料供应和市场销售方面的矛盾，并为我国的经济体制改革积累了经验。

1990 年 4 月，国家决定开发和开放上海浦东新区，实行经济技术开发区和某些经济特区政策。主要目标是加快上海产业结构调整，增强城市综合服务功能，尽快促进我国这个最大的工商口岸城市成为国际性的经济、贸易、金融、航运中心，进而带动长江三角洲及整个长江流域的经济起飞，使之继珠三角之后，成为国民经济全局中又一重要发展地带。

1991 年，开放满洲里、丹东、绥芬河、珲春 4 个北部口岸。同年，国务院还相继批准上海外高桥、深圳福田、沙头角、天津港等沿海重要港口设立保税区，借鉴国际通行做法，发展保税仓储、保税加工和转口贸易。

3. 对外开放加速向纵深推进和全方位对外开放格局基本形成阶段（1992—2000 年）

1992 年 1 月 18 日—2 月 21 日，邓小平到南方视察并发表重要讲话。

在这些重要讲话精神的指引下，中央决定采取有力措施，加速对外开放，中国对外开放出现新的转折点。

1992年6月，国务院决定以上海浦东为龙头，开放芜湖、九江、黄石、武汉、岳阳、重庆6个沿江城市和三峡库区，实行沿海开放城市和地区的经济政策。同时，开放哈尔滨、长春、呼和浩特、石家庄4个边境和沿海地区省会城市。

1992年3月，开放珲春、绥芬河、黑河、满洲里、二连浩特、伊宁、塔城、博乐、瑞丽、畹町、河口、凭祥、兴东13个沿边城市。鼓励沿边城市发展边境贸易和与周边国家的经济合作。

1992年稍晚，开放太原、合肥、南昌、郑州、长沙、成都、贵阳、西安、兰州、西宁、银川等11个内陆省会城市。随后几年，又陆续开放了一大批符合条件的内陆县市。

批准大连等市举办保税区；批准营口等市举办经济技术开发区；新批准一批外资（或中外合资）银行和其他金融机构在一些城市开展外币金融业务，至此，外资金融机构可在5个经济特区和上海、天津、大连、广州、福州、宁波、青岛、南京等8个城市开展这些业务；扩大外商投资领域，包括在商业、保险、外贸等行业试点。

1993年，国务院原则同意中国国际信托投资公司成片开发宁波市北仑区大榭岛，实行经济技术开发区的政策。

2000年，伴随着西部大开发战略的实施，对外开放进一步扩大到广大西部地区。至此，全方位对外开放地域格局基本形成。

4. 对外开放步入历史新阶段（2001年至今）

2001年12月，中国加入WTO，标志着中国的对外开放进入了新的阶段。加入WTO后，我国实现了与世界多边经贸体制的顺利接轨，基本完成了从政策性开放为主向全方位制度性开放的转变；开放领域由传统的货物贸易向服务贸易和投资等领域扩展；对外经济体制改革全面深化，政府职能加快转变，行政管理体制改革取得突破；市场准入的程度进一步提高，市场环境也随着一系列法律、法规的制定和完善而更加透明和规范；

最惠国待遇、国民待遇等 WTO 的基本原则和中国加入 WTO 的承诺，成为中国的对外开放政策所遵循和参照的基本依据。

（四） 我国已经实现了从封闭半封闭向开放型经济的转变

新中国成立以后，我国仿效苏联模式建立了高度集中的计划经济。与此相适应，我国也选择了封闭半封闭的经济模式。其特点是对外贸易实行国家垄断制，利用外资基本上属于禁区，其他方面的对外经济交流也都由国家统制。

党的十一届三中全会改变了中国经济社会发展的历史进程。正如党的十七大报告里描述的：从沿海到沿江沿边，从东部到中西部，对外开放的大门毅然地打开了。这场历史上从未有过的大开放，使我国成功地实现了从封闭半封闭到全方位开放的伟大历史转折。今天，对外开放已经成为社会主义市场经济的必然选择，成为一种体制性安排，我们真正告别了封闭半封闭经济，成功实现了向开放型经济模式的转变。30 年来的对外开放是一次新的长征，我们克服了一切艰难险阻，实现以开放促改革促发展，成为经济全球化的重要获益者。实践证明，中国开创了全球范围内走开放式发展道路的成功范例，对外开放成为"中国模式"的最重要标志。过去 30 年的对外开放不仅成为我国现代化建设的重要动力，促进了综合国力的大幅提升；而且有力推动了思想解放和观念转变，促进了社会主义市场经济体制的建立和完善。特别是加入世界贸易组织再次深刻改变了中国经济发展的历史进程，实现了与国际多边经贸体制的顺利接轨，开辟了我国全面融入世界经济的进程。如今，我国对外开放已经站在新的历史起点，进一步扩大对外开放将是发展中国特色社会主义、实现中华民族伟大复兴的必由之路，按照党的十七大要求"拓展对外开放广度和深度，提高开放型经济水平"将成为我们新的目标。

二、对外开放的主要成就及经验总结

30 年来，我国对外开放取得了举世瞩目的成就，顺利实现了从封闭半封闭经济向开放型经济的转变，积累了开放条件下推进现代化建设的重要经验。

（一）30 年对外开放取得的重大成就

30 年来，我国对外开放取得了举世瞩目的成就，极大地促进了社会生产力、综合国力和人民生活水平的提高，成为从经济全球化中受益最大的发展中国家。主要表现为：

一是对外经贸发展迅猛。1978 年至 2007 年，对外贸易额从 206.4 亿美元增加到 21738.3 亿美元，增长 105 倍，年均增幅 17.4%，世界贸易排名从第 32 位上升到第 3 位，占世界贸易比重从不足 1% 上升到约 8%；利用外资从无到有、从少到多，累计利用外资超过 7700 亿美元，位居发展中国家之首；对外经济合作年营业额从 0.3 亿美元提高到 406 亿美元，增长 1353 倍，累计完成营业额 2064 亿美元；对外投资实现历史性突破，截至 2007 年年底，累计非金融类对外直接投资累计净额达到 1012 亿美元。截至 2007 年年底，我国对外劳务合作累计完成营业额 478 亿美元，累计派出劳务人员 419 万，劳务人员广泛分布在五大洲 160 多个国家和地区。从横向比较看，我国成为这一时期世界上外经贸发展最快的国家。我国已经实现了从经贸小国到经贸大国的转变。

二是促进了国民经济增长和就业扩大。对外经济贸易对国民经济增长的拉动作用不断提高。出口占国内生产总值的比重，已由 1978 年的 4.6% 上升到 2007 年的 37.5%，据测算，出口对经济增长的贡献大约在 15%—20% 之间，拉动经济增长平均在 1.5—2 个百分点左右。2007 年，进出口税收占全国税收总额的 16.6%，成为我国税收的第二大来源。涉外企业税收占全国税收收入的 21%。对外贸易涉及直接就业人口达到 8000 多万人，其中加工贸易吸纳的劳动力在 3500 万人以上。

三是加速了我国工业化和现代化进程，使我国实现了跨越式发展。我国已成为世界重要制造业基地。在经济总量规模不断扩大的同时，我国的制造业竞争力明显提升，基本形成了门类齐全、产业链相对完整的产业体系，具有了一批在国际市场上有较强竞争优势的产业。目前，我国第一、二、三产业规模分别名列世界第一、第三和第七位，产业配套能力位居世界前列。我国的钢铁、纺织、电子信息和石化产业已经成为在国际市场上具有较强竞争力的产业。特别值得一提的是，2007 年，我国高技术产业实现增加值 1.9 万亿元，占国内生产总值的 7.8%，我国高技术制造业规模已位居世界第二，国际市场份额居全球第一。我国正成为世界高新技术产品的重要生产基地，并开始向研发制造基地转型。

四是推动了国内改革。对外开放带来了市场经济意识和先进的管理经验，国际竞争也为改革提供了强大的动力。对外开放有力地促进了社会主义市场经济体制的建立和完善。此外，对外开放还开阔了人们的视野，促进了全社会思想解放和观念转变，推动了创新和整个社会文明的进步。

五是提升了我国的国际地位和影响力。对外开放使我国贸易和经济占世界的比重大幅度上升，对世界贸易和经济发展的贡献显著提高。"中国需要世界、世界需要中国"真正变成了现实。随着我国综合国力和经济实力的不断提升，在国际事务中的影响力大大增强。

总之，中国抓住 20 世纪 80 年代以来三次国际产业转移重大机遇，不断扩大对外开放，取得举世瞩目的成就，开创了全球范围内开放式发展的成功范例。

（二）对外开放是推动社会主义市场经济体制建设的重要动力

我国的经济体制改革是一项前无古人的事业，开始既无明确的目标，也没有可供直接参考的模式，只能采取"摸着石头过河"的办法。而我国以经济特区等区域为先导进行先行开放和以开放促改革的试验，为整体市场化改革提供了重要经验和参考，让"摸着石头过河"式的改革找到了最佳场所。

一是经济特区是以开放促体制创新的最早试验田。我国经济特区实行"以市场调节为主的区域性外向型经济形式"。经济特区既是对外开放的先导示范基地，也是体制改革的试验田。在经济特区率先实行对外经贸体制突破，享受类似自由贸易区的特殊安排，创造与国际接轨的小环境，以便加速吸引外资、承接国际产业转移，实现外向型经济的大发展。为配合经济特区的对外开放，它们率先进行了计划、投资、价格、政府管理、产权、劳动工资、金融、财税以及培育劳动力和生产要素市场等方面的改革和试验。通过一系列先行先试，率先建立起社会主义市场经济体制的基本框架，确实起到了党中央要求的"要为全国社会主义建设和体制改革探索道路"的作用，对周边地区进而对全国发挥了重要的示范、辐射和带动作用。

二是渐进式区域开放推动了经济体制改革向纵深推进。沿海地区对外开放由点到线、由线到面的逐步推进，不仅促进了沿海地区外向型经济的大发展，而且同时带动了沿海地区率先进行体制改革和制度创新。进入90年代以后，以上海浦东开发开放为龙头，长三角成为我国以开放促改革的更大试验场；同时，还进一步推进沿江、沿路、沿边开放，逐步形成全方位、多层次的区域开放格局，实际上也形成了全国范围内以开放促改革的大格局。

三是利用外资是以开放促改革的重要途径。其最大的贡献是，通过建立一整套适宜外商投资的法律制度和配套政策措施，引入了现代市场经济的基本规范和国际通行做法，逐步树立和强化了按国际惯例办事的意识，率先触动了从外贸到价格、财税、金融、投资、收入分配等各个领域的改革；为了改善投资环境以及外商投资进入的竞争示范效应，还推动了包括微观制度创新、所有制结构变革、政府行政管理以及宏观经济管理制度等全方位的制度创新。

四是 20 世纪 90 年代中期以前，外贸体制率先改革是早期对外开放的重要内容，成为改革的先锋和发展市场经济的一个核心环节，既促进了对外贸易的大发展，也对整个改革起到了拉动作用。

五是"复关"和加入世贸组织推动了改革攻坚以及与国际通行规则的接轨。自 1986 年提出"复关"申请到 2001 年 12 月正式加入世贸组织长达 15 年的谈判过程中，解决与多边贸易体制的适应性问题的努力一直是市场化改革的重要动力。加入世贸组织以来，我国全面履行多边义务和对外承诺，推动了改革攻坚，实现了我国经济贸易体制与国际经贸规则的全面接轨，特别是经济法律制度建设和行政管理体制改革取得了重大进展，改变了全世界对中国的认知和预期。

（三）对外开放促进了中国与世界经济的共同发展

中国经济已经成为世界经济的重要组成部分。中国国内生产总值占全球的比重由 1978 年的 1% 上升到 2007 年的 5% 以上，中国进出口总额占全球的比重由 1978 年的不足 1% 上升到 2007 年的约 8%。中国的发展为国际资本提供了广阔市场，中国企业对外直接投资也在大幅增长。中国经济发展对世界经济贡献率显著提高，2003—2007 年年均贡献率达到 14.3%，仅次于美国位居世界第二位；2007 年对世界经济增长的贡献率达到 17.1%，超过欧元区的 14.6% 和美国的 14%，居世界之首。

对外开放还促进了中国与世界各国互利共赢经贸关系的发展，成为各大洲和越来越多国家的重要经贸伙伴。与中国进出口贸易额为其对外贸易第一位（第一大贸易伙伴）的有 5 个经济体，前三位的有 28 个，排在前六位的有 64 个。此外，中国还日益成为世界各大洲的重要贸易伙伴。在亚洲对外贸易中排名第一位，在欧盟对外贸易中上升至第二位，在非洲、独联体、欧洲地区对外贸易中均排名第三位，在北美和拉美地区对外贸易中排名第四，在中东地区对外贸易中排名第六位。

事实充分证明，在中国经济与世界经济联系日益密切的情况下，中国的发展离不开世界，世界的繁荣也需要中国。

（四）过去30年对外开放的主要经验

回顾30年我国对外开放的实践，有许多成功经验值得总结。概括起来，主要有以下几个方面：

第一，始终坚持对外开放的基本国策不动摇。30年来，无论国际风云如何变幻，无论国内出现什么情况，我们党领导全国人民克服各种困难和险阻，毫不动摇地坚持对外开放的基本国策，不断推进对外开放，充分利用国际国内两个市场、两种资源，并根据历史条件的变化，提出和实施新的扩大开放战略措施，不断为现代化建设和深化经济体制改革注入巨大动力和活力。历史已经证明并将进一步证明，对外开放是建设中国特色社会主义和实现中华民族伟大复兴的必由之路，必须毫不动摇地坚持下去。

第二，从实际出发，不断探索具有中国特色的开放道路。作为发展中的社会主义大国，我国的对外开放没有成功的先例可循。中国共产党领导全国人民从国情出发，积极探索，走出了一条具有中国特色的对外开放的成功道路。通过对外开放，摆脱了传统计划经济体制教条的束缚，打破了发展中国家依靠贸易保护谋求发展的传统模式，积极参与国际竞争，在开放和竞争中谋发展。为了冲破高度封闭的经济体制和"左"的思想束缚，大胆试验，通过设立经济特区、经济技术开发区等推动渐进式区域开放，逐步形成全方位开放格局，实现了从封闭半封闭向开放型经济的转变，不仅规避了风险，而且对全国的开放、改革和发展发挥了示范和带动作用，也为丰富世界各国对外开放的实践做出了重要贡献。立足国情、开拓创新，是我国对外开放不断取得成功的重要法宝。

第三，抓住宝贵机遇，积极承接国际产业转移。吸取过去我国几次错失国际机遇的教训，新时期我们及时发现并成功抓住三次国际产业转移的宝贵机遇，立足并充分发挥自身的比较优势，及时出台扩大开放的战略部署和政策措施，实现了我国制造业的跨越式发展。从沿海到内地我们以只争朝夕的精神积极吸引外商直接投资，大规模引进国外先进技术，特别是通过大力发展加工贸易，承接国际产业转移，在大量吸纳就业的同时，不断延长产业链，拉动国内产业配套，发挥技术溢出效应，有力地带动了对外贸易、国内产业以及整个国民经济的发展。我国迅速实现了向贸易大国和全球重要制造基地的跨越，制造业在全球单个国家排名中已跃居第一，制造业结构实现了成功升级。

第四，坚持以开放促改革。开放也是改革，早期对外开放政策的重要内容是推动对外经济领域的率先改革，对外开放又进一步推动了整体市场化改革。经济特区是我国以开放促改革的重要试验场，渐进性区域开放进一步推动了改革向纵深推进。长达 15 年的复关和加入世贸组织谈判始终是推动我国市场化改革的重要动力。加入世贸组织以后，履行对外承诺和多边义务，实现与多边体制的对接，更推动了改革攻坚。最重要的一点是，以渐进性区域开放抓住宝贵的国际机遇实现跨越式发展，始终为全面改革提供了最重要的动力。中国在全球范围内创造了以开放促体制转型的成功范例，开放与改革的良性互动是最重要的保证。

第五，坚持互利共赢，促进共同发展。我们把互利共赢作为处理与各国经贸关系的基本准则。依靠改革开放，我们取得了经济发展的巨大成就，同时也在思考如何通过自身的发展继续为促进地区和世界的共同繁荣做出贡献。我国经济的发展需要充分利用国际国内两个市场、两种资源，在国内需要和谐社会，国外需要和平发展。互利共赢使我们得以在维护世界和平中发展自己、又以自身发展促进世界和平，有助于我们积极参与国际经济合作与竞争。坚持互利共赢，已经成为我国推动建设和谐世界的必然要求，成为我国对外开放的战略选择。

第六，积极稳妥推进开放进程，切实维护国家经济安全。我国实行渐进式区域开放，避免了一些转型经济体激进式贸易金融自由化的巨大风险。注重发挥经济特区、经济技术开发区的先导和示范作用，为全国的对外开放积累了经验。以利用外商直接投资为主，控制国际商业信贷，审慎开放国内资本市场，有效防范了国际金融风险。

三、我国的外贸体制改革

新中国成立后，与高度集中的计划经济体制相适应，我国形成了国家集经营与管理为一体的高度集中的对外贸易体制，其主要特点是国家对外贸实行指令性计划管理和统负盈亏，形成了国家外贸垄断制。这种体制有着很大局限性，不利于调动各方面的积极性，限制了对外贸易的发展。20世纪70年代中国恢复了在联合国的合法席位后，对资本主义国家的贸易日趋活跃。自从1978年年底，党的十一届三中全会决定实行对外开放的方针政策后，我国对原有的外贸体制率先进行了改革。

（一）我国外贸体制改革经历的主要阶段

从1978年至今，中国外贸体制改革大体经历了五个阶段：1978年至1987年的探索阶段；1988年至1990年的整体推进阶段；1991年至1993年的攻坚阶段；1994年至2000年的继续深化阶段；2001年加入世贸组织以来推进贸易自由化阶段。

1. 1978—1987年的探索阶段。我国率先对与计划经济体制相对应的外贸体制率先进行改革，主要采取了如下措施：一是改革高度集中的经营体制，增设对外贸易口岸，下放外贸经营权；二是改革单一的指令性计划管理体制，实行指令性计划、指导性计划和市场调节相结合；三是完善外贸管理，重新实行进出口许可证制度，建立外贸经营权审批制度，授予有条件的企业外贸经营权，壮大外贸队伍；四是探索促进工贸（技贸、农贸）结合的途径；五是采取鼓励出口的政策，实行外贸减亏增盈分成制度和地区差别的外汇分成制度，开始试行出口商品退税等，并在外贸管理上实行中央统一领导、统一政策、统一规划，中央和省两级管理。

这一阶段的改革对调动各方面积极性，推动外贸发展，取得了一定成效。1988 年，全国进出口总额达到 805 亿美元，是 1978 年的 3.9 倍，10 年间，对外贸易平均年增长速度达到 14.6%。外贸进出口商品结构发生了显著变化，基本实现了由主要出口初级产品向出口制成品的转变。对外贸易在国民经济中的地位不断上升，出口额占国民生产总值的比重由 1978 年的 4.7% 上升到 1988 年的 10.8%。但是，由于外贸体制改革是一项十分复杂的系统工程，它与整个国民经济体制的改革有着密切的联系，外贸体制中的统负盈亏、政企不分等主要问题仍未解决。

2. 1988—1990 年的整体推进阶段。主要是在全行业实行承包经营责任制。其内容是：核定各地方和有关外贸总公司的出口收汇、上缴外汇和经济效益指标，3 年不变；完成承包指标内的外汇按留成比例分成；超亏自负，减亏增盈留成。同时，在全国建立若干外汇调剂市场，企业自有外汇可随时进入市场，自由调剂；各专业外贸进出口总公司与大部分省市外贸专业分公司脱钩，地方的分公司下放到地方管理；外贸的宏观调控体系开始形成，国家逐步运用价格、汇率、利率、退税、出口信贷等经济手段调控对外贸易；在轻工、工艺、服装行业进行自负盈亏的改革试点。

实行外贸承包经营责任制，调动了地方、部门和企业扩大出口的积极性，对于改善企业内部经营机制、提高经济效益、促进对外贸易特别是出口贸易的发展，起到了重要作用。到 1991 年，中国进出口总额达到 1357 亿美元，其中出口 719 亿美元，进口 638 亿美元。但由于受整个经济体制改革阶段性的制约，外贸承包经营责任制仍是过渡和探索的形式。

3. 1991—1993 年的攻坚阶段。核心内容是取消对外贸出口的财政补贴，从建立自负盈亏机制入手，使外贸逐步走上统一政策、平等竞争、自主经营、自负盈亏、工贸结合、推行代理制的轨道。这次改革的特点是：取消出口补贴，按照国际通行做法由外贸企业自负盈亏；实行以大类商品区分的全国统一的外汇留成比例办法，为企业平等竞争创造条件；外贸体制改革与调整汇率和关税配套进行，外贸的宏观调控体系进一步完善；重视发挥市场机制的调节作用，行政管理部门不得用行政手段干预外汇资金的横向流通；增加企业支配使用的外汇，为外国商品进入中国市场提供更多的机会。

通过改革使对外贸易体制特别是出口体制开始适应国际贸易规范，有利于广泛地参与国际经济合作和交流。1993年，全国进出口总额近1957亿美元，其中出口917亿美元，进口1039.6亿美元，分别比1990年增长70%、48%和95%。但按照建立社会主义市场经济体制和适应国际贸易规范的要求，中国外贸体制还存在某些不相适应的方面。

4．1994—2000年的继续深化阶段。按照党的十四大确定的统一政策、放开经营、平等竞争、自负盈亏、工贸结合、推行代理制的方向继续深化外贸体制改革：建立与完善外贸宏观调控体系，实施人民币双轨汇率的并轨，实行单一的、有管理的浮动汇率制；强化外贸企业自负盈亏机制，取消各类外汇留成，同时实行银行结售汇制。进一步调整与完善出口退税政策和有利于出口发展的信贷政策，建立进出口银行，设立出口商品发展基金和风险基金。取消国有外贸企业普遍实行的承包制，代之以赋税制，按照现代企业制度改造国有外贸企业，积极推行股份制试点，推动企业开展一业为主、多种经营，走实业化、集团化、国际化、多元化的路子。这一时期，为了配合"复关"和加入世贸组织谈判，进口体制改革开始全面推进，成为改革的重点。我国加快市场开放步伐，进一步降低进口关税，并规范关税和非关税措施。加快赋予有条件的生产企业、商业物资企业、科研院所和私营企业等外贸经营权，加快了外贸经营权由审批制向登记备案制过渡的步伐。充实与强化进出口商会、协会等中介组织的职能，健全与完善外贸协调服务体系。实行人民币在经常项目下的可自由兑换。1998年以后，提出"千方百计扩大出口"的政策，并大力推进"大通关"建设，提高贸易便利化程度。

这一阶段，受亚洲金融危机的影响，中国对外贸易的发展一度出现了调整，1998年出口仅增长0.5%，但从2000年开始恢复了快速增长，进出口总额4743亿美元，比上年增长31.5%，其中出口增长27.8%，进口增长35.8%。

5．2001年加入世贸组织、推进贸易自由化阶段。为了解决经济贸易体制与多边贸易体系的相容性问题，中国自 1986 年提出"复关"申请前后，即加快了外贸体制和整个市场化改革的步伐。在 2001 年 12 月正式加入世贸组织之前长达 15 年的谈判过程中，中国市场开放程度不断提高，对外经贸体制改革进一步推进，市场化改革取向进一步明确，建立了社会主义市场经济的基本框架，初步解决了与世界多边贸易体制的适应性问题。2001 年 12 月，加入世贸组织以来，我国全面履行多边规则和对外承诺，一方面，全面提高市场开放程度，贸易自由化便利化水平大大提高；另一方面，全面规范外贸管理体制和非关税措施，实现了我国对外贸易体制与国际经贸规则的全面接轨，特别是有关涉外经济法律制度建设和行政管理体制改革取得重大进展，改变了全世界对中国的认知和预期，开启了中国全面融入世界经济的进程，真正完成了从封闭、半封闭向开放型经济的转变。我国进出口总额由 2001 年的 5096.5 亿美元增加到 2007 年的 2.17 万亿美元，年均增长 23% 以上，占全球比重由 2001 年的 4.3% 升至 2007 年的约 8%，世界排名由第六位升至第三位，出口跃居第二位。

（二）外贸体制改革的成效及作用

我国外贸体制改革取得了巨大成功，开启了转型经济体贸易自由化的成功范例。外贸体制改革释放出了巨大能量，不仅为对外开放的顺利起步和推进创造了重要条件、促进了外向型经济的大发展，成为我国从封闭半封闭经济迈向开放型经济的主线，而且早期的外贸体制改革成为市场化改革的先锋，推动了整体改革进程和思想观念转变，并成为现代化建设的重要动力。因此，也成为以开放促改革促发展的重要途径。

1. 外贸体制改革促进了对外贸易的大发展

新中国成立之初的 1950 年，我国进出口总值仅为 11.35 亿美元。到 1978 年，我国进出口总值发展为 206 亿美元，2007 年则达到 2.17 万亿美元，共增长了 105 倍，年均增长 17.4%。这个速度高于同期我国国民经济的增长速度 7 个百分点，也比世界贸易年均增长速度高很多。我国在世界贸易中的排名从第 32 位上升到第三位，出口跃至第二位；出口占世界贸易的比重从不足1%提高到约8%。

同时，改革开放以前我国的出口商品结构以农副产品为主。到80年代中期，在轻纺产品出口大发展带动下，我国已实现了由主要出口初级产品向主要出口制成品的历史性转变。同时，技术含量和附加值较高的机电产品出口迅速增长，到90年代中后期机电产品成为我国出口主导产品，实现了第二次升级，1999年，机电产品出口对整体出口增长的贡献率达到了88%，机电产品出口所占比重达39.5%，连续5年超过纺织品，成为我国最大的出口商品类别。进入新世纪以来，我国出口结构进一步向以高新技术产品为主方向升级，2007年，高新技术产品出口比重达28.6%，比2000年上升13.7个百分点，已经超过发达国家平均水平。

2. 对外贸易发展对国民经济做出重要贡献

对外贸易的大发展提高了其在国民经济的地位，外贸依存度由1978年的4.7%上升至2007年的67%左右。对外贸易对国民经济发展的贡献度日益增大。对外贸易规模的迅速扩大，成为拉动经济增长的重要动力，有力地促进了我国综合国力的提高，同时，加快了我国工业化步伐，特别是出口能力的增强，突破了严重制约经济发展的外汇"瓶颈"，引进了国内经济建设需要的先进技术、原材料和管理经验，创造了更多的就业机会，增加了国家税收。外贸结构的优化有力促进了我国产业结构的升级和高新技术产业的振兴，增强了我国的国际竞争力。通过对外贸易，我国在国际经济交换中获得了比较利益，引入了竞争，有力促进了经济效率的提高。

四、利用外资全面促进了我国经济体制改革的深化

（一）我国利用外资政策的提出和演变历程

党的十一届三中全会提出对外开放的方针，首次提出把充分利用国外

资金加快社会主义现代化建设作为对外开放的重要内容，开启了我国利用外资的发展历程。

利用外资作为我国对外开放的重要内容，其发展历程与我国对外开放的发展历程基本一致，大致可划分为五个发展阶段：第一阶段是 1979—1986 年的尝试探索阶段，当时我国法律和配套政策还不完善，外商投资主要来自港澳地区，数量不多。第二阶段是 1987—1991 年的起步阶段，随着对外开放不断扩大，有关配套政策措施逐步健全，投资环境明显改善，外商投资得到较快发展。1987—1991 年全国吸收外商投资协议金额 331.6 亿美元，实际使用外资金额 166.8 亿美元，年均协议外商投资金额和实际金额比 1980—1986 年平均数分别增长 142% 和 255.3%。第三阶段是 1992 年至 1997 年的持续高速发展阶段，邓小平南方讲话后利用外资出现爆发式增长，我国成为世界投资的热点之一。1992 年实际吸收外资首次突破 100 亿美元，达到 110 亿美元，比上年增长 152.1%；1993 年实际引资升至 275.1 亿美元，比上年增长 150%；此后几年也一直是两位数增长，1997 年虽受亚洲金融危机影响也还增长 8.46%。这一阶段外商投资结构出现了较大变化，技术、资金密集型大项目增多，西方大型跨国公司越来越多的进入。第四阶段是 1998—2000 年的调整阶段，受亚洲金融危机冲击，跨国公司对发展中国家投资低迷，我国吸收外资也出现调整，这 3 年实际吸收外资比上年仅分别增长 0.45%、–11.31% 和 0.98%。第五阶段是 2001 年以来的稳步发展和战略投资阶段，2001 年年底我国加入 WTO 使对外开放进入新阶段，世界经济步入上升周期，跨国公司纷纷将我国作为首选投资目的国，外商投资结构逐步优化，外资质量不断提高，跨国公司 500 强中的 490 家已在华投资，设立地区总部近 40 家，外商投资的研发中心达 1160 家。

（二）利用外资促进了我国开放型经济的迅速发展

利用外资促进了我国开放型经济的迅速发展。30 年来，我国已经成为全世界吸收外资最多的国家之一，连续 16 年居发展中国家的首位，累计设立外商投资企业 63.5 万家，实际吸收外商直接投资超过 7700 亿美元，对华投资的企业来自世界近 200 个国家和地区。

利用外资提高了我国开放型经济的整体质量。80 年代中初期，外资主要来自港澳地区，以劳动密集型的加工项目和宾馆、服务设施等第三产业项目居多。到 90 年代中后期，外商投资的重点，从纺织、轻工等劳动密集型产业发展到电子通讯业、汽车制造业和化学工业等资本和技术密集型产业。加入 WTO 以来，我国开放服务贸易领域，商业、外贸、电信、金融、保险等服务业已成为外商新一轮投资的热点。

利用外资使各类特殊经济功能区成为我国开放型经济的重要增长点和先行示范区。经济特区、国家级经济技术开发区、保税区、高新技术产业开发区、出口加工区等特殊经济功能区作为我国吸收外资的重要平台，充分发挥了产业集聚效应和区域辐射效应，对地方经济发展的贡献不断增大。2007 年国家级经济技术开发区实际吸收外资 173.21 亿美元，实现国内生产总值 12695.96 亿元，税收收入 2036.77 亿元，出口 1780.84 亿美元，已成为我国经济的重要增长点。

利用外资促进了国内产业的对外开放和优化升级。从 20 世纪 80 年代开始，我国家电产业开展合资、合作与引进消化先进技术，在彩电、洗衣机、电冰箱、DVD 等领域已跃居世界生产大国行列；通过与国际汽车巨头的合作，我国汽车工业加快了结构调整，国际竞争力大大增强。外商投资大大促进了我国高技术产业发展和自主创新能力的提高。外商投资企业研发经费、新产品开发经费和产值在全国高技术产业中所占比重逐年上升，承接高端制造环节投资转移显著增加。金融服务业对外开放稳步推进，激发了国内金融市场的竞争，促进了金融业务创新和管理与服务水平的提高。

利用外资促进了我国区域经济的全面开放和协调发展。2000 年我国开始实施"西部大开发"战略，优化外商投资的区域格局，更加注重鼓励外商到中西部地区投资。2004 年修订了中西部地区外商投资优势产业目录，拓展了鼓励外商投资范围。2005 年、2006 年相继出台了进一步扩大开放、促进东北老工业基地振兴和中部崛起的政策措施。同时还通过实施"万商西进"工程，分别在湖南长沙和河南郑州举办了两届中部投资贸易博览会，为产业梯度转移搭建了新平台。

通过吸收外商投资，加强与跨国公司的战略合作，我国得以更加深入地参与国际分工与交换，为国民经济发展做出了重大贡献。目前，外商投资企业直接就业人员超过 4200 万人；外商投资企业工业产值占全国工业总产值的 30% 以上，进出口总额占全国进出口总额的近 60%；外商投资企业缴纳税收超过 9900 亿元，占全国税收收入的 20%。

（三）利用外资法律制度建设对我国市场化改革发挥了启蒙作用

我国吸收外资工作始于立法，最初涉及外资的立法采用了市场经济的基本概念和框架，是我国进行市场化改革的先行探索。1979 年 7 月，我国颁布了新中国第一部吸收外商投资的法律——《中华人民共和国中外合资经营企业法》，参考了世界上 30 多个国家的有关法律，借鉴了其他国家吸收外资的做法和经验，推动了相关的体制改革和政策调整，对我国市场化改革发挥了启蒙的作用。为了保证该法的顺利实施，全国人大常委会和国务院组织起草了一系列相关的配套法律和实施细则，形成了一套基本的涉外经济法律法规。1983 年 9 月发布了《中华人民共和国中外合资经营企业法实施条例》；1986 年 4 月通过了《中华人民共和国外资企业法》；1986 年 10 月发布了《关于鼓励外商投资的规定》。到 1991 年年底，仅全国人大和国务院颁布的涉及经济的法规就超过 200 多部，地方和行政管理部门还公布了一批行政规章。此外，我国还陆续发布了《涉外经济合同法》、《中外合作经营企业法》、《外资企业法》及其实施条例、《勘探开采海洋石油条例》、《外商投资企业和外国企业所得税法》及实施细则等，为外商投资提供了更完善的法律依据，也推动形成了相应的体制和政策环境。

同时，我国还与其他国家和地区签订了 120 多个投资保护协定和避免双重征税协定。根据吸收外资的实际需要，我国开始重视知识产权保护，不仅制定了专利法、商标法、著作权法、计算机软件保护条例，而且参加了世界知识产权组织和保护工业产权的巴黎公约，并在1992年正式加入世界版权公约和伯尔尼保护文学艺术品产权公约。

从利用外资及相关涉外经济法律法规完善的过程可以看出，利用外资对推动经济体制改革和制度创新发挥了全方位的作用：它们首先推动了我国经济法律的国际接轨，率先突破了集中型计划经济的法律禁区，并同时有力带动了国内经济法律体系建设；其次，有关外资的法律法规引入了市场经济中最必要、最基本的概念和制度框架，无疑对我国随后的市场化改革是重要的先导和启蒙；三是引入世界上先进的企业制度和治理组织结构，如现代企业制度、股份合作制度、法人制度、所有权与经营权分离、反垄断、企业激励机制和企业家精神等等，是推动我国企业微观制度创新的标本和重要原动力；四是推动了我国会计制度与国际接轨，在1985年3月我国制定了接近国际惯例的外商投资企业会计制度的基础上，1993年7月我国开始在全国推行新的会计制度，基本上做到了与国际惯例接轨；五是推动了价格、外汇、财税等方面的改革，与利用外资法律相关的配套法规和政策措施成为推动这些领域改革的重要原始动力；六是有关外资法律规定了外商投资企业拥有高度自主权，推动了企业生产和内外贸的放开经营，加快了向地方和企业下放权利的改革；七是推动了各级政府特别是地方政府职能转变，建立健全中介和公共服务体系。

（四）利用外资大发展促进了我国所有制结构优化和现代企业制度建设

我国利用外资的发展过程直接伴随着所有制结构的变迁，总体上看它有力推动了我国公有制为主导、多种所有制共同发展格局的形成。在各种所有制经济相互合作与竞争中，我国所有制结构得到优化，并朝着有利于提高社会生产力水平、优化要素配置的方向发展。

外商投资企业的大量出现，促进了我国传统所有制结构的改变，对形成以公有经济为主导，国有、集体、个体、外资等多种经济成分共同发展的格局起了重要作用。外资是社会主义市场经济的有益补充。吸收外资还成为推动国有企业改革、改造、重组的重要途径，加快了国有企业改革步伐；国有、集体和外资等混合所有经济单位的大量增加，形成了新的财产所有结构，也创造了股份合作、混合所有等新的公有制实现形式，公有制经济在加强与外商合资合作过程中得到了快速发展，不仅实现了经济总量的扩张，也实现了结构优化、技术进步和质量效益的逐步提高。外商投资企业采用国际上通行的经营管理模式和组织方式，客观上也促进了我国国有企业和民营企业现代企业制度的建立和内部治理机制的改善。

企业境外上市也是我国利用外资的一个重要途径。境外上市不仅使我国一些大型国有企业获得大量资金，扩大经营规模，进行技术和产品升级换代，而且使这些国有企业按照市场经济规则和国际规范，完善了企业内部治理结构，提高了公司治理水平，提升了企业的市场知名度和国际竞争力，从组织形式、治理结构、经营模式、管理理念等各方面，全方位地与国际接轨。通过境外上市、利用外资实现做大做强，已使我国涌现出一大批具有相当国际竞争能力的跨国公司，如中国石油、中国石化、工商银行、中国人寿等十多家中国企业已经跻身世界财富 500 强跨国公司之列，中国石油、工商银行市值一度成为全球同行业企业之首。

（五）利用外资促进了全方位的制度创新

外商直接投资在我国渐进式改革中，对体制创新产生了全方位的推动作用，从法制启蒙、思想观念转变，到启动各领域体制配套改革，到市场竞争效应推动微观基础的全面创新，再到引资竞争推动政府职能转变和行政管理改革，以及宏观经济管理制度向市场化调控方式演进，实际上也启动和推动了我国全方位的制度创新。

第一，推动了思想观念的不断更新。由于外商投资者对东道国投资环境和相关的体制政策有着非常不同的要求，我们在利用外资实践中就逐步树立了按国际惯例办事的意识。外商投资企业及其经营者带来了一套全新的价值观念和思维方式，传播了国际经济通行规则与做法的大量信息；同时对外直接投资的引入还使国内竞争国际化、国际竞争国内化，使我国各级政府和企业不得不采用市场经济的通行做法和思维，逐步培育了与现代市场经济相适应的价值观念和思维习惯。

第二，国际国内招商引资的竞争推动了政府职能转变，使国际通行的营商观念在国内得到普及和广泛实践。为了提高吸收外资的竞争力，各级政府致力于减少政府直接干预、加快培育商品、要素和劳动力市场，推动了从行政主导型资源配置方式向市场主导型资源配置方式转变。中国先行开放的一些重要区域及中心城市率先实现了具体营商制度的创新，取得了巨大成功，成为全球范围内通过制度创新创造良好营商环境的典范。

第三，推动了宏观经济管理制度的改革。外商直接企业的进入与发展，对中国经济运行产生越来越大影响，直接关系到宏观经济四大目标即经济增长、就业、物价和国际收支平衡，特别是导致中国经济开放度日益提高，与外部经济联系日益密切，我国宏观经济调控制度和方式不断发生变化，逐步朝着市场导向的开放型经济调控体系转型。

第四，外商投资的发展直接推动了我国收入分配体制的改革。外商直接投资企业的进入，带来新的收入分配机制和理念，彻底终结了"大锅饭"和供给制的收入分配体制。不仅其收入水平大大高于内资企业，而且他们把资金、技术、管理和知识等都纳入收入分配范畴，特别是引入企业家和职业经理人全新的薪酬激励机制，不仅有助于消除收入分配制度改革观念上的障碍，而且强化了人力资源开发和市场化工资分配机制改革，推动了我国企业家阶层的培育与成长，推动了市场化进程中最重要的经济利益激励机制的改革。

五、我国对外经济合作体制的改革

（一）我国对外经济合作体制改革的历程

改革开放 30 年来，我国逐渐形成了一整套对外经济合作体制和政策措施体系，推动了对外经济合作业务的稳步发展。

1. 我国对外投资管理体制改革的历程

迄今为止，我国对外投资管理体制改革大致经历了以下四个阶段。在这个过程中，有关政策和措施也日趋丰富和完善：

第一阶段：对外直接投资的尝试性阶段（1979—1983 年）。在这一阶段，我国对外直接投资的数量很少。由于外汇非常短缺，在 1982 年以前每一宗对外投资项目都要经过国务院审批。从 1982 年起，国务院授权原外贸部对对外投资个案进行审批，并对经营型企业加以管理。从管理角度看，主要是个案审批，尚未形成规范。

第二阶段：对外投资管理框架形成并强化的阶段（1984—1999 年）。政府部门的相关政策开始逐步出笼，对外投资的管理由投资个案审批向规范性审批转变，形成了我国对外直接投资管理体制的雏形。

1993 年后，对外投资的管理得到加强，管理程序走向规范，分工趋于明确，体制逐步完善，政策开始配套。1993 年，原外经贸部在前一阶段的基础上，根据对外投资业务发展的需要，着手起草《境外企业管理条例》，以进一步强化管理。外经贸部作为国务院授权的境外投资企业审批和归口管理部门，负责对境外投资方针政策的制定和统一管理。国家计委负责审批项目建议书和可行性研究报告。这种管理办法一直沿用至今。

1999 年 2 月国务院办公厅转发了外经贸部、国家经贸委、财政部《关于鼓励企业开展境外带料加工装配业务的意见》，以此为标志，成为稍后形成的我国"走出去"开放战略的前兆。意见从五个方面提出了支持我国企业以境外加工贸易方式"走出去"的具体政策措施。

第三阶段：支持和鼓励阶段（2000 年至今）。这一时期，"引进来"与"走出去"相协调战略纳入中国经济发展的总体战略之中。随着中国加入世贸组织，使"走出去"政策体系重新构建，从而形成了真正意义上的对外直接投资体制。中央和地方有关部门也不失时机地采取相应措施，为全面实施"走出去"战略奠定了基础。

2. 对外承包工程与劳务合作管理体制改革

我国对外承包工程与劳务合作事业是在对外援助的基础上发展起来的，因此其管理体制的形成与发展，经历了从计划经济到市场经济的重大转折。20 世纪 70 年代末至 80 年代初，各部门和地方开展对外承包工程与劳务合作业务的管理部门和项目执行者，是同一个机构，即"两块牌子一套人马"，原援外办的领导就是外经公司的负责人。作为本部门和本地区对外经济技术合作的窗口，外经公司基本上扮演着管理者的角色，行使着一系列的管理职能。

为落实《中共中央关于经济体制改革的决定》，实行政企分开，1985年以后，各部门和地方援外办与外经公司陆续分开，外经贸委内设外经处，负责本部门或本地区的对外经济技术合作业务的管理，而外经公司真正实行企业建制和管理，以扩大经营规模和追求经济效益为核心。

经过 20 多年的发展，政府管理、行业自律的格局已初步形成。近年来，政府部门和中国对外承包商会分别出台了对外承包工程和劳务合作管理政策和行业规范，逐步形成了对外承包工程和劳务合作领域"商务部宏观管理、各部委协调合作、地方政府部门属地管理、行业组织协调自律、驻外经商机构一线监管、与有关劳务输入国共同管理"的基本框架。这个框架最显著的特点是对境外经营行为建立有效的监管体系；对突发事件，有准确快速的反应和解决机制；对劳务人员合法权益，有投诉、救援等保护机制。

（二）"走出去"战略的提出和内涵的深化

"走出去"战略是中央高瞻远瞩做出的一项关系我国全局和经济长远发展的重大战略决策。20 世纪 90 年代后期以来，"走出去"战略经历了一个从酝酿到逐步深化的过程。在党的十五大报告中首次明确提出要"鼓励能够发挥我国比较优势的对外投资"。在党的十五届二中全会上，江泽民同志指出："在积极扩大出口的同时，要有领导有步骤地组织和扶持一批有实力有优势的国有企业走出去"。90 年代末，江泽民同志指出，在今后的对外开放中，必须坚持"引进来"与"走出去"相结合的方针，特别是要抓紧研究和实施"走出去"的开放战略。2000 年，"走出去"被中央正式确定为新时期的一项开放战略。2001 年，《国民经济和社会发展第十个五年计划纲要》将"走出去"与对外贸易、利用外资并列为"十五"期间开放型经济发展的三大支柱。2002 年，党的十六大报告指出，要"坚持'引进来'和'走出去'相结合，全面提高对外开放水平"。2007 年，党的十七大报告更是明确指出："支持企业在研发、生产、销售等方面开展国际化经营，加快培育我国的跨国公司和国际知名品牌。"

从广义上讲，"走出去"战略是指产品、服务、技术、劳动力、管理及企业本身走向国际市场开展竞争与合作的战略取向。狭义的"走出去"战略是指企业的对外直接投资，即企业到国外设立生产经营机构，向境外延伸研发、生产和营销能力，在更多的国家和地区合理配置资源的发展战略。过去几年来商务部将其解释为"包括对外投资及其他跨国经营活动"，具体是指海外投资、对外工程承包和劳务合作三项业务。

江泽民同志在阐述"走出去"战略内涵时深刻指出，只有大胆地、积极地"走出去"，第一，才能弥补我国国内资源和市场的不足；第二，才能把我国的技术、设备、产品带出去，才更有条件引进更新的技术，发展新的产业；第三，才能由小到大逐步形成我国自己的跨国公司，以便更好地参与全球化的竞争；第四，才能更好地促进第三世界的经济发展，增强反对霸权主义、维护世界和平的国际力量。这是对"走出去"战略内涵的高度概括。

（三）目前"走出去"的政策措施体系

多年来，"走出去"战略的政策和管理体制经历了一个逐步健全的过程。至2002年，包括简化审批程序、提供资金支持、扩大进出口经营权范围、财税管理、外汇管理、外派人员审批和海外经营保险等各个方面政策措施体系初步建立，为企业实施国际化经营战略奠定了初步基础。2003年以来，为适应经济全球化与国际政治经济格局的变化，我国开始从国家经济安全和国民经济可持续发展的重大战略新高度认识和规划国际化经营战略，使国际化经营战略的实施开始走向一个新的阶段。

目前，我国已初步建立起一套促进中国企业国际化的政策、服务、监管体系和协调机制，保证了我国企业国际化业务的快速发展。

1. 基本建立起支持企业国际化的政策体系

最近几年，国务院先后批准下发了关于鼓励企业开展境外带料加工装配、关于加强对发展中国家经济外交工作、关于加强境外中资机构与人员安全保护工作等方面一系列重要文件。商务部（原外经贸部）会同有关部门据此在境外加工贸易方面制定了16项财税、外汇、信贷配套政策，形成了我国第一个较为完整的对外投资鼓励政策体系，对促进境外加工贸易乃至整个对外投资的持续健康发展起到了重要作用；会同有关部门在中俄森林资源开发、对非洲资源合作开发等方面出台了专门支持政策。积极利用出口信贷和援外资金支持企业开展境外投资。

2. 逐步建立起促进企业国际化的服务体系

在商务部政府网站上设立"中国对外经济合作指南"和驻外经商机构子站，建立《境外投资国别环境库》、定期发布《国别贸易投资环境报告》、《对外投资国别产业导向目录》、《境外加工贸易国别指导目录》，为企业提供及时有效的信息服务。建立《国别投资障碍报告制度》，指导企业有效规避投资风险。组织企业参加"中国国际投资贸易洽谈会"、"中

国—东盟博览会"、境外"中国工程与技术展览会"等各类展会,举办
"走出去"成果展和国际论坛,积极为企业国际化经营搭建平台,创造条
件。加强政策培训,通过举办各类对外经济合作业务培训班,培训企业中
高级管理人员,为企业培养了一批开展国际化经营业务需要的经营管理
人员。

3. 初步建立起企业国际化经营的宏观监管体系

建立健全了"商务部宏观管理、各部门协调配合、地方政府属地管
理、行业组织和境外中资企业商会协调自律、驻外使领馆一线监管、政府
间共同管理"的管理框架。商务部会同有关部门完善了对外投资的管理
制度和统计制度,如境外投资开办企业核准、境外投资综合绩效评价与联
合年检、境外资源开发项目网上备案等制度。建立对外经济合作预警和快
速处理机制,切实保护我国境外经济利益与人员安全。

4. 初步形成了良性互动的工作机制

在党中央、国务院的领导下,我国已形成了商务主管部门和各有关部
门沟通协调、部门与地方密切配合、国内与国外良性互动、政府部门与行
业组织和企业之间紧密联系的工作机制。建立起有关部门共同参与、多种
类型的企业国际化协调机制,如远洋渔业合作管理协调小组、驻外企业部
际协调小组、民营企业"走出去"常设工作机制、推进信息产业"走出
去"工作联系机制、境外中资企业和人员安全协调小组、境外投资管理
工作联系机制、境外劳务纠纷或突发事件应急处理机制、对台渔工劳务合
作管理协调小组等,及时协调解决了"走出去"中的突发和重大事项,
效果良好。

近两年来,在继续完善财税、信贷、外汇、保险等政策措施、支持具
备条件的各种所有制企业对外直接投资方面,又取得了新的进展。2007
年,国务院出台了《关于鼓励和规范企业对外投资合作的意见》,商务部
会同有关方面制定了《关于鼓励支持和引导非公有制企业对外投资合作
的意见》等等,积极稳妥推进境外经贸合作区建设,第一批中标的境外
经贸合作区陆续启动,合作区工作总体进展顺利,部分已在境外形成了一

定的生产规模。第二批合作区项目招（评）标工作正在进行中。

30 年来，我国企业国际化水平有了较大提高，非金融类对外直接投资从 2002 年的 27 亿美元增至 2007 年的 248.4 亿美元，年均增长 55.9%。截至 2007 年年底，我国累计非金融类对外直接投资 1012 亿美元，成为增长最快的新兴对外直接投资国。

（四）我国援外体制改革

中国的对外援助始于 1950 年。中国政府在力所能及的范围内，通过无偿援助、无息贷款和优惠贷款等三种方式向非洲、亚洲、东欧、拉美和南太平洋地区的 160 多个国家提供了援助。

总体来看，我国对外援助的地位、作用，援外支出的规模和布局是与国内外形势变化格局、国内财政经济发展状况和总体对外政策密切相关的。援外的发展历程大体可分为三个重大历史时期：一是 1950—1978 年，援外战略是为了打破西方国家的政治和经济封锁，支持发展中国家的民族独立和经济发展；二是 1979—1990 年，援外政策调整为适当压缩规模和比重，由单一援助转向多种形式互利合作；三是 1991 年至今，援外政策导向转为实施援外方式改革，推行优惠贷款和合资合作，推动援助与互利合作方式的有机结合。

1995 年以来，我国对援外工作进行了全面改革。一是积极推行优惠贷款，由我国政府向受援国提供具有援助性质的贷款，国家用援外经费贴息，以扩大对外援助的规模，提高援外资金的使用效益，推动双方企业的投资合作。二是积极推动援外项目合资合作，以利于政府援外资金与企业资金相结合，扩大资金来源和项目规模，巩固项目成果，提高援助效益。经过 20 多年的调整与改革，我国基本建立了从中央到地方，从国内到国外，从政府到企业、中介组织的援外管理网络；完善了援外管理制度，如项目招投标制度、援外企业资格认证制度、援外企业总承包责任制等；培养了一支作风过硬的管理干部队伍和工程技术队伍。

六、加入世贸组织推动了我国经济
体制改革和制度创新

（一） 从"复关"到加入世贸组织长达 15 年的谈判始终是推动 市场化改革的重要动力

世界贸易组织（WTO），是致力于监督世界贸易和使世界贸易自由化的国际组织，其核心是世界贸易组织协定，基本职能是实施世界贸易组织协定、组织多边贸易谈判，以及解决成员间可能产生的贸易争端和审议各成员的贸易政策。其前身是 1947 年创立的关税与贸易总协定（GATT）。我国是关税与贸易总协定的创始国，由于历史原因，与其中断联系 30 多年。改革开放以来，随着我国对外经济贸易活动日益增多，外经贸工作在国民经济中的作用不断增强，迫切需要一个稳定的国际环境。国内经济体制市场化改革的推进，使我们初步具备了加入多边贸易体制的条件。1983年，国务院做出决定，申请恢复我国关贸总协定缔约国地位。1986 年我国正式申请恢复关税与贸易总协定缔约国地位，并开始了艰苦的谈判历程。1995 年世界贸易组织成立后，"复关"谈判转为加入世界贸易组织的谈判。1999 年 11 月 15 日，中国完成了最艰难的也是最重要的中美加入WTO 谈判；2001 年 5 月 19 日，中欧谈判几经周折后也正式达成双边协议；2001 年 9 月 13 日，中国与最后一个谈判对手墨西哥达成协议，从而完成了加入 WTO 的双边谈判，世界贸易组织中国工作组第 18 次会议通过了我国加入世界贸易组织的全部法律文件。2001 年 11 月 10 日，世界贸易组织在卡塔尔多哈召开的第四届部长级会议上，审议并通过了中国加入世贸组织的决定，11 月 11 日我国政府与世界贸易组织正式签署了中国加入世界贸易组织的法律文件，并向世界贸易组织递交了经全国人大常务委员会审议通过、由国家主席江泽民签署的中国加入世界贸易组织批准书。12

月 11 日我国正式成为世界贸易组织的成员。

中国加入世贸组织的谈判进程是与改革开放密切联系的，改革开放的进程有力地推动了谈判的进展，谈判的不断深入也促进了中国的改革开放进程。15 年的谈判历程，是我国不断向市场经济体制迈进、向国际通行规则靠拢的历程；也是我国进一步扩大对外开放，积极参与经济全球化的历程。从 1992 年以来，随着我国经济结构的不断调整和企业及产品竞争能力的日益提高，我国连续 6 次降低关税；关税总水平从当时的 43% 降到 2000 年年底的 15%。同时，我国还取消了近千种出口商品的配额、许可证，取消了价格的双轨制，实现了人民币汇率并轨和经常项目下的可兑换，逐步放开外贸经营权，增加了外贸政策的透明度。与此同时，谈判还增进了我们对世贸组织基本规则的了解与熟悉，从而不断地改变着我们传统的思想观念，打破了计划经济的管理模式，增强了我们改革开放的紧迫感和主动性，进而把改革开放不断推向深入。

（二）履行世贸组织多边义务，实现了我国经贸体制与多边体制的顺利对接

加入世贸组织对我国经济体制改革的影响，是通过把世贸组织规则转化为我国法律法规来实现的。1999 年年底—2002 年，按照党中央、国务院的统一部署，国务院近 30 个部门共清理各种法律法规和部门规章 2300 多件；通过全国人大及其常委会制定修改的法律 14 部，国务院制定修改行政法规 38 件、废止 12 件，国务院有关部门制定修改及废止部门规章等 1000 多件；各地方共清理 19 万多件地方性法规、地方性政府规章和其他政策措施，并根据要求分别进行修改和废止处理。1999 年年底至 2005 年年底，仅在中央层面就制定、修订、废止了 3000 余件法律、行政法规和部门规章。通过清理、修订和新颁布与国内贸易、外商投资、对外经济合作、知识产权保护相关的法律、法规和规章，以及服务贸易领域的各项法律法规和规章，进一步完善了适应社会主义市场经济需要的统一、透明的涉外经济法律法规体系。这些工作是对我国社会主义市场经济体制的自我

完善。在整个过程中，我们不仅考虑了世贸组织规则的要求，还充分考虑了我国国情和自身发展的需要，主导权始终牢牢掌握在自己手中。

与此同时，我国全面履行开放市场的承诺，大大提高了贸易投资自由化便利化程度；我国还重点推进了对外经济领域的体制改革和政策措施的规范调整，顺利实现了我国对外经贸体制与国际多边体制的接轨。

（三）加入世贸组织使我国进入全方位开放历史新阶段

加入世界贸易组织，是党中央、国务院在经济全球化加速发展的新形势下做出的重大战略决策，是我国新世纪改革开放的新起点，它标志着中国的改革开放从此进入新的阶段：由有限范围和领域的对外开放，转变为全方位的对外开放；由以试点为特征的政策性开放，转变为法律框架下可预见的开放；由单方面为主的自我开放，转变为与世贸组织成员之间的相互开放。这对促进我国经济社会发展具有重大的现实意义和深远的历史意义。

作为世界贸易组织的成员，我国在享有世界贸易组织所有成员提供的最惠国待遇、国民待遇，直接参与多边贸易新规则的制定，获得稳定、透明、可预见的多边贸易机制的保障的同时，积极履行加入 WTO 承诺，社会主义市场经济体制得到进一步完善。

第一，货物贸易市场开放水平显著提高。我国平均关税水平已降低到了 9.9%，其中，工业品平均关税降低到 9%，农产品平均关税降低到 15.3%。我国还按承诺取消了所有的进口非关税措施，包括进口配额、特定招标和许可证；取消实行了 50 年的对外贸易经营审批制，实行了登记备案制。

第二，服务贸易领域开放加速。我国按承诺开放了包括金融、电信、建筑、分销、法律、旅游、交通等在内的众多领域，为中外企业提供了广阔的市场准入机会。在 WTO 分类的 160 多个服务贸易部门中，我国已经开放了 104 个，占 62.5%，接近发达成员 108 个的平均水平。其中，54 个部门允许独资，23 个部门允许设立外资控股合资企业。

第三，市场经济体制不断完善。加入 WTO 以来中国以市场经济规律为基础的法制建设有了突飞猛进的发展。WTO 所倡导的理念和原则在我国逐渐为人们所认知，比如透明度原则、非歧视原则、国民待遇、最惠国待遇原则等等。原来听这些词很陌生，而现在大家已经非常习惯了这些原则，而且正把这些原则作为我们在立法过程中的一些基本原则加以实施。特别是知识产权保护大大加强，制定了《集成电路布图设计保护条例》，修订了《专利法》、《商标法》、《著作权法》、《计算机软件保护条例》等所有与知识产权保护相关的法律法规和司法解释，中国的知识产权保护立法已基本与世贸组织 TRIPs 协议的有关要求及有关国际规则相一致。通过日常监督与专项治理相结合，知识产权保护在行政和司法执法方面明显改善，执法力度得到大大加强。

加入世贸组织 6 年多来，我国信守加入世贸组织所作出的广泛承诺，切切实实开放了市场，认认真真遵守了规则，对贸易体制和政策进行了全面的调整，赢得了国际社会普遍的肯定和赞扬。多数成员充分肯定了我国加入世贸组织的表现，WTO 总干事拉米称"中国的成绩是 A＋"。

（四）加入世贸组织推动了我国其他方面制度创新

WTO 首先是一套规则体系。中国加入 WTO 的首要条件是要保证这套规则在中国得到有效统一的实施，这是我们的国际义务。但是，WTO 规则并不是简单地照搬，规则带来的一些意识和理念也对我国制度创新产生了重要影响。

一是加入世贸组织为国内改革提供了催化剂。加入世界贸易组织有力地促进了我国经济体制改革。将 WTO 规则嫁接到我国的法律、政策体系中，并转化为国内法，加速了我国的法制建设，形成了一股改革的推动力。加入世贸组织以后，新制定《立法法》、《行政许可法》等法律法规，对有关立法透明度、公众参与做了大量规定，使家法律法规、政策的制定更加制度化、规范化和透明化；修订了《对外贸易法》等一系列法律法规，推动形成了既符合国际规则又适合我国国情的市场竞争环境。这 6

年多是行政管理体制改革最快的时期。

二是促进了政府管理职能的转变。转变政府职能，既是适应加入世界贸易组织新形势的迫切需要，也是进一步完善社会主义市场经济体制的重要内容。加入 WTO 后，我们按照社会主义市场经济的要求进一步搞好政府职能定位，实现政企分开，减少了对微观经济活动的直接干预，充分发挥市场配置资源的基础性作用，强化了企业的市场主体地位。按照 WTO 的要求，不断改善宏观调控的方式和手段。政府管理体制和工作方式也有了很大的转变，改革了行政管理审批制度，减少了审批事项，简化审批程序，规范审批行为。以贯彻《行政许可法》为契机，进一步转换政府职能，进一步理顺行政体制，进一步加强行政复议和行政诉讼。1999—2006年，全国各地行政服务机关受理了 53 万件行政复议案，与行政诉讼案差不多相等。这些工作对规范与 WTO 有关的政府行为起到了很大的作用。依法行政工作全面推进。标志性事件就是 2004 年 3 月份国务院发布《全面依法行政实施纲要》。《纲要》体现了 WTO 的要求，随着《纲要》的推进，政府建设对 WTO 规则的实施也起到了制度促进和保障作用。

WTO 规则意识和保证 WTO 规则有效统一实施的要求，与我国《宪法》规定的法制统一原则是一致的。最近 6 年多中国法制建设取得又好又快的发展。这是我国实施依法治国基本方略的内因和 WTO 及其成员对我国实施 WTO 规则给予监督的外因互相作用的结果。中国实施 WTO 规则，不仅符合 WTO 及其成员的利益，更符合中国的自身利益。

中国加入世界贸易组织后，通过全方位开放加快了经济体制改革，实现了与国际通行规则的接轨，掀起了新一轮改革开放的高潮，经济贸易实现跨越式发展，书写了中国改革开放新的历史篇章，这在 WTO 和世界经济历史上都是少有的。中国国内生产总值由 2001 年的 1.3 万亿美元增加到 2007 年的 3.6 万亿美元，翻了 2.7 倍，实际年均增长 10% 以上，占全球的比重由 2001 年的 4.2% 上升到 2007 年的约 6%，6 年上升 1.8 个百分点；世界排名由第 6 位上升至第 4 位。进出口总额由 2001 年的 5096.5 亿美元增加到 2007 年的 2.17 万亿美元，翻了两番多，年均增幅在 23% 以上，占全球的比重由 2001 年的 4.3% 上升到 2007 年的约 8%，世界排名由第 6 位上升至第 3 位。6 年来，累计实际使用外资超过 3318 亿美元，居发展中国家首位，世界第二位，6 年累计实际使用外资占到过去 30 年累计实际使用外资总额的 43%。对外直接投资也在大幅增长，2007 年非金融类对外直接投资超过 248.4 亿美元，是 2000 年的约 25 倍。中国经济对世界经济增长的贡献率超过 10%，对国际贸易增长的贡献率超过 12%。加入 WTO 以来的历程是以开放促改革促发展的生动实践，所取得的伟大成就是党的十七大报告中"只有改革开放才能发展中国"的最好注脚。加入 WTO 的过渡期结束不是中国对外开放的终点，而是对外开放的新起点。

七、创新对外经济体制，迈向更成熟的开放型经济

自从党的十四届三中全会首次提出"发展开放型经济，与国际经济互接互补"之后，我国关于开放型经济的理论思维日益升华，开放型经济逐步成为社会主义市场经济的内在要求。党的十七大关于开放型经济的认识达到新的高度，揭示了新形势下对外开放的战略方向。未来，我们要按照党的十七大精神，全面创新对外经济体制，推动我国迈向更加成熟的开放型经济。

（一）迈向更成熟的开放型经济

党的十七大提出新时期改革的目标是建立充满活力、富有效率、更加开放、有利于科学发展的体制机制，更加开放成为我国社会主义市场经济的必然方向。同时，进一步明确了对外开放的战略方向：拓展对外开放的广度和深度，提高开放型经济水平；建设内外联动、互利共赢、安全高效

的开放型经济体系；形成经济全球化条件下我国参与国际经济合作与竞争的新优势。这实际上就意味着，迈向更加成熟的开放型经济必然成为未来对外开放的目标，也是创新对外经济体制的目标。

从国际经验看，成熟的市场经济都是开放型经济。从我国现实国情看，作为一个生产要素结构相对失衡的国家，现阶段我国劳动力要素相对丰裕且素质较高，在相当长时期里，将是我国最大的比较优势；另一方面，资源能源类要素短缺，随着经济增长，资源瓶颈和生态环境恶化的制约将越来越明显。在经济全球化背景下，要想实现可持续发展，必须充分发挥市场在资源配置中的基础性作用，有效利用国内外两种资源、两个市场，积极参与国际分工，才能实现全球范围内的资源优化配置。因而，迈向更成熟的开放型经济是建设社会主义市场经济的内在要求和必然选择。

此外，加入世贸组织以后，我国经贸体制实现了与多边体制的对接，已经为我国迈向更加成熟的开放型经济奠定了基础。同时，我国正处于由开放大国向开放强国转变的关键时期，必须进一步推进对外经济体制改革、实行更为积极主动的全方位对外开放战略，进入以开放促改革促发展促创新的新时期。

（二）进一步提高贸易投资自由化便利化程度

适应经济全球化新潮流，继续完善对外开放的制度保障。按照市场经济和世贸组织规则的要求，进一步开放市场，积极参与多边和区域经贸合作，积极有序推进贸易投资自由化。确保各类企业在对外经济贸易活动中的自主权和平等地位。完善贸易和投资方面的法律制度，依法管理涉外经济活动，规范贸易投资秩序，改善贸易投资环境，完善促进生产要素跨境流动和优化配置的体制和政策，形成稳定、透明的管理体制和公平、可预见的法制和政策环境。加强行业自律，减少行政干预，提高行政效率和服务意识，提高监管水平，实施电子政务公开化，统筹规划并稳步推进贸易、投资、物流体系便利化。

（三）适应经济全球化潮流全面创新对外经济体制，创造我国参与国际经济合作与竞争的新优势

当前，经济全球化加速推进，新一轮全球生产要素重组和国际产业转移蓬勃发展，服务业跨国转移和外包蓬勃兴起，一些新型经济体成为日益重要的承接地。为了抓住宝贵的历史机遇，改变我国在国际分工中总体处于低端的不利位置，必须全面创新对外经济体制，创造我国参与国际经济合作与竞争的新优势，不断拓展具有竞争优势的新领域、提升在全球价值链、产业链和创新链中的地位，有效防范和规避国际经济风险。同时，我国经济经过近 30 年的高速发展，劳动力、资本、技术等要素禀赋结构发生了变化，也有条件加快这一进程。

未来一段时间内，创造我国参与国际经济合作和竞争新优势的重点主要包括以下几个方面：第一，适应我国劳动力和成本优势相对下降趋势，加强教育和人力资源开发，培植人力资本的综合竞争优势；第二，更好地以开放促进制度创新、科技创新，为建设创新型国家的目标服务，形成创新优势；第三，进一步加快对外经济体制及相关政策的改革与完善，促进国内市场的进一步规范和公平竞争，降低行政成本、提高交易效率，全面优化贸易投资的制度环境，提高我国承接新一轮国际产业转移的竞争力，继续释放开放优势；第四，引导企业实行面向全球市场的核心竞争战略，不断提升整体产业在全球分工中的地位，逐步建立品牌优势，加快实现从"中国制造"向"中国创造"的顺利转型。

（四）拓展对外开放深度与广度，更高程度上实现生产要素双向跨境流动

以我国加入世贸组织过渡期结束、人均收入超过 2000 美元为主要标志，我国开放型经济进入新阶段。这意味着中国与世界经济的联系越来越密切，这要求我们不断拓展对外开放的深度与广度，把"引进来"与"走出去"相结合，在更高程度上实现生产要素双向跨境流动。一方面，

着力提高利用外资质量和水平，创新对外投资和合作方式。引导外资更多地投向高技术产业、现代服务业、高端制造环节、基础设施和生态环境保护，投向中西部地区和东北地区等老工业基地。鼓励外商投资企业技术创新，增强配套能力，延伸产业链，并积极向研究开发、现代流通等领域拓展，充分发挥外溢、集聚和带动效应。注重发挥利用外资在推动自主创新、产业升级、区域协调发展等方面的积极作用。另一方面，创新对外投资和合作方式，加快"走出去"步伐。完善和落实支持企业"走出去"的政策措施，建立和完善境外投资促进和保障体系，加强对境外投资的统筹协调、风险管理和海外国有资产监管。支持企业在研发、生产、销售等方面开展国际化经营，培育国际知名品牌，通过跨国并购、参股、上市、重组联合等方式，发展成具有全球竞争力的跨国公司；鼓励企业按照优势互补、平等互利的原则扩大境外资源和国际能源合作开发；鼓励企业参与境外基础设施建设，提高工程承包水平，稳步发展劳务合作。

30 年改革开放的实践告诉我们，中国的发展进步离不开世界，世界的繁荣稳定也离不开中国。今后中国将坚定不移地奉行互利共赢的开放战略，同世界各国一起分享发展机遇、共同应对风险挑战，维护和完善全球经贸体系，主动承担与我国发展水平和能力相适应的国际责任，推动经济全球化朝着均衡、普惠、共赢方向发展，着力构建和完善充满活力、富有效率、更加开放、有利于科学发展的开放型经济调控体系，使对外开放更好地服务于改革发展稳定大局，为建设中国特色社会主义提供新的动力，为推动构建和谐世界、促进中国与世界的共同发展做出新的贡献。

第十章

行政管理体制改革的
回顾与展望

　　深化行政管理体制改革，是推进政治体制改革的重要内容，是全面深化改革和提高对外开放水平的迫切要求，是建立完善社会主义市场经济体制的重要条件，也是解决目前我国社会发展中诸多深层次矛盾和问题的客观需要。行政管理体制改革具有影响全局，带动各方的关键性作用。党中央、国务院历来十分重视这方面的工作。近30年来，改革开放取得的每一项重大进展，都与推进行政管理体制改革密切相关。从总体上看，我国现行的行政管理体制基本适应经济社会发展的要求，有力保证了改革开放和现代化建设事业的顺利进行。

一、行政管理体制改革的重大决策和理论创新

（一）30年来历次中央全会对行政管理体制改革的重要决策和部署

　　以党的十一届三中全会召开为标志，几十年来我国行政管理体制的改革始终得到党中央高度重视，在党的代表大会和主要文献中，行政管理体

制改革始终作为重要改革环节持续推进。邓小平同志在《党和国家领导制度的改革》一文中深刻指出："我们的各级领导机关，都管了很多不该管、管不好、管不了的事，这些事只要有一定的规章，放在下面，放在企业、事业、社会单位，让他们真正按民主集中制原则自行处理，本来可以很好，但是统统拿到党政领导机关、拿到中央部门来，就很难办。"

党的十三大提出了政治体制改革的任务，把改革政府机构、克服官僚主义作为政治体制改革的一项重要内容，并指出：（1）权力过分集中的现象，不仅表现为行政、经济、文化组织和群众团体的权力过分集中于党委领导机关，还表现为基层的权力过分集中于上级领导机关，克服这一弊端的有效途径是下放权力。（2）必须下决心对政府工作机构自上而下地进行改革，机构改革必须抓住转变职能这个关键，要按照经济体制改革和政企分开的要求，合并裁减专业管理部门和综合部门内部的专业机构。（3）必须加强行政立法，为行政活动提供基本的规范和程序。（4）对干部人事制度进行改革，改革的重点是建立国家公务员制度，在建立国家公务员制度的同时，还要对各类人员实行分类管理。

党的十四大指出要加快政府职能转变，要下决心进行行政管理体制和机构改革，切实做到转变职能、理顺关系、精兵简政、提高效率，并提出：（1）转变政府职能是个上层建筑适应经济基础和促进经济发展的大问题。转变的根本途径是政企分开。凡是国家法令规定属于企业行使的职权，各级政府都不要干预。下放给企业的权利，中央政府部门和地方政府都不得截留。政府的职能，主要是统筹规划、掌握政策、信息引导、组织协调、提供服务和检查监督。（2）进一步改革计划、投资、财政、金融和一些专业部门的管理体制，同时强化审计和经济监督，健全科学的宏观管理体制与方法。合理划分中央与省、自治区、直辖市的经济管理权限，充分发挥中央和地方两个积极性。（3）加快人事劳动制度改革，逐步建立健全符合机关、企业和事业单位不同特点的科学的分类管理体制和有效的激励机制。这方面的改革要同机构改革、工资制度改革相结合。尽快推行国家公务员制度。

党的十五大明确提出推进机构改革。主要内容是：（1）机构庞大，人员臃肿，政企不分，官僚主义严重，直接阻碍改革的深入和经济的发展，影响党和群众的关系，必须通盘考虑，组织专门力量，抓紧制定方案，积极推进。（2）要按照社会主义市场经济的要求，转变政府职能，实现政企分开，把企业生产经营管理的权力切实交给企业；根据精简、统一、效能的原则进行机构改革，建立办事高效、运转协调、行为规范的行政管理体系，提高为人民服务水平；把综合经济部门改组为宏观调控部门，调整和减少专业经济部门，加强执法监管部门，培育和发展社会中介组织。（3）深化行政体制改革，实现国家机构组织、职能、编制、工作程序的法定化，严格控制机构膨胀，坚决裁减冗员；深化人事制度改革，引入竞争激励机制，完善公务员制度，建设一支高素质的专业化国家行政管理干部队伍。

党的十六大提出，深化行政管理体制改革，深化干部人事制度改革，加强对权力的制约和监督，加强和完善宏观调控。主要是：（1）进一步转变政府职能，改进管理方式，推行电子政务，提高行政效率，降低行政成本，形成行为规范、运转协调、公正透明、廉洁高效的行政管理体制。（2）依法规范中央和地方的职能和权限，正确处理中央垂直管理部门和地方政府的关系。按照精简、统一、效能的原则和决策、执行、监督相协调的要求，继续推进政府机构改革。按照政事分开原则，改革事业单位管理体制。（3）努力形成广纳群贤、人尽其才、能上能下、充满活力的用人机制，把优秀人才集聚到党和国家的各项事业中来。以建立健全选拔任用和管理监督机制为重点，以科学化、民主化和制度化为目标，改革和完善干部人事制度，健全公务员制度。（4）建立结构合理、配置科学、程序严密、制约有效的权力运行机制，从决策和执行等环节加强对权力的监督，保证把人民赋予的权力真正用来为人民谋利益。重点加强对领导干部特别是主要领导干部的监督，加强对人财物管理和使用的监督。强化领导班子内部监督。（5）完善政府的经济调节、市场监管、社会管理和公共服务的职能，减少和规范行政审批。

党的十七大报告提出，加快行政管理体制改革，建设服务型政府，进一步完善制约和监督机制，保证人民赋予的权力始终用来为人民谋利益。提出：（1）行政管理体制改革是深化改革的重要环节。要抓紧制定行政管理体制改革总体方案，着力转变职能、理顺关系、优化结构、提高效能，形成权责一致、分工合理、决策科学、执行顺畅、监督有力的行政管理体制。（2）要健全政府职责体系，完善公共服务体系，推行电子政务，强化社会管理和公共服务。加快推进政企分开、政资分开、政事分开、政府与市场中介组织分开，规范行政行为，规范垂直管理部门和地方政府的关系。（3）要加大机构整合力度，探索实行职能有机统一的大部门体制，健全部门间协调配合机制。精简和规范各类议事协调机构及其办事机构，减少行政层次，降低行政成本。（4）要统筹党委、政府和人大、政协机构设置，减少领导职数，严格控制编制。加快推进事业单位分类改革。（5）要坚持用制度管权、管事、管人，建立健全决策权、执行权、监督权既相互制约又相互协调的权力结构和运行机制。健全组织法制和程序规则，完善各类公开办事制度，健全质询、问责、经济责任审计、引咎辞职、罢免等制度。（6）落实党内监督条例，加强民主监督，发挥好舆论监督作用，增强监督合力和实效。

（二）行政管理体制的内涵及国外相关理论与实践

对于行政管理体制，学术界一般从三个角度来认识：（1）从行政管理体制与其他体制的边界出发来认识行政管理体制，认为行政体制是相对于立法体制、司法体制而言，指管理国家行政事务的政府机关的设置、职权的划分与运行等各种制度的总称，是国家政治体制不可分割的重要组成部分。虽然该观点也强调了行政管理体制内部的配置情况，但是从总体上看，它是从行政管理体制与其他体制之间的边界出发来界定行政管理体制，本质上是从外部和否定性的角度来界定行政管理体制。（2）从行政管理体制自身的权力结构出发认识行政管理体制，认为行政体制是政府系统内进行权力、机构设置和运行的一种机制。一般而言，行政管理体制包括行政职能结构、行政权力结构、行政组织结构、行政领导体制和行政运行机制等构成要素。典型的行政权力体制包括集权制和分权制，典型的行政领导体制包括首长负责制和委员会负责制度。这一观点将行政管理体制看做是行政系统内部围绕权力划分而形成的一种关系化和制度化模式，试图描述和揭示行政系统的主要特征。（3）从公共行政的体系出发认识行政管理体制，认为公共行政是否存在体系直接关系这一学科本身的成熟性，关系到这一学科本身是否具有独特的特征。公共行政体系的结构包括三个方面：一是由行政体制、行政组织、行政机构和行政人事资源等要素构成的客观结构系统；二是由行政权力、行政法律、公共政策、行政管理方法等要素构成的主观结构系统；三是由行政意志、行政义务、行政责任、行政人格等要素构成的价值结构系统。

　　目前，对于行政管理体制基本涵义的三种观点开始融合，学者们既关注行政管理体制自身结构，又关注行政管理体制的边界。前者是从内部角度出发研究行政管理体制，后者是从外部角度出发研究行政管理体制，这两者相辅相成。同时，人们对于行政管理体制改革的认识也越来越深入，即不仅强调政府自身的建设和改革，而且也强调政府规模和权力范围的调整，政府与社会、市场和公民个人的关系调整。行政管理体制改革从最初的机构改革，开始转向政府职能转变，最后转向依法行政，公务员自身素质和修养的提高等方面。

　　行政管理体制改革是一个中国化的概念，在西方国家，一般都称之为行政改革或政府改革，较少使用行政管理体制改革。不过，对于同一现象的描述采取不同的称谓，并不妨碍我们借鉴西方国家有关行政改革或政府改革的基本理论。对国外行政改革实践产生较大影响的主要理论有：

1. 公共选择理论

　　公共选择理论主要从经济学的角度来分析政府的管理活动，强调个人自由和市场作用，打破政府垄断，建立公私机构之间的竞争机制，从而使公众获得自由选择的机会，并认为这是解决政府困境的根本出路。该理论的政策选择包括：一是增加服务主体，让私人企业、非赢利公共组织等，与政府机构一道来参与公共产品的生产与提供；二是创造市场机制和形成竞争格局，用公私组织之间和公共组织之间的竞争服务来为公众提供"用脚投票"的机会；三是破除垄断，允许不同组织之间在职能和管辖范围上重叠交叉。

2. 新公共管理理论

经济合作与发展组织关于发达国家政府改革的研究报告，对新公共管理的主要内涵做了总结归纳。其主要主张有：一是政府服务应以社会和公众的需求为导向；二是更加重视政府的产出、结果、效率和质量；三是主张放松行政规制，实行绩效目标管理，强调对绩效目标完成情况的测量和评估；四是政府应广泛采用企业中成本—效益分析、全面质量管理、目标管理等管理方式；五是取消公共服务供给的垄断，对某些国营部门实行民营化，让更多的私营部门参与公共服务的供给；六是重视人力资源管理，提高人事管理的灵活性等。新公共管理理论是当代国外行政改革的主要理论基础，影响很大。

3. 企业型政府理论

这一理论的领军人物、美国学者戴维·奥斯本和特德·盖布勒在他们合著的《改革政府》一书中提出了以企业家精神改革政府的基本原则，并认为新的政府治理模式终将会代替传统的官僚主义模式。所谓企业型政府，并不是要把政府作为企业来运作，因为二者毕竟存在很大的差别，而是指用企业家在经营中所追求的讲效率、重质量、善待消费者和力求完美服务的精神，以及企业中广泛运用的科学管理方法，改革和创新政府管理方式，使政府更有效率和活力，并成为 90 年代一些西方国家，特别是美国政府改革的主导理论。

4. 治理理论

治理意味着管理主体的变化，政府不再是国家唯一的权力中心，各种公共和私人机构也可成为一定层面上的权力中心。公共产品的供应可以由私人部门和第三部门承担，与政府部门相互依赖，互通资源，分担政府的责任。治理的目的是达到善治，实现管理者与被管理者的协调与合作。该理论的核心观点是主张通过合作、协商、伙伴关系，确定共同的目标等途径，实现对公共事务的管理。

在上述理论指导下，发达国家先后展开了一轮接一轮规模较大、形式各异的行政改革，其主要做法和动向体现在以下几个方面：

一是政府职能的市场化。在政府职能定位上，根据市场经济的要求确立政府的职能，其目标是将原来由政府承担的部分社会职能和经济职能推向社会，推向市场，从而减轻政府负担，缩小政府规模，精简政府人员。政府职能市场化的途径主要有：（1）压缩社会福利项目，如以劳动换福利，提高领取福利者的资格限制，以市场化的安排来代替政府的安排。（2）放松对企业进出口及价格的管制。在这方面，美国政府的做法最具代表性，市场定价代替了政府定价。（3）推行国有企业民营化改革。

二是公共服务的社会化。当代发达国家行政改革主要趋势之一表现为政府在公共服务领域引入市场机制，充分利用市场和社会的力量，推行公共服务的社会化。主要做法是：（1）合同出租。即政府通过投标者的竞争和履约行为，将原先垄断的公共产品的生产权和提供权向私营公司、非赢利组织等机构转让。（2）以私补公。即政府通过制定优惠政策，吸引和鼓励私人资本投入到政府包揽的社会保险、退休保障、中小学教育、医疗服务等公共事业领域，以弥补政府财力及服务能力的不足。如美国通过发放"教育券"让求学者自主择校，英国通过发放"医疗券"让患者自主择医。（3）授权社区。即政府以授权的方式鼓励各社区建立老人院、收容院、残疾人服务中心等公益事业。

三是行政权力的分散化。与上述政府职能和公共服务相关联，发达国家在推进行政改革的过程中，大都致力于缩小政府行政范围，分散政府行政权力。（1）从中央与地方之间的分权来看，体现为中央政府将若干权力如项目管理权、法规制定权等下放给地方政府，使地方政府较之以前拥有更大的权力。（2）从政府内部层级之间的分权来看，主要体现为压平层级，授权一线。英国的方案是把原政府内的中下层组织转变为执行机构，实现决策权能与执行权能的分离。做法是执行机构与政府签订责任书，明确本机构的责任范围、工作目标及考核标准。执行机构首长在其职责范围内享有充分的人事、财政自主权。

四是政府管理的电子化。政府管理电子化的核心是电子政务。这是随着信息技术在世界范围内的迅猛发展，特别是互联网技术的普及应用，在政府管理领域出现的崭新事务。它首先于 20 世纪 90 年代在美国政府里面发展起来，此后，以顾客为导向的电子政府迅速发展起来，几乎进入了各国政府的管理之中，使政府管理进入了一个新阶段。

五是政府管理企业化。参照企业管理，以企业家精神改革政府成为西方国家特别是美国行政改革的又一主要动向。1993 年克林顿上台后，即以企业型政府理论为指导发动了一场历时 8 年的政府重塑运动，目标是使政府变得工作更好、花钱更少、更加进取和勤政。主要措施包括：倡导顾客至上理念，制定顾客服务标准；删除规章制度；下放权力给基层和一线人员；推动绩效评估；将企业广泛使用的质量管理、目标管理、项目成本预算等管理模式引入政府管理等。通过 8 年改革，裁减了 42 万多人员，清除了 64 万页规章制度，节约财政开支 1360 亿美元，政府公共服务项目获得了公众的肯定。英国在撒切尔执政时期也曾有计划地安排所有高中级行政官员到私营企业中去工作或学习。

（三）我国行政管理体制改革的理论创新

30 年来，我国学术界和各级政府围绕如何加快行政管理体制改革进行了深入、系统的理论与实践探索，围绕几大热点问题形成了一些新的理论成果。[①]

1. 关于行政管理体制改革的目标模式及政府机构改革

（1）认为建立社会主义公共行政体制是我国行政管理体制改革的目标。"行政管理体制"主要是在计划经济条件下形成的表示政府的控制、

---

① 参见李军鹏：《深化行政管理体制改革若干重要问题解析》，中央党史出版社 2008 年版，第 23—27 页。

管理、计划特征的概念，这一概念只揭示了政府管理的"管理属性"，而没有揭示政府管理的公共属性。公共行政体制是与市场经济体制相对应的、关于行政体制本质描述的概念。"公共行政体制"概念比传统的"行政管理体制"概念更准确地概括了市场经济条件下行政体制的基本特征。

（2）认为社会主义市场经济体制对政府职能定位提出了根本要求，即市场经济条件下政府的公共性、服务性、公正性与有限性。以往历次政府机构改革，我国较为注重政府与市场边界的划分，但却相对忽视了政府职能在机构间的配置，造成了政府部门设置过细、综合协调困难、管理成本过高等问题，实际上阻碍了政府职能转变。深化政府机构改革，要遵循政府职能与机构配套改革的原则，注重政府职能在政府间与政府部门间的二次配置，将政府的经济调节、市场监管、社会管理和公共服务职能合理、科学地配置到政府部门。要按照职能统一与机构统一的原则，加快推进政府事务综合管理，加大机构整合力度，推行"宽职能、少机构"的大部门体制。重点研究卫生、社会保障、市场监管、电信监管等领域的专业管理体制，研究相应职能在政府部门间配置的科学方式。

（3）认为建立科学的政府运行机制是实现政府管理科学化的前提。行政运行机制包括决策、执行、监督制约、绩效考核等方面。完善行政决策机制，关键是依法规定和合理划分各类行政决策主体的决策权限，用严格规范的决策程序和决策责任制度来形成具有约束力的科学民主决策机制。完善行政执行机制，关键是要解决决策职能与执行职能适度分离的问题，借鉴国外决策与执行分开的经验，解决长期以来决策与执行不分、监督不力的问题。健全行政监督制约机制的重点是加强各种监督机制之间的相互分工与制约、耦合与协调，形成人大监督、政协监督、政党监督、行政系统内部监督、专门机构监督、新闻舆论监督、人民群众监督相结合的监督体系。绩效考核的重点是科学确定政府、政府部门、行政项目的绩效考核指标体系，建立绩效评估与绩效报告、绩效公开制度。

2. 关于服务型政府建设及完善公共服务体系

（1）学术界对服务型政府的本质与主要内容、服务型政府建设与投资环境改善之间的关系进行了深入的探讨。服务型政府是从政府的本质属性方面对政府所下的定义，政府只有通过提供充足优质的公共服务，才能证明自己存在的价值与合法性。服务型政府主要包括两个方面的内容：从政府职能方面来讲，社会性公共服务是政府职能的主体部分；从政府管理方式来讲，政府是为市场、社会和公民提供公共服务的，应该将服务融入管理之中，要提高为民服务的效率与速度。

（2）在完善的市场经济条件下，政府要均衡、有效地全面履行经济调节、市场监管、社会管理和公共服务职能。在政府的这四种职能中，都有薄弱环节，都需要重点加强。经济调节职能的重点是促进经济又好又快发展，通过政府职能转变促进经济发展方式的根本转变。市场监管职能的重点是打破各种形式的市场垄断与行政垄断，加强对企业的社会规制与经济规制，确保产品质量与安全。社会管理职能的重点是加大社会矛盾纠纷排查调处的力度，完善社会利益协调机制。公共服务职能的重点是加大政府对公共服务领域的投入，切实履行公共服务提供的主要责任。

（3）学术界对公共服务与经济增长的关系、中国公共服务模式、公共服务标准与公共服务资源配置等问题进行了深入的探索，认为，要深刻认识公共服务促进经济社会发展的规律，及公共服务对于经济持续增长和社会发展的重要作用。完善公共服务体系，要根据中国的国情与财政状况，做到可持续发展。中国特色公共服务模式主要是："社会性公共服务支出为主"的公共服务支出模式、"覆盖广泛、水平适度、可持续发展、兼顾公平与效率"的公共服务消费模式、"科教优先"的公共服务增长模式、"多元化、社会化、多中心治理"的公共服务供给模式。当前，重点是要制定基本的公共服务标准，合理配置公共服务资源，逐步实现地区间基本公共服务均等化；提高公共服务的可及性和公平性，公共服务重点向农村、中西部、基层、社会弱势群体和公共服务薄弱领域倾斜。

3. 关于法治政府和责任政府建设

（1）从长远来看，要建立立法机关、司法机关对政府依法行政的权力制约机制。要建立司法审查制度，通过司法审查控制违法行政行为。为维护宪法的权威性，也要相应完善宪法诉讼机制和违宪审查制度。当前重点是全面推进依法行政，规范政府立法行为，完善行政执行体制、机制与制度。特别要加快完善社会管理与公共服务方面的立法，做好应对各种突发事件、保障农民权益、促进就业和完善社会保障，以及科技、教育、文化、卫生等社会事业发展方面的立法。

（2）责任政府与各国的政体紧密相关，政体决定责任政府的具体形式。社会主义民主政治是民主政治的高级形态，其本质是人民的统治，必然要求建立责任政府体制。中国责任政府是"真正的负责制"与"人民管理制"，它建立在人民代表大会制度的基础之上，行政机关对权力机关的政治责任比责任内阁制下的政府责任更为严格。我国责任政府体制包括两个组成部分：一是政治问责制。在我国，国家行政机关要对国家权力机关负责，国家行政机关首长要对自己机关的全面工作向国家权力机关负政治责任。如果国家权力机关对行政机关的政策、工作不满意，可以采取质询、罢免等各种责任方式追究行政机关首长的责任。二是行政问责制。我国一切国家机关都实行工作责任制，国家行政机关实行行政首长负责制。这就决定了行政首长要对整个行政机关的工作负全面责任，因而，行政首长具有对政府组成部门及其首长、下级行政机关及其首长、公务员的行政问责权力。目前，我国海南省、长沙市、重庆市、深圳市等地实行的行政问责制，主要是行政首长问责制。随着我国民主政治制度的不断完善，要逐步实施政治问责制。

4. 关于中央与地方的权责划分

（1）中央与地方各级政府的"职责同构"与"上下一般粗"的问题，是我国政府管理中的一个老大难问题。全面履行政府职能，迫切需要在中央与地方各级政府之间科学划分财税、金融、投资、社会保障、义务教育、市场监管等政府职责。要在明确划分中央与地方各级政府职责权限的基础上，逐步实现中央与地方关系的法治化。

（2）中央政府职能重点是制定国家发展战略、发展规划和经济社会政策，统筹全国经济社会协调发展和城乡、区域协调发展；改进和完善宏观调控，维护全国市场统一，并组织实施金融、铁道、民航、通信、海关等特定领域的市场监管；管理全国性和跨省际的社会事务；制定公共服务的基本标准，履行应由中央政府承担的公共服务财政保障责任。

（3）省级政府职能重点是统筹本地区域、城乡发展，促进社会就业，保护自然资源；指导和监督检查本地区市场监管工作；管理和协调本地区重要社会事务；负责本地区教育、科技、文化、卫生、社会保障等公共服务的统筹、协调和指导，并对基本公共服务提供必要的财政保障。市、县政府的职能重点是贯彻执行国家政策和上级政府的政策措施，促进本地经济社会发展；根据国家规定履行相应的市场执法职责；努力扩大就业，解决好低收入群众的生产生活问题，维护本地公共安全、生产安全和社会治安；负责本地基础设施和城乡居民公用生活设施建设和维护，保护生态环境，为城乡居民提供教育、科技、文化、卫生、社会保障等方面的服务，努力搞好基本公共服务。乡镇政府重点是为"三农"提供服务，管理乡镇公共事务，促进乡镇经济发展，维护基层稳定。

二、30 年行政管理体制改革取得的重要进展

（一）改革开放以来的 6 次机构改革

回顾改革开放以来的政府机构改革历程，有助于我们更好地把握党的十七大之后的中国行政管理体制改革。

1. 1982 年和 1988 年改革：计划经济框架内的行政管理体制改革

1982 年的政府机构改革，主要是为了提高政府工作效率，实现干部年轻化，其历史性进步可用三句话来概括：一是开始废除领导干部职务终身制；二是精简了各级领导班子；三是加快了干部队伍年轻化建设步伐。第一次改革之后，国务院各部委正副职是一正二副或者一正四副，部委的领导班子成员的平均年龄从 64 岁减到 60 岁，局级干部的平均年龄从 58

岁降到 50 岁。本次改革没有触动高度集中的计划经济管理体制，政府职能没有转变。

1988 年的政府机构改革是在推动政治体制改革、深化经济体制改革的大背景下出现的，其历史性的贡献是首次提出了"转变政府职能是机构改革的关键"这一命题。国务院在调整和减少工业专业经济管理部门方面取得了进展，如：撤销国家计委和国家经委，组建新的国家计委；撤销煤炭工业部、石油工业部、核工业部，组建能源部；撤销国家机械工业委员会和电子工业部，成立机械电子工业部；撤销劳动人事部，建立国家人事部，组建劳动部；撤销国家物资局，组建物资部；撤销城乡建设环境保护部，组建建设部；撤销航空工业部、航天工业部，组建航空航天工业部；撤销水利电力部，组建水利部；撤销隶属于原国家经委的国家计量局和国家标准局以及原国家经委质量局，设立国家技术监督局。

2. 1993 年与 1998 年改革：面向市场经济转型期的行政管理体制改革

首次将建立社会主义市场经济体制作为我国经济经济体制改革目标后，1993 年我国进行了第三次政府机构改革。其历史性的贡献在于，首次提出政府机构改革的目的是适应建设社会主义市场经济体制的需要。建立社会主义市场经济体制的一个重要改革任务就是要减少、压缩甚至撤销工业专业经济部门，但从 1993 年机构设置来看，这类部门合并、撤销的少，保留、增加的多。如机械电子部合并本来是 1988 年改革的一个阶段性成果，1993 年改革时又被拆成两个部——机械部和电子部；能源部本来是在 1988 年撤销了三个专业经济部门的基础上建立的，1993 年改革又撤销能源部，设立了电力部和煤炭部。1993 年改革的一个重大举措是，实行了中纪委机关和监察部合署办公，进一步理顺了纪检检查与行政监察的关系。

1998 年中央人民政府实施了 2008 年之前涉及面最广、改革力度最大的一次政府机构改革。1998 年改革的目的与目标高度协调。"推进社会主义市场经济发展"是目的，"尽快结束专业经济部门直接管理企业的体制"是目标。1998 年改革的历史性进步是，政府职能转变有了重大进展，其突出体现是撤销了几乎所有的工业专业经济部门（共 10 个）：电力工业部、煤炭工业部、冶金工业部、机械工业部、电子工业部、化学工业部、地质矿产部、林业部、中国轻工业总会、中国纺织总会。这样，政企不分的组织基础在很大程度上得以消除。

3．2003 年改革：市场经济体制基础上行政管理体制改革的开始

2003 年的政府机构改革，是在加入世贸组织的大背景之下进行的。改革的目的是，进一步转变政府职能，改进管理方式，推进电子政务，提高行政效率，降低行政成本。改革目标是，逐步形成行为规范、运转协调、公正透明、廉洁高效的行政管理体制。改革的重点是，深化国有资产管理体制改革，完善宏观调控体系，健全金融监管体制，继续推进流通体制改革，加强食品安全和安全生产监管体制建设。这次改革重大的历史进步在于，抓住当时社会经济发展阶段的突出问题，进一步转变政府职能。比如：建立国资委，深化国有资产管理体制改革；建立银监会，建立监管体制；组建商务部，推进流通体制改革；组建国家食品药品监督管理局，调整国家安全生产监督管理局为国家直属机构，加强食品药品安全与安全生产监管。

4．2008 年改革：市场经济体制基础上行政管理体制改革的深化

党的十七大对行政管理体制改革做出了重要部署，党的十七届二中全会专门通过了《关于深化行政管理体制改革的意见》和《国务院机构改革方案（草案）》，十一届全国人大一次会议批准了《国务院机构改革方案》。《关于深化行政管理体制改革的意见》描绘了新一轮改革的蓝图：按照精简统一效能的原则和决策权、执行权、监督权既相互制约又相互协调的要求，紧紧围绕职能转变和理顺职责关系，进一步优化政府组织结构，规范机构设置，探索实行职能有机统一的大部门体制，完善行政运行机制。根据《国务院机构改革方案》，本次国务院改革涉及调整变动的机构共 15 个，正部级机构减少 4 个。国务院新组建工业和信息化部、交通运输部、人力资源和社会保障部、环境保护部、住房和城乡建设部。改革后，除国务院办公厅外，国务院组成部门设置 27 个。今后 5 年，将加快

政府职能转变，深化政府机构改革，加强依法行政和制度建设，为实现深化行政管理体制改革的总体目标打下坚实基础。

（二）行政管理体制改革取得的进展

党中央、国务院历来高度重视行政管理体制改革。改革开放特别是党的十六大以来，不断推进行政管理体制改革，加强政府自身建设，取得了明显成效。经过多年努力，政府职能转变迈出重要步伐，市场配置资源的基础性作用显著增强，社会管理和公共服务得到加强；政府组织机构逐步优化，公务员队伍结构明显改善；科学民主决策水平不断提高，依法行政稳步推进，行政监督进一步强化；廉政建设和反腐败工作深入开展。

1. 注重全面履行政府职能，着力加强社会管理和公共服务

在有效履行经济调节和市场监管职能的同时，更加重视社会管理和公共服务职能。主要表现为：进一步加强和改善宏观调控，强化土地和信贷管理，强化节能减排和能源安全；加强金融监管、安全生产、食品安全和土地监察，深入整顿规范市场秩序，积极推进综合执法；着力加强社会管理，初步建立了社会利益协调机制、社会矛盾疏导调处机制、应对突发公共事件管理机制，特别是国务院先后审议通过了《国家突发公共事件总体应急预案》和应对自然灾害、事故灾难、公共卫生和社会安全等方面一百多个专项和部门应急预案；调整财政支出结构，强化公共服务职能，使义务教育、公共卫生和社会保障体系建设迈出了重要步伐。

2. 调整政府机构设置，进一步优化政府组织机构

2003 年，根据完善社会主义市场经济体制和转变政府职能的要求，对政府机构进行了必要的调整，进一步理顺了部门之间的职责分工。这次机构调整的重点是，进一步完善宏观调控体制、金融监管体制和国有资产管理体制，统一内外贸管理体制，健全食品安全和安全生产监管体制。经过改革，除国务院办公厅外，国务院组成部门设置变为 28 个。2008 年，实行大部制改革。改革的重点是合理配置宏观调控部门职能，集中精力抓好宏观调控，建立健全协调机制，形成更加完善的宏观调控体系。改革

后，除国务院办公厅外，国务院组成部门设置 27 个。国务院的这轮机构改革是在以往改革基础上的继续和深化。

3. 贯彻实施行政许可法，深化行政审批制度改革

几年来，各级政府认真贯彻实施行政许可法，行政审批制度改革取得重要进展。国务院部门和各级政府分批取消和调整了一半以上的行政审批项目；另有一些行政审批项目移交行业组织或中介机构管理。此外，财政管理、政府投资管理、金融监管和国有资产监管体制等方面的改革稳步推进。投资项目核准和备案的体制框架基本建立。经营性土地使用权出让全面实行"招拍挂"制度。工程建设项目招标投标和产权交易制度、政府采购制度逐步健全。

4. 全面推进依法行政，加快法治政府建设

2004 年 3 月，国务院颁布实施了《全面推进依法行政实施纲要》，提出建设法制政府的目标和要求。近年来，行政立法步伐明显加快，规范政府行为的法律法规体系逐步健全。同时，各级政府认真实施行政许可法、公务员法等法律，改革行政执法体制，完善行政执法程序，积极推行行政处罚相对集中和综合执法试点，行政执法行为得到进一步规范。行政复议工作不断强化，依法化解行政纠纷的功能进一步发挥；法规规章的备案审查工作得到加强。政府机关工作人员特别是领导干部依法行政意识增强，依法行政的能力和水平不断提高。

5. 坚持科学民主决策，不断提高行政决策质量

2003 年 3 月国务院全体会议修订通过、此后又两次修订的《国务院工作规则》，明确提出实行科学民主决策、推进依法行政、加强行政监督，并以此作为政府工作的三项基本准则。几年来，国务院高度重视决策的科学化、民主化，建立健全群众参与、专家咨询和政府决策相结合的决策机制，不断完善重大决策的规则和程序，包括重大问题集体决策、社会公示和听证、决策责任追究等制度等。比如，对事关经济社会发展全局的重大战略问题和人民群众切身利益的事项，都要认真组织专家学者研究、咨询论证和广泛听取社会各方面的意见，有效保证了决策的正确性。

6. 创新政府管理方式，加强行政监督

按照建设服务政府的要求，不断创新政府管理方式和服务方式，努力提高行政效能，增强政府工作的透明度和人民群众的参与度。一是全面推进政务公开。全国地市级以下政府政务公开已普遍推开，公共部门和单位办事公开正在形成制度。中央国家机关部门和单位、各省（自治区、直辖市）着手编制政务公开目录。各地区各部门普遍建立了政务大厅、行政服务中心、行政投诉中心等机构，方便群众办事和监督。二是大力加强电子政务建设。中央政府门户网站于 2006 年 1 月正式开通运行。全国政府网站体系基本形成，大多数政府网还开设了公共服务栏目，实行网上办事。三是普遍建立政府新闻发布和发言人制度。与此同时，加强行政监督，推行行政问责制度，自觉把权力运行置于人民群众的监督之下。一是加大了监察、审计等专门监督和新闻舆论监督、社会监督，特别是强化了财政资金审计。二是大力推行行政问责制。中央加大了对失职渎职案件的查处力度，严肃追究重特大安全生产事故、重大食品药品安全事故、重大环境污染事件等的领导责任；加大了对落实党中央、国务院重大决策情况监督检查工作的力度，严肃查处了一批违反中央宏观调控政策、对中央重要决策执行不力的问题。三是各地区各部门广泛开展民主评议政风、行风活动，促进了政府部门及其工作人员廉洁勤政。

7. 加强廉政建设，深入开展反腐败斗争

近年来，中央加大了反腐倡廉力度。重点做了以下工作：（1）认真开展治理商业贿赂专项工作。以治理工程建设、土地出让、产权交易、医药购销、政府采购以及资源开发和经销等领域的商业贿赂为重点，开展了自查自纠工作，查处了一批涉及政府机关及其工作人员的大案要案，清除了一批腐败分子。（2）着力解决损害群众利益的突出问题。各级政府加大教育乱收费和农村乱收费的治理力度，查处制售假药和医药购销、医疗服务中的不正之风，开展整治违法排污企业等专项行动。努力解决在土地征用、房屋拆迁、企业重组改制、安全生产等方面损害群众利益的问题，以及拖欠工程款和农民工工资等突出问题。（3）坚决查处大案要案。几

年来，查处了一批严重失职渎职和以权谋私的重大案件，严厉打击了各种腐败行为。（4）抓好防治腐败的改革和制度建设。坚持用改革的办法解决导致腐败现象的深层次问题，加强制度建设，加快职能转变，推进管理创新，强化从源头上预防和治理腐败。

三、行政管理体制改革取得的经验与存在的不足

改革开放 30 年以来的历次行政管理体制改革实践，积累了一些宝贵的经验，值得予以肯定：（1）中国的行政管理体制改革必须坚持正确的指导思想。即要高举中国特色社会主义伟大旗帜，以邓小平理论和"三个代表"重要思想为指导，深入贯彻落实科学发展观，努力建设服务政府、责任政府、法治政府和廉洁政府的要求。（2）中国的行政管理体制改革要体现中国特色。这就是要从中国实际情况出发，既要吸纳国外行政改革的经验，又不能照搬西方政治制度模式，要把解放思想与实事求是结合起来，形成具有中国特色的行政体制和管理方式。（3）中国的行政管理体制改革要坚持以适应社会主义市场经济体制为改革目标，把转变政府职能作为机构改革的关键；坚持精简、统一、效能的原则，把精兵简政和优化政府组织结构作为机构改革的重要任务；坚持机构改革与干部人事制度改革相结合，优化干部队伍结构。（4）中国的行政管理体制改革必须着眼于促进民主政治建设，把行政管理体制改革同健全法制和依法治国的方略结合起来，彼此促进。（5）中国的行政管理体制改革要加强领导，上下联动。行政管理体制改革涉及方方面面，必须坚持统一领导，分级负责，分步实施，从实际出发，因地制宜地进行改革。（6）中国的行政管理体制改革要服从和服务于国家发展和稳定的大局。在行政管理体制改革中，要正确处理改革、发展、稳定的关系，按照构建社会主义和谐社会的要求，把改革的力度、发展的速度和社会承受的程度有机地结合起来，积

极而稳妥地予以推进。①

　　当前，我国正处于全面建设小康社会新的历史起点，改革开放进入关键时期。面对新形势新任务，现行行政管理体制仍然存在一些不相适应的方面，主要表现为：（1）政府职能转变还不到位。政府管理的越位、缺位和错位的现象依然存在。政府仍然管了一些不该管、管不好、管不了的事，对微观经济运行干预过多，行政许可事项仍然较多，存在宏观管理"微观化"和"以批代管"等问题。而有些应该由政府管的事却没有管到位，市场监管体制还不够完善，社会管理体系不够健全，特别是社会管理和公共服务仍比较薄弱。（2）部门职责交叉、权责脱节和效率不高的问题仍比较突出。政府职能分工过细，行政程序和行政行为不规范，依法行政、依法办事的能力和水平还不高。（3）政府机构设置不尽合理，行政运行和管理制度不够健全。政府组织机构及其权力、职责的配置还不尽科学，职能交叉没有得到根本解决，条块关系没有理顺，政府管理方式和管理手段比较落后，行政透明度与行政效率不高，形式主义和文山会海现象还比较严重。（4）对行政权力的监督制约机制还不完善，滥用职权、以权谋私、贪污腐败等现象仍然存在。一些地方、部门和少数工作人员还存在官僚主义、形式主义，失职渎职，甚至滥用权力、贪污腐败。这些问题直接影响政府全面正确履行职能，在一定程度上制约经济社会发展。

四、深入开展行政管理体制改革的重大意义

　　行政管理体制改革是政治体制改革的重要内容，是上层建筑适应经济基础客观规律的必然要求，贯穿我国改革开放和社会主义现代化建设的全

---

① 参见唐铁汉：《行政管理体制改革的前沿问题》，国家行政学院出版社 2008 年版，第 72—73 页。

过程。必须通过深化改革，进一步消除体制性障碍，切实解决经济社会发展中的突出矛盾和问题，推动科学发展，促进社会和谐，更好地维护人民群众的利益。我国正处于加快发展的关键时期，改革攻坚任务艰巨，对外开放面临新形势。深化行政管理体制改革，具有十分重要的意义。

（一）深化行政管理体制改革，是实现科学发展和建设和谐社会的迫切需要

长期以来，我国经济社会发展中存在的一些深层次矛盾和问题，如经济结构调整和增长方式转变缓慢，资源环境压力加大，城乡、区域、经济社会发展不平衡，收入差距持续扩大等，直接影响了经济的全面协调可持续发展和社会的和谐进步。这些问题之所以久治不愈，根本原因在于体制机制不完善，特别是行政管理体制不顺。只有深化行政管理体制改革，才能更好地落实科学发展观，促进经济社会全面协调可持续发展；才能更好地落实以人为本的执政理念，促进社会主义和谐社会建设。

（二）深化行政管理体制改革，是完善社会主义市场经济体制的必然要求

政府作为经济社会管理者所处的特殊位置，决定了其在体制改革中的主导地位和行政管理体制对整个经济体制的制约作用。这些年来，随着改革不断向纵深推进，行政管理体制改革的相对滞后对其他改革的牵制作用越来越大。政企不分、政资不分的问题不解决，规范的现代企业制度就不可能完全建立；行政性垄断、地区性封锁不打破，统一、开放、竞争、有序的现代化市场体系就不可能最终形成；不理顺庞杂、错位的政府职能，不弱化行政手段在经济管理中的作用，就不可能建立起灵敏有效的宏观调控体系。要建立完善的社会主义市场经济体制，必须加速推进行政管理体制改革。

（三）深化行政管理体制改革，是全面提高对外开放水平的有力保障

对外开放的广度、深度、质量与水平都与政府管理体制状况密切相关。当前，我国对外开放面临着新的形势。一方面，经济全球化进程加快，国际经济联系更加密切，世界科技迅猛发展，为我们有效利用国外市场和国际资源提供了更好的机遇；另一方面，全方位、宽领域、多层次的对外开放格局已基本形成，提高对外开放水平，切实维护国家经济安全，成为我们面临的重要课题。对外开放带来的挑战，首当其冲的是对政府管理能力和管理规则的挑战。抓住机遇，化解风险，迫切要求深化行政管理体制改革。

（四）深化行政管理体制改革，是推进政治体制改革、发展社会主义民主政治的重要环节

行政机关是国家政权体系的基本组成部分，在党和国家各类机构中最庞大、最复杂，其组织和运转牵涉到国家经济、政治、文化和社会生活的方方面面。要发展社会主义民主政治，创造民主团结、生动活泼、安定和谐的政治局面，必须深化行政管理体制改革。

五、到 2020 年我国行政管理体制改革的指导思想、基本原则和总体目标

为深入贯彻落实党的十七大精神，进一步深化行政管理体制和政府机构改革，党的十七届二中全会通过了《关于深化行政管理体制改革的意见》，对我国当前和今后一段时期深化行政管理体制改革做出了统一部署。《关于深化行政管理体制改革的意见》，明确了改革的指导思想、基

本原则和总体目标，确定了改革的重点任务，强调了改革的组织实施保证，是我们党全面和系统规划未来较长一段时期我国行政管理体制改革蓝图的纲领性文件，对不断完善中国特色社会主义行政管理体制具有重大和长远的指导意义。

（一）深化行政管理体制改革的指导思想

30 年来的改革实践证明，行政管理体制改革必须要以正确的思想为指导。到 2020 年建立起比较完善的中国特色社会主义行政管理体制。深化行政管理体制改革，要继续高举中国特色社会主义伟大旗帜，以邓小平理论和"三个代表"重要思想为指导，深入贯彻落实科学发展观，按照建设服务政府、责任政府、法治政府和廉洁政府的要求，着力转变职能、理顺关系、优化结构、提高效能，做到权责一致、分工合理、决策科学、执行顺畅、监督有力，为全面建设小康社会提供体制保障。

（二）深化行政管理体制改革的基本原则

1. 必须坚持以人为本、执政为民，把维护人民群众的根本利益作为改革的出发点和落脚点。深化行政管理体制改革，要坚持以人为本，做好关系人民群众利益的各项工作，把最广大人民群众的根本利益作为制定政策、开展工作的出发点和落脚点，实现好、维护好、发展好最广大人民群众的根本利益。

2. 必须坚持与完善社会主义市场经济体制相适应，与建设社会主义民主政治和法治国家相协调。行政管理体制改革必须适应经济基础的发展要求，整体推进，配套进行。同时，行政管理体制改革必须与政治体制改革、经济体制改革、干部人事制度改革和其他各项改革相衔接，相辅相成，互相促进。行政管理体制改革必须着眼于促进民主政治建设，与发展民主、健全法制、贯彻依法治国的方略紧密结合起来。

3. 必须坚持解放思想、实事求是、与时俱进，正确处理继承与创新、立足国情与借鉴国外经验的关系。在行政管理体制改革中，要认真总结我国以往改革的经验和教训，在继承的基础上创新。同时借鉴国外在公共管理方面的有益经验，形成具有中国特色的行政体制模式。

4. 必须坚持发挥中央和地方两个积极性，在中央的统一领导下，鼓励地方结合实际改革创新。深化行政管理体制改革，涉及职责和权限的调整，关系改革发展稳定的大局，必须加强领导，认真规划，分级负责，分步实施。既要保证中央政府对改革的统一领导，又要鼓励地方政府因地制宜，大胆创新。

5. 必须坚持积极稳妥、循序渐进，做到长远目标与阶段性目标相结合、全面推进与重点突破相结合，处理好改革发展稳定的关系。深化行政管理体制改革和政府机构改革，既要把握正确的长远方向，又要找准当前的突破口和着力点。行政管理体制改革是一项系统工程，牵涉方方面面，矛盾多，难度大，因此必须有计划、分步骤、有秩序地进行。行政管理体制改革是一个阶段性和连续性相统一的过程，这就要求既要有长期的目标，又要措施得力，循序渐进，不断取得阶段性成果。

（三）深化行政管理体制改革的总体目标

《关于深化行政管理体制改革的意见》明确提出："深化行政管理体制改革的总体目标是，到 2020 年建立起比较完善的中国特色社会主义行政管理体制"。如此鲜明地提出我国行政管理体制改革的总体和长远目标，这在我国行政管理体制改革的历史上还是第一次。

建立比较完善的中国特色社会主义行政管理体制，既是一项长期艰巨的任务，又是一个时代感、紧迫性很强的新课题。一方面，经过 30 年的改革开放，历经 1982、1988、1993、1998、2003 年 5 次集中的行政管理体制和政府机构改革，特别是伴随着党的十六大以来我国行政管理体制改革一系列重大举措的出台和实施，我国已总体形成了基本适应经济社会发展要求的行政管理体制。这一行政管理体制有力地保障了改革开放和社会主义现代化建设事业的发展。另一方面，随着我国经济社会的快速发展和急剧变革，各种新情况新矛盾不断出现，现行行政管理体制在政府职能、组织结构、运行机制、管理方式、制度、队伍和政风建设等方面不适应新形势新任务要求的状况也越来越突出。在新的起点和高度，进一步推进行政管理体制改革，是政治体制改革的重要内容，是上层建筑适应经济基础客观规律的必然要求，是解决经济社会发展中诸多矛盾和问题的重大举措，是深入贯彻落实科学发展观和构建社会主义和谐社会的体制保障。

为了保证行政管理体制改革沿着正确的道路前进，应当明确改革的总目标和总方向。在认真总结我国 30 年行政管理体制改革的成绩和经验，准确把握我国行政管理体制改革性质和方向的基础上，《关于深化行政管理体制改革的意见》对深化行政管理体制改革的总体目标做出了精练准确的概括。我们所要建立和完善的行政管理体制，既不是计划经济体制下高度集中的行政管理体制，也不是西方资本主义国家三权分立政治体制下的行政管理体制，而是适应我国社会主义初级阶段经济社会发展要求的中国特色社会主义行政管理体制。通过改革开放以来 30 年的不懈努力，已经初步建立了这样一个行政管理体制，我们还要通过从现在起约 12 年的不懈努力，不断完善这样一个行政管理体制。建立和完善中国特色社会主义行政管理体制的根本目的，就是为了建设一个以人为本、施政为民的服务政府，权责明晰、监督到位的责任政府，法律完备、行为规范的法治政府，清正透明、精干有力的廉洁高效政府，归根结底是建设一个人民满意的政府。

六、深化行政管理体制改革的主要任务

根据党的十七大和十七届二中全会关于加快行政管理体制改革的统一部署，按照建立比较完善的中国特色社会主义行政管理体制的总体目标，深化行政管理体制改革主要包括三个方面的任务：一是加快政府职能转变，解决好政府应当做什么的问题，政府职能转变是深化行政管理体制改革的核心。二是深化政府机构改革，解决好政府的组织结构问题。三是加强依法行政和制度建设，解决好政府按什么规则运行和管理的问题。

（一）进一步转变政府职能，重点加强社会管理与公共服务

要按照适应市场经济发展原则、职权法定原则、简政放权原则，进一步推进政企分开、政事分开、政资分开、政社分开，把企业的生产经营权和投资决策权真正交给企业，把市场能够解决的问题全部交给市场，把社会可以自我管理的事务尽量交给社会，把政府职能切实转变到经济调节、市场监管、社会管理、公共服务上来，着力推进由"全能政府"向"有限政府"的转变，由"管制型政府"向"服务型政府"的转变，使"有限政府"主要体现在以下四项基本职能上。

1. 切实减少对微观经济的直接干预

这既是转变政府职能的前提和基础，也是关键和难点。切实减少政府对微观经济的直接干预，必须在组织及制度创新上狠下工夫。一是针对政府职能越位、错位的问题，对相关政府部门实行"瘦身"，消除政企不分的组织基础。二是推进新一轮财税体制改革，实现经济建设型财政向公共财政的转型。三是深化行政审批制度改革，进一步取消和调整行政审批项目，简化和规范行政许可和审批程序。

2. 进一步加强和改善宏观调控

宏观调控部门要重点搞好宏观规划、政策制定及监督管理，切实减少微观管理和具体的审批事项，实现从"项目管理"向"规划管理"、从直接管理向间接管理的转变。此外，还应该在统筹城乡和区域协调发展、促进经济发展方式转变、促进就业等方面强化政府宏观调控职能。

3. 强化和规范市场监管职能

要继续深化市场监管体制改革，形成行政执法、行业自律、舆论监督、群众参与相结合的市场监管体系；科学合理界定监管范围，确保监管到位；更加注重运用法律手段进行监管，严格规范执法行为，增强执法的公正性；适应对市场主体多元化、经营多样化和营销现代化的要求，创新

监管方式，不断提高监管水平和效能。

4. 加强和完善社会管理、公共服务职能

加强和完善社会管理职能，重点是要进一步完善社会政策，建立科学合理的收入分配调节机制，实行积极的就业政策和反贫困政策，健全社会利益协调机制和社会矛盾疏导调处机制，加强社区和基层自治组织建设，完善应急管理体制、机制和法制，加强社会治安综合治理。加强和健全公共服务职能，重点是强化义务教育、基本医疗、社会保障和城乡居民公用生活设施等方面的服务，确保基本公共服务的可及性和公平性；公共服务和公共产品的提供，要实现从政府主办向政府主导的转变。这些任务的落实和实现，需要从组织机构、体制机制、财力投入和监管体系等的建立健全来保障。

（二）进一步优化政府机构设置，重点是探索实行大部门体制

政府机构改革是深化行政管理体制改革的重要组成部分。要按照精简统一效能的原则和决策权、执行权、监督权既相互制约又相互协调的要求，紧紧围绕转变职能和理顺职责关系，探索实行职能有机统一的大部门体制，进一步规范机构设置，优化组织结构，完善行政运行机制。

1. 政府机构改革的主要任务

主要有四个方面：一是深化国务院机构改革；二是推进地方政府机构改革；三是精简和规范各类议事协调机构及其办事机构；四是加快事业单位分类改革。此外，在深化机构改革的同时，严格机构编制管理，加快推进机构编制管理的法制化进程。

2. 国务院机构改革的主要特点

国务院机构改革要围绕转变政府职能和理顺职责关系，在合理配置职能、优化组织结构方面迈出重要步伐。主要有以下特点：一是加强和改善宏观调控以及重要领域的管理，促进科学发展。二是着眼于保障和改善民生，加强社会管理和公共服务部门建设。三是探索实行职能有机统一的大部门体制。对一些职能相近的部门进行整合实行综合设置，整合完善重要

行业管理体制，加强与整合社会管理和公共服务部门，结合职能部门的调整和整合对议事协调机构及其办事机构进行精简和规范。

3. 国务院机构改革的重点

国务院机构改革的核心是加快政府职能转变。改革突出四个重点：一是合理配置宏观调控部门的职能，形成科学权威高效的宏观调控体系。二是完善能源资源和环境管理体制，促进可持续发展。三是着眼于保障和改善民生，加强社会管理和公共服务部门。四是按照探索大部门体制的要求，对一些职能相近的部门进行整合，理顺部门关系。

（三）进一步加强制度建设，重点推进依法行政

推进依法行政、建设法治政府，是深化行政管理体制改革的重要任务。各级政府及工作人员都要严格依照宪法和法律规定的权限和程序行使权力、履行职责，善于依法管理经济社会事务和其他行政事务，不断加强制度建设，推进科学民主决策，规范行政行为，强化行政监督，开展政府绩效评估和推行行政问责制度，使依法行政的意识和能力明显提高。

1. 完善科学民主决策制度

要合理界定政府的决策权限，进一步健全重大事项集体决策、专家咨询、社会公示与听证、决策评估等制度。凡是涉及经济社会发展的重大决策，必须坚持调查研究与集体决策制度，并充分听取社会各界的意见。与人民群众利益密切相关的重大事项，要实行社会公示或者听证。要建立健全决策反馈纠偏机制和决策责任追究制度。对决策失误给国家和人民群众利益造成重大损失的，必须追究责任，确保行政决策的科学性和严肃性。

2. 健全行政立法和执法制度

一是改革行政立法体制，加强立法工作。改革立法体制，完善立法程序，规范立法行为，提高立法质量，坚持科学立法、民主立法，扩大公众参与政府立法的范围，确保制度建设的科学性、合理性和公正性。二是继续完善行政执法体制。进一步明确行政执法权限，减少行政执法层级，完善执法程序，加快建立权责明确、行为规范、监督有效、保障有力的行政

执法体制，克服多头执法、执法不公，甚至执法违法等现象。继续搞好综合执法试点，尽快在建立综合执法体制方面取得突破。三是加强对行政执法行为的制约和监督。实行行政执法依据和程序公开制度、执法过错追究制度和执法行为评议考核制度。推进行政执法责任制，做到权责一致，对违法或不当的行政执法行为，坚决予以纠正。

3. 加强行政监督制度建设

一是加强和改进行政监察工作。各级监察机关要积极开展廉政监察、执法监察、效能监察和责任监察，强化事前和事中监督，做到行政权力延伸到哪里、监督问责就落实到哪里。二是整合行政监督资源，加强行政监督与其他监督形式的配合。三是创新行政监督方式。要善于运用现代信息技术手段创新行政监察和监督工作方式，建立和推广电子监察系统，对行政行为进行全程监控。要做好行政监督部门信息系统的联网工作，构建信息共享平台，实现监督信息互通。

4. 加快实行政府绩效评估制度

要建立以公共服务为取向的政府业绩评价体系，以就业、社会保障、生态环境、社会治安、教育卫生等公共服务指标来考核干部政绩。考评内容主要包括：履行职能和转变职能的情况，落实中央和国务院指示情况，部门之间互相配合情况，公共服务情况等等。要研究建立绩效预算制度和绩效审计制度，逐步形成政府绩效管理的长效机制。

5. 加大力度推进行政问责制度

要按照权责统一、依法有序、民主公开、客观公正的原则，加快建立以行政首长为重点的行政问责制度，有责必问，有错必究，努力建设责任政府。在科学界定政府职能的基础上，合理划分各级政府、政府各部门及工作人员的职责权限，明确责任范围。要明确政府及其工作人员的政治责任、行政责任、法律责任、道德责任与结果责任，规定行政问责的主体、客体、方式和内容，规范行政问责程序，完善政治、行政、法律、道德与结果责任追究机制。要强化对政令落实不力的责任追究，强化对行政不作为、乱作为的责任追究，强化对决策失误的责任追究，强化对损害群众切身利益行为的责任追究，强化对预防和处置突发公共事件不力的责任追究。

（四）进一步推进廉政建设，重点抓好防治腐败的改革和制度建设

推进廉政建设是深化行政管理体制改革的重要内容。要深入贯彻中央关于党风廉政建设和反腐败斗争的部署和要求，建立健全教育、制度、监督并重的惩治和预防腐败体系，围绕规范权力运行，推进体制改革和制度建设，抓好商业贿赂专项治理和解决损害群众利益的突出问题，扎实开展反腐倡廉教育，加强领导干部廉洁自律工作，深入推进监督工作，把政府廉政建设和反腐败工作引向深入。

1. 深化改革、健全制度，从源头上预防和治理腐败

要从根本上解决滥用行政权力问题，必须加快建立结构合理、配置科学、程序严密、制约有效的行政权力运行机制。特别要解决权力过分集中和缺乏制约问题。

2. 发扬民主，强化对权力运行的监督

推进廉政建设的关键是，着力解决权力过分集中和不受约束的问题。要加快建立决策权、执行权、监督权既相互制约又相互协调的权力结构和运行机制，将权力运行的每一个部位、每一个环节都置于有效的监督之下。要加强对权力的制约，特别是对领导干部、人财物管理使用、关键岗位的监督和制约。

3. 继续深入开展治理商业贿赂专项工作

要继续加大查办商业贿赂大案要案的力度，形成对腐败分子的强大威慑。要抓紧研究制定近期能够见到实效的法规制度。强化对经营者和从业者的引导、约束和监管，对有商业贿赂行为的企业和个人，要实行高额经济处罚，降低或撤销资质，吊销证照，依法处罚。要加强社会诚信建设。通过这些措施，营造公平竞争的市场环境。

（五） 进一步加快管理创新，重点推进政务公开

加快推进政府管理创新是深化行政管理体制改革、加强政府自身建设的必然要求。要按照建设服务型政府的要求，创新政府管理和服务方式，着力提高行政效能，增强政府工作的透明度和人民群众的参与度。各级政府都要转变思想作风、领导作风和工作作风，切实提高公信力和执行力。

1. 全面推进政务公开

要坚持以公开为原则、不公开为例外，把涉及人民群众切身利益的各类权力运行过程作为政务公开的重点内容，扩大公开的范围和层次，规范公开的内容和形式。各级行政机关要抓紧编制政务公开目录，建立健全政务公开的基本制度，市（地）级以下政府要完善政务公开工作机制，省级政府和国务院各部门要加快推进政务公开。学校、医院和供水、供电、供热、供气、环保、公交等公共事业部门也要全面推行办事公开制度。要进一步完善政府信息发布制度。

2. 完善电子政务建设

在新的形势下，做好电子政务建设工作，要加强统筹规划、资源整合、互联互通，着力深化应用、强化管理、保障安全，大力促进政务信息公开化、行政管理规范化和决策科学化民主化。一是建设好管理好统一的网络平台。二是大力推进互联互通和资源共享。三是切实加强信息安全工作。

3. 加强政风建设

要扎扎实实地推进思想作风、学风、工作作风、领导作风和生活作风等方面建设。要全心全意为人民服务。要树立科学发展观和正确的政绩观。要牢记"两个务必"，发扬艰苦奋斗精神，增强勤俭节约意识，反对一切大手大脚、奢侈浪费的行为。要下大力气解决会风文风问题。要全面清理和严格控制各种名目的节庆、达标评比和表彰活动。要采取切实有效措施，显著降低行政成本，加快建设节约型政府。此外，还要重视行政规划、行政指导和行政合同在政府管理中的作用，积极探索协商、选择、间

接的管理机制。要创造各种条件，让社会组织、企业和公民更广泛地参与公共事务管理。充分利用电子政务系统和报刊、广播、电视等媒体公开政务信息，完善政府信息发布制度，建立健全政府新闻发布和发言人制度。

　　围绕到 2020 年建立起比较完善的中国特色社会主义行政管理体制的目标，我国的行政管理体制改革大体可以分为三个阶段推进：第一阶段（"十一五"规划期间），全面完善政府公共管理职能，加快完善公共财政体制建设，提高政府公共效能。第二阶段（"十二五"规划期间），基本形成社会主义公共行政管理体制的基本框架，基本建成法治政府、责任政府和服务型政府，从根本上解决行政管理体制和经济社会发展不相适应的问题。第三阶段（到 2020 年前），进一步完善行政管理体制、机制和法律制度建设，推进民主治理和公共治理进程，建立起比较完善的社会主义公共行政管理体制。

参考文献

1. 白暴力主编:《让城乡居民收入稳步增长》,人民出版社 2008 年版。

2. 陈锦华:《中国经济转轨 20 年的基本经验》,中国宏观经济信息网,2002 年 6 月 26 日。

3. 陈文敬主编:《邓小平对外开放理论与我国的对外开放政策》,中国对外经贸出版社 2000 年版。

4. 陈文玲:《进一步完善我国现代市场体系是"十一五"时期的战略任务》,《宏观经济研究》2006 年第 4 期。

5. 《邓小平经济理论学习纲要》,人民出版社 1997 年版。

6. 《邓小平经济理论(摘编)》,中国经济出版社 1997 年版。

7. 《邓小平理论概论》,中共党史出版社 1988 年版。

8. 《邓小平文选》,人民出版社 1993 年版。

9. 〔法〕埃里克·伊兹拉莱维奇:《当中国改变世界》,中信出版社 2005 年版。

10. 管晓明:《从制度变迁的角度看中国的收入分配》,《美中经济论坛》2004 年第 1 期。

11. 桂世镛等主编:《中国计划体制改革》,中国财政经济出版社 1994 年版。

12. 国家发展改革委投资司相关材料。

13. 国家计委经济体制和法规司编:《十年计划体制改革》,中国计划出版社 1989 年版。

14. 江小涓等:《中国经济的开放与增长 1980—2005 年》,人民出版社 2007 年版。

15. 江泽民:《论社会主义市场经济》,中央文献出版社 2006 年版。

16. 孔泾源主编:《中国居民收入分配理论与政策》,中国计划出版社 2005 年版。

17. 孔泾源主编:《中国居民收入分配年度报告 2005》,经济科学出版社 2005 年版。

18. 李钢、李俊:《迈向贸易强国——中国外经贸战略的深化与升级》,人民出版社 2006 年版。

19. 李岚清:《中国对外经济贸易的改革与发展》,中国对外经贸出版社 1994 年版。

20. 李岚清主编:《利用外资基础知识》,中央党校出版社 1995 年版。

21. 李爽:《实现公平分配的制度与政策选择》,经济科学出版社 2007 年版。

22. 李勇:《我国居民收入分配的理论与实践》,郑州大学出版社 2007 年版。

23. 刘光岭:《和谐经济理论研究》,中国经济出版社 2007 年第 1 版。

24. 刘国光、赵人伟:《论社会主义经济中计划与市场关系》,《经济研究》1979 年第 5 期。

25. 刘向东主编:《当代中国外经贸发展战略》,世界知识出版社 1994 年版。

26. 刘向东主编:《中国对外经济贸易政策手册 (1994—1995)》,经济管理出版社 1994 年版。

27. 刘向东主编:《中国对外经济贸易政策指南》,经济管理出版社 1993 年版。

28. 刘小雪:《印度企业的跨国战略》,《第一财经日报》2005 年 4 月 4 日。

29. 刘仲藜主编:《奠基——新中国经济五十年》,中国财政经济出版社 1999 年版。

30. 马喜成：《中西方国家公务员薪酬制度比较及其思考》，《云南社会主义学院学报》2007 年第 2 期。

31. ［美］阿瑟·奥肯：《平等与效率》，华夏出版社 2003 年版。

32. ［美］尼克拉斯·R. 拉迪：《中国融入全球经济》，经济科学出版社 2002 年版。

33. ［美］托马斯·L. 弗里德曼：《世界是平坦的》，中国现代国际关系研究院翻译。

34. ［日］大前研一：《全球新舞台》，中国人民大学出版社 2007 年版。

35. 桑百川：《外商直接投资下的经济制度变迁》，对外经贸大学出版社 2000 年版。

36. 十一届三中全会以来的党代会报告以及政府工作报告。

37. 石广生：《世纪之交的中国对外经济贸易》，人民出版社 2003 年版。

38. 宋洪远主编：《农村改革三十年》，中国农业出版社 2008 年版。

39. 王子先主编：《关贸总协定与中国企业经营指南》，中国统计出版社 1993 年版。

40. 王保安：《中国：经济增大与方式变革》，人民出版社 1997 年版。

41. 王保安：《转型经济与财政政策选择》，经济科学出版社 2005 年版。

42. 卫兴华：《关于公平与效率关系之我见》，《经济学动态》2007 年第 5 期。

43. 魏礼群解读温家宝总理《政府工作报告》访谈录，中国政府网，2008 年 3 月 20 日。

44. 谢旭人：《中国税收管理》，中国税务出版社 2007 年版。

45. 曾培炎：《领导干部宏观经济管理知识读本》，人民出版社 2002 年版。

46. 张东生主编：《中国居民收入分配年度报告 2006》、《中国居民收入分配年度报告2007》，中国财政经济出版社2006年、2008年版。

47. 张军果、刘振华、张均良：《当前我国市场体系中存在的问题、成因与对策》，《现代管理科学》2006年第7期。

48. 张力等：《我国国家公务员收入变化的格局、影响及改革方向》，《生产力研究》2007年第14期。

49. 张力：《我国公务员工资收入决定机制转换的理论与实证研究》，博士论文，中国期刊网。

50. 赵人伟等：《中国居民收入分配再研究》，中国财政经济出版社1999年版。

51. 郑新立：《从制度上更好发挥市场在资源配置中的基础性作用》，载于《十七大报告辅导读本》，人民出版社2007年版。

52. 郑新立主编：《经济体制六大改革》，中共中央党校出版社1995年版。

53. 《中共十三届四中全会以来历次全国代表大会中央全会主要文献选编》，中央文献出版社2002年版。

54. 钟坚：《世界经济特区发展模式研究》，中国经济出版社2006年版。

55. 周春燕：《我国公务员工资制度中的公平问题及制度的完善》，《消费导刊》2007年第6期。

56. 周小川等：《迈向开放型经济的思维转变》，上海远东出版社1996年版。

后　记

　　中国改革开放 30 年波澜壮阔的辉煌历程，揭开了中华民族复兴的崭新一页。在时间的长河中这只是短暂的一瞬，但历史将永远镌刻这改变中国、改变中国人命运的伟大时代。本书通过对 30 年来中国整体经济体制和几个主要领域改革开放进程的回顾，记述了这些方面取得的进展、成就以及存在的不足之处，并对未来改革发展的目标进行了前瞻性展望，力求为关心和关注中国改革开放进程的读者，提供具有重要价值的参考资料。

　　参与本书编写的作者为：魏礼群（总论）；范恒山（第一章）；郭玮（第二章）；焦玉良、谢士强（第三章）；王保安（第四章）；胡哲一、匡小红（第五章）；任兴洲、王微、廖英敏（第六章）；张东生（第七章）；刘文海（第八章）；王子先（第九章）；向东（第十章）。

　　感谢人民出版社郑海燕编辑为本书出版做了大量的工作。

组稿编辑:张小平 郑海燕
责任编辑:郑海燕 贾 兰
封面设计:周文辉
版式设计:曹 春
责任校对:王 惠

图书在版编目(CIP)数据

中国经济体制改革30年回顾与展望/魏礼群主编.
-北京:人民出版社,2008.12
(强国之路——纪念改革开放30周年重点书系)
ISBN 978-7-01-007357-6

Ⅰ.中… Ⅱ.魏… Ⅲ.经济体制改革-研究-中国 Ⅳ.F121

中国版本图书馆 CIP 数据核字(2008)第 150534 号

中国经济体制改革30年回顾与展望
ZHONGGUO JINGJI TIZHI GAIGE 30 NIAN HUIGU YU ZHANWANG

魏礼群 主编

人民出版社 出版发行
(100706 北京朝阳门内大街166号)

北京瑞古冠中印刷厂印刷 新华书店经销

2008年12月第1版 2008年12月北京第1次印刷
开本:700毫米×1000毫米 1/16 印张:24.5
字数:350千字

ISBN 978-7-01-007357-6 定价:43.00元

邮购地址 100706 北京朝阳门内大街166号
人民东方图书销售中心 电话 (010)65250042 65289539